호텔 식음료 경영과 실무

박인규 · 장상태 공저

Catering Management for Hotel Industry

기문사
KIMOONSA
www.kimoonsa.co.kr

머리말 Preface

이 책은 장차 우리나라의 호텔업계를 이끌어 나갈 관광 관련 학생들을 위한 실무교재이다. 국제교류증진과 경제성장 및 관광분야의 선배들의 부단한 노력으로 관광종사원의 위상도 상당히 고조되었고, 아울러 전문인으로서의 그 역할을 다하기 위해서는 보다 전문적인 지식과 소양을 갖추어야 한다.

특히 정부에서는 관광의 중요성을 인식하고 국제화, 세계화에 대비하기 위하여 21세기 관광비전을 발표하게 되었다.

이러한 분위기에 맞추어 관광종사원 및 관광관련학과 학생들을 위한 교재도 전문지식의 깊이와 다양화가 더욱 절실히 요청된다.

이에 저자들은 특1급 체인호텔에서 근무했던 소중한 경험들을 함축하여 소중히 담았다.

본서를 집필하면서 어려웠던 점은 산재해 있는 자료를 좁은 공간으로 일목요연하게 함축하는 것으로 방대한 내용을 3편 13장으로 구성하여 내용을 전달했다.

제1편에서는 호텔 레스토랑 경영관리로 제1장은 호텔 식당의 개념, 제2장은 호텔 식음료 부문의 조직, 제3장은 식당의 종류 및 내용, 제4장은 호텔종사원의 기본요건, 제5장은 호텔 식음료 서비스의 실제, 제6장은 메뉴, 제2편에서는 호텔 레스토랑 실무를 설명했다. 제7장은 집기의 종류 및 취

급요령, 제8장은 테이블 세팅, 제9장은 메뉴 코스별 서비스, 제10장은 호텔 레스토랑별 운영관리, 제11장 연회장에 대하여 설명하였다. 제3편에서는 호텔 식음료 관리로 제12장은 호텔 식음료 경영관리, 제13장은 인적자원관리 및 고객관리에 대하여 설명하였다.

커다란 의욕을 가지고 실무지침서로서 활용할 수 있도록 최선을 다해서 정리를 했으나 필자들의 부족한 부분과 아쉬움을 전혀 감출 수 없는 것은 아니다.

부족한 부분은 다음에 보완할 수 있도록 많은 조언과 격려를 기대하며, 호텔 종사원이나 관광관련 학생들에게 기본 교재와 안내서로서의 역할을 다하길 기대한다.

마지막으로 본서의 집필을 할 수 있도록 가르쳐주고 이끌어 주신 여러 교수님들, 호텔업계의 선배님들께 감사드리며, 출판을 위해서 심혈을 기울여 주신 기문사 한인환 사장님을 비롯한 여러분에게 깊이 감사를 드립니다.

저자 일동

차례

제2편 호텔 레스토랑 실무

제1편

호텔 레스토랑 경영관리

제1장

호텔 식당의 개념

제1절 식당의 발생과 정의

1. 식당의 발생

인간이 살아가는데 기본적으로 필요한 요소는 의식주인데 그 중에서 가장 필수 불가결한 것은 식(食)이라 할 수 있다. 식당은 사람들이 집을 떠나서 생활을 할 때 일정한 장소가 갖추어진 상태에서 고객을 환대하며 음식을 제공하고 먹고 쉬는 장소가 필요하게 됨에 따라 인류생활과 함께 자연스럽게 발생되었다.

서양의 식당 발생 기원을 문헌적 기록에서 찾아보면 B.C 4000년경 고대 바빌로니아의 수메리안(Sumerian)족이 무역거래와 화폐를 사용한 것이 화폐의 효시라고 할 수 있다. 수메리안족들은 화폐의 편리성을 인지하였으며 상거래와 교통수단, 숙박시설 등에 화폐나 물물교환 형태를 사용하였기에 숙박시설은 여행과 밀접한 관계를 추측할 수 있다. B.C 1700년경 고대 메소포타미아에서 바빌로니아어로 바위에 새겨진 조리책(Rccipe Book)이 발견되었다. 그 후 B.C 512년경 고대 이집트에 레스토랑의 기원이라 할 수 있는 음식점이 있었다고 한다. 이곳에서는 곡물(Ccrcal), 들새고기(Wild Fowl), 양파요리 등 매우 단조로운 요리가 제공되었으며, 소년들은 부모를 동반해야 출입할 수 있었고, 소녀들은 결혼할 때까지 출입이 금지되어 있었다.

A.D 79년경 로마시대에는 나폴리의 「Vesuvius」 산줄기의 휴양지에 "식사하는 곳(Eaters Out)"이 매우 많이 있었으며, 유명한 카라 카라(Kala Kala)라는 대중 목욕탕의 유적에서도 식당의 흔적을 찾아볼 수가 있다. 이 목욕탕은 216년 카라 카라 제왕 때 사용되었던 것으로 한변이 330m나 되며, 수용인원이 무려 1,600명이었다. 이 대건물 내에는 증기탕, 온수탕, 냉수탕 등 여러 가지 욕실과 체육장, 경기장, 도서실, 강연설, 학습실, 미트라교의 예배당까지 갖추어져 사교장 겸 스포츠장으로 사용되면서 음식물을 제공하는 레스토랑이 있었으며, 수도원과 사원에서도 여행자를 위하여 식사와 숙소를 제공했다

■런던 커피하우스

12세기경 영국에서는 선술집(Public House)이 번창했으며, 1650년에는 영국 최초의 커피 하우스가 옥스퍼드에서 개업되었고, 일정한 가격으로 점심이나 저녁식사를 제공하는 '오디너리(Ordinary)' 란 간이 레스토랑도 있었다.

프랑스에서는 1765년 몽 블랑거(Mon. Boulanger)라는 사람이 블랑거는 신비의 스테미너 요리를 판매 중(BOllIanger S6lls Magical Restollatives)"이라는 선전간판을 내걸고, 우리나라의 우족탕과 유사한 양의 다리와 흰 소스(White Sauce)를 끓여 만든 "레스토러티브(Restoratives)" 수프를 판매했었다. 이 수프는 루이 15세를 비롯하여 대중들에게 인기가 대단하였는데, 이 수프 이름이 전래되어 오늘날의 식당 즉 레스토랑(Restaurant)이란 말이 되었다.

중국에서도 6세기경 「식경(食經)이라는 요리 전문서적이 발간되어 레스토랑 발전의 효시가 되었고, 7세기에서 13세기에 걸친 당 · 송시대에는 중국요리가 매우 발달되어 당시성 등의 문중에서 이백, 두보, 백락천 등의 시인이 술과 먹는 것에 대하여 옳은 시구를 발견할 수 있 다. 청조시대에는 회관(會館)이란 근대적 레스토랑이 출현하여 장원(甠元), 진사(進士)라는 간판을 내걸고 영업을 하였다.

우리나라 식당 발생의 배경은 고대부족 사회에서 더 발전된 하나의 국가형태를 갖추면서 신앙적 요소와는 관계없이 다만 물물교환만을 목적으로 하는 시장이 형성되었으며 당연히 시장 안에서는 각지에서 온 상인 또는 장꾼을 위해 음식을 판매하는 장소가 생겼었다. 「삼국사기」에서 문헌적 근거를 찾을 수 있는데 삼국사기에 의하면 490년에

신라의 수도 경주에 처음으로 시장이 설치되었고, 509년에는 동시(東市), 695년에는 서시(西市), 남시(南市) 등의 상설시장이 개설되었는데, 시장 안에는 각지에서 온 상인 또는 장꾼을 위해 음식을 판매하는 장소가 생겼다.

고려시대 983년에는 개성에 성례(成禮), 약빈(樂賓), 영액(靈淑), 옥장(玉쪌), 연령따敵), 희빈(喜賓) 등의 이름을 가진 식당을 개설케 했다는 기록을 「고려사」에서 찾아볼 수 있다.

또한 1103년에는 지방의 각 고을에도 술과 음식을 팔고 숙박도 겸하게 하는 상설 식당을 개설하게 했으며, 이것이 후일의 물상객주, 보행객주 등의 시초가 되었고 전주에서 생겨난 주막과 목로집은 오늘날의 레스토랑에 숙박을 겸하는 형태인 것이다.

조선왕조 1398년(태조 7년) 이태조는 숭교방(지금의 명륜동)에 국립대학인 성균관을 두었는데, 이 안에는 공자를 모신 사당 문묘(文漸)와 유생들이 강의를 듣던 명륜당이 있었고, 명륜당 앞 좌우에는 재(齋)가 있었다. 이 동서의 양재(兩齋)에는 모두 28개의 방이 있어 2백 명 가까운 유생들이 거처했고, 이곳에 선비들이 식사를 하는 식당이 있었다. 이때부터 처음으로 「식당」이라는 말이 기록되었으며, 음식을 날라다 주는 사람을 일컫는 「식당지기」라는 말도 생겨나게 되었다.

그 후 1902년에는 독일 여인 손탁이 건립한 손탁호텔(Somag Hotel)에 프랑스식 레스토랑이 처음으로 생겨 우리나라 최초의 서양식 식당이 되었으며, 1925년에는 철도호텔의 등장과 함께 서울역의 구내에는 서양식 식당(Grill)이 탄생하였다.

■손탁호텔

2. 식당의 정의

초기의 식당은 여행객들을 위한 숙소에서 숙박객들에게 식사와 음료를 제공하는 단순한 기능으로 시작되었는데, 현대의 식당은 도시와 마을로 인구가 증가함에 따라서 고객의 생리적 요구에서 탈피하여 다양한 고객의 욕구를 충족시키는 공공의 장소와 문화, 사교의 장소로 변모하고 있다. 프랑스의 대백과사전에 의하면, Restaurant의 어원은 De Restaurer란 말로 시작되었다 한다. 이 Restaurer의 본래 의미는 '수복하다', '재흥하다', '기력을 회복시키다' 라는 뜻이다. 이 사전에 의하면 Restaurant이란 "Etablisscnlent Public ou l' on Pcut Manger; Restaurant a Prix Fixe; Rstaurant a la Carte."라고 설명되어 있다. 즉, 사람들에게 음식물을 제공하는 공중의 시설, 정가판매점, 일품요리점이 라고 표현하고 있듯이 식당이란 음식물과 휴식 장소를 제공하고 원기를 회복시키는 장소라는 것이다.

또한 미국의 웹스터(Webster) 사전에도 M Establishment Where Refreshments or Meals May be Procured by the Public: A Public Eating House 라고 표현되어 "대중들이 가벼운 음식물이나 식사를 할 수 있는 시설"로 설명되어 있다. 영국의 고전적 사전 'The Oxford English Dictionary' 에서도 "An Establishment Where Refreshments or Meals May be Obtained"라고 기록되어 있다.

식당의 정의를 국어사전에서 살펴보면 '식사하기에 편리하도록 갖추어 놓은 방' 또는 '음식 요리 등 식사를 주로 만들어 손님에게 만들어 파는 집' 이라고 풀이하고 있다.

최근 선진국에서는 레스토랑은 EATS 상품을 판매하는 곳이라고 하는데, EATS란 접대(인적 서비스; Entertainment), 분위기(물적 서비스; Atmosphere), 맛(요리; Taste), 위생(청결; Sanitation)을 뜻한다. 즉 레스토랑은 먹는다는 단순한 의미의 장소가 아니라 서비스와 분위기 , 음식의 맛 등이 하나로 조화된 총체적인 가치, 즉 토탈상품을 판매하는 장소라는 것이다. 이러한 측면을 포함한 현대적 의미에서의 식당 정의는 영리 또는 비영리를 목적으로 일정한 장소와 시설을 갖추어 인적 서비스와 물적 서비스를 동반하여 음식물을 제공하고 휴식을 취하게 하는 곳이라고 할 수 있다.

제2절 호텔 식음료의 역할 및 중요 요소

1. 호텔 식음료의 역할

호텔 식음료는 객실과 더불어 호텔상품의 주종을 이루고 있다. 호텔경영에서 1980년대 이전에는 호텔 수입의 중심은 객실 중심으로 경영을 하고 있었기에 식음료가 차지하는 비중은 그다지 중요하지 않았다. 호텔 경영자들의 식음료에서 목표는 최소의 손실이나 손약분기점 (Break Even Point)의 유지에 그 경영의 목표를 두고 있었다. 그러나 최근 호텔 식음료 부서는 사람들의 소득과 의식수준의 급격한 향상으로 새로운 식문화를 창출하는 장소와 호텔기업에서 탄력성이 강한 상품으로 호텔 수익에 많은 공헌을 하고 있으며, 객실이 시간과 공간에 묶여서 상품을 판매하는 단점이 있다면 식음료는 객실보다 오히려 이윤추구, 조직구성, 고객의 다양한 욕구 충족을 극대화시키는 부문으로 자리매김을 하고 있다.

특히 다양한 고객의 욕구를 충족시키기 위해서는 식음료 종사원들이 고객에게 유익한 정보를 제공하고 고객을 설득하여 수요를 확산시키고 구매행동으로 유도하는 중요한 역할을 수행한다. 호텔 식음료 경영은 훌륭한 인적 서비스와 물적 서비스가 조화를 이루어야만 타 호텔 및 유사경쟁업체보다 유리한 입장에서 경영할 수 있는 것이다.

호텔 식음료의 중요한 역할을 고찰해보면 크게 세 가지로 분류할 수 있다. 첫째, 고객에게 식사와 음료의 서비스를 생산 판매하여 호텔기업의 이윤을 창출한다. 둘째, 고객의 욕구와 필요로 하는 알맞은 식사와 음료의 서비스를 제공한다. 셋째, 식당 공간을 문화 공간화하여 식생활을 통한 생활의 질을 높이고 윤택하게 한다.

2. 식음료의 중요 요소

기업을 경영하기 위해서는 전통적으로 5M의 필수 요소가 있는데 사람(Man), 재료(Materials), 돈(Money), 기계(Machines), 방법(Methods)이다. 여기서 호텔식당의 가장 어렵고 복잡하며 중요한 문제는 사람(Man)을 다루는 일이다.

그 이유는 식음료 판매를 효율적으로 운영하는 것은 식음료 부문의 전문적인 지식과 경험 그리고 기술이 절실히 요구되는 종사원에 의존하기 때문이다.

이 5M과 더불어 호텔의 식음료 영업의 효과적인 성공적인 영업을 하기 위해서는 전통적인 5G' S를 강조하는데 이는 와헬교수가 주장한 것이다. 5G' S는 매우 중요한 영업 요소로 식음료의 성공을 위해서는 반드시 고려해야 할 요소이다.

1) 훌륭한 환경(Good Environment)

훌륭한 환경은 식음료 영업에서 가장 기본적인 요소로서 위치(Location)의 중요성을 의미하는 것으로 접근성의 용이, 이용의 편리성, 탁월한 포지셔닝 전략 등으로 고객이 많이 방문하는 장소를 의미한다. 이러한 훌륭한 환경은 호텔의 외관, 종업원의 복장, 가치 있는 장식, 사용 집기류, 메뉴, 실내장식 등이 상호 조화를 잘 이룸으로써 더욱 가치가 있는 것이다.

2) 훌륭하고 친절한 서비스(Good Friendly Service)

훌륭하고 친절한 서비스는 기본적 태도와 관계가 있는 것으로 식음료 영업장에 가면 진심으로 환영을 받고 재방문하고 싶은 마음이 우러나오는 것을 의미한다.

모든 영업장에서 가장 중요한 것은 종사원 모두가 고객의 중요성을 마음 속 깊이 인식하는 태도인데 지배인이나 종사원이 친절한 마음과 훌륭한 인격을 갖추고 방문하는 고객을 영접하는 것이 필요하다. 물론 이러한 태도는 중 · 장기적인 계획을 세워서 지속적이고 반복적인 교육과 훈련이 절대적으로 요구된다.

3) 훌륭한 식음료(Good Food & Beverage)

식음료 경영에서 성공하기 위한 필수적인 요소가 최상의 음식과 음료의 제공임은 언급할 필요가 없다. 좋은 메뉴를 계획한 후에 신선한 식자재와 음료를 적시에 구입하고 정성을 다한 요리법과 주조법으로 준비하여 친절하고 예의바른 종사원이 최선을 다하여 서비스한다면 훌륭한 식음료가 된다.

4) 훌륭한 가치(Good Value)

고객이 식음료를 제공받은 반대급부로 돈을 지불한 후의 기대치를 의미한다. 이러한 가치는 매우 복잡한 요인이 작용하는 것으로 가격, 서비스의 수준, 각종 물리적 환경, 식당의 시설, 기물의 종류, 매직 워드(Magic Word)의 효과적인 사용, 고객의 감동 등이 복합적으로 작용한다.

5) 훌륭한 경영통제(Good Management Control)

훌륭한 경영자는 철저한 계획을 세운 후에 그 계획대로 영업장이 운영되고 있는지를 지속적으로 점검하지 않으면 안 된다.

경영자가 효율적인 경영관리업무를 수행하지 못하면 이윤추구에 실패할 수 있고 결과적으로는 영업장 경영에 경쟁력을 상실하게 될 것이다. 그러므로 성공적인 영업장 경영을 위해서는 효율적으로 회계관리를 할 수 있는 조직이 구성되어야 한다.

제3절 호텔 식음료 경영의 특징

호텔경영에 있어서 식음료 부서가 차지하는 비중이 점진적으로 증가하고 있으나 경쟁업체의 증가와 고객들의 식생활 수준의 격상됨에 따라서 식음료 경영은 뛰어난 시설과 설비, 최고 수준의 조리능력, 서비스 수준을 유지하지 못할 때 어려운 경영에 봉착하게 된다.

식음료 경영의 특징은 물적 서비스와 인적 서비스가 잘 조화를 이루어야 하고 수요예측이 어려워 대량생산이 불가능하다. 고객의 주문에 의한 주문 생산이며 고객의 다양한 욕구로 인하여 상품의 표준화와 단일화가 어렵다.

일반 제조업과는 달리 고객과 종사원 사이의 인간적 요소를 많이 내포하고 있는 기본적인 특정을 감안하여 생산과 판매로 대별하여 식음료 경영의 특정을 고찰할 수 있다.

1. 생산측면에서의 특징

1) 생산과 판매가 동시에 발생한다

일반 제조업에서 생산된 상품의 대부분은 공장에서 생산하고 대리점을 비롯하여 판매하는 장소가 분리되어 있으나, 식음료사업은 고객이 식당을 방문한 후에 주문을 해야만 비로소 생산하게 되는데 이것은 즉시 판매되어 소비되는 특징이 있다.

2) 주문생산이 원칙이다

일반 상품의 경우는 자동화와 규격에 의하여 성수기 수요를 예측하여 대량으로 생산을 하는 것이 보편화되었지만 식당의 경우에는 일부 대량생산되는 것이 있어도 호텔 레스토랑의 경우에는 고객이 방문하여 개별주문에 의하여 상품이 생산된다.

3) 수요예측이 곤란하다

호텔 식음료의 경영상 어려운 점은 사회, 정치, 경제, 계절, 기호, 지역, 일기 및 기타 여러 요인과 누가, 언제, 어떤 상품을 주문할 것인가를 예측하여 식자재를 구입하여 준비하거나 상품을 제조하는 것이 대단히 어렵다.

4) 이익률이 크다

식당은 고정자산에 대한 최초의 투자 및 설비투자, 집기구입에 대한 설비투자비용이 크고 제경비의 지출이 타 기업보다 크지만 원가에 대한 폭은 다른 상품보다 훨씬 크다.

이익 = 판매가격 − 원가(생산에 필요한 경비와 구입원가)

$$\text{이익률} = \frac{\text{원가}}{\text{종 매상액}} \times 100$$

2. 판매측면에서의 특징

1) 장소적 제약

일반 제품의 경우는 구매객이 요청하면 상품이 장소에 구애받지 않고 거의 무제한적으로 판매될 수 있으나 레스토랑은 고객이 스스로 방문하여 상품구매를 하기 때문에 레스토랑의 크기, 식탁 수, 객석 수에 대하여 많은 제약이 있다.

2) 시간적인 제약

시간적인 제약도 식당 경영을 어렵게 하는 특징의 하나이다. 사람은 하루에 식사를 하는 습관이 3식으로 제한되어 있어서 효과적인 판매를 할 수 없다.

3) 상품의 부패용이성

식음료의 식자재 및 상품은 단시간 내에 판매되지 않으면 부패하고 장기간 보존도 불가능하다. 혹 장기간 보관하더라도 신선도가 떨어져 상품적 가치는 급격히 하락하게 된다. 그러므로 정확한 수요예측에 의한 구매, 저장, 관리가 요구된다.

4) 인적 서비스의 의존도가 높다

식당 경영에서 중요한 요건은 직접 고객과 접촉을 하는 종사원들의 정성과 친절이 인적 서비스의 핵심이며 종사원에 대한 인건비의 지출도 크기 때문에 종사원에 대한 지대한 관심과 효율적인 업무수행을 통하여 완벽한 서비스가 되도록 해야 한다.

5) 메뉴에 의한 상품 판매

메뉴는 식당 상품에 대한 가격, 조리법, 식재료 등에 대한 정보들을 상세히 설명하여 식당과 고객을 연결시켜 주는 안내자 역할을 하며 이러한 메뉴를 통하여 종업원이 설명을 하지 않아도 구매를 쉽게 할 수 있도록 도와준다.

6) 물리적인 환경의 영향

레스토랑의 성패는 요리의 맛과 인적 서비스의 질이 뛰어나도 빈약한 시설과 비위생적인 환경 그리고 고객의 관심을 끌어들일 수 있는 독특한 분위기가 조성되어야만 한다. 위의 조건이 갖추어져 있지 않으면 식욕을 감퇴시킬 뿐더러 고객을 반복적으로 유치할 수 없다.

7) 소액현금 판매의 원칙

식당 경영은 판매되는 상품의 가격은 소단위이고 현금판매를 원칙으로 하고 있기 때문에 운영자금의 회전속도가 신속한 것이 특징이다.

8) 타 부서와의 연계성

객실, 피트니스 센터, 기타 부대시설의 패키지나 행사를 연계하여 매출이 상승하는 경우가 많다.

제2장

호텔 식음료 부문의 조직

제1절 호텔 식음료 조직의 기능

1. 조직의 개념

조직은 특정한 목표를 달성하기 위하여 2인 이상의 종사원이 협력해서 하는 것이 효율적일 경우 형성된다. 호텔기업의 경영조직은 그 규모가 확대됨에 따라서 단위조직에서 복합조직으로 성장해 간다. 그것은 그 조직을 구성하는 구성원의 직능이 분화되는 것을 의미한다. 한사람의 인간능력은 한계가 있기 때문에 직무를 분담하는 것이다. 직능이 분화되지 않은 상태란 기업규모가 영세하던가 가족경영형태의 경우이다.

호텔은 신축성이 강하고 수입을 극대화시킬 수 있는 식음료 부문 판매에 의해서 성패가 결정된다. 그러므로 호텔 식음료의 조직은 일반 회사와 마찬가지로 회사의 경영이념에 입각하여 조직의 형태, 직원 상호간의 직무, 권한과 책임의 한계를 명확히 규정하여 엽무의 능률 을 높이고 영업활동을 촉진시키는데 그 의의가 있다.

식당 조직은 경제성에 목적을 두고 종사원은 경영목적을 달성하기 위하여 일정한 업무활동을 하게 된다. 이 엽무활동은 상호관계를 조직화함으로써 엽무를 능률적으로 수행할 수가 있다. 즉, 조직은 능률적인 관리를 위한 수단이며, 관리는 경영목적에 봉사하는 것이며, 조직은 관리에 봉사하는 것이다.

2. 호텔 식음료 조직의 기능

다양한 고객 수요를 충족시키고 원활한 식당 경영기능을 유지하기 위해서는 합리적인 조직체로서의 역할이 요구된다. 호텔 식음료 조직은 조직원 각자의 능력을 최대한 발휘하여 식당 서비스업의 기능을 유지하고 고객의 욕구를 충족시키고 효율적인 경영관리를 통하여 수익성을 확보할 수 있도록 조직화되어야 함을 말한다.

식당 사업이 규모의 경제원리를 적용, 관리해야할 만큼 규모가 성장하고 사회, 경제적으로 차지하는 비중이 증대되고 있어, 조직의 기능, 유지, 발전이 경영관리의 중요부분으로 부각 되고 있다. 더욱이 원활한 식음료 서비스 제공은 체계적인 조직관리 없이는 불가능한 만큼 식당 경영에서의 조직관리는 서비스와 고객창조가 직결됨을 명심하여야 한다.

식음료 조직의 목적은 요리와 음료 또는 연회를 일괄 판매하는 곳으로 식음료를 효율적으로 생산하여 그것을 유효하게 서비스하면서 수익의 최대를 가져오는데 있다.

호텔 식음료 업무기능을 부문으로 분류하면 식당부문, 주장부문, 연회부문으로 나눌 수 있다.

기능으로는 구매, 메뉴작성, 조리, 요리제공, 수령(Receiving), 창고관리, 준비(Preparing), 안전, 위생, 행정관리, 인사, 예산(Budgetary Procedure), 판매촉진(Sales Promotion) 등 스태프의 기능이 복잡하다.

이러한 조직의 복잡성을 간략하게 나열하면 다음과 같다.

❶ 식음료 구매와 판매 및 저장(Purchasing, Selling and Storing of Food and Beverage)

❷ 식사 준비(Preparation of Food)

❸ 식사 제공(Service of Food)

❹ 식음료 통제(Food and Beverage Control)

제2절 호텔 식음료 조직의 특징

과거 호텔조직은 대별하여 두개의 부문으로 분류하여 프런트 어브 하우스(Front of House)와 백 어브 하우스(Back of House)로 구분했었다.

식당부문을 백 어브 하우스(Back of House)라고 불렀는데 이것은 호텔의 업무가 객실에 치우치고 식당은 투숙객에게 편의를 제공하는 한 수단에 불과했기에 다소 등한시 된 것을 의미한다.

그러나 현대의 식음료 경영에서는 객실부문보다 수익과 인적구성면에서 월등히 앞서고 충분히 규모의 경제를 이룩할 수 있다. 그렇기 때문에 각 부문의 조직원들이 경영목적을 위해서 일정한 업무를 수행하는데 보다 효과적이고 능률을 제고시키기 위하여 종전의 1개 식음료과에서 탈피하여 식당과, 연회과, 음료과로 분류하여 각과의 기능과 특성을 최대한으로 발휘될 수 있게 관리하고 있다

식음료의 부문의 원활한 목적 달성을 위해서는 식음료 조직의 특정에 알맞은 효과적인 조직이 이루어져야 하는데 다음과 같은 조직의 특성을 갖는다.

1. 직무기능에 따라 조직한다

식자재 구입, 메뉴계획, 조리, 서비스 등 식당 식음료 서비스에서 수행되는 각 기능은 조직 구조의 일부가 되어야 한다. 그 기능은 분명한 목적과 직무에 따라 설정해야 한다.

2. 조직은 간단하게 편성한다

조직의 구성은 불필요한 직위가 없도록 간단하게 해야 한다. 계층 간의 거리를 짧게 함으로써 경영진과 종사원 간의 의사소통을 원활하게 할 수 있다. 즉, 한명의 간부에게 보고하는 부하직원의 수가 많은 큰 식당에서는 각 웨이터 그룹을 감독하기 위해 캡틴(Captain)을 임명한다.

3. 모든 직책에 대한 업무의 책임, 권한 및 경제적 책임을 밝힌다

업무분석의 연구결과 종사원들이 자기의 의무와 책임을 명확히 이해하지 못한다는 사실을 명심하여 모든 업무는 서식으로 명확히 밝혀야 한다. 종사원은 한명의 감독자에게 보고해야 하며 조직의 구성에 각 종사원의 위치를 서술하고 누구에게 보고하고, 또 누구에게 보고받아야 하는가를 밝혀 주는데 조직표를 이용하는 것이 효과적이다.

4. 모든 직급에 책임과 권한을 설정한다

경영자는 책임을 위임하는데 주저하지 말아야 한다. 식당의 소유주는 간부가 주어진 업무에 대한 책임을 맡았다면 그 업무를 수행하기 위해서 일정한 권한과 책임을 주어야 한다.

5. 운영절차의 표준화

표준화는 자료처리 기계화와 함께 식당 경영에 필요한 여러 가지 일상적인 결정에 관한 업무를 덜어준다.

6. 중앙집중화 혹은 분산화

식당의 운영에서는 경영을 중앙 집권화 할 것인가 아니면 분산시킬 것인가 하는 문제가 발생하게 된다. 권한, 업무적 책임, 경제적 책임의 위임은 관리의 효율성에 달려있다. 또한 분산화된 경영의 책임을 수행하기 위해서는 필요한 인격과 기술 및 판단력을 소유한 경영자가 있어야만 한다.

제3절 호텔 식음료 조직도

호텔의 조직은 규모나 호텔의 기능, 위치, 경영정책, 서비스 스타일, 고객의 성향 등에 따라서 달라지는데, 호텔에서 일어나는 기본적인 일은 유사하기 때문에 조직이 가시적으로 구성되어 있지 않다고 하더라도 어떤 방식이라도 유사한 업무는 누군가에 의하여 진행되고 있다. 특히 호텔 식당의 서비스편성은 식당의 특성이나 위치에 따라서 조직이 달라지겠지만 다음과 같은 요인에 의하여 결정될 수가 있다.

❶ 도심지, 관광지 등에 따른 식당의 위치

❷ 계절 또는 영업시간

❸ 식당의 특성 또는 등급의 수준

❹ 고객의 수용 규모

❺ 서비스의 형태 및 메뉴의 내용

❻ 경영주의 영업형태

1. 호텔 레스토랑 조직의 적정 규모

일반적인 레스토랑 경영자들은 조직의 적정규모는 서비스 테이블의 수, 제공되는 음식의 종류, 가격, 영업시간, 서비스 형태, 경영방침 등에 따라서 결정되지만, 테이블 서비스(Table Service)의 레스토랑에 있어서 100석이 가장 합리적인 운영을 위한 최소단위라고 한다. 그러므로 50, 60석보다는 100석 규모의 레스토랑운영이 합리적이고, 보통 카페테리아의 경영자들은 250석 이상이 가장 바람직한 운영의 규모라고 한다. 특히 급식식당은 500석 이상, 학교식당의 경우에는 적어도 400석 이상을 확보해야만 손익분기점을 맞출 수 있다.

2. 호텔 식음료부서의 조직도

호텔 레스토랑 조직의 원칙은 식음료 상품을 효율적으로 조달함과 동시에 원가절감을 통한 수익의 극대화를 꾀하는데 있다. 조직구성은 식당의 규모나 형태 고객의 수용정도 식당의 종류에 따라 다소의 차이는 있을 수 있겠지만 가장 중요한 것은 서비스 제도로 고객에게 원활한 서비스 제공을 위한 접객편성이 중심이 된다.

다음은 일반적인 대규모호텔의 식음료서비스 조직도이다.

[표 2-1] **호텔 식음료부의 조직**

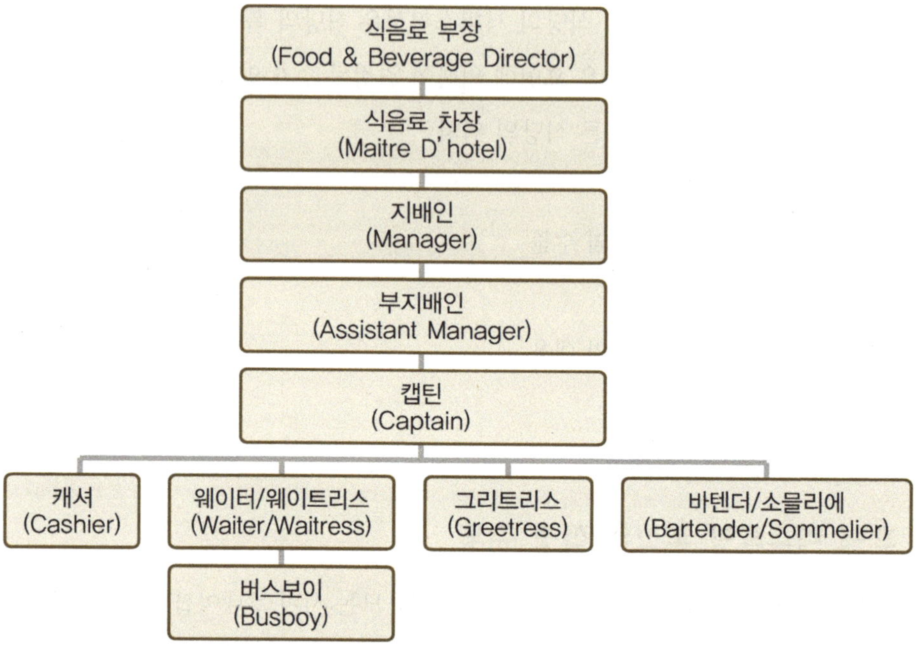

3. 서비스형식에 의한 레스토랑의 조직도

레스토랑에서 제공되는 서비스 형식에 따라서 3가지 형태의 조직으로 다음과 같이 분류할 수 있다.

1) 쉐프 드 랑 시스템(Chef de Rang System)

[표 2-2] **쉐프 드 랑 시스템 조직도**

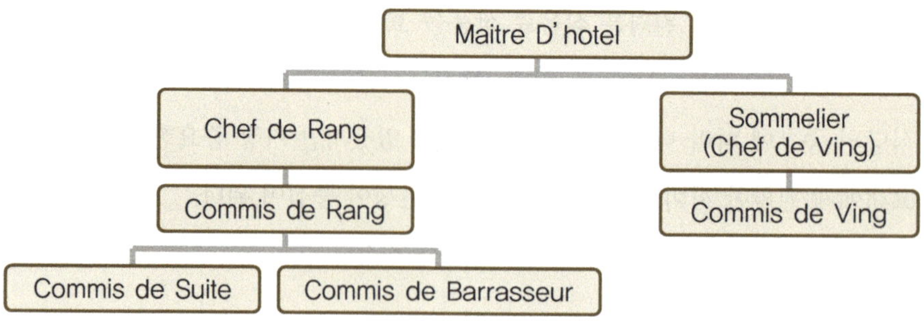

최고급의 서비스를 제공할 수 있는 고급 레스토랑에 적합한 시스템으로 프렌치 서비스라고도 한다. 레스토랑 지배인 아래에 캡틴(Captain)이 있고 그 아래 조직으로 2~3명의 웨이터가 있어서 일정한 구역을 담당하여 서브하는 제도이다.

(1) 쉐프 드 랑 시스템의 장점

❶ 수준 높은 서비스를 제공한다.

❷ 근무조건에 만족한다.

❸ 객단가가 높다.

(2) 쉐프 드 랑 시스템의 단점

❶ 종업원의 의존도가 높아서 인건비의 지출이 크다.

❷ 연중무휴의 고급레스토랑의 편성에만 적당하다.

2) **헤드 웨이터 시스템**(Head Waiter Svstem)

쉐프 드 랑 시스템(Chef de Rang System)을 축소시킨 것으로 캡틴(Captain) 밑에 식사담당(Meal Waiter)과 음료담당(Beverage Waiter)을 두어서 주어진 테이블을 서비스하는 것이다. 일반적으로 레스토랑에서 가장 많이 사용되는 제도이다.

[표 2-3] **헤드 웨이터 시스템 조직도**

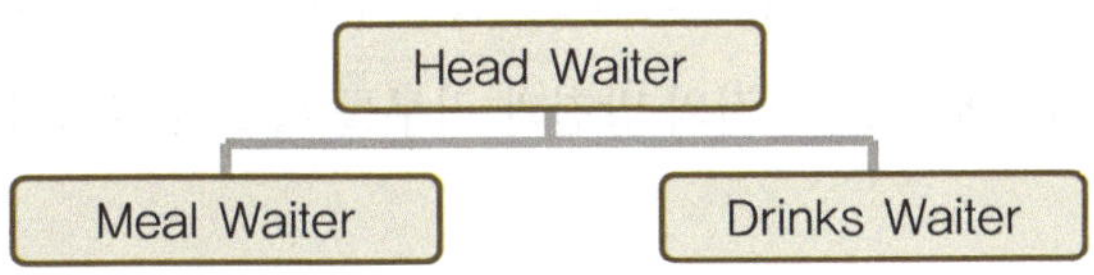

3) **스테이션 웨이터 시스템**(Station Waiter System)

하나의 식당에 한명의 캡틴(Captain)을 두어서 그 밑에 한명의 웨이터가 한 구역만을 서브하는 제도로 계절레스토랑 운영에 적합하다. 그래서 이 조직을 일명 One Waiter System이라고도 한다.

[표 2-4] **스테이션 웨이터 시스템 조직도**

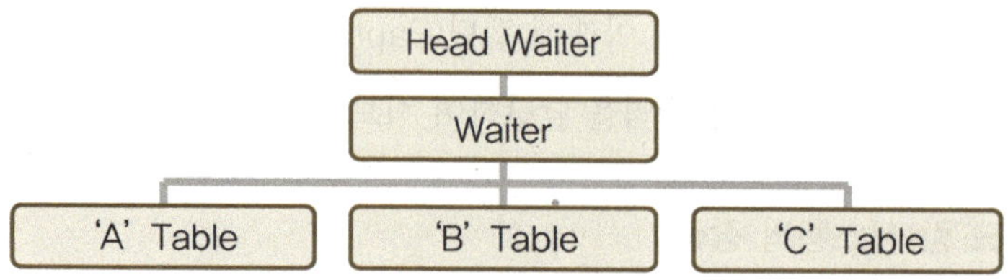

(1) 스테이션 웨이터 시스템의 장점

❶ 서비스가 충실히 이루어질 수 있다.

❷ 종사원은 높은 임금을 받을 수 있고, 경영자는 인건비 절감 효과가 크다.

(2) 스테이션 웨이터 시스템의 단점

❶ 담당구역을 비우기 쉽다.

❷ 고객을 기다리게 하여 불평을 사기가 쉽다.

제4절 호텔 식음료 종사원의 직무

현대 호텔의 식음료 부문의 일반적인 조직은 각 과의 특성을 최대한으로 살리기 위하여 경영자와 종사원에게 그 조직의 방침과 직무를 확실히 규명하기 위해서 직무를 분담하게 된다.

직무분담은 일부 조직원만 수행하는 것이 아니고 레스토랑조직에 포함되어 있는 조직원은 식음료 부장에서부터 최하위 종사원까지 각자의 고유한 직무를 수행하게 되는 것이다.

1. 식음료 부장(F&B Director)

식음료부의 최고 책임자로서 영업에 관한 정책수립 및 계획, 영업장 관리, 전 종사원의 인사관리 등 식음료부의 전반적인 운영 상태에 대한 책임을 진다.

2. 식당 차장(Maitre D' hotel)

식음료 부장(F&B Director)을 보필하고, 고객에게 제공되는 음식과 서비스를 비롯하여 모든 식당의 운영상태 및 문제점을 파악하고, 운영에 관한 책임을 지며, 각 식당 종사원의 인시관리, 서비스 강화교육을 맡는다.

고객의 불평불만을 경청하여 불만을 해소시키고 고객이나 종업원의 의견을 기록, 분석하여 식당 운영에 참고한다. 업장 운영상에 문제점을 해결하고 필요한 비품 및 소모품 청구 등의 업무를 수행하여 영업을 원활히 한다.

3. 식당 지배인(Manager)

식당의 책임자로서 영업장의 운영 및 고객관리, VIP 영접, 고객만족도 점검, 원가관리, 식당 종사원의 인사관리 및 교육훈련 등 종사원과 부서장 간의 직접·간접적인 중계역할을 한다.

4. 식당 부지배인(Assistant Outlet Manager)

식당 지배인(Manager)을 보좌하며 영업장 운영관리, 영업전후의 직원회의(Staff Meeting)을 주관, 직원의 근태 관리, 종업원의 주문을 받거나 Billing하는 것을 돕는다. 특히 대고객 서비스 관리를 주업무로 하며, 지배인 부재시 대리업무를 수행한다.

5. 캡틴(Captain)

직접 고객을 접대하는 서비스 책임자로 영업준비 상태와 종사원의 복장 및 용모를 점검하고 고객을 영접하고 식음료의 준비와 서비스를 담당한다. 레스토랑 내의 전반적인 사항을 숙지하여 고객에게 정보를 제공하고 정확한 주문과 서비스를 담당하며 주문전표와 계산서를 관리한다.

캡틴(Captain)의 주업무는 업장의 청결유지, 그리트리스(Greetress) 부재시 혹은 바쁠 때 고객을 영접하여 테이블로 안내하고 메뉴를 제공한다.

업장 내의 기물위치와 서비스 물품의 위치를 항상 점검하고 신입사원의 교육과 상품의 판매에도 수완을 발휘하여 매상을 증진시켜야 한다.

6. 소믈리에(Sommelier ; Wine Steward)

와인을 전문적으로 다루는 직원으로 고객에게 식사에 어울리는 와인을 추천하고 서브하며, 와인의 진열과 재고를 점검한다.

7. 웨이터/웨이트리스(Waiter/Waitress)

레스토랑 지배인과 캡틴(Captain)을 보좌하고 주문된 식음료를 직접 취급하여 고객에게 제공하며, 각 책임구역(Station)의 준비 및 정돈, 고객 예약석의 정돈상태 확인, 영업준비(Mise-en-Place)를 한다.

그날의 특별한 메뉴(Daily Special Menu)를 숙지하여 고객에게 추천하고, 제공 가능한 음료와 식사가 잘 조화가 되는 음료를 적극 추천할 수 있는 상품지식을 갖춰야 한다. 고객의 예약석은 정돈상태를 확인한다.

고객들의 행동과 요구에 즉각적인 반응을 하고, 식사는 너무 빠르거나 너무 늦지 않게 제공되도록 절차와 순서에 맞추어야 한다.

8. 버스보이/버스걸(Bus Boy/Bus Girl)

캡틴 및 웨이터을 보좌하며, 서비스의 보조 및 테이블세팅, 청소, 정돈 등의 업무를 수행한다. 세부업무로는 각종 기물(은제품, 유리제품, 도자기, 테이블 장식물)과 얼음, 비알코올성 음료를 준비하는 책임이 있고, 주문 후에 필요한 기물을 세팅하며, 업장 내의 모든 기물의 청소를 맡고, 식기 세척원, 음식물 저장소 근무원, 주방장, 조리사 등과 긴밀한 관계가 있다.

9. 그리트리스(Greetress)

그리트리스(Greetress)는 지배인 부지배인의 업무를 보좌하며, 고객을 영접하고 테이블의 적절한 안내 역할을 수행한다.

세부업무로는 식당을 방문하는 고객을 영접, 환송하며 그들을 안내하고, 식당 내의 점검을 수사로 실시하며 접객원들의 서비스를 돕고, 고객의 좌석 예약을 받아 귀빈에게는 경험있는 종사원을 배정한다. 안내원은 깨끗한 용모와 숙련된 화술을 구사할 줄 알아야 하며 항상 미소 띤 얼굴로 고객을 맞아야 한다.

10. 바텐더(Bartender)

알코올성 음료와 비알코올성 음료에 대한 지식을 충분히 갖고 각종 칵테일(Cocktail)의 조주기술을 익힌다. 때로는 바텐더가 술의 메뉴를 제시, 판매할 수 있는 기능을 겸하고 있어야 한다.

11. 캐셔(Restaurant Cashier)

식당 회계원(Restaurant Cashier)은 식당에서 근무하고 있지만, 그 소속은 경리부(Account Department)에 속해 있다. 식당 회계원의 주요 업무를 살펴보면 고객의 식음료 가격을 계산하여 그 날의 영업실적을 지배인에게 보고한다.

세부업무로는 General Cashier로부터 영업개시 준비금을 받아 별도로 보관하며, 캐셔는 고객의 요금을 수취한 후에 금전등록기를 작동시켜 기록하고 고객에게 영수증을 발행하며, 웨이터가 고객으로부터 받은 주문에 대해 주문서(Order Pad)를 작성한다. 주문서는 캐셔용, 주방조리용, 홀 서비스용으로 구성된다. 캐셔는 이를 근거로 Bill(2매 1세트; 수납원용, 고객영수증용)을 작성한다.

영업시간을 마치면 입금과 출금 금액을 확인하고 명세서를 확인하고 현금은 캐셔 봉투에 입금하여 금고에 보관한다. 캐셔는 고객을 맞이하는 최종적 단계로 밝은 미소와 깨끗한 용모로 전 업장의 이미지에 긍정적인 영향을 미쳐야 한다.

12. 스튜어드(Steward)

기물관리원으로 영업장 및 주방에서 사용하는 기물의 구입과 관리, 세척, 재고 및 손실파악을 담당하는 업무를 하는 종사원이다.

제3장

식당의 종류 및 내용

식당을 분류해 보면 명칭에 의한 분류와 식사에 대한 서비스 형식에 의한 분류, 제공 품목에 의한 분류가 된다.

제1절 식당의 종류

1. 명칭에 의한 분류

1) 레스토랑(Restaurant)

레스토랑은 고급식당으로 식탁과 의자를 마련하여 놓고 고객의 주문에 의하여 웨이터나 웨이트리스가 음식을 날라다 주는 테이블 서비스가 제공되며, 고급음식과 정중한 서비스, 훌륭한 시설이 갖추어진 최상급의 식당이다.

2) 커피숍(Coffee Shop)

고객이 많이 왕래하는 장소에서 커피와 음료수 또는 간단한 식사를 판매하는 크게 격식을 요구하지 않는 대중적 식당이다. 호텔의 부대시설로 반드시 갖추어야 할 시설이다.

3) 카페테리아(Cafeteria)

음식물이 진열되어 있는 카운터 테이블(Counter Table)에서 음식을 고른 다음 요금을 지불하고 종업원의 서비스를 받지 않고 손님 자신이 직접 날라다 먹는 셀프 서비스(Self Service) 식당이다.

4) 다이닝 룸(Dining Room)

주로 정식(Table d' hote)을 제공하는 호텔의 주식당으로 이용하는 시간을 정하여 조식을 제외한 점심과 저녁식사를 제공한다. 그러나 최근에는 이 명칭은 사용되지 않고 고유의 명칭을 붙인 전문요리 레스토랑과 그릴(Grill)로 형태가 바뀌었으며, 정식뿐만아니라 일품요리(A la Carte)도 제공하고 있다.

5) 그릴(Grill)

일품요리(A la Carte)를 주로 제공하며, 수익을 증진시키고 고객의 기호와 편의를 도모하기 위해 그날의 특별요리(Daily Special Menu)를 제공하기도 한다. 아침, 점심, 저녁식사가 계속해서 제공된다.

6) 뷔페 식당(Buffet Restaurant)

준비해 놓은 요리를 균일한 요금을 지불하고 기호에 맞는 요리를 선택하여 마음껏 먹을 수 있는 셀프서비스 식당이다.

7) 런치 카운터(Lunch Counter)

식탁 대신 조리과정을 직접 볼 수 있는 카운터 테이블에 앉아서 조리사에게 식사를 제공받는 식당이다. 고객

은 직접 조리과정을 지켜볼 수 있기 때문에 기다리는 시간의 지루함을 덜 수 있고, 식욕을 촉진시킬 수 있다.

8) 리프레쉬먼트 스탠드(Refreshment Stand)

간편한 간이음식을 만들어 진열장에 미리 진열하여 놓고, 바쁜 고객들로 하여금 즉석에서 구매해 먹을 수 있도록 한 식당이다.

9) 드라이브 인(Drive-in)

도로변에 위치하여 자동차를 이용하는 여행객을 상대로 음식을 판매하는 식당이다. 이 식당은 넓은 주차장을 갖춰야만 한다.

10) 다이닝 카(Dining Car)

기차를 이용하는 여행객들을 위하여 식당차를 여객차와 연결하여 그곳에서 음식을 판매하는 식당이다.

11) 스낵 바(Snack Bar)

가벼운 식사를 제공하는 간이 레스토랑이다.

12) 백화점 식당(Department Store Restaurant)

백화점을 이용하는 고객들이 쇼핑도중 간이 식사를 할 수 있도록 백화점 구내에 위치한 식당이다. 이곳에서는 대개 셀프서비스 형식을 취하며, 회전이 빠른 식사(Fast-Food)가 제공된다.

13) 인더스트리얼 레스토랑(Indusstrial Restaurant)

회사나 공장 등의 구내식당으로, 비영리 목적의 식당이다. 학교, 병원, 군대의 급식식당 등이 이에 속한다.

2. 식당 서비스 형식에 의한 분류

1) 테이블 서비스 식당(Table Service Restaurant)

일정한 장소에 식탁과 의자를 준비하여 놓고 손님의 주문에 의하여 웨이터나 웨이트리스가 음식을 제공하는 식당이다. 테이블 서비스(Table Service)는 가장 전형적인 서비스 형태로 쾌적한 분위기 속에서 웨이터나 웨이트리스가 보다 전문적이고 효율적인 방법으로 질 좋은 요리를 신속하게 제공하여 고객의 욕구를 충족시켜 주는 서비스이다.

호텔 레스토랑에서 고객에게 음식을 서브하는데 다양한 절차와 테크닉이 있지만 테이블 서비스는 네 종류에 불과하다. 아메리칸 서비스(American Serice), 프렌치 서비스(French Service), 러시안 서비스(Russian Service)는 대부분의 식음료 업장에서 사용되고 있다.

잉글리시 서비스(English Service)는 연회나 단체 급식에서 자주 이용하는데, 식당을 경영하거나 종사원들은 이런 운영상의 특징을 잘 파악해야 효과적인 식당운영의 묘를 살릴 수 있다.

(1) 프렌치 서비스(French Service)

프렌치 서비스는 시간의 여유가 많은 유럽의 귀족들이 훌륭한 음식을 즐기던 전형적인 서비스로 우아하고 정중하여 고급 레스토랑에서 제공되고 있는 서비스이다.

이 서비스는 고객의 테이블 앞에서 간단한 조리 기구와 재료가 준비된 조리용 차트(Cart ; Wagon)를 이용하여 직접 요리를 만들어 제공하거나 게리동(Gucridon)을 이용하여 실버 플래터(Silver Platter)에 담겨 나온 음식을 레쇼(Rechaud)나 알코올 또는 가스 램프를 사용하여 식지 않게 하여 음식을 덜어 주기도 하며, 먹기 편하도록 생선의 뼈를 제거해 주고 요리를 잘라 주기도 한다.

■프렌치 식당

보통 두 명 내지 세 명의 상당히 숙련된 웨이터가 서비스할 수 있으며, 이들은 요리와 칵테 일 기술이 겸비되어야 하며 쇼맨십(Showmanship)도 약간 있어야 한다.

그러나 날로 높아만 가는 인건비를 줄이고자 현재 프

랑스식당에서는 이러한 전통적인 서비스 방법이 플레이트서비스로 변화되고 있는 추세이다.

프렌치 서비스의 특징

① 일품요리를 제공하는 전문레스토랑에 적합한 서비스이다.
② 식탁과 식탁 사이에 게리동이 움직일 수 있는 충분한 공간이 필요하다.
③ 숙련된 종사원으로 서비스 편성이 이루어져야 하므로 인건비의 지출이 높다.
④ 고객은 남은 음식은 따뜻하게 보관되어 추가로 서비스할 수 있다.
⑤ 다른 서비스에 비해 시간이 많이 걸리는 단점이 있다.

(2) 러시안 서비스(Russian Service)

러시안 서비스는 생선이나 가금류를 통채로 요리하여 아름답게 장식을 한 후 고객이 식사하기 전에 잘 볼 수 있도록 보조 테이블(Side-Table)에 전시함으로써 식욕을 돋우게 하는 효과를 거둘 수 있도록 하는데서 유래되었다.

이 서비스는 1800년도 중반에 유행한 것으로 큰 은쟁반(Silver Platter)에 멋있게 장식된 음식을 고객에게 보여주면 고객이 직접 먹고 싶은 만큼 덜어 먹거나 웨이터가 시계 또는 방향으로 테이블을 돌아가며 고객의 왼쪽에서 적당량을 덜어 주는 방법으로 매우 고급스럽고 우아한 서비스이다.

러시안 서비스의 특징

① 전형적인 연회 서비스이다.
② 혼자서 우아하고 멋있는 서비스를 할 수 있고, 프렌치 서비스에 비해 특별한 준비 기물이 필요하다.
③ 요리는 고객의 왼쪽에서 오른손으로 서브한다.
④ 프렌치 서비스에 비해 시간이 절약된다.
⑤ 음식이 비교적 따뜻하게 서브된다.
⑥ 마지막 고객은 식욕을 잃게 되기 쉬우며, 나머지만으로 서브받기 때문에 선택권이 없다.

(3) 아메리칸 서비스(American Service)

아메리칸 서비스는 주방에서 접시에 보기 좋게 담겨진 음식을 직접 손으로 들고 나와 손님에게 서브하는 플레이트 서비스(Plate Service)와 손님의 수가 많을 때 접시를 트레이(Tray)를 사용하여 보조테이블(Side-Table)까지 운반한 후 손님에게 서브하는 트레이 서비스(Tray Service)로 나눌 수 있다. 이 서비스는 레스토랑에서 일반적으로 이루어지는 서비스 형식으로써 가장 신속하고 능률적이며, 고객 회전이 빠른 레스토랑에 적합한 방식이다.

아메리칸 서비스의 특징

① 주방에서 음식이 접시에 담겨져 제공된다.
② 신속한 서비스를 할 수 있다.
③ 적은 서비스 인원으로 많은 손님을 서브할 수 있다.
④ 음식이 비교적 빨리 식는다.
⑤ 고객의 미각을 돋우지 못한다.
⑥ 고급 레스토랑보다는 고객 회전이 빠른 레스토랑에 적합하다,

(4) 잉글리시 서비스(English Family Service)

잉글리시 서비스는 훼미리 또는 버틀러 서비스(Family or Butler Style Service)로도 알려져 있다. 잉글리시 서비스의 기본 특성은 서비스직원들이 모든 음식을 서빙 접시와 보올에 담아 테이블로 가져온다는 것이다. 음식을 주빈에게 보여준 후 고객들에게 접시를 건네주면 고객들은 그들이 먹을 만큼 스스로 덜어 먹는다.

이런 서비스 스타일은 고도로 훈련된 서비스 직원을 필요로 하지 않는다. 프렌치 서비스에서 발생되는 문제점은 잉글리시 서비스를 이용하면 모두 제거할 수 있다. 즉 잉글리시 서비스는 레스토랑 공간도 많이 필요로 하지 않으며 서비스용 기기나 서비스 시간도 절약하고 좌석 회전율 높일 수 있다. 기기 구입비나 인건비도 감소되기 때문에 메뉴 가격도 높지 않다.

한가지 단점이라면 양 조절을 통제할 수가 없다는 것이다. 그러나 음식을 최초로 담

을 때 양이 넉넉하고 이를 기초로 가격을 책정하면 음식의 양과 가격 간에는 직접적인 관계가 성립된다. 서비스에 대한 고객의 기대치가 높으면 잉글리시 서비스도 만족하지 못할 것이다.

2) 카운터 서비스 식당(Counter Service Restaurant)

조리장과 붙은 카운터를 식탁으로 하여 고객이 직접 조리과정을 지켜볼 수 있도록 주방을 오픈시켜 식사를 할 수 있는 형식으로써 때로는 웨이터가 음식을 테이블까지 날라주기도 한다.

이 형태의 레스토랑은 손님이 직접 조리과정을 지켜보기 때문에 고객의 불평이 적고 위생적이고 신속하게 음식이 제공되며, 많은 서비스 인원이 필요치 않는 것이 특징이다.

카운터 서비스의 특징

① 빠르게 식사를 제공할 수 있다. ② 고객의 불평이 적다.
③ 위생적이다.

3) 셀프 서비스 식당(Self Service Restaurant)

고객 자신이 기호에 맞는 음식을 직접 운반하여 식사하는 형식의 식당으로 뷔페 식당이 가장 대표적이다. 셀프 서비스 식당은 다음과 같은 특징이 있다.

셀프 서비스 레스토랑의 특징

① 기호에 맞는 음식을 선택하여 자기 양껏 먹을 수 있다.
② 회전이 빨라 매출액이 증진된다.
③ 신속한 식사를 할 수 있다.
④ 가격이 비교적 저렴하다.
⑤ 봉사료(Tip) 지불이 필요 없다.
⑥ 고객의 불평이 적다
⑦ 소수의 종사원으로 인건비가 적게 든다.
⑧ 진열되었던 음식은 재사용할 수 없어 원가가 높다.

4) 급식 식당(Feeding)

급식사업으로써 비영리적이며 셀프 서비스 형식의 식당이다. 회사 종사원을 위한 급식(Industrial Feeding), 학교급식(School feeding), 형무소급식(Prison Feeding), 병원급식(Hospital Feeding), 군대급식(Military Feeding)이 있으며, 일시에 많은 인원을 수용하여 식사를 제공할 수 있으나 일정한 메뉴에 의한 식사이기 때문에 자기의 기호에 맞는 음식을 선택할 수 없는 단점이 있다.

5) 자동판매 식당(Vending Machine Service Restaurant)

선진국에서 인건비의 급증으로 인하여 자동판매기의 인기가 높아가고 있다. 자동판매기(Vending Machine)을 통해서 비즈니스 호텔, 대형회사, 카페테리아에서 병, 깡통, 일회용 용기의 음료, 밀크, 아이스크림, 페스트리, 통조림 등으로 판매하는 식당이다.

6) 자동차 식당(Auto Restaurant)

버스형 자동차나 트레일러(Trailer)에서 간단한 음식을 싣고 다니면서 판매하는 이동식 식당이다. 출장 파티나 공원 같이 많은 사람들이 왕래하는 곳에서 영업을 한다.

7) 테이크 어웨이 식당(Take-away Restaurant)

고객을 위한 좌석을 마련하지 않고 간단한 조리시설 또는 진열장에서 패스트푸드 같은 음식을 주문 배달하거나 판매하는 간이 식당이다. 최근에는 유원지나 대형 빌딩, 백화점 지하상가에 많이 있다.

3. 제공 품목에 의한 분류

국가와 지방마다 요리는 각각의 향토색이 짙은 독특한 특색을 지니고 있으며 조리기술과 재료에 따라서 음식은 다양해지고 맛과 형태가 차이가 난다.

1) 이탈리아 식당(Italian Restaurant)

이탈리아는 우리나라와 기후, 지정학적으로 반도라는 특성, 연중 강우량, 고추와 마늘을 음식에 많이 사용하는 조리법, 국민성 등에서 매우 유사점이 많다.

이탈리아 요리는 14세기 초 탐험가 마르코 폴로(Marco Polo)가 중국의 원나라에 가서 배워온 면류가 고유한 스파게티(Spaghetti)와 마카로니(Macaroni)로 정착하였으며 메디치 가의 공주가 헨리 2세 국왕에게 시집가면서 프랑스요리의 원조가 되었다.

전 세계적으로 잘 알려진 피자, 스파게티, 파스타, 오소부꼬(Ossobuco), 스칼로삐네, 해산물 요리가 유명하다.

2) 프랑스 식당(French Restaurant)

세계적으로 유명한 프랑스 요리는 신선한 야채, 해산물, 육요리, 치즈, 와인, 향신료 등의 다양한 식재료를 이용하여 재료의 순수한 맛과 영양을 그대로 살리는 조리법과 음식의 맛을 배가시켜 주는 다른 음식과 비교할 수 없을 정도의 탁월한 소스(Sauce)를 들 수 있다.

3) 미국 식당(American Restaurant)

미국인들은 식재료를 곡물, 고기, 계란, 낙농제품, 야채, 과일, 빵 등을 이용하여 비프스테이크(Beef Steak), 바베큐, 햄버거 등을 즐겨 먹는데, 경제적인 재료로 영양 본위적인 식생활을 한다.

4) 중식당(Chinese Restaurant)

중국요리는 광활한 영토에서 산출되는 폭넓은 재료를 이용하여 지방마다 독특한 지방색을 표현하면서 중국대륙에서 발달한 요리의 총칭으로 일명 '청요리' 라고 한다.

중국요리의 가장 큰 특징은 서양요리나 일본요리가 색채 배합을 중요시하는 반면에 미각에 초점을 두고 오미(五味)의 절묘한 배합은 중국요리를 세계적인 요리로 발전시켰다.

대표적인 요리로는 오리 통구이(베이징야즈), 돼지고기에 진간장을 써서 만드는 홍사오로우(紅燒肉)가 유명하고, 구운 돼지고기 요리인 차사오(叉燒), 자차이 등이 유명하다.

5) 일식당(Japanese Restaurant)

일본요리는 사방의 바다에서 생산되는 해산물을 이용한 요리가 특히 발달했고 일본요리는 시각의 요리로 불릴 정도로 모양과 색채를 중요시한다.

일본요리의 특징은 고대 중국으로부터 한반도를 통하여 전래되어 온 문물과 함께 그 효시가 이루어졌으며 문화가 발달함에 있어서 일본인의 기호와 지역적 특성에 맞는 색깔, 향기, 맛을 위주로 하면서 고유한 특징을 지닌 요리로서 발전을 해 온 것이다.

6) 한식당(Korean Restaurant)

우리나라는 상고시대부터 전통적인 농경 생활을 해왔기 때문에 한국요리는 농산물 위주의 식물성 요리가 발달하였다.

지방마다 특산물이 다양하여 지역적 특성을 살린 향토 음식들이 창출되었고 시대에 따라서 전파된 종교의 영향, 외세에 따른 새로운 문물 도입에 영향을 받으면서 향토음식, 궁중 음식, 민간신앙 음식, 관혼상제 음식, 사찰음식, 계절음식, 발효음식, 떡, 과자 등 분야별로 변화의 과정을 거치면서 독특한 조리기술 개발과 상차림 및 독창적인 식기문화의 변천과 더불어 우리의 식문화가 발전되었다고 할 수 있다.

따라서 오랜 세월 동안 이루어진 독특한 형태의 다양한 음식들이 사회구조와 외래문화의 영향으로 오늘날에 와서는 전통성을 잃어버린 것도 있고, 또한 잊혀진 것들이 너무 많은 반면에 끈질긴 민족 보수성으로 현재까지 쌀을 주식으로 김치, 된장찌개, 불고기 등 각종 찬을 부식으로 하여 음식과 탕을 곁들이는 음식으로 정성스럽게 만든 음식을 한 상에 차려 놓고 격조 높은 식사를 하는 것이 한국요리의 특성이라 할 수 있다.

4. 식당경영 형태에 따른 분류

1) 독립형태의 식당(Independent Restaurant)

소유직영 방식이라고도 하며 식당 경영의 주체가 직접 투자하여 직영점을 개설하고 직접 영업을 하는 것이다.

(1) 장점

❶ 수익성이 높으며 통제가 용이하다.

❷ 어떤 방향으로든지 정책변화가 용이하고 피드백이 쉽다.

❸ 직영점 운영 시 시장조사, 전산화, 중앙회계와 같은 전 서비스 체제가 요구되는 것은 공통되는 것이지만, 이에 소요되는 비용은 체인경영 식당보다 적으며 효과적이다.

❹ 법적 문제 발생이 많지 않다.

(2) 단점

❶ **재무적인 위험** : 직접적인 투자를 하여야 함으로 재무적인 어려움과 위험을 느낀다.

❷ **느린 체인화** : 본사가 직접 자본력과 인력을 마련하여야 하므로 체인 전개 속도가 느리다.

❸ **낮은 효율성** : 이론적으로 보면 직영방식은 효율성을 얻게 되어 있지만, 실제로 보면 다른 방식보다 효율이 낮은 경우가 많다. 그 이유는 직영점의 종사원은 주인이 아니기 때문에 최소한의 의무만 수행하고 더 이상의 노력을 하는데는 게을리하기 때문이다.

2) 연쇄형태의 식당(Chain Restaurant ; Franchise)

대형 식당이 지점을 개설해 놓고 운영하는 경영방식으로 미국에서 1827년에 처음으로 로렌조 델모니코(Lorenzo Delmonico)가 연쇄식당을 연 것이 효시이다.

연쇄경영 식당은 강력한 중앙 통제로 중앙 조달에 의한 원가절감과 서비스 지도, 통일된 시설, 식음료의 요금 표준화, 공동선전, 공동구매 등을 통하여 경영의 묘를 살릴 수 있으며 고객이 구매하기 쉬운 장소에 위치하는 장점이 있다.

즉, 식당이 기업화되고 효율적인 통제와 관리, 원가절감에 기여할 수 있는 운영시스템이 체인화 시스템 혹은 프랜차이즈 시스템(Franchise System) 형태의 운영방식이다.

3) 전문식당

고객들은 취향이 단일화, 세분화, 전문화되어 가기 때문에 식당의 메뉴도 이러한 추세에 맞추어 전문화되어 가고 있다. 예를 들면 스넥, 핫도그(Hot Dog), 생선요리, 피자, 샐러드, 스테이크, 멕시코 음식 등 여러 가지가 있다.

4) 고급식당(Deluxe Restaurant)

여가와 소득의 증가로 생활수준이 높아짐에 따라서 고급요리를 찾는 계층이 늘어나고 있다. 식당의 분위기가 고상하고, 실내장식 및 집기 등의 설비가 고급화되는 레스토랑이 증가하고 있는 추세이다.

5) 실비식당

서민 혹은 노동자들의 부담 없이 식당을 출입할 수 있도록 저렴한 가격으로 음식을 판매하거나 셀프 서비스 스타일로 제공하여 통일 상품을 다량으로 판매해서 원가를 절감하여 고객에게 실비로 제공하면 박리다매의 경영기술을 꾀할 수 있는 식당이다.

제2절 식사의 분류

1. 식사시간에 의한 분류

1) 조식(Breakfast)

아침식사(Breakfast)는 대체로 07:00~10:00에 먹는 식사로 하루일과의 시작이기 때문에 그 날의 컨디션을 좌우한다. 대부분의 사람들은 수면 후에는 신경이 예민하기 때문에 아침 일찍 방문하는 고객은 특별한 관심이 필요하다. 그래서 종사원들의 친절하고 명랑하게 고객을 맞이하여 즐겁게 식사할 수 있는 분위기를 창출해야 한다.

영어의 블랙퍼스트(Breakfast)의 블랙(Break)은 깨다와 퍼스트(Fast)는 단식의 의미를 함축 하므로 블랙퍼스트는 공복을 깬다는 의미가 있다. 양식의 아침 식사에는 다음과 같은 종류가 있다.

(1) 아메리칸 블랙퍼스트(American Breakfast)

계란요리를 중심으로 한 다채로운 식사로 계란, 주스(Juice), 토스트(Toast), 커피(Coffee)를 위시해서 핫케이크(Hot Cake), 햄(Ham), 베이컨(Bacon), 소시지(Sausage), 프라이드 포테이토(Fried Potato), 시리얼(Cereal), 우유(Milk) 등을 선택해서 먹는 식사이다.

미국식 조식은 다음과 같은 코스로 제공되나 메뉴 작성자에 따라서 한가지 혹은 두가지 생략할 수 있다.

❶ 신선한 계절과일(Fresh Seasonal Fruits) **또는 주스류**(Juice)

포도(Grape), 오렌지(Orange), 사과(Apple), 배(Pear), 복숭아(Peach), 자몽(Grapefruit), 살구(Apricot), 수박(Watermelon), 키위(Kiwi) 등이 있다.

당근 주스(Carrot Juice), 인삼 주스(Ginseng Juice), 포도 주스(Grape Juice), 오렌지 주스(Orange Juice), 사과 주스(Apple Juice), 자몽 주스(Grapefruit Juice), 수

박 주스(Watermelon Juice), 키위 주스(Kiwi Juice), 토마토 주스(Tomato Juice), V8, 야채 주스(Vegetable Juice) 등의 주스가 있다.

❷ 시리얼(Cereal)

시리얼은 곡물류를 재료로 가공한 것으로 조식에 제공되는 시리얼의 종류는 핫 시리얼과 콜드 시리얼(Cold Cereal ; Dry Cereal)로 나눌 수 있다.

핫 시리얼(Hot Cereal)의 종류는 오트밀(Oatmeal : 귀리죽), 크림 휘트(Cream Wheat : 밀죽), 크림 비프(Cream Beef : 소고기죽), 포리지(Porridge)와 같은 종류가 있고, 콜드 시리얼은 콘플레이크(Corn Flakes), 쌀을 튀긴 라이스 크리시피(Rice Crispies), 라이신 브랜(Raisin Bran)[1], 버쳐무슬리(Birchermuesli)[2] 등이 있다.

시리얼(Cereal)을 제공할 때는 핫 시리얼(Hot Cereal)은 뜨거운 우유를 콜드 시리얼(Cold Cereal)은 항상 찬 우유를 같이 서브한다.

❸ 계란요리(Two Eggs)

미국식 조식은 계란요리가 주요리로 제공되는데, 계란요리(Eggs)는 조리방법에 따라서 명칭이 다양하며 두개를 가지고 조리하는 것을 원칙으로 한다.

계란요리를 서브할 때 주의할 점은 뜨거운 상태에서 음식을 제공해야 하며 주문도 정확하게 받는 것이 필요하다. 특히 주의할 것은 계란요리는 조리방법의 선택, 계란요리(Eggs)에 따라 나오는 햄, 베이컨, 소시지 선태, 보일드(Boild Eggs)의 시간, 오믈렛 주문 시 정확한 내용물을 넣어서 제공하는 것이 요구된다.

계란요리의 종류로는 다음같이 다양한 하게 제공된다.

가. 서니 사이드 업(Sunny Side up)

계란의 한쪽 면만 익힌 것으로 노른자의 표면이 약간 익을 정도의 계란요리이다.

---

1) 건포도와 밀기울을 섞은 것

2) 스위스 아침식사에 제공되는 곡물로 신선한 과일과 벌꿀, 호두, 요구르트, 건포도 등을 넣어서 만든 건강식 오트밀

나. 오버이지(Over Easy)

프라이드(Fried) 방식으로 계란의 양쪽을 익히는 방법으로 안쪽의 노른자가 익지 않고 바깥의 흰자만 조금 익는 정도의 계란요리이다.

다. 오버 미디엄(Over Medium)

프라이드(Fried) 방식으로 계란의 양쪽을 익히는 방법으로 안쪽의 노른자가 조금 익히고 바깥의 흰자를 완전히 익는 계란요리이다.

라. 오버 하드(Over Hard)

프라이드(Fried) 방식으로 계란의 양쪽을 익히는 방법으로 노른자와 흰자를 모두 익힌 계란요리이다.

마. 스크램블 에그(Scrambled Eggs)

계란을 흰자와 노른자를 잘 혼합하여 프라이 팬에 기름을 두르고, 우유나 생크림을 넣고 휘저으면서 익히는 요리방식이다.

바. 보일드 에그(Boiled Egg)

끓는 물에 삶은 계란요리로 삶는 정도에 따라서 미숙(Soft Boiled Egg), 반숙(Medium Boiled Egg), 완숙(Hard Boiled Egg)으로 분류한다. 미숙(Soft Boiled Egg)는 계란을 끓는 물에서 3~5분 정도 익히는 것으로 흰자는 익지만 노른자는 액체상태이다. 반숙(Medium Boiled Egg)는 끓는 물에서 6~8분 정도 익힌 것으로 노른자가 반숙상태의 요리이다. 완숙(Hard Boiled Egg)은 끓는 물에서 10~12분 정도 익히면 노른자가 완전히 익게 된다. 보일드 에그 주문을 받을 때는 고객에게 몇 분(分) 만큼의 보일드 에그를 원하는지를 확인해야 한다.

사. 포오츠 에그(Poached EGG)

93℃의 뜨거운 물에 소금과 식초를 넣은 후에 껍질을 제거한 생계란을 넣고 노른자가 완전히 익지 않게 요리하는 것이다.

아. 오믈렛(Omelette)

오믈렛은 계란의 흰자와 노른자를 잘 혼합하여 세개의 분량으로 스크램블 에그처럼 휘저으면서 익히면서 프라이 팬에서 타원형으로 예쁘게 말아서 익히는 요리이다. 오믈렛은 계란 안에 들어가는 내용물에 따라서 이름이 달라지는데, 주로 많이 들어가는 부재료는 햄, 시금치, 피망, 양파, 베이컨, 올리브, 치즈 등 다양하다. 오믈렛 안에 내용물을 넣지 않는 것을 플레인 오믈렛, 여러 가지 부재료를 많이 넣은 것은 컴비네이션 오믈렛이라고 한다.

❹ 빵(Bread)

빵은 무게에 따라서 분류를 할 수 있는데 빵(Bread)류는 225g 이상을 말하며, 번(Bun)류는 60g~225g를 말하며, 롤(Roll)류는 60g 이하의 빵이다.

조식용 빵으로는 토스트가 가장 많이 제공되며, 그 외는 스위트 롤(Sweet Roll), 크로와상(Croissant)과 함께 버터, 잼이 제공된다.

ⓐ 토스트용 식빵(Toast Bread) : 밀가루, 이스트, 설탕, 소금, 버터, 우유, 쇼트닝, 계란, 물로 만든다.

ⓑ 라이 브레드(Rye Bread) : 호밀 빵으로 밀가루, 호밀가루, 이스트, 소금, 설탕 등으로 만든 호밀 빵이다.

ⓒ 프렌치 브레드(French Bread) : 프랑스어로는 바게트(Baguette)라 부르며, 밀가루, 이스트, 소금, 물을 원료로 만드는 것으로 빵의 제조 방법 중에 가장 까다롭다.

ⓓ 크로와상(Croissant) : 밀가루, 설탕, 소금, 버터, 이스트, 우유, 계란 등을 재료로 하여 만든다. 크로와상(Croissant)은 오스트리아에서 처음 만들게 되었는데 그 유래는 오스트리아와 터키가 전쟁을 하면서 터키의 국기에 그려진 초생달 모양의 빵을 만들어 군사들에게 먹게 하여 군사들의 사기를 북돋은 데서 유래를 찾을 수 있다.

ⓔ 데니쉬 패스트리(Danish Pastry) : 반죽에 설탕, 유지, 계란이 많이 들어가는 덴마크식 빵으로 반죽을 유지로 싸서 굽는 빵이다. 모양과 맛, 속감 등이 다양한 것이 특징이다. 설탕에 절인 오렌지, 체리 등을 위에 올린다.

ⓕ 도넛(Doughnut/Dnut) : 도넛은 과자나 빵의 반죽을 성형하여 기름에 튀겨낸 것으로 고대의 올리브 기름에 튀긴 과자나 빵에서 유래했다.

ⓖ 잉글리시 머핀(English Muffin) : 소맥분이나 옥수수 가루를 사용하여 호떡 모양을 낸 빵이다.

ⓗ 블루베리 머핀(Blueberry Muffin) : 밑부분을 은박지로 싼 다음 블루베리를 넣고 만든 머핀이다.

ⓘ 베이걸(Bagel) : 이스라엘의 빵으로 물에 한번 삶았다가 오븐으로 구워내는 독특한 방법으로 만든다. 반으로 잘라서 구워 제공하며 훈제연어와 크림치즈를 함께 곁들여 먹는다.

ⓙ 브리오쉬(Brioche) : 소프트 롤과 유사한 젖꼭지 모양의 빵

토스트용 식빵

라이 브레드

프렌치 브레드

크로와상

데니쉬 패스트리

도넛

잉글리시 머핀

블루베리 머핀

베이걸

브리오쉬

❺ 음료(Beverage)

식사 음료로써 커피, 홍차, 코코아, 밀크, 인삼차 등에서 한 가지를 선택하게 된다.

ⓐ 커피는 식사 주문 전에 제공하며 식사도중 원하면 항상 더 제공한다.

ⓑ 홍차는 작은 접시에 티백 2봉지와 레몬 2조각을 스워드 픽(Sword Pick)에 끼워서 제공한다.

ⓒ 핫 초콜릿은 뜨거운 우유에 초콜릿 파우더를 풀어서 만든다.

ⓓ 인삼차는 뜨거운 물에 인삼차 티백 2봉지와 꿀 2개를 담아서 따로 제공한다.

[그림 3-1] 아메리칸 블랙퍼스트(American Breakfast)

CHOICE of JUICE(Orange, Tomato, Pineapple)
ジユース(オレンジ, トマト, パイナップル)
선택하시는 신선한 과일 주스

CORNFLAKES or OATMEAL
コーンフレーク又は オートミール
콘플레이크 또는 오트밀

TWO EGGS ANYSTYLE with HAM, BACON or SAUSAGE
お好みの 卵料理 とハム, ベイコン, ソーセージ
2개의 계란요리와 햄, 베이컨 또는 소시지

TOAST with JAM & BUTTER
トースト
토스트와 잼, 버터

COFFEE or TEA
コーヒー又は 紅茶
커피 또는 홍차

(2) 유럽식 조식(Continental Breakfast)

유럽에서 성행하고 있는 조식으로 계란요리와 곡류(Cereal)가 포함되지 않고 빵과 커피, 우유 정도로 간단히 하는 식사이다.

호텔경영 방식에 콘티넨탈 플랜에 의한 객실요금에 아침식사 요금이 포함되어 있는 경우에는 이 유럽식 조식이 많고 바쁜 고객이나 객실에서 룸서비스를 통하여 제공하기도 한다.

[그림 3-2] 유럽식 조식(Continental Breakfast)

CHOICE of JUICE(Orange, Tomato, Pineapple)
ジユース(オレンジ, トマト, パイナップル)
선택하시는 신선한 과일 주스

TOAST with JAM & BUTTER
トースト
토스트와 잼, 버터

COFFEE or TEA
コーヒー又は 紅茶
커피 또는 홍차

(3) 잉글리시 블랙퍼스트(English Breakfast)

유럽식과 구별하여 잉글리시 블랙퍼스트라 하는데 아메리칸 블랙퍼스트에서 계란요리 다음에 생선요리를 한 코스 더 추가한 것이다.

[그림 3-3] 잉글리시 블랙퍼스트(English Breakfast)

CHOICE of CHILLED JUICE
신선한 과일 주스 선택

CEREAL or PORRIDGE
시리얼이나 죽

TWO EGGS ANYSTYLE with HAM, BACON or SAUSAGE
2개의 계란요리와 햄, 베이컨 또는 소시지

FILLET of SOLE MEUNIERE or KIPPERED HETTING
버터구이 혀넙치나 훈제한 청어

MORNONG ROLL or TOAST
신선한 롤이나 토스트

COFFEE or TEA
커피 또는 홍차

(4) 비엔나식 블랙퍼스트(Vienna Breakfast)

계란요리와 롤(Roll) 정도에 커피가 제공되는 식사를 말한다.

[그림 3-4] 비엔나식 블랙퍼스트(Vienna Breakfast)

CROISSANT(Sweet Roll)
크로와상

MELANGE(1/2 Coffee, 1/2 Milk) 2cups
메란게

Soft Boll EGGS
삶은 달걀

(5) 조식 뷔페(Breakfast Buffet)

조식 뷔페는 주스류, 우유, 시리얼류, 샐러드, 과일, 빵 케이크류, 계란요리, 소시지, 베이컨, 햄, 포테이토 등으로 구성되었다. 일반 뷔페와는 달리 간단하고 건강식 위주로 저렴한 것이 특징이다.

2) 브런치(Brunch)

아침과 점식 식사의 중간 쯤에 먹는 식사로 보통 시간적으로는 10:00~12:00에 제공되는 것이다. 고객이 심야에 호텔에 도착하였거나 밤늦게까지 놀다가 늦잠을 자게 되면 아침시간을 지나 점심시간이 되어 아침과 점심을 겸한 식사를 하게 되는 현대의 도시생활인에 적용되는 식사 형태로 이 브런치(Brunch)는 블랙퍼스트(Breakfast)의 Br과 런치(lunch)의 unch의 합성어로 최근 미국의 식당에서 많이 이용되고 있다.

3) 점심(Lunch ; Luncheon)

점심(lunch)은 저녁보다 가볍게 먹는데 보통 3, 4가지의 메뉴가 구성되고, 아침과 저녁 사이에 먹는 식사로 보통 12:00~15:00에 하는 식사이다. 수프(Soup), 앙뜨레(Entree), 후식(Dessert), 음료(Beverage) 등으로 구분된다.

미국에서는 시간에 상관없이 낮에 먹는 식사를 런치(Lunch)라고 하고, 영국에서는 아침과 저녁 사이에 먹는 요리를 런치라고 한다.

점심을 런치와 런천(Luncheon)으로 표기하는데 런치는 보통 먹는 식사를 의미하나 런천(Luncheon)은 격식을 갖춘 점심식사를 의미한다.

4) 애프터눈 티(Afternoon Tea)

애프터눈 티는 영국인의 전통적인 식사습관으로 밀크 티(Milk Tea)와 씨나몬 토스트(Cinnamon Toast) 또는 멜바 토스트(Melba Toast)를 점심과 저녁 사이에 간식으로 먹는 것을 말한다. 그러나 지금은 영국뿐만 아니라 세계 각국에서 정오에 티 타임(Tea-Time)이 보편화되고 있다.

5) 저녁(Dinner)

저녁은 질이 좋은 음식을 충분한 시간적인 여유를 가지고 즐길 수 있는 식사이다. 보통 저녁식사 메뉴는 정식(Full Course)으로 구성되고, 음료 및 주류도 함께 마신다.

6) 만찬(Supper)

원래 격식 높은 정식 만찬이었으나, 변화되어 최근에는 늦은 저녁에 먹는 간단한 밤참의 의미로 사용되고 있다. 다른 의미로는 늦은 행사에 곁들여 먹는 가벼운 식사를 의미한다.

2. 식사내용에 의한 분류

제공되는 식사에 따라서 정식 차림표(Table D 'Hote)가 제공되는 정식 식당(Table D' Hote Retaurant), 일품요리(A La Carte)를 판매하는 일품요리 식당(A La Carte Restaurant), 뷔페 식당(Buffet Restaurant), 연회장(Banquet)으로 분류할 수 있다.

1) 정식 식당(Table D' Hote Restaurant)

정식은 정해진 메뉴에 의해 제공되는 것으로 식사의 풀 코스(Full Course) 요리를 제공하는 식당이다. 전채(Appetizer), 수프(Soup), 생선(Fish), 샤베트(Sherbet), 앙뜨레(Entrée), 샐러드(Salad), 후식(Dessert), 음료(Beverage) 등의 세트 메뉴가 주어지나 주문에 따라서 어느 코스가 생략될 수도 있다.

2) 일품요리 식당(A La Carte Restaurant)

고객의 취향에 따라서 메뉴에서 코스별로 한가지씩 선택 주문할 수 있는 메뉴를 제공하는 식당이다. 또한 앙뜨레(Entree)를 중심으로 선호하는 몇가지의 코스를 추가하여 구매하는 형태를 세미 따아블 도떼(Semitable D' Hote)로 제공될 수 있다.

3) 뷔페 식당(Buffet Restaurant)

뷔페 식당은 일정한 장소에서 일정한 요금을 지불하면 기호에 맞는 음식을 선택하여 마음껏 먹을 수 있는 레스토랑으로 뷔페의 종류에는 일반 대중고객을 받는 오픈 뷔페(Open Buffet)와 정해진 고객만 받는 크로스 뷔페(Close Buffet)가 있다.

뷔페의 어원은 바이킹의 생활에서 유래되었는데, 스칸디나비아어 스모가스보드(Smorgasbord)에서 왔다. 스모가스보드의 의미는 스모(Smor)는 버터 (Butter), 가스(Gas)는 가금류(Goose), 보드(Bord)는 널빤지(Board)를 의미하는 것으로 널빤지 위에 버터, 가금류 및 육류, 술 등을 펼쳐놓고 마음껏 먹던 것에서 유래하고 있다. 바이킹들이 오랫동안 바다에서 생활하다 육지로 오면 그들을 맞이하는 가족들이 배가 도착하는 곳에 술과 푸짐한 음식을 날라다 먹던 풍습에서 그 어원을 찾을 수 있다.

제4장

호텔 종사원의 기본 요건

제1절 호텔 종사원의 기본 자세

1. 종사원의 기본 정신

식당 종사원이 갖출 자격요건은 대단히 많지만 그 중에서도 우선적으로 고려할 것이 자신에 대한 뚜렷한 직업관과 올바른 정신자세를 갖추는 것이 필수이다. 이러한 정신적인 바탕 위에 서비스 종사원에게 요구되는 것을 간단히 요약하면 4S로 나타낼 수 있다

4S란 스마일(Smile), 스피드(Speed), 스마트니스(Smartness), 성실(Sincerity)로 스마일 (Smile)은 미소와 인사성, 스피드(Speed)는 민첩하며 무리 없는 행동, 스마트니스(Smartness)는 세련된 동작과 눈치 있는 행동, 성실(Sincerity)은 성실성, 친절, 따뜻한 마음을 의미한다. 내형적으로 이러한 조건을 갖추어 업무에 대한 흥미를 갖고 있으며 업무에 헌신적으로 임하는 성격의 소유자가 적임자이다. 외형적으로는 항상 깨끗하고, 예의바르고, 온화하고, 자신의 역할과 책임을 정확히 인식하여 맡은바 직무를 성실하게 수행하는 적극적인 자세가 필요하다.

따라서 종사원의 자격은 그의 업무에 애착심을 갖고 업무를 숙지해야 하며, 서비스를 실천해야 할 것이다.

특히 종사원은 서비스의 중요성을 인지하여 깨끗하고 예의 바르며, 신속하고 경제관

념이 투철하여 자기의 역할과 직무를 정확히 숙지하여 자신의 가치관을 판단하고, 자신의 보람과 긍지로써 맡은 바 임무를 수행함으로써 기업의 목적달성에도 이바지하는 것이 바로 종사원 의 기본정신이라 할 수 있다.

종사원이 갖춰야 하는 정신적인 요건을 4S와 더불어 스키치(SCEECH) 정신이라 하는데, 이는 종사원의 기본 정신의 영문자 첫 글자에서 인용했으며, 열거하면 다음과 같다.

1) 서비스(Service)

서비스는 환대사업(Hospitality Business)의 하나인 식당 사업에서 핵심 상품으로 고객에게 제공되는 물적 서비스와 진심 어린 마음으로 고객에게 부담감을 주지 않는 인간미가 가미된 인적 서비스를 말한다. 서비스 정신은 고객의 심리상태와 고객의 욕구파악을 위한 연구를 지속적으로 수행하여 고객이 만족할 수 있는 진정한 마음에서 우러나오는 진실된 마음으로 고객 서비스에 임해야 한다.

2) 청결성(Cleanness)

청결성은 식당에서 가장 기본이 되고 아무리 강조해도 지나침이 없다. 왜냐하면 레스토랑 청결은 고객의 위생과 직결됨으로 중요한 요소라 할 수 있으며, 이는 크게 공공위생(Public Sanitation)과 개인위생(Private Sanitation)으로 구분할 수 있다.

공공위생은 고객이 이용하는 공공장소와 제반시설의 청결 및 집기, 비품, 가구 등의 청결 상태에 고객이 불쾌감을 갖지 않도록 항상 깨끗하게 유지하여야 한다.

개인위생은 자기 자신의 청결 상태로 우선 신체상으로 건강해야 하고, 철저한 위생관념에 입각하여 몸과 마음을 청결히 가져야 함은 물론 용모, 복장 등 외형상 갖추어야 할 청결 요건을 완벽히 유지하여, 고객이 신선감과 쾌적함을 느낄 수 있도록 해야 한다.

이 모든 것이 철저하게 이루어지려면 식당 종사원들은 항상 청결성을 염두하고 업무에 따른 위생관리를 철저히 해야 한다.

3) 능률성(Efficiency)

종사원이 주어진 시간 내에 맡은 업무를 정확히 파악한 후에 최대의 능력을 발휘하여 효과적으로 업무를 수행함으로써 얻어낸 성과를 의미한다.

모든 업무의 능률을 올리기 위하여 종사원들은 매사에 적극적이고 능동적인 자세로 일을 수행해야 하며 업무의 흐름을 숙지하여 요령 있게 효과적으로 업무를 처리할 수 있도록 전반적인 기능을 향상시켜야 한다.

즉, 고객의 환영인사부터 표정 읽기(Face Reading)에 이르기까지 재빨리 파악하여 서비스제공에 능동적으로 대처하는 것이 바로 종사원의 능률성이라 하겠다.

4) **경제성**(Economy)

식당은 최대의 목표가 경제성으로 최소의 경비지출로 최대의 영업이익을 얻고자 함을 말한다. 절약정신은 레스토랑 종사원이 지켜야 할 사명인데, 즉 일정한 수준의 영업성과를 얻기 위하여 평소에 모든 종사원들은 투철한 절약정신과 주인의식을 갖고 레스토랑 운영에 소비되는 고정경비와 변동경비의 지출을 최대한 절감할 수 있도록 해야 하며, 또한 모든 경비지출에 따른 손실, 낭비 등을 막아 매출 및 이익증대에 이바지하도록 노력해야 한다.

5) **환대성**(Courtesy & Hospitality)

식당 서비스는 환대정신을 가장 필요로 하고 중요시함으로 종사원들은 고객을 대할 때 항상 즐거운 마음으로 얼굴에 미소를 가득 담고 정중하고 반갑게 공손한 태도로 고객을 맞이하는 것이 종사원의 사명이다. 따라서 종사원의 예의바른 접객태도와 충만된 서비스는 고객으로부터 아낌없는 칭찬과 서비스의 가치를 인정받을 뿐만 아니라 그로 인하여 파급되는 선전효과로 새로운 고객확보 및 이용빈도를 더욱 높여주는 계기가 될 것이다. 또한 회사의 발전과 자신의 윤택한 생활에 직결됨으로 절대 고객을 차별하거나 경시해서는 안 된다.

보편적으로 종사원의 환대 태도에 고객이 느끼는 감정은 아주 민감하고 평가기준 또한 냉정함으로 종사원들은 고객이 온화하고 안락한 분위기 속에서 언제나 정성어린 환대를 받고 있다는 호감과 좋은 인상을 고객이 갖도록 해야 하며, 수준 높은 서비스를 하기 위한 확고한 서비스 태도를 확립하도록 부단한 노력을 기울여야 한다.

6) 정직성(Honesty)

정직성이란 인간의 근본정신 중에 가장 참된 것으로 고객을 비롯한 타인에게 책임감 있는 행동을 취하여 신뢰받을 수 있도록 정직성을 생활의 신조로 삼아야 한다.

종사원 서로의 믿음과 협조를 통하여 원만한 관계를 형성해야 하고, 이를 기초로 경영주는 종사원을 믿고, 종사원은 경영주를 믿고, 종사원과 고객 간 서로 존중하는 이러한 믿음과 신뢰를 바탕으로 한 협조체제를 구축하여야 한다.

이상과 같은 기본 요건을 갖추었을 때 비로소 우리는 한사람의 종사원으로서 자격을 지녔다고 볼 수 있고 서비스 종사원 스스로가 어느 레스토랑, 어느 부서에 근무하여도 자신을 가지고 임할 수 있다.

2. 스마일(Smile)

미소는 만국의 공통어로 아름답게 보이는 최상의 요소이기 때문에 종사원들의 미소는 접객서비스 최고의 가니쉬(Garnish)로 서비스의 질적 향상에 큰 몫을 차지한다.

미소를 지음으로써 접객 시 나타낼 수 있는 7대 효과를 나열하면 다음과 같다.

❶ 미소는 서비스 효과를 극대화시킨다.

❷ 미소는 인상을 좋게 한다.

❸ 미소는 자기 자신의 품위를 높여준다.

❹ 미소는 걱정을 멈추게 한다.

❺ 미소는 상대방의 마음을 수용하기 좋게 한다.

❻ 미소는 주위환경까지도 즐겁고 행복하게 만들어 준다.

❼ 미소는 상대방을 즐겁게 활동시킨다.

제2절 호텔 종사원의 용모 및 복장

고객에게 주는 강한 이미지 중 하나는 종사원의 용모와 복장이다. 또한 식당에서 고객이 상품을 구매하는 과정은 물리적 환경이 중요하다. 물리적 환경이란 고객이 상품을 구매하는 과정이나 사용도중의 관련되는 여러 환경을 말한다.

종사원들의 복장과 용모, 서비스 태도는 그 식당의 품위 내지는 등급을 대변함으로 종사원들은 근무에 임하기 전에 자신이 갖추어야 할 몸가짐을 검검하는 자세를 습관화하여 항상 고객에게 깨끗하고 단정한 인상을 주도록 하는 것이 종사원으로서의 실제적 요건이라 할 수 있다.

고객에게 좋은 서비스를 제공하기 위해서는 깨끗하고 단정한 용모 및 복장을 갖추어야 하는데, 용모와 복장은 행동예절의 기초이다. 이렇듯 식당의 환경은 시설도 중요하지만 종사원의 복장과 용모도 대단히 중요한 하나의 요인이 되는 것이다.

용모에는 우선 깨끗한 신체, 단정한 두발 상태, 청결한 손과 손톱을 유지하고 요란한 화장은 금물이며 액세서리도 착용해서는 안 된다. 복장은 지정된 유니폼으로 항상 청결한 상태를 유지 착용하며 지정된 구두와 양말을 신어야 한다.

1. 종사원의 몸가짐

단정한 용모와 복장은 선천적인 자질이 아니고 부단한 노력에 의해서 세련됨과 내면에 쌓인 교양과 지성을 창조하는 것이다. 종사원의 몸가짐에서 가장 근간이 되는 것은 건강과 청결한 외모를 유지하는 것이다.

1) 남자 종사원

(1) 두발

서비스 종사원의 머리 모양은 단정하고 깨끗해야 하며 유니폼에 어울리는 모습이어야 한다. 가발의 착용이나 염색은 부자연스러우며 기름을 바른 머리에 가르마를 타서 단정하게 넘겨야 한다.

❶ 가능한 짧고 단정하게 하고 앞머리는 이마를 덮지 않도록 빗질하여 뒤로 넘긴다.

❷ 뒷머리는 와이셔츠 깃을 넘어서는 안 되며 앞머리는 귀가 덮이지 않도록 단정히 깎아야 한다.

❸ 비듬과 불쾌한 냄새를 예방하기 위해 청결하게 한다.

❹ 항상 머릿기름(무스, 스프레이, 젤리 등)을 바르고 드라이를 하며, 파마를 해서는 안 된다.

(2) 얼굴

고객을 대할 때 가장 중요한 인체가 얼굴이다. 호감을 줄 수 있고 항상 밝은 표정은 고객에게 신뢰감을 더해 줄 수 있으므로 얼굴관리를 잘 해야 한다. 얼굴의 종기, 상처에 파스를 붙여서 혐오감을 주거나 어두운 얼굴을 하고 있으면 고객에 게 부담을 줄 수 있다.

❶ 면도는 매일하여 깔끔한 상태를 유지해야 한다.

❷ 구레나룻은 귀 이하로 내려오지 않도록 깎아야 하며, 콧속 수염이 밖으로 나오지 않도록 잘라야 한다.

❸ 얼굴의 종기, 상처 등은 신속히 치료해야 하며, 반창고 등을 붙이고 영업장에 나가지 않도록 한다.

❹ 식사 후에는 반드시 양치질을 해야 하며, 입냄새가 있는 사람은 적절한 조치를 취해야 한다.

❺ 고객 앞에서 재채기, 기침, 딸꾹질 등을 하지 않도록 한다.

(3) 손, 손톱

고객에게 서비스할 때 손은 고객의 눈앞에 가장 가깝고 자주 보이게 되는데 청결하지 못하면 접객원의 품위를 상실하게 된다. 종사원의 손은 식품을 취급하는 경우가 많으므로 손톱이 2mm 이상 길어서는 안 되고 청결해야 한다.

❶ 손은 항상 깨끗이 씻어 청결을 유지하고, 상처난 손으로 서비스해서는 안 된다.

❷ 손톱은 반드시 짧게 깎아야 하고, 불순물이 끼지 않도록 가꾸어야 한다.

❸ 근무 중에 손으로 코를 후비거나 머리, 얼굴, 입 등을 만져서는 안 되며, 반지를 착용해서는 안 된다.

(4) 유니폼(Uniform)

유니폼은 호텔과 식당의 특성을 나타내는 역할을 하고 있다. 이러한 역할을 진정하게 표현하려면 아름답고 단정하게 그리고 예의 바른 유니폼을 갖추는 것이 필요하다.

❶ 유니폼은 소중하고 깨끗이 보관하고 다림질을 잘하여 착용한다.

❷ 얼룩이 지거나 더러워졌을 때는 즉시 교환하여 착용한다.

❸ 단추가 떨어졌거나 바느질이 터진 곳은 반드시 수선하여 입도록 한다.

❹ 착용 시 먼지, 비듬 등이 묻어 있어서는 안 된다.

❺ 명찰은 옷깃에 가리지 않도록 하며 왼쪽 정위치에 반듯하게 부착한다.

❻ 주머니가 불룩하면 보기 흉하므로 불필요한 물건은 넣지 않도록 한다.

❼ 볼펜은 항상 안쪽 주머니에 넣고 바깥 주머니에는 꽂지 않도록 한다.

(5) 와이셔츠

❶ 와이셔츠는 회사에서 지급된 것을 다림질하여 착용한다.

❷ 소매 끝, 깃 등이 더러운 와이셔츠를 입어서는 안 된다.

❸ 옷자락이 바지 바깥으로 보여선 안 되며, 소매길이는 3~5mm 정도 유니폼 소매보다 조금 긴 것이 알맞다.

(6) 넥타이

❶ 회사에서 지급된 것으로 착용한다.

❷ 항상 제 위치에 반듯하게 매어져 있는지 확인하는 습관을 갖는다.

❸ 넥타이핀은 바르게 착용한다.

(7) 구두와 양말

❶ 항상 깨끗하고 광택이 나도록 손질한 검정 단화를 착용하고 구겨 신지 않도록 한다.

❷ 모양이 너무 화려하거나 장식이 달리 복잡한 구두는 신지 않도록 한다.

❸ 구두 밑창이 떨어졌거나 뒷굽이 닳은 구두는 고객에게 좋지 못한 인상을 주므로 수선하여 신도록 한다.

❹ 양말은 검정색을 착용하고 매일 깨끗하게 갈아 신도록 한다.

2) 여자 종사원

(1) 두발

서비스 종사원의 헤어스타일은 단정하고 유니폼에 잘 어울리는 모습이 바람직하다. 보통 짧고 단정한 모양이 서비스하기 적당하고 부자연스러운 염색은 피하고 요란한 액세서리, 핀 (Pin), 밴드(Band) 등은 사용을 금한다.

❶ 여자의 머리형은 얼굴 형태에 알맞고 요란스럽지 않도록 꾸민다.

❷ 앞머리는 얼굴에 흘러내리지 않게 손질하며, 뒷머리는 블라우스 깃을 덮지 않게 올려 묶거나 짧은 머리로 깎아 활동하기 편하도록 해야 한다.

❸ 고객에게 불쾌감을 유발시키는 요란한 파마를 해서는 안 되며, 검정색 이외에 다른 색으로 염색하지 않도록 한다.

❹ 헤어 벤드(Hair Band)는 회사에서 지급한 동일품으로 깨끗하게 착용해야 하며, 정확한 위치에 반듯하게 매어져 있는지 수시로 확인해야 한다.

(2) 얼굴

식당에서 여직원은 고객과 직원들에게 생기를 불어넣어 줄 수 있는 항상 밝은 표정을 가질 수 있는 얼굴관리를 해야 한다. 얼굴피부는 피부결이 곱고 매끄러우며 윤기 있는 피부가 중성피부로 가장 바람직하며, 고객에게 호감을 많이 줄 수 있다.

❶ 화장은 밝고 자연스럽게 하며, 진한 화장을 하지 않도록 한다.

❷ 눈 화장(Eye Shadow, Eye Line)은 자연스런 색상이어야 하고 속눈썹을 달아서는 안 된다.

❸ 윤이 나는 립스틱(Lipstick)과 짙은 색의 립스틱을 사용해서는 안 되며, 짧고 자연스런 색상을 사용한다.

❹ 향이 강한 향수나 화장품은 사용해서는 안 되며, 근무 중에 귀걸이, 목걸이를 착용해서는 안 된다.

❺ 식사 후에는 반드시 양치질을 해야 하며 입냄새가 있는 사람은 적절한 조치를 취해야 한다.

❻ 고객 앞에서 재채기, 기침, 딸꾹질 등을 해서는 안 된다.

(3) 손, 손톱

고객에게 서비스할 때 손은 고객의 눈앞에 가장 가깝고 자주 보이게 되는데, 예쁘고 청결 하지 못하면 종사원의 품위를 잃게 된다. 종사원의 손은 식품을 취급하는 경우가 많으므로 손톱이 2mm 이상 길어서는 안 되고 청결하게 해야 한다.

❶ 손은 항상 깨끗이 씻어 청결을 유지하고, 상처난 손으로 서비스해서는 안 된다.

❷ 손톱은 반드시 짧게 깎아야 하고, 불순물이 끼지 않도록 가꾸어야 한다.

❸ 근무 중에 손으로 코를 후비거나 머리, 얼굴, 입 등을 만져서는 안 되며, 반지, 팔찌를 끼어서는 안 된다.

❹ 손톱에 매니큐어는 연한 살색, 주홍, 핑크 등이 립스틱과 조화를 이루면 좋다.

(4) 유니폼(Uniform)

❶ 유니폼은 소중하게 깨끗이 보관해야 하고, 다림질이 잘된 것을 착용한다.

❷ 얼룩이 지거나 더러워졌을 때는 즉시 교환하여 착용한다.

❸ 단추가 떨어졌거나 바느질이 터진 곳은 반드시 수선하여 입도록 한다.

❹ 착용 시 먼지, 비듬 등이 묻어 있어서는 안 된다.

❺ 스커트 길이는 회사에서 지급된 표준사이즈를 지켜야 하며, 임의로 올리거나 내려서 착용해서는 안 된다.

❻ 에어프런(Apron)은 다림질이 잘된 것으로 사용하고, 매듭을 보기 좋게 묶어 깨끗이 착용해야 한다.

❼ 주머니가 불룩하면 보기 흉하므로 불필요한 물건은 넣지 않도록 한다.

❽ 명찰은 옷깃에 가리지 않도록 하며 왼쪽 정 위치에 반듯하게 패용한다.

❾ 한복 치마는 땅에 질질 끌리지 않도록 길이를 잘 맞추어 착용하고, 저고리 동정은 수시로 교체하여 깨끗이 입도록 한다.

(5) 블라우스(Blouse)

❶ 회사에서 지급된 것으로 입어야 하고, 다림질이 잘된 것으로 착용한다.

❷ 소매끝, 깃 등이 더러운 블라우스를 입어서는 안 된다.

❸ 옷자락이 스커트 바깥으로 보여선 안 되며, 소매 길이는 유니폼 소매를 기준으로 3~ 5mm 정도 더 긴 것이 알맞다.

(6) 리본(Ribbon)

❶ 회사에서 지급된 것으로 착용한다.

❷ 항상 제 위치에 반듯하게 매어져 있는지 확인하는 습관을 갖는다.

(7) 구두와 스타킹(Stocking)

❶ 장식이 달린 복잡한 구두를 신어서는 안 되며, 절대 구겨 신어서도 안 된다.

❷ 구두 밑창이 떨어졌거나 뒷굽이 닳은 것은 고객에게 좋지 못한 인상을 주므로 수선하여 신도록 한다.

❸ 스타킹은 짙은 색상을 피하고 엷은 살색을 착용하며, 스타킹이 흘러내리거나 올이 나가지 않은 것으로 신는다.

2. 종사원의 서비스 자세

태도는 사람의 교양이나 건강, 생각 등이 외적으로 표현되는 것으로 내면적인 면과 동작이 일치되어 상대방에게 좋은 인상을 갖게 하는 기본요소이다. 서비스하는 사람은 상대방의 입장을 생각하는 이해심과 포용력을 지녀야 하며, 사적인 감정을 겉으로 나타내서는 절대 안 된다.

종사원들의 태도는 항상 명랑하고 밝아야 하는데 고객영접, 서비스, 환송시의 언어, 태도 및 행동은 무대 위에 있는 연극배우와 같다. 고객들은 자신을 서비스하는 종사원의 태도에 관심이 있고 무심코 비쳐지는 종사원의 서비스 자세를 마음속으로 평가를 하게 된다.

숙달된 종사원의 서비스 태도는 고부가가치의 상품이 되는 것이다. 고객에게 고부가가치의 상품을 제공하기 위해서는 연극배우가 무대에 서기 위하여 열심히 노력하듯이 부단한 노력을 통하여 몸에 익은 세련된 서비스맨의 자세가 요구된다.

1) 대기자세(Stand By)

종업원이 고객을 기다리거나 식사 중인 고객의 테이블을 주시(Watching)할 때 취하는 기본자세를 말한다. 고객의 어떠한 요구가 있을 때 즉각적인 반응을 보이며 고객이 요구하기 전에 고객이 필요로 하는 것을 제공할 수 있는 태도를 취하는 것이 좋다.

대기자세는 양손을 가볍게 주먹을 쥐고 바지의 재봉선에 붙인 다음 발은 뒷굽을 모으고 발의 내각을 약 30도 되게 벌린 후 턱을 당긴다. 항상 시선은 고객을 향하고 밝은 미소를 띄고 잡담을 하지 말아야 한다. 대기자세의 세부사항을 나열하면 다음과 같다.

❶ 가슴을 반듯이 펴고 바른자세를 취한다.

❷ 뒷짐을 지거나 의자, 탁자, 벽, 기둥 등에 절대 기대서지 않도록 한다.

❸ 양손은 계란을 쥔 손 모양을 하며, 왼손은 배꼽 앞으로 하여 암타월(Arm Towel)을 걸치고 오른손은 바지 재봉선에 붙인다.

❹ 대기 중에는 동료들과 잡담, 하품을 해서는 안 된다.

❺ 담당구역은 절대로 비우지 않도록 정위치를 지켜야 하며, 고객의 신호를 접하면 즉시 응할 수 있는 태도를 취한다.

❻ 대기 중에 신문, 잡지 또는 서적 따위를 읽어서는 안 되며, 껌을 씹어서도 안 된다.

❼ 휴식시의 자세는 한쪽 다리에 중심을 두고 다른 한쪽 다리에 힘을 빼고 약간 앞으로 내민 상태가 좋으며, 다리를 떠는 행위는 절대 없도록 한다.

[그림 4-1] 대기자세

2) 보행자세

보행 시에도 종사원은 걸음에 주의를 하여 보기 흉하게 양반걸음이나 서비스 맨의 품위를 떨어뜨리거나 자세가 흐트러지면 안 된다.

❶ 가슴과 등을 곧게 펴고 턱은 당기며, 시선은 정면을 향하고 보폭은 적당히 하여 자연스럽게 걷는다.

❷ 걸음을 뗄 때는 경쾌하고 조용히 걸어야 하고, 팔은 자연스럽게 흔들며 걷는다. 보행 중에는 다리가 벌어지지 않도록 걷고, 발을 질질 끌면서 걷지 않도록 한다.

[그림 4-2] **보행자세**

❸ 고객용 엘리베이터, 에스컬레이터, 화장실 등을 사용해서는 안 된다.

❹ 뒷짐을 지고 걷거나 주머니에 손을 넣고 걸어서는 안 되며 팔짱을 끼고 걸어서도 안 된다.

❺ 보행 중에 담배를 피우거나 껌을 씹으면서 다녀서는 안 되며, 주머니에 소리나는 물건을 넣고 다녀서도 안 된다.

❻ 항상 좌측통행을 하고, 모퉁이를 돌아설 때나 자동문을 통과할 때는 부딪히지 않도록 주의해야 한다.

❼ 식당 내에서는 어떠한 경우라도 뛰어서는 안 되며, 바쁘거나 급할 때는 빠른 걸음으로 조용히 걷는다. 아무리 급한 일이 있더라도 앞서가는 고객을 앞질러 가거나 앞을 가로질러 가서는 안 된다.

❽ 손님과 서로 지나칠 때는 걸음을 잠시 멈추고 손님의 행동반경을 피해서 가볍게 머리숙여 인사하고 손님이 먼저 지나가도록한다.

❾ 유니폼을 벗은 채로 다녀서는 안 되며 손님을 유심히 쳐다보거나 곁눈질, 치켜 뜨기, 흘리거나 손가락질을 해서도 안 된다.

3) 손의 사용법

손님을 기다리는 자세는 양손을 앞으로 모아서 바른 자세를 하고 기다린다. 안내설명에 관해서는 절대로 손가락만 사용치 말고 항상 손바닥을 곧게 펴서 손등을 아래로 향하여 전체로 가리킨다. 손은 주먹을 꽉 쥐지 말고 자연스럽게 손가락을 모아서 둥글게 쥔다.

❶ 가리키는 손은 겨드랑이에서 팔목을 떼고 팔굽부터 구부린다.

❷ 손과 함께 시선은 물체를 가리키는 방향으로 한다.

❸ 자세는 가벼운 절 정도로 앞으로 기울인다. 가리키는 방향으로 기울이면 불안정하다.

❹ 손가락을 가지런히 하여 손바닥 전체로 가리킨다.

[그림 4-3] 손의 사용

4) 특수한 경우

❶ 고객을 안내할 때는 손님보다 일, 이보 전방에서 걸으면서 안내한다.

❷ 명함이나 서류 등을 취급 할 때는 가벼운 절을 하며 양손으로 정중히 받는다. 손은 가슴보다 위쪽으로 놓아 받으며 시선을 물건에 둔다.

❸ 이러한 모든 동작은 등줄기를 펴고 손가락을 가지런히 하여야 하며, 항상 두손으로 물건을 주고받고 동작은 절도 있게 동작의 속도는 처음 동작은 보통 속도로 하고 동작 후 되돌릴 때는 천천히 행하도록 한다.

3. 인사

인사란 고객에게 자신의 마음속에 있는 존경심과 친애의 표시로 예로부터 인사는 여러 가지의 예절 중에서 기본이 되는 표현이다.

인사는 인간생활에서 근본이 되는 예절, 도덕, 윤리형성의 기본이며, 인간관계의 시작이다. 인사는 상사에 대한 존경심의 표현이고, 부하에 대해서는 사랑의 표시이며, 동료 간에는 애정의 표현을 외부로 표출하는 방법이다. 호텔에서는 고객에 대해서는 상혼과 서비스의 출발점이며, 방문에 대한 감사의 표시이다.

1) 인사의 중요성

식당에서 서비스 시 고객에게 심어지는 첫 인상이 인사로 결정되어지기 때문에 인사는 가장 평범하고 쉬운 것 같지만 공손하고 내면의 정성을 표출하기 위하여 많은 연습과 훈련이 필요하다.

2) 인사예절의 기본자세

대고객 서비스에서는 인사는 가장 기본이며, 예의바른 인사는 고객에게 호감을 주고 고객과 의 원만한 관계를 유지하는데 좋다. 인사는 정성어린 마음가짐으로 밝고 상냥하게, 정중하고 공손한 자세로 한다.

종사원은 항상 절도 있고 예의바른 인사 태도를 갖춰야 하는데 계절과 시간에 맞는 말, 시선, 얼굴표정에는 미소가 있어야 한다.

(1) 마음가짐

❶ 예의 바르고 정중한 태도를 갖추어야 한다.

❷ 정성과 감사하는 마음을 가져야 한다.

❸ 진실을 담은 자세가 중요하다

(2) 올바른 인사예절

❶ 양손을 가지런히 모아 자연스럽게 봄의 중앙 앞에서 공수한다.

❷ 목과 등을 뻗고 배를 끌어당기며 허리부터 상체를 구부린다.

❸ 가벼운 인사는 15도, 정중한 인사는 30도, 사과를 할 때 인사는 45도 정도로 허리를 굽힌다.

❹ 상체를 일으키고 다시 상대방의 눈을 응시한다.

❺ 상대방과의 거리는 2~5m가 이상적이다.

❻ 눈을 감아서는 안 되며, 시선을 1~1.2m 앞에 둔다.

❼ 허리를 펼 때는 굽힐 때보다 천천히 편다.

❽ 시선의 순서는 상대의 눈, 상대의 발, 상체를 들었을 때는 아이콘텍(Eye Contact) 후 스마일이 계속되도록 한다.

❾ 머리만 숙이는 인사, 입으로만 소리내는 인사는 바람직하지 못하다.

(3) 인사의 체크 포인트

❶ 손의 위치

남자 : 양손은 계란을 쥔 모양을 하고 자연스럽게 내려서 바지 재봉선에 댄다.

여자 : 두 손을 살며시 포개어 아랫배에 가볍게 댄다.

❷ 발의 위치 : 뒤꿈치를 붙이고 발의 내각을 30도로 벌린다.

❸ 시선의 방향 : 인사하는 각도에 따라 자연스럽게 자신의 발꿈치 또는 발꿈치 앞을 내려다보며, 얼굴을 쳐들고 인사해서는 안 된다.

❹ 얼굴의 표정 : 항상 가벼운 미소를 띠며 인사하고, 크게 웃거나 이상한 웃음을 지어서 는 안 된다.

❺ 허리, 머리 : 허리에서 머리까지 일직선을 유지하며, 머리만 숙이거나 허리만 굽히지 않도록 한다.

❻ 다리 : 곧게 펴고 무릎은 밀착한다.

❼ 인사말 : 인사하는 시기와 같아야 하며, 외국인일 경우 필히 존칭(Ma' am, Sir) 표현을 한다.

❽ 유의 사항 : 인사 시 고객의 통행을 빙해해선 안 되며, 걸어가면서 인사해서도 안 된다.

3) 인사의 종류

(1) 목례

인사는 대상과 상황에 따라서 인사를 하는 방법이 달라져야 한다. 인사의 종류는 목례, 경례, 최경례 세 가지로 분류할 수 있다.

[표 4-1] **인사의 종류**

구분 \ 인사		목례	경례	최경례
인사의 각도		15도	30도	45도
인사의 속도		구부린 후 곧장 편다.	구부린 후 1초 정도 멈춘 후 편다.	구부린 후 1초 정도 멈춘 후 편다.
대상		동료나 외국인 고객	일반고객	고객을 처음 맞이할 때, 사과, 감사의 표시
시선		발끝에서 5~6m 전방	발끝에서 2m 전방	발끝
손위치	남	가볍게 주먹을 쥐고 엄지로 주먹 속이 보이지 않게 하여 바지 재봉선에 붙인다.		
	여	오른손으로 왼손을 감싸고 엄지손가락을 서로 교차시켜서 아랫배에 가볍게 댄다.		
발		발꿈치의 내각이 30도 되게 선다.		
표정		가볍게 미소를 띈다.		
다리		양무릎을 붙여서 곧게 편다.		
엉덩이		엉덩이를 뒤로 빼지 않는다.		
허리와 머리		허리에서 머리까지 일직선을 유지한다.		
주의		시선을 바르게 해야 한다.		

■목례

■경례

■최경례

(2) 악수로 하는 인사

악수는 인류가 석기시대부터 지구상에 출현하여 살면서 생겨난 자연스런 인사이다. 악수는 상대방과의 눈을 마주보며 부드럽게 행하는 것으로 손을 꽉 잡는다던가 손바닥에 손가락을 넣는다던가 너무 강하게 흔드는 태도는 삼가는 것이 좋다. 그리고 악수는 인사이므로 구태여 고개를 숙여서 인사하지 않아도 된다.

악수하는 요령은 다음과 같다.

❶ 오른손을 가볍게 잡고 시선을 상대방의 눈을 향하여 상체를 가볍게 숙인다.

❷ 악수를 할 때는 장갑을 벗는 것이 예의 이다.

❸ 이성 간에는 여성이 손을 내밀었을 때 한다.

❹ 연장자나 지위가 높은 사람이 손을 내밀었을 때 악수한다.

❺ 악수는 진심과 호의로 해야 하며 아첨이나 비굴한 모습으로 해서는 안 된다.

❻ 두 손으로 상대방의 손을 잡거나 허리를 심하게 굽히거나 손을 심하게 흔들어서는 안 되며 너무 오랫동안 쥐고 있어서도 안 된다.

제3절 종사원의 접객 용어

1. 고객과의 대화 요령

고객과의 대화 시 언어의 선택, 말씨는 사람의 품위를 결정짓는 주된 요인이다. 말을 통하여 그 사람의 교양, 인격, 정신자세를 상세히 드러나며 식당 서비스는 대화로써 손님의 욕구나 불만을 파악한다. 이러한 욕구나 불만을 대화 또는 행동으로 충족, 해소시켜 주는 업무라 하겠다.

대화를 통한 서비스는 언어 매체를 이용하는데, 언어는 음성언어와 비음성언어로 분류되는데 어떠한 경우든지 항상 표준어를 구사하고 은어나 전문용어, 약어는 사용해서는 안 된다.

호텔 종사원들은 고객에게 편안함을 줄 수 있는 품위 있는 화술로 고객을 모시고 서비스 시 사용되는 모든 언어는 잘 다듬어 정확히 표현할 수 있는 습관을 들여야 한다.

또한 고객과의 대화 시는 항상 고객과 종사원의 관계를 잊지 말고 지나친 대화는 삼가고 한자리에 너무 오래 머물러서 이야기하는 것은 삼간다.

외국인과의 대화 시에는 정확히 내용을 알고 대답을 하여 되묻는 실수를 하지 말고 혹시 못 들었을 때는 양해를 구하고 정확히 알 때까지 반복하여 묻는다.

2. 대화의 원칙

대화의 원칙이란 어떤 규칙이나 철칙처럼 굳어져 있는 것이 아니고 대화 이전에 따뜻한 마음가짐, 상대방의 입장을 이해하려는 진심만 있다면 상대방에 호감을 갖게 된다.

반대로 아무리 달변가라고 해도 진심이 담겨져 있지 않으면 상대방의 마음을 잡을 수 없고 경우에 따라서 상처를 줄 수 있다.

진실되고 아름다운 회화를 하려면 언제나 부드럽고 고운 마음, 여유 있고 폭넓은 마음가짐을 갖도록 해야 한다.

1) 서비스 대화의 원칙

❶ 언어는 표준어를 쓰며 말할 때는 정중한 존대법을 쓰는 것이 중요하다.

❷ 간결하고 알기 쉬운 말을 사용하여 이해가 빠르게 한다.

❸ 업무와 관계없는 쓸데없는 농담이나 유행어, 저속한 언어의 표현 등은 종사원의 인격에 손상을 주게 되므로 항상 바르고 올바른 언어를 쓸 수 있도록 노력한다.

❹ 아무리 말씨가 정확하고 태도가 좋아도 주위의 상황에 개의치 않는 큰 목소리나 긴말은 삼간다. 대화하는 말속에 항상 친절한 미소를 가지도록 힘써야 한다.

❺ 고객의 말을 끝까지 경청하며, 고객의 입장에서 이해하도록 노력한다.

❻ 고객의 수준(연령, 학력, 지위, 성별)에 맞는 알기 쉬운 말을 사용한다.

❼ 부정형보다는 긍정형으로 표현한다.

❽ 명령형보다는 의뢰형의 표현을 쓴다.

❾ 대화는 상대방의 언어 속도에 준해서 따라 한다.

❿ 시간과 계절에 알맞은 용어를 사용한다.

⓫ 고객의 요구를 거절할 사항이 있다면 의뢰형을 사용한다.

⓬ 고객의 반응을 주시하면서 대화를 한다.

2) 서비스 용어

(1) 5대 서비스 용어

❶ 안녕하십니까?(어서 오십시오)
❷ 무엇을 도와드릴까요?
❸ 감사합니다.
❹ 죄송합니다.
❺ 안녕히 가십시오(또 오십시오)

(2) 서비스 시 상용되는 표현

❶ **기다리게 할 때** : 죄송하지만, 잠시만 기다려 주시겠습니까?
❷ **기다리게 했을 때** : 오래 기다리셨습니다. 죄송합니다.
❸ **재촉할 때** : 죄송하지만, 빨리 좀 부탁드립니다.
❹ **물을 때** : 실례지만 ㅇㅇ입니까?
❺ **이름을 물을 때** : 실례지만 성함이 어떻게 되십니까?
❻ **되물을 때** : 죄송하지만 한 번 더 말씀해 주시겠습니까?
❼ **승낙할 때** : 네 알겠습니다. 네 그렇게 하겠습니다.
❽ **거절할 때** : 죄송하지만 ㅇㅇ하기는 어렵습니다.
❾ **의뢰할 때** : 죄송하지만 ㅇㅇ부탁할 수 있겠습니까?
❿ **사례할 때** : 대단히 감사합니다.
⓫ **모를 때** : ㅇㅇ은 잘 모르겠습니다. 죄송하지만 잘 모르겠습니다.
⓬ **상대의 의견을 물을 때** : ㅇㅇ이 어떻겠습니까?
⓭ **상대의 의견에 따를 수 없을 때** : 그렇게 하기는 곤란합니다. 죄송합니다.
⓮ **즉시 대답할 수 없을 때** : 지금은 알기 어렵습니다. 곧 알아서 회답해 드리겠습니다. ㅇㅇ까지 알려드리겠습니다.
⓯ **그 외** : 여기 있습니다. 네 곧 가겠습니다. 부르셨습니까? 잘 알고 있습니다. 덕분입니다.

3. 서비스 용어 사용 시 주의사항

언어는 고객과 종업원 사이의 커뮤니케이션을 통하기 위한 기초 도구로 마음을 나타내는 수단이므로 바르고 정중한 말씨를 구사하여 고객에게 좋은 평판을 받도록 한다. 즉, 똑같은 말이라도 사용여부에 따라서 의미가 달라지므로 항상 올바른 언어를 사용해야 하며, 이러한 언어는 올바른 마음가짐에서 비롯된다.

그러므로 식당 종사원들은 고객이 편안함과 따뜻함을 느낄 수 있도록 진심 어린 마음과 예의바른 자세를 갖추어 가장 품위 있는 말씨로 고객을 모셔야 하며, 서비스 시 사용되는 모든 언어는 잘 다듬어 정확히 표현할 수 있도록 습관화해야 한다.

식당에서는 항상 긍정적으로 표현하고 직접적인 부정적 표현을 피하고 우회적으로 부정적 표현을 해야 할 때는 우회적인 부정의 의미를 전한다.

서비스 시 매직워드를 적당한 시기에 알맞게 사용하여 고객과 친밀한 관계를 유지하고 원만한 관계를 유지하는데 매우 중요하며, 말없는 서비스는 고객에게 부담을 줄 수도 있다.

호감을 받는 대화의 실마리는 언제나 상대방의 입장에서 존중하는 자세로 임하며 다음과 같은 사항을 주의해야 한다.

❶ 상대고객의 관심사를 파악하여 흥미 있는 대화와 화제의 공통점을 찾도록 한다.
❷ 밝은 표정과 미소로 대화에 임해야 한다.
❸ 실수를 했을 때 솔직히 시인하며, 될 수 있으면 변명을 하지 않는다.
❹ 상대방의 대화 중에 가로채거나 끼어들지 않는다.
❺ 자신의 말을 하는 것보다는 고객의 말을 잘 들어주는 자세가 필요하다.
❻ 고객 서브 시에 매직 워드(Magic Word)[3]를 알맞게 사용한다.

[표 4-2] 테이블 서브 시 매직 워드(Magic Word)

상 황	상황에 따른 매직 워드(Magic Word)
고객맞이	ㅇㅇ 사장님 어서 오세요.
감사할 때	감사합니다.
주문받을 때	주문받겠습니다.
음식제공 시	주문하신 ㅇㅇ요리입니다.

3) 고객접객 응대 용어로 계절과 시간, 상황에 알맞은 언어이다.

상 황	상황에 따른 매직 워드(Magic Word)
추가 서비스 시	맥주 한잔 더 하시겠습니까?
식사 후 치울 때	식사는 맛있게 하셨습니까?
	그릇을 치워도 되겠습니까?
테이블에 접근 시	실례합니다.
환송 시	안녕히 가세요.

제4절 종사원의 보고 요령

식당 영업을 하다보면 전달사항이나 건의사항, 고객의 지적에 대하여 종사원에게 알려야 할 사항이 발생한다. 의사전달 수단으로 영업 전 회의 (Meeting)를 개최하고 영업 후에도 그날의 영업상태를 평가하는 회의를 하지만 휴무직원이나 교대근무와 같은 이유로 인하여 회의에 참석 못하는 직원을 위하여 로그 북(Log Book)[4]을 사용한다. 이러한 의사전달과 보고를 하는데도 일정한 원칙이 있다.

1. 보고의 원칙

영업장에서 문제가 발생하거나 지시사항이 있으면 모든 것을 혼자서 해결하려고 하면 오히려 문제를 악화시키는 결과를 종종 볼 수 있다. 비록 자신이 큰 실수를 했더라도 너무 늦지 않게 동료나 상사에게 솔직히 사과하고 알린 후 문제해결을 하려는 자세가 바람직하다. 보고는 바람직한 문제해결을 위해서는 다음과 같은 원칙이 제시된다.

❶ 보고의 시기를 놓치지 않는다.

❷ 정확하고 요령 있게 보고한다.

4) 식당영업장에서 의사전달의 수단으로 회의 내용의 기록과 월별, 일별의 영업목표, 실제매출, 근무인원, 영업상 특이 사항, 직원의 건의 사항, 다음 근무 조에게 인수인계 사항 등에 대하여 자세히 적어 놓고 의사전달을 하는 기록일지

❸ 정확성과 신뢰성 있는 보고를 한다.

❹ 보고형식이 내용에 알맞아야 한다.

❺ 소기의 목적을 담아서 보고한다.

❻ 필요 시 중간보고를 해야 한다.

2. 중간보고가 필요한 경우

업무의 지시나 문제가 단시간에 끝나지 않을 때 진행상황이나 업무의 진척정도 진행될 결과에 대하여 중간보고를 할 필요가 있는데 그와 같은 경우를 더욱 세분하여 살펴보면 다음과 같다.

❶ 지시받은 업무가 생각보다 장기간에 걸쳐 행해지는 경우

❷ 지시된 방법으로 업무를 수행해도 해결되지 않는 경우

❸ 지시한상사가 일의 진행상황을 알고 싶어하는 경우

3. 상사에게 보고 및 지시받는 요령

보고의 내용을 상사에게 전할 때도 처음부터 끝까지 예의를 지켜서 적당한 표현으로 우물쭈물하지 말고 충분한 의사전달이 되게 하기 위해선 다음 사항에 주의해야 한다.

❶ 겸허한 마음으로 사실 그대로를 간단명료하게 말한다.

❷ '안 됩니다', '못합니다' 등 부정적인 의견으로 상사를 몰아 부쳐서는 안 된다.

❸ 자기자신을 과시하는 내용으로 말하지 말아야 한다.

❹ 불쾌감이 없는 의견의 교환이 이루어지도록 한다.

❺ 우물쭈물하거나 무사안일, 적당주의 식으로 이야기해서는 안 된다.

❻ 다른 사람과 연관된 업무에 대해서는 직접적인 표현을 피한다.

4. 보고 체계도

정규적인 업무의 보고는 시간과 장소가 정해져 있기 때문에 주기적으로 보고가 이루어지지만 정규보고 외에 특수한 경우의 내용을 보고할 경우는 위계질서를 무시하지 말고 당사자의 직속상관을 거쳐서 육하원칙을 통하여 자세한 내용과 지시를 요구한다.

특히 업장에서 필요한 엽무를 다른 부서에 요청하거나 부서 내에서도 당사자의 상위 직책을 뛰어넘지 않는 보고 체계를 갖추어야 한다.

[표 4-3] 식음료 업장의 보고 체계도

제5장

호텔 식음료 서비스의 실제

제1절 예약 및 전화응대 요령

1. 예약

1) 레스토랑 예약 업무

문명의 발달로 현대사회가 점점 복잡해지고 정확한 시간계획에 의하여 행동하는 현대인에게 모든 면에서 예약에 대한 의미는 크다고 할 수 있다. 레스토랑의 예약은 고객들 간에 접대하거나 사업상 또는 인간관계를 나눔에 있어서 인간생활의 커다란 한 부분을 차지하고 있어서 예약의 의미는 더욱 중요하다고 할 수 있다.

예약은 고객 자신을 위한 것으로 예약 담당자는 고객의 요구사항을 정확히 접수하여 철저한 사전 준비와 효율적인 서비스로 고객이 계획하고 있는 행사를 차질 없는 수행하기 위한 것이다. 사전 예약을 함으로써 고객은 시간, 계획 등을 차질 없이 즐길 수 있는 여유를 가지며, 담당자는 예약 고객에 대한 사전 준비를 철저히 함으로써 최상의 서비스를 제공할 수 있다.

2) 예약의 분류

컴퓨터를 비롯한 통신시설의 발달로 예약방법이 과거에 비하여 상당히 다양하다. 예약의 방법으로는 내방객에 의한 직접예약, 편지, 텔렉스, 팩시밀리와 최근에 급성장하는 인터넷을 통한 예약이 있지만 가장 보편적인 것은 전화이다.

(1) 내방객의 직접 예약

고객이 직접 혹은 대리인을 시켜서 예약을 하는 경우이다. 고객이 예약차 방문하면 밝은 미소와 반가운 마음 자세로 안내한다.

(2) 매체를 통한 예약

고객이 직접 방문하여 예약을 하는 경우가 아니고 고객이 편지, 팩시밀리, 전화, 텔렉스, 인터넷 등을 통하여 예약을 하는 것이다. 예약이 여러 경로로 들어오면 예약 담당자는 예약 신청을 한 고객에게 확인을 시켜주고 그 예약여부를 결정해 준다.

3) 예약 시 유의사항

(1) 예약의 장단점

대다수의 레스토랑은 고객이 특정한 시간에 좌석을 예약할 수 있도록 예약 시스템을 운영하고 있다. 예약 시스템의 장점은 고객에게 서비스를 효과적으로 제공할 수 있으며 영업이 성황일 때와 저조한 때를 파악할 수 있다. 고객들은 대개 예약을 통한 좌석 확보를 보장받기 원한다.

예약 시스템을 이용하면 고객에게 편리함과 서비스를 제공할 뿐만 아니라 다음을 충족시키는 중요한 예약의 장점이 있다.

❶ 고객 좌석 회전율을 증대시킨다.

❷ 고객 이름을 숙지할 수 있다.

❸ 신속하고 질이 높은 서비스를 제공할 수 있다.

❹ 생산 효율성을 증대시킨다.

전문레스토랑은 예약 시스템 없이는 효율적인 운영이 불가능하나 예약 시스템의 단점도 있다.

❶ 고객이 예약 후에 오지 않는 경우와 늦게 도착하여도 테이블을 판매할 수 없다.

❷ 예약을 하지 않았음에도 예약했다고 주장하는 경우이다.

❸ 예약 시스템을 운영하는 과정에서 여러 가지 문제가 발생할 수 있다.

예약 시스템은 고객이 원하는 시간에 테이블을 제공한다는 약속이므로 예약 시스템을 제대로 활용하기 위한 절차를 경영진이 반드시 검토해야 한다.

(2) 예약접수 요령

벨이 울리면 세일즈맨십(Salesman Ship)과 서비스 정신을 살려서 적극적인 자세로 지체 없이 받으며 감사의 마음을 상대방에게 전한다. 예약을 접수하는 요령은 다음과 같다.

❶ 먼저 전화에 대한 감사의 마음과 레스토랑을 밝힌다.
예) "감사합니다. 한식당 홍길동입니다."

❷ 방문일자, 시간, 인원수, 회사명, 예약자, 성명, 연락처 등을 확인한 후 기재한다.

❸ 접수대장에 기재 사항을 정확히 기록한다. 기록 후 예약사항을 반복 확인한다.

❹ 장소, 테이블, 좌석배치를 결정한다.

❺ 요구사항 및 준비사항을 확인한다.

❻ 예약취소는 최소한 하루 전에 하며 반드시 취소일자, 시간, 성명, 연락처를 명기한다.

❼ 접수 시 기재누락, 숫자착오 등으로 인하여 고객의 손실은 물론 레스토랑의 신뢰감이 하락하지 않도록 정확하게 업무를 처리한다. 착오를 방지하기 위하여 19는 열 아홉, 20은 스물, 21은 스물 하나 등으로 하고 가능하면 요일도 기입하여 정확한 예약이 되도록 재확인한다.

❽ 연락처, 성함을 받고 다시 한 번 모든 것을 반복확인한 후 "○월 ○일 ○시 ○분을 ○○장소로 예약하여 놓겠습니다. 예약하여 주셔서 감사합니다."

❾ 예약 시에 예약자에게 알려 예약장소가 예정시간으로부터 한시간 이상 경과하면 다른 고객에게 판매할 수 있게 한다.

[표 5-1] **전화 예약의 예**

상 황	상황에 알맞은 응대
감사의 말	감사합니다. 커피숍, 홍길동입니다.
성명	예약하시는 분 성함을 알려 주시겠습니까?
일자	원하는 날짜를 알려 주시겠습니까?
시간	몇 시에 오시겠습니까?
인원	몇 분이 오십니까?
좌석	특별히 원하시는 테이블이 있습니까?
연락처	연락처를 주시겠습니까?
확인(Repeat)	예약상황을 확인해 드리겠습니다. 박다솔님 존함으로 11월 23일 저녁 19시에 4인석으로 준비해 놓겠습니다.

(3) 예약과 관련된 문제의 해결

예약고객을 가능하면 모두 수용하는 것이 좋지만 레스토랑에 좌석이 없는 경우에는 고객에게 정중하고 조심스럽게 이 사실을 설명해야 한다.

어떤 호텔 레스토랑에서는 고객이 테이블을 예약했음에도 기다리게 하여 음료나 에피타이저(Appetizer)를 무료로 제공한다. 그러나 고객이 시간 제약을 받는 경우에는 이런 친절함도 기다리는 불편함에 대한 보상이 될 수 없다.

예약과 관련된 문제를 해결하는 내규와 절차를 통하여 문제를 상식적으로 해결하는 것이 한결 쉽다. 예약 관련 문제로 인해 발생되는 사항은 고객에게 솔직하게 전달하고 다른 대안을 제시하는 것이 바람직하다.

특히 바쁜 시간대에는 예약을 하지 않고 레스토랑에 오는 고객은 도착한 순서대로 테이블을 기다리게 하지 않고 바로 테이블을 마련해 줄 수가 없다. 이러한 고객을 위하여 도착하는 고객의 성명을 예약장부에 기록하고 고객을 맞이할 직원이 반드시 있어야 한다.

테이블이 준비되는대로 고객을 페이징(Paging)하여 테이블로 안내한다. 약 2분 간격으로 고객을 두 번 페이징한 후 고객이 없으면 명단에서 이름을 지우고 다음 고객에게 테이블을 제공하는 곳도 있다. 규모가 큰 단체 고객은 별도의 명단에 기록하여 소홀히 하지 않도록 한다.

장애자, 노약자처럼 특별히 신경을 써야 하는 고객은 우선적으로 테이블을 제공하는 것이 원칙이다.

대기자 명단에 있는 고객들에게 대기 시간이 대략 얼마나 되는지 알려주고 더 기다릴 것인지 또는 다른 레스토랑을 이용할 것인지를 결정할 수 있도록 해야 한다.

2. 전화응대

1) 전화의 효용

전화는 사람이 직접 보이지 않으므로 음성과 화술로 상대방의 인품, 태도, 반응, 서비스의 정도와 신뢰도를 짐작할 수 있다. 그러므로 좋은 인상을 심어주기 위하여 음성, 발음, 액센트, 억양, 언어사용 등에 대한 연구를 통하여 고객을 위한 기초적이고 기본적인 서비스 자세를 갖추어야 한다. 전화의 효용을 나열하면 다음과 같다.

❶ 짧은 시간에 용건을 마칠 수 있다.

❷ 직접 방문하지 않고 용무를 볼 수 있다.

❸ 상대방의 의견을 즉시 들을 수 있다.

❹ 거리에 관계없이 의사를 교환할 수 있다.

❺ 만나기 어려운 상황과 시간에 편리하게 의사교환을 할 수 있다.

❻ 우호증진에 효과적이다.

2) 전화의 특성

전화 사용 시는 비록 상대방이 보이지 않지만 태도에 있어서 정성과 예의를 최대한으로 갖추어야 하고 자기 편리대로 전화를 사용하기보다는 상대방의 입장에서 전달 내용은 명확하고 간결해야 한다.

❶ 전화는 보이지 않는 목소리만의 응대이다.

❷ 전화는 상품을 판매하는데 있어서 불가결한 기구이다.

❸ 전화는 손님과의 의사전달을 매개로 하는 기구이다.

❹ 전화는 무료가 아니다.

❺ 전화는 한번에 한 명만 사용한다.

❻ 전화는 증거를 남기기 어렵다.

3) 전화응대 요령

전화는 현대사회에서 필수적인 정보통신기기로 그 활용은 점점 증대되어 가고 있으나 호감이 가지 않는 전화응대로 인하여 레스토랑의 이미지를 추락시켜선 안 된다. 전화응대의 요령을 보면 다음과 같은 기본적인 요소가 필요하다.

전화 사용 시에는 진실한 마음에서 우러나오는 정성이 들어간 정확한 언어를 구사하는 것이 필요하다. 또한 통화 시에 경제성을 고려하여 쓸데없는 긴 통화는 삼가고 필요한 용건만 간단히 한다.

고객에게 올바른 전화응대를 위해서는 몇 가지의 유의사항이 있는데 하나하나 살펴보면 다음과 짙다.

(1) 전화벨 소리는 영업장의 고객에게 잡음이기 때문에 두 번 이상 전화벨이 울리지 않도록 즉시 받아야 한다.

(2) 통화 중에 전화가 왔을 때는 무엇이든지 도와줄 수 있다는 감정이 상대방에게 느끼도록 적극적으로 응대하고 예약, 중요한 전언, 요구를 위하여 항상 필기구, 메모지를 준비하여 즉시 메모한다.

(3) 잘못 걸려온 전화는 최선을 다하여 안내하고 해당 부서가 있으면 돌려준다.

(4) 올바른 전화말씨

(5) 말씨

① 말씨는 분명하고 정중하게 하며 상대에 따라서 높낮이와 속도에 주의한다.

② 상대방이 이해 못하는 전문용어는 사용하지 않는다.

③ 통화 중 제3자와 대화해야 할 경우 전화 속의 상대방에게 들리지 않도록 수화기를 손으로 막고 경어를 사용하여 대화한다.

(6) 전화를 끊을 때 : 통화 후에는 전화에 대한 감사의 말을 잊지 말고 고객이 먼저 수화기를 놓은 후 수화기를 놓는다.

(7) 문의할 때 또는 상대방을 확인할 때

① 실례하지만 어느 분이십니까? ② 실례하지만 존함이 어떻게 되십니까?

(8) 기타 적절한 응대

① 고객의 요구 시

예 잘 알겠습니다. 예 그렇습니다. 애매한 답변은 피한다.

② 기다리게 할 때

죄송합니다. 잠시 기다려 주세요.

오래 기다리게 해서 정말 미안합니다.

③ 부탁할 때

수고스럽지만 잘 부탁합니다. 바쁘신데 죄송합니다만 잘 부탁합니다.

죄송합니다만 다시 한번 말씀해 주시겠습니까?

④ 거절할 때

모처럼 이신데 저희로선 모시기 어렵습니다.

죄송합니다만 저희 회사 규칙상 말씀드릴 수 없게 되어 있습니다.

⑤ 사과할 때

드릴 말씀이 없습니다. 정말 죄송합니다.

신경을 쓰지 못해서 대단히 죄송합니다.

제2절 고객영접 및 안내

레스토랑에서는 고객을 영접, 관리하는 전담 직원인 그리트리스(Greetress)가 주로 고객을 영접하지만 영업이 시작되어 바쁠 때는 지배인, 부지배인 혹은 캡틴도 함께 고객을 영접한다.

고객이 예약하고 왔을 때는 예약 테이블을 안내하고 예약고객이 아닌 경우는 인원수에 알맞은 테이블이 여유가 있으면 고객이 만족할 수 있는 테이블로 안내한다.

고객을 테이블에 안내하기 전에 입구에서 외투, 모자, 가방 등 고객이 소지하기에 불편한 물품을 체크룸에 보관하는데 나중에 바뀌지 않도록 세심한 주의를 요한다.

테이블이 여유가 없으면 고객에게 정중히 양해를 구하고 먼저 고객이 사용한 후의 테이블 이용 가능한 시간을 말씀드리고 예약장부에 기록을 한다.

호텔 내에 웨이팅 룸(Waiting Room)이나 커피숍, 바에서 자리가 마련될 때까지 드링크를 마시면서 기다릴 수 있도록 배려를 하여 자리가 마련되면 즉시 고객을 모셔야 한다.

1. 고객영접의 일반적 요령

고객이 레스토랑의 입구에 도착하면 미소 띤 얼굴로 공손하고 친근감 있게 고객의 존함, 직책 등을 불러주고 계절과 시간에 알맞은 인사를 정중히 한다.

고객을 영접하는 요령은 손님을 맞이할 때 고객의 성향을 순간적으로 파악하여 그에 상응하는 서비스를 할 수 있는 감각이 필요하나 이것은 많은 기간의 경험과 숙달이 필요하다.

❶ 밝은 미소로 고객을 반갑게 맞이한다.

❷ 고객의 국적에 알맞은 언어로서 계절과 시간에 알맞은 인사를 한다.

❸ 예약고객이나 단골고객인 경우에는 이름이나 직책을 불러서 친밀감을 갖는다.

❹ 예약유무와 인원수를 확인한다.

❺ 고객의 휴대품에 관한 안내를 친절히 한다.

❻ 고객이 예약을 하였을 경우에는 인원수, 시간, 테이블, 특별 준비사항 등을 확인한다. 예약된 모든 사항이 준비완료 되었으면 지정 테이블로 고객을 안내한다.

❼ 예약한 고객이 아닌 경우는 원하는 장소 및 테이블의 가능여부를 확인하여 가능한 고객의 의사를 최대로 수용한다.

❽ 테이블이 없을 경우 대기실(Waiting Room)에서 기다리도록 정중하게 말씀드리고 기다리는 시간을 알리고 고객이 동의하면 웨이팅 리스트(Waiting List)에 기입한 후 빈 테이블이 생길 때 즉시 순서에 따라 좌석 배정을 한다.

❾ 안내 담당자는 호텔 내의 모든 정보를 제공할 수 있어야 한다. 즉, 연회 행상, 공연 시간, 각 업장의 영업시간, 각 업장의 일반적인 안내를 할 수 있어야 한다.

⑩ 안내 담당자는 서비스 구역 내에서 고객에게 밝은 미소로 감사한 마음을 가지고 환송하며, 항상 미소짓는 얼굴로 서비스의 마무리를 한다.

⑪ 고객의 불평이 있을 시는 담당지배인에게 즉시 보고하고, 고객과 절대로 다투어서는 안 된다.

2. 고객 식탁 안내

레스토랑 입구에서 고객의 영접이 끝나면 지정된 장소로 고객을 모시게 되는데, 이때 주의할 사항과 서비스 요령은 다음과 같다.

고객을 지정된 장소로 안내할 때는 손바닥을 펴고 손가락을 모으고 손등이 아래로 향하도록 하여 제시한다. 고객의 앞을 가로막지 않고 2~3보 전방에서 고객과 보조를 같이 하여 자리를 안내한다.

고객이 입구에서 기다리는 경우 지정된 테이블까지 가지 않고 중간에서 테이블 담당자에게 고객을 안내하고 다음 고객을 서비스한다.

1) 안내요령

❶ 젊은 남녀 고객은 벽쪽 조용한 식탁으로 안내한다.

❷ 혼자 온 고객은 벽쪽 전망이 좋은 창가 쪽으로 안내한다.

❸ 연로한 고객이나 지체부자유한 고객은 입구에서 가까운 식탁으로 안내한다.

❹ 어린이를 동반한 고객은 다른 고객에게 방해되지 않도록 구석에 있는 식탁으로 안내한다.

❺ 합석이 불가피한 경우에는 고객에게 양해를 구하여야 한다.

❻ 식당 분위기를 흐트리거나 다른 고객에게 좋지 못한 영향을 미치는 고객이 있을 시는 지배인에게 속히 연락하여 적절한 조치를 취하여야 한다.

❼ 멋있고 호화로운 옷을 입고 있거나 인기 있는 고객을 레스토랑 중앙 식탁으로 안내하여 다른 고객들에게 자랑스럽게 보이도록 한다.

❽ 똑같은 옷이나 유사한 옷을 입은 사람은 서로 떨어진 좌석을 안내한다.

❾ 외국인, 내국인을 균형이 이루어지도록 테이블 배정에 신경을 쓴다. 고객이 특별

한 좌석 요구가 없을 경우는 모든 스테이션에 골고루 손님을 받도록 나누어 배정한다.

⑩ 고객이 특별한 테이블을 지정하여 앉기를 원할 때에는 예약되어있지 않는 한 그 테이블에 앉도록 안내한다. 고객의 의사를 무시하거나 강요하여서는 안 된다.

⑪ 테이블이 깨끗이 치워지고 셋업(Set-Up)이 완료되지 않은 테이블에 고객을 안내해서는 안 된다.

⑫ 너무 많은 고객을 한 스테이션에 몰리지 않도록 적절히 안내하고 한 스테이션으로 몰릴 경우 서비스맨의 수를 조정하여 좋은 음식과 최상의 서비스를 기다림 없이 제공해야 한다.

2) 보관 서비스

고객을 테이블로 안내하기 전에 고객이 소지한 물품이 테이블 주위에 놓기가 불편하거나 소지하기 어려운 경우는 고객의 소지품을 보관해 주는 서비스를 제공한다.

❶ 보관 요청을 하지 않을 때는 고객의 외투, 모자, 가방, 짐 등을 고객이 편리하도록 테이블 옆 또는 고객의 주위에 놓아드린다.

❷ 보관을 원할 때는 보관표(Tag)를 반드시 본인에게 드리고 보관품을 소중히 관리한다.

❸ 나가실 때는 필히 보관표의 번호를 확인 대조하고 다른 보관품과 바뀌지 않도록 돌려 드린다.

3) 착석 서비스

레스토랑에 도착한 고객의 예약여부가 끝나면 안내원은 고객을 지정된 테이블에 안내를 해야 하는데, 안내 담당자는 레스토랑의 분위기와 구조에 익숙하지만 고객은 분위기나 구조에 익숙하지 못하므로 고객의 걸음 속도에 맞춰서 고객의 2~3보 전방에서 안내하는 것이 좋다. 테이블에 안내 시 선택권은 고객에게 있으며 편안한 식사가 될 수 있도록 노약자, 어린이, 여성의 순으로 고객이 의자에 편히 앉도록 착석 서비스를 한다.

착석 서비스가 끝나면 테이블 담당하는 직원에게 즐거운 시간이 되길 바란다는 정중한 인사를 한 다음 제 위치로 돌아온다.

(1) 기본적 착석 서비스

❶ 테이블 안내 시 고객들의 특성을 파악하여 알맞은 장소로 배정한다.

❷ 노약자, 어린이, 여성, 호스트(Host)의 순으로 앉도록 한다.

❸ 고객의 의자 1보 뒤에 서서 고객이 의자 앞에서 충분히 설 수 있도록 의자를 뺀다.

❹ 의자는 고객의 무릎에 접히는 부분에 닿도록 한다.

❺ 오른쪽 무릎의 정강이뼈에 살이 많은 부분에 의자를 대고 가볍게 밀어준다.

❻ 고객이 처음에 앉은 후 편안하게 앉기 위하여 자리를 고쳐 앉을 때 다시 도와준다.

❼ 고객이 착석을 하였을때 테이블과 고객 사이에는 주먹 하나 들어갈 여유를 둔다.

(2) 응용 착석 서비스

❶ 테이블별로 상석을 정하고 주빈의 착석을 돕는다.

❷ 고객이 모두 착석하기 할 때까지 자리를 떠나지 않는다.

❸ 시선은 항상 고객들을 응시한다.

❹ 고객이 자리에 앉으면 테이블 담당자는 고객에게 자기소개를 한 후에 냅킨을 펴 드리고 캔들(Candle)이 있는 경우에는 점화를 한다.

❺ 보조의자나 어린이 의자(Baby Chair)가 필요한 경우 즉시 제공한다.

3. 식전음료 서비스(Aperitif)

착석 서비스 후에는 먼저 온 고객이 나중에 오시는 고객을 기다리거나 메뉴를 선택하기 전에 마시는 음료를 식전음료 즉 에프리티프(Aperitif)라 한다. 식전음료는 고객에게 식욕촉진과 기다리는 시간의 무료함을 달래주는 역할을 하기 때문에 적극 추천한다. 식전음료의 추천은 소믈리어(Sommelier)가 주로 담당하나 다른 테이블에 서비스를 제공하고 있으면 그리트리스나 지배인 혹은 캡틴이 담당한다.

에프리티프의 종류는 드라이 세리(Dry Sherry), 캄파리(Campari), 버머스(Vermouth), 마티니(Martini), 진토닉(Gin Tonic), 과일 주스 등이 있는데, 에프리티프는 너무 독하거나 달지 않고 타액의 분비를 촉진시켜 식욕을 증진시켜야 한다.

에프리티프 판매를 강요해서는 안 되며, 추천할 때에는 맥주와 같은 양조주는 비교적 추천하지 않은 것이 좋은데, 그 이유는 양조주는 포만감을 주기 때문에 식욕을 감퇴시킨다.

1) 식전음료의 기본 서비스

❶ 음료에 대하여 맛, 가격, 제조방법, 서브방법 등의 폭 넓은 지식을 갖춘다.

❷ 단골고객의 기호를 잘 숙지하여 방문 시 제공한다.

❸ 식욕촉진을 시키는 음료를 추천하고 적당한 시기에 업셀링(Up-Selling)한다.

❹ 고객의 기분과 체면에 손상이 없도록 능동적인 자세를 취한다.

❺ 특정 제품의 상표명을 알고 있어야 한다.

2) 식전음료의 응용 서비스

❶ 주문된 품목은 반드시 복창한다.

❷ 주문은 장애자, 노약자, 여성, 연령에 순하여 시계방향으로 돌아가며 받는다.

❸ 재고를 항상 파악하고 있어야 한다.

❹ 주문한 품목이 품절이면 다른 품목으로 제안한다.

❺ 음료는 알맞은 온도로 서브해야 한다.

❻ 모든 직원은 테이블 및 의자번호(Scat Number)를 항상 잘 숙지하여야 한다.

❼ 주문받을 때는 항상 메모를 하고 사전에 약속된 약어(Abbreviation)를 사용한다.

4. 물 서비스(Water Service)

고객이 착석하면 식전음료를 주문받는데 만약 고객이 물을 원하면 워터피쳐(Water Pitcher)로 고객에게 물을 서브한다. 주로 차가운 얼음물을 서브하지만 고객의 요청에 따라 더운물, 보리차 등을 서브하는 경우도 있다.

물을 원할 경우 생수(Mineral Water)도 적극적으로 권장하여 음료매상을 증진시키는 효과도 있지만 고객이 원하는 음료를 제공하는 서비스 정선도 잊어선 안 된다.

물을 서브할 때는 위생과 직결되므로 항상 깨끗하게 물을 정수하거나 오염되지 않은 물을 넣은 워터 피쳐(Water Pitcher) 표면에 물방울이 흘러내려 테이블에 물이 떨어지지 않도록 암 타월(Arm Towel)로 닦아내고, 여성 고객에게 먼저 서브하며 물이 고블렛(Goblet)의 3/4을 유지하도록 수시로 보충한다. 물을 서브할 때는 서비스맨의 왼손은 뒤쪽 허리에 붙이고 오른쪽에서 오른손으로 물을 서비스하고 피쳐(Pitcher)를 잔에서 약 1인치 위로 잡도록 하고 (Pitcher) 잔에 닿거나 너무 높아서 물이 튀지 않도록 한다.

제3절 메뉴 제공

메뉴는 레스토랑에서 제공되는 상품을 판매하기 위한 도구로 고객의 영접과 식전음료 주문을 미치고 고객이 모두 테이블에 앉으면 고객의 우측에서 메뉴를 제공한다.

레스토랑에 따라서는 메뉴가 테이블에 세팅되어 있는 곳도 있지만 그렇지 않을 경우는 메뉴를 제공할 때 종사원은 고객의 우측에서 계절 및 시간에 알맞은 인사를 웃음 띤 얼굴로 식탁 위에 접혀져 있는 냅킨을 풀어서 고객에게 공손히 서비스하고 메뉴를 고객에게 제시한다. 제공되는 메뉴는 사전에 상태를 확인하여 깨끗하고 정돈된 메뉴를 겉표지부터 볼 수 있게 제시하여 해당 레스토랑이나 호텔의 특징을 느끼게 한다.

메뉴를 고객에게 제시할 때 여성, 연령, 직위고하, 호스트 · 호스테스(Host-Hostess)의 순으로 한사람당 한 매의 메뉴를 제공하고, 연회처럼 단체고객인 경우는 주최자가 일괄적으로 주문하기도 한다.

메뉴를 제공하면서 판매 가능한 메뉴품목과 주방장이 추천하는 특선메뉴(Daily Special)를 적극 추천하고 고객이 필요 시에는 가장 빨리 제공되는 메뉴, 어린이 메뉴 등을 잘 숙지하여 설명해 줘야 한다.

식사 메뉴 외에 와인 리스트나 후식 메뉴도 적당한 시간에 준비를 해서 고객이 기다리지 않고 와인이나 후식을 주문할 수 있도록 한다.

1) 메뉴 제공의 기본 서비스

❶ 메뉴는 영업시간 전에 청결한 상태로 충분히 준비한다.

❷ 메뉴에 낙서, 파손, 표지가 뜯어진 것은 고객에게 제공하지 않는다.

❸ 메뉴는 고객 수와 동일하게 가져간다.

❹ 특별요리, 주방장 특선요리도 제대로 통일되게 메뉴판에 꽂혀 있는지 확인한다.

❺ 메뉴제공 시 고객의 앞을 가로질러서 하는 크로스 서비스(Cross Service)는 삼간다.

2) 메뉴 제공의 응용 서비스

❶ 일행이 많은 테이블인 경우는 한사람이 메뉴를 담당하지 않고 여럿이 나눠서 메뉴를 제공한다.

❷ 고객이 일시에 레스토랑에 몰릴 경우는 메뉴를 적당한 간격을 두고 제공한다.

❸ 종업원들은 주문된 요리의 준비시간, 주방에서 테이블까지의 걸리는 시간 등을 확인하여 고객이 요리로 오래 기다리거나 메뉴판에 제시된 품목에서 품절(Sold Out)된 것은 사과와 함께 잘 설명을 해야 한다.

❹ 메뉴를 제공한 후에 일정한 시간이 지나면 고객의 주문시기를 기다린다.

제4절 주문받는 요령(Order Taking)

1. 주문받는 순서

주문은 고객의 취향에 맞게 레스토랑에서 판매 가능한 상품을 제공하기 위한 고객과의 계약행위이다. 주문과정에서 종사원이 취할 자세 및 예의, 행동 또는 사용하는 언어는 고객의 입장에서 생각할 때 가장 훌륭한 방법으로 이루어져야 한다.

따라서 식음료 서비스 종사원들은 주문 접수에 필요한 충분한 상품 지식과 세련된 판매기법을 터득하여 효과적인 상품선전과 적극적으로 판매할 수 있는 자세를 갖추어 고객이 만족할 수 있도록 서비스하며, 항상 자신의 몸가짐, 예의, 사용 언어 등이 고객의 입장에서 판단할 때 매우 세련된 평가를 받을 수 있도록 항상 노력해야 한다.

1) 판매자의 필수조건

주문을 받는 것은 레스토랑의 상품을 판매하는 것으로 판매자가 갖추어야할 조건은 다음과 같다.

❶ 고객에게 상품(요리, 음료)을 팔기 전에 자신을 팔아야 한다.

❷ 항상 미소 띤 얼굴로 서비스와 친절을 판다는 것을 잊어서는 안 된다.

❸ 가격을 파는 것이 아니라 가치를 팔아야 한다.

❹ 분위기를 함께 팔아야 한다.

2) 자세

종사원이 고객으로부터 고객의 취향에 맞는 상품이나 의도적으로 판매하고자 하는 상품을 판매하기 위해서는 기본적으로 갖추어야 할 판매 자세가 있다.

❶ 고객이 업장을 방문한데 대한 감사표시로 서비스맨은 눈을 보면서 인사(Eye Contact)를 하고 계절감, 시간에 알맞은 인사를 한다. 인사는 머리를 숙이는 자체가 아니고 종사원이 진심으로 고객에 대한 감사 또는 환대의 마음이 전달되어야 한다.

❷ 인사가 끝나고 주문 받을 때 종사원은 어떤 자세를 취하는 것이 고객이 자유롭고 편안한가를 염두에 두면서 주문을 받아야 한다.

3) 추천(Suggestion)

고객에게 요리나 음료를 추천할 경우 모든 종사원은 자기 스스로가 호텔 레스토랑을 대표하는 서비스맨이라는 자부심을 갖고 자기가 담당할 고객의 주문 여하에 따라서 그 날의 매상이 결정됨을 명심해야 한다.

그러나 매상을 너무 의식한 나머지 고객에게 고가품을 강매하는 인상을 주어서도 안 되므로 종사원은 항시 고객의 입장과 회사의 매상을 염두에 두면서 가장 합리적으로 주문을 받도록 노력해야 하며 추천하는 요령은 다음과 같다.

❶ 고급 손님이나 비즈니스 손님인 경우 고가품부터 추천한다.

❷ 친지나 일반가족 손님인 경우 중간가격 품목부터 추천한다.

❸ 단골인 경우 기호 파악을 잘해서 고객의 기호에 맞게 추천한다.

❹ 금일의 특별요리나 계절별 요리를 추천한다.

❺ 새로 입하된 식자재 메뉴를 추천한다.

4) **확인**(Repeating)

종사원은 상품을 추천하거나 고객이 주문한 상품에 대해서는 철저히 확인하는 습관을 가져야 한다. 왜냐하면 고객이 종사원에게 상품을 주문할 경우 고객의 요구사항을 이해하지 않으면 안 되므로 확인은 서비스맨과 상품을 주문하는 고객과의 예약내용을 확인시켜 줌으로 차후 질이나 수량에 대한 문제 발생을 사전에 예방하고 양질의 서비스를 제공하고자 하는데 그 의의가 있다.

❶ 주문확인의 필요성은 사전에 문제요인을 예방하기 위해 고객에게 주문내용의 확실한 언약을 받기 위함이다

❷ 확실한 주문을 받는 것은 고객에게 정확하고 신속하게 상품을 제공할 수 있는 수단이 된다.

❸ 항시 종사원들은 고객 주문 시 복창을 하면서 주문서에 기재하고, 주문이 끝난 후에는 반복하여 주문 내용을 확인시켜 드린다.

5) **추가주문**(Add Order)

종사원의 자세, 추천, 확인까지 모든 행위를 완료했다 해서 판매행위가 끝난 것은 결코 아니다. 고객이 주문한 상품이 제대로 준비되고 있는지 또는 질이나 양이 주문한대로 제공되었는지를 철저히 살피고 고객이 주문한 내용대로 완벽히 상품이 제공되었다 할지라도 더 필요한 것은 없는가 또는 부족하지 않은가를 염두에 두면서 추가주문 행위를 하지 않으면 안 되겠다.

이 추가주문 행위는 종사원의 노력 여하에 따라서 좋은 서비스를 제공한다는 측면과 유실되는 매출을 찾는다는데 그 의의가 있다.

(1) 추가주문 요령

❶ 게스트(Guest)와 호스트(Host)가 있는 테이블은 음료인 경우 호스트에게 서비스하면서 추가주문을 받는다.

❷ 요리를 먹는 고객인 경우는 식사가 거의 끝나갈 무렵에 종사원은 정중히 '더 필요하신 것은 없습니까' 라고 물어본다. 만약에 고객이 요리를 더 주문하는 경우가 있으면 '예 잘 알았습니다', '곧 준비하겠습니다' 라고 대답하고 더 필요없다고 하면 곧바로 후식(Dessert)을 추천해서 추가주문을 받도록 한다.

(2) 추가판매 요령(Up-Sellling)

레스토랑 종사원의 업 셀링(Up-Selling)은 두 가지로 대별할 수 있는데, 커피숍과 같은 식당에 차를 마시러 온 식사할 목적이 아닌 방문고객인 경우 식사하도록 업 셀링(Up-Selling)하는 방법과, 식사 목적으로 방문한 고객에게 추가적으로 더 좋은 품목을 추천하여 고객들이 식사를 더 즐겁게 먹도록 하는 방법이다.

2. 주문받는 요령

1) 주문의 개념

레스토랑에서 주문은 고객의 기호와 취향에 맞는 판매 가능한 상품을 제공하기 위한 고객과의 계약행위라고 할 수 있다. 따라서 종사원들은 주문 접수에 필요한 충분한 상품지식과 세련된 판매기법을 습득하여 효과적인 상품선전과 적극적인 판매활동을 할 수 있는 자세를 갖추어 항시 고객이 만족한 주문을 할 수 있도록 도와드리며, 고객에게 유능한 종사원으로 호평받을 수 있도록 노력하는 자세를 가져야 한다.

(1) 메뉴 내용 숙지

레스토랑 종사원들이 제공하는 서비스 중 가장 중요한 것은 자신의 레스토랑에서 판매 가능한 상품과 주류를 모두 숙지하여 고객에게 판매되고 있는 상품에 대한정보를 제공하는 것이다. 또한 레스토랑 종사원은 매상증진을 위해선 판매기술(Up-Selling)을 습득해야 하는데 그러기 위해서는 서비스 직원들이 메뉴지식(Menu Know1edge)을 정확히 숙지하고 있어야 한다. 종사원들이 갖춰야할 메뉴지식은 각 품목의 조리방법(Cooking Method)과 재료를 숙지하고, 음식의 양(Potion), 조리 시간, 가격, 현재 주방의 재고에 대해서도 잘 알고 있어야 한다.

메뉴를 잘 숙지하여 음식을 적시에 서브하는 것은 레스토랑의 좌석 회전률을 높일 수 있고, 고객의 불평도 줄일 수 있으며, 주방에서 조리 시 능률도 높일 수 있는 여러 가지 효율성을 제고시킬 수 있다.

(2) 메뉴 품목 판매기술(Up-Selling)

레스토랑 종사원들은 단순히 매상을 올리기 위해서가 아니라 고객이 좋은 식사시간을 가질 수 있도록 고객이 최선의 메뉴를 선택하도록 추천해야 한다.

고객이 선호하면서 원가가 낮고 재고가 많은 상품을 권하는 것은 레스토랑 운영에서 수익성이 높게 될 뿐만 아니라 고객만족을 위해서도 필요하다.

메뉴 추천(Suggestive Selling)은 고객에게 최대한의 서비스를 제공하는 것으로 인식되어야 하며, 비싼 것만 강요하는 인상을 심어 고객을 언짢게 하거나 바가지를 썼다는 생각이 들지 않게 매니저가 잘 관리해야 한다.

(3) 특별한 고객에 대한 서비스

불특정 다수의 고객을 대상으로 영업을 하는 레스토랑에서 모든 고객의 성향파악은 단순하지 않다. 종사원은 고객의 성향파악이 가장 중요한데, 정확히 파악이 안 될 경우에 종종 서비스 직원들은 어려운 상황에 처하기도 한다.

고객들을 평등하게 서비스해야 하지만 상황에 따라서 다음의 예처럼 특별한 관심을 갖아야 하는 경우가 발생하게 된다.

❶ 바쁜 고객

주방에서 재빨리 서비스할 수 있는 메뉴를 권하여 가급적 음식을 빨리 서브해야 하지만 친절하고, 단계마다 서비스가 누락되지 않게 하고 무성의한 서비스가 되지 않도록 특별한 주의를 요한다.

❷ 특별한 식단이 필요한 고객

채식가(Vegetarian)나 식이요법(Diet)을 하고 있는 고객을 위해 음식의 레시피를 숙지해야 한다. 이런 고객은 레스토랑 지배인과 조리사와 상의하여 그들이 필요한 음식을 서비스할 수 있도록 해야 한다.

❸ 노년층 고객

노년층 고객들은 가볍고 담백한 식사를 선호하고 다른 고객에 비해 식사를 천천히 한다. 특히 새우나 갑각류 같은 콜레스테롤이 높은 음식을 가급적 피하고 콜레스테롤이 적고 섬유질이 많으며, 부드럽고 맵거나 짜지 않는 흰살생선, 신선한 야채와 같은 음식이 좋다.

노년층 고객들을 위해서도 주방에서 제공할 수 있는 메뉴를 사전에 파악하여 요구하면 친절히 제공한다.

❹ 어린이 고객

어린이 고객은 식사를 기다리지 못하고 빨리 먹고 싶어 하며, 주의를 집중할 수 없기 때문에 음식을 서브하기 전에 크래커(Cracker) 같은 기타 관심과 호기심을 자극할 수 있는 것을 제공하면 기다리는 시간이 덜 지루하다

어린이 메뉴(Children Menu)를 부모에게 제공하고 원만한 식사를 돕기 위하여 특히 식탁에서 사용되는 기물이 성인과 다르기 때문에 식사 코스별로 지속적인 특별한 관심이 필요하다.

❺ 청소년 고객

청소년 고객들은 식성이 가장 왕성하기 때문에 식사의 양에 특별한 신경을 써야 하고, 돈에 그다지 구애를 받지 않기 때문에 앙뜨레를 비롯한 다양한 음식을 권하는 것이 좋다. 특히 유행에 민감하기 때문에 유행에 부합되는 음식을 레스토랑에서 권하는 것이 더욱 좋다.

❻ 외국인 고객

외국인 고객 중에는 의사전달이 잘 안 되는 경우가 있어도 무시하는 태도를 보여선 절대로 안 되며, 그들을 대할 때에는 천천히 말하되 언성을 높이지 않도록 주의한다.

사진이 함께 있는 메뉴를 제공하는 방법이 의사 소통에 도움이 되며, 혼자 오시는 고객을 특히 주시 (Watching)하는 것이 필요하다.

2) 식음료 주문 순서

고객이 주문 시 식사의 제공순서에 준하여 음식을 주문하면 음식조리와 서브할 때 한결 수월하고 식사도 맛있게 할 수 있기 때문에 가능하면 다음과 같은 순서로 주문한다.

식전음료(Aperitif), 전채요리(Appetizer), 수프(Soup), 생선요리(Fish), 육류 또는 가금류(Meat & Poultry), 샐러드(Salad), 와인(Wine), 주요리(Entree), 치즈(Cheese), 후식 (Dessert), 커피 또는 홍차(coffee or Tea), 식후주(After Drink)의 순이다.

위의 순서는 양식상의 풀 코스(Full Course) 주문을 기준으로 나열한 것이며, 레스토랑의 종류, 메뉴의 종류 및 내용, 고객의 선택 등에 따라 주문순서와 서비스가 달라진다.

3) 주문받는 요령

고객에게 주문받을 때는 서비스 종사원은 영업장의 매출을 염두에 두어야 하지만 고객의 기호나 비용 측면도 고려하여 훌륭한 서비스와 고객 만족의 양측을 조화시켜야 한다. 주문받을 때는 세일즈맨 십(Salesman Ship)을 발휘하여 고객이 원하는 바를 찾아내어 분위기와 더불어 가치를 판매해야 한다. 주문받는 과정에서 고객에게 친절히 상담을 해 주고 주문 내용을 정확히 기억하기 위해선 항상 메모용지와 볼펜을 지참하여 즉시 주문내용을 받아 적는다.

주문받는 요령에서 상세한 내용을 기술하면 다음과 같다.

❶ 메뉴는 고객의 우측에서 서비스하고, 주문받을 때는 고객의 좌측에 위치한다.

❷ 주문받는 순서는 시계 도는 방향으로 여자로부터 남자, 호스트(Host), 호스테스(Hostess)의 순서대로 주문받는다.

❸ 주문받을 때는 양발을 모우고 양팔은 겨드랑이에 자연스럽게 붙이며, 양손은 주문서와 볼펜을 쥐고 가슴을 앞으로 하여 똑바로 선 자세에서 허리를 약간 숙이고 고객의 좌측에서 얼굴을 주시하며 공손히 주문을 받는다.

❹ 주문은 정확하고 잘 알아볼 수 있도록 통일된 약자로 기록하고 반드시 복창하여 재확인한다.

❺ 특별메뉴 및 준비가 안 되는 요리는 매일 점검하고 정확히 알고 있어야 하며, 특

히 고객의 특별한 주문 요청이 있을 경우 주방과 신속히 연락하여 가능여부를 확인 후 주문받도록 한다.

⑥ 요리나 음료의 내용을 충분히 설명할 수 있도록 상품지식에 대해 충분히 숙지하여야 한다.

⑦ 메뉴 설명 시 이해하기 힘든 전문 용어는 가급적 사용을 금한다.

⑧ 단골고객의 경우 고객의 기호를 미리 파악해 둔다.

⑨ 간단하고 정확하게 메뉴를 설명해야 한다.

⑩ 요리에 사용하는 재료 및 소요시간 등을 정확히 대답해야 한다.

⑪ 스테이크 주문 시는 고기 굽는 정도를 반드시 물어 본다.

⑫ 요리주문 후에는 와인 리스트(Wine List)를 고객의 우측에서 제공하고 음료주문을 받아야 한다. 특히 와인은 주문된 주요리에 잘 어울리는 품목으로 권유하여 주문받는다.

⑬ 주문을 받은 후 '감사합니다' 라고 꼭 인사를 한다.

⑭ 주요리의 식사가 끝나면 후식 주문과 음료주문을 받는다.

⑮ 메뉴 설명 시 손가락 하나로 메뉴를 가리키거나 짚어서는 안 된다.

3. 캡틴 오더 빌(Captain Order Bill) 작성 요령

주문받을 때는 고객이 주문하는 내용을 모두 암기할 수 없기 때문에 주문에 따라서 메모를 해야 하는데 능률적인 업무를 위하여 사용되는 것이 캡틴 오더빌이다.

캡틴 빌(Captain Bill)에는 그림과 같이 날짜, 테이블 변호, 서비스 담당자 번호, 인원수, 품목명, 품목개수 등을 적어 넣을 수 있는 공간이 있다. 캡틴 빌(Captain Bill)의 작성은 약어(Abbreviation)로 작성한다. 약어는 레스토랑 안에서 근무하는 종업원, 캐셔, 조리사는 물론 회계 부서 구매 부서와 고객까지도 잘 아는 글자로 줄여서 만드는 것이 좋다. 보통 3매를 1조로 작성하는데 음식과 음료의 벌을 따로 작성하며, 한 장은 주방으로 한 장은 캐셔(Cashier)에게 다른 한 장은 서비스 종사원이 가지고 서비스한다.

캡틴 빌(Captain Bill) 작성 요령은 조리, 서브, 계산을 캡틴 빌만 보고 업무를 수행할 수 있도록 작성하기 위해서는 좌석 번호(Seat Number) 및 추가 서비스 사항도 간결하고 정확하게 전달되도록 적어야 한다.

[그림 5-1] 캡틴 오더 빌(Captain Order Bill)

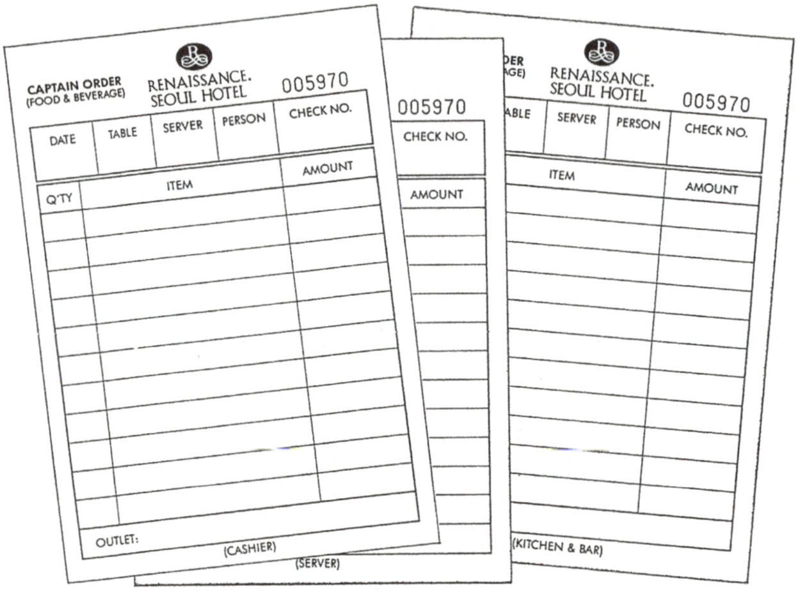

제5절 고객불평 처리(Complaint Handling)

레스토랑은 최고의 시설과 서비스로 접객 서비스를 완벽하게 하려고 해도 손님의 불평은 종종 발생하기 마련이다. 그 이유는 고객들은 각자 다른 주관적인 사고를 소유하고 있기 때문에 고객의 욕구가 모두 동일할 수 없다.

고객의 지적이나 불평이 발생했을 경우, 항상 긍정적인 자세로 고객의 입장에서 정확한 원인을 파악하여, 불평에 대한 해결방안을 강구하여 다시는 동일한 상황의 불평이 반복되지 않고, 고객에게 호감을 줄 수 있는 만족한 조치가 이루어지도록 신속하게 처리해야 한다. 그럼으로 회사의 이미지를 향상시키고 신뢰감을 더 높이며, 고객으로 하여금 재방문하여 고정 고객으로 유치할 수 있게 될 것이다.

1. 고객불평 발생 유형

레스토랑에서 고객이 불평불만을 표시하는 것을 레스토랑 운영에 잘 반영하면 레스토랑 경영에 효율성을 가져올 수 있다. 고객은 기호, 상황에 따라서 여러 레스토랑을 이용해 보고 여러 면에서 다른 레스토랑과 비교가 가능하기 때문에 고객위주 혹은 경험에 의한 불평을 할 수 있다.

그러나 속으로는 많은 불평, 불만이 있지만 아무런 말도 없이 가버리는 고객은 다시는 그 레스토랑을 찾지 않을 것이다. 그래서 더욱 고객의 마음을 읽는 요령이 필요하다.

❶ 레스토랑 종사원의 접객 태도에 따른 불평불만 유형

고객 접객 시 레스토랑 종사원의 무관심과 비우호적일 때 많은 불평이 발생한다.

❷ 서비스상에서 불평 불만 유형 고객의 예약에서 계산 및 환송까지의 서비스를 받는 동안에 생기는 불평인데, 주로 안내 시 차별, 주문한 식사의 지연, 테이블 웨어의 불청결, 주문과 서브하는 품목이 틀릴 때, 계산착오 등이다. 그러나 이러한 불평불만은 고객에게 근접된 밀착 서비스로 대폭 감소시킬 수 있다.

❸ 물리적 환경에 따른 불평불만 유형 레스토랑의 영업과 관련 있는 시설과 관련된 부문이 많다. 주로 레스토랑의 온도, 시설, 조명 정도, 전력작동, 배관배수, 화장실, 주차장 등과 관련되어 불편한 사항이 포함되는 불평불만이다.

❹ 특수상황의 불평 불만 유형

레스토랑의 불평불만은 다음 같이 유사한 형태로 쉽게 발생할 수 있는데, 음식에서 이물질의 발견, 파손된 식기 사용, 예약상의 문제, 영업시간, 교통문제, 계산상의 문제 등이 있다.

위와 같은 문제에 있어서 레스토랑이 도저히 해결할 수 없는 내용도 있지만, 고객은 항상 올바르고 레스토랑 이용 시에 필요성을 느껴서 불평불만을 말하게 된다. 따라서 레스토랑 측은 고객의 불평을 해결하기 위하여 항상 최선을 다해야 한다.

2. 불평불만의 처리 순서

고객의 불평을 회피하거나 과소평가해서는 안 되며, 고객의 지적이나 불평불만을 잘 경청한 후에 그 원인을 제거함으로써 레스토랑 경영에 발전의 원동력이 된다.

불평불만 처리 순서는 공식같은 해법과 규정은 없고 상황에 따라서 적절한 대응이 요구되는데, 대체로 다음과 같은 순서에 준한다.

첫 단계는 고객의 지적, 불평의 내용을 잘 듣는 자세가 필요한데, 이때 고객은 자신의 의사가 관철되지 않거나 의견이 무시당하면 불만은 더 강해지고 흥분하기도 한다.

그래서 서비스 종사원은 문제가 발생하면 자리를 피하지 말고 어떤 문제인가를 파악하기 위하여 처음부터 끝까지 메모하면서 문제를 해결하려는 자세가 필요하고 변명과 감정을 표현해선 안 된다.

둘째 단계는 고객의 지적사항을 잘 듣고는 불평의 원인을 구분하여 누가 해결할 내용인가를 재빨리 파악하는 것이 중요하다. 불평불만의 해결 담당자가 빨리 선정되지 않으면 담당자를 찾는데 많은 시간이 낭비되고 신속한 대응이 이루어지지 않으면 고객에게 서비스의 신뢰도는 더욱 상실하게 된다. 간혹 불평불만이 발생하면 하급직원이 처리를 하다가 안 되면 경력자에게 넘겨지고 경력자가 처리하다가 안 되면 캡틴에게서 지배인의 순서로 차례로 넘겨지게 되는데, 이때마다 고객은 상황을 설명하게 됨으로 일을 더욱 확대시키는 결과를 양상한다. 그러므로 본인이 해결하기 힘든 사항일 경우 신속히 지배인 또는 상급자에게 사실을 보고하여 조치하도록 하는 업무의 계통에서 해결 가능한 직책에게 즉시 불평불만의 처리를 인수하는 방법이 고객의 입장에서는 바람직하다.

셋째 단계는 고객이 비록 서비스 과정에서 불평이 있어도 최종 단계에서는 만족하게 끔 발생원인을 신속히 성의 있는 자세로 해결하여 고정 고객화시킨다.

3. 불평 처리 요령

불평불만의 처리에서 요구되는 것은 신속하고 정성껏 처리하는 자세로 고객의 지적에 항상 긍정적인 자세로 고객의 입장에서해결방안을 강구하여 고객에게 호감을 줄 수 있는 만족한 조치가 이루어지도록 처리해야 한다.

❶ 성실한 태도로 고객의 말을 겸손하게 경청하며, 고객의 의견에 동조하면서 긍정적이고 신속히 응대한다.

❷ 고객의 불평불만을 들을 때는 끝까지 참을성 있게 듣고 변명이나 논쟁을 해서는 안 된다.

❸ 불평사항에 대해서는 진심으로 사과하고 지적사항을 메모하는 자세를 보여준다.

❹ 경청하는 동안 원인을 파악, 분석한다.

❺ 불평 내용 중 일부가 오해 또는 고객의 착각에서 오는 부당한 것이라고 생각되더라도 말 중간에 변명하거나 고객의 잘못을 지적해서는 안 된다.

❻ 절대로 고객의 불평을 회피하려고 해서는 안 되며, 과소평가나 성급하게 해결하려는 인상을 주어서는 안 된다.

❼ 고객의 요구사항을 신속하게 판단하여 가급적이면 고객의 뜻에 따른다. 본인이 해결하기 힘든 사항일 경우 신속히 지배인 또는 상급자에게 사실을 보고하여 조치하도록 한다.

❽ 다른 고객이 옆자리에 있다는 것을 인식하고, 고객의 언성이 격해지지 않도록 최대한 노력하여 해결한다.

❾ 사적인 감정표현은 피하고 회사를 대표하는 공적 입장에서 회사의 이미지를 향상시키고 고정 고객화해야 한다.

❿ 고객의 불평은 적극적으로 수용하고 가능한 빨리 시정 내용을 고객에게 알려드려 불쾌한감정을 해소시켜 드린다.

⓫ 동일한 실수 및 불평이 재발하지 않도록 개선될 문제점을 기록 유지하여 종사원의 접객 서비스 향상의 뒷받침이 될 수 있도록 한다.

4. 불평불만의 일지 작성(Complaint Record)

고객의 불평불만(Complaint)을 해결한 후에 기록으로 남겨서 유사한 상황이 재발되는 것을 방지하기 위한 케이스 스터디로 활용하거나 유사한 상황이 발생했을 때 해결하는 자료로 이용할 수 있다.

불평불만의 일지 작성(Complaint Record) 요령은 육하원칙에 입각하여 고객, 발생시간, 발생장소(레스토랑명, 테이블), 발생원인 및 내용, 불평불만의 내용, 해결방법을 누구나 알아보기 쉽게 작성을 한다.

이렇게 작성된 일지는 잘 활용하면 고객의 기호 파악과 레스토랑 경영의 발전을 위한 귀중한 자료 역할을 할 수 있다.

제6절 부가 서비스

1. 페이징 서비스(Pagint Service)

원래는 호텔의 로비와 같은 공공 장소에 페이징 보이(Paging Boy)가 찾는 고객을 글씨로 적어 종을 치면서 찾아다니던 말에서 유래했다. 페이징 서비스(Paging Service)는 고객 간의 만남을 이루게 해 주는 것으로써 레스토랑에 고객이 찾아와 만나고자 하는 손님을 찾아 달라고 문의할 경우와 전화상으로 레스토랑에 와 계시는 손님과의 통화를 원할 때, 페이징 보드(Paging Board)에 찾는 사람의 성명을 정확히 기재하여 빠른 시간 내에 유무를 알리며, 컴퓨터 페이징 시스템(Computerized Paging Displayer)이 설치된 레스토랑에서는 찾는 사람의 성명을 정확히 입력시켜 고객과의 만남을 원활히 해결해 주어 고객의 불편한 점을 대행해 주는 접객업무이다.

요즘은 그리트리스(Greetress)가 이 업무를 수행하며, 단정한 걸음걸이로 고객이 쉽게 볼 수 있도록 페이징보드(Paging Board)의 손잡이가 가슴 위 높이 정도 위치하는 것이 적당하다.

전화를 통하여 페이징을 원하시는 고객이 지루함을 느끼지 않도록 빠른 시간 내에 신속하게 확인해 드린다. 고객이 발견되면 테이블에서 받을 것인지 조용한 곳에서 받을 것인가를 물어 본다.

페이징 서비스를 할 때 고객의 입장에서 찾고자 하는 지역을 성의 있게 구석까지 가는 적극적 성의와 단골고객은 페이징을 하게 되면 오히려 서비스에 역행하는 결과가 발생하기 때문에 고객에게 직접 알려준다. 또한 요즈음은 전자게시판이나 무선전화기와 같은 편리한 도구를 사용하여 고객에게 서비스할 수 있다.

2. 분실물과 습득물 서비스(Lost & Found Service)

분실물과 습득물(Lost & Found) 서비스는 고객의 분실물 습득신고 및 보관센터를 의미하는 것으로 호텔 레스토랑을 이용하는 고객들의 소지품이나 수화물을 고객이 분실하거나 종사원 및 고객이 습득하여 신고했을 때 그 습득물을 보관하여 소유주가 나타나면 확인하고 주인에 게 반환하여 주는 서비스이다.

1) 분실물과 습득물 서비스의 중요성

고객의 분실물은 절대 소홀히 다루어서는 안 되며, 반드시 고객에게 신속, 정확하게 전해지도록 종사원들은 최선을 다해야 한다. 고객이 소지품을 잊는 일은 간혹 발생함으로 분실물과 습득물을 처리하는 부서와 규정이 정해져 있으며, 분실물과 습득물(Lost & Found) 서비스를 통하여 호텔과 레스토랑의 이미지를 좋게 할 수 있다.

❶ 호텔 레스토랑 종사원의 양심과 정직성에 바탕을 둔 대고객 서비스는 고객의 유인책이 될 수 있다.

❷ 고객에게 호텔 레스토랑의 공신력과 신뢰감을 심어 줄 수 있다.

❸ 분실물과 습득물 서비스는 호텔 레스토랑에 대한 이미지를 좋게 부각시킬 수 있고 분실한 물건을 찾았을 때, 그 호텔 레스토랑에 애착심과 감사한 마음으로 다시 그 호텔을 찾아 올 것이다.

❹ 분실물과 습득물 서비스 업무를 조직적으로 관리함으로써 사회적 공정성을 기할 수 있다.

❺ 습득물이 하찮은 것일지라도 고객에게는 중요한 물건일 수도 있으며, 고객이 안심하고 호텔 레스토랑을 애용하게 만들 수 있다.

2) 분실물과 습득물(Lost & Found) 서비스관리

(1) 신고

❶ 분실신고

호텔 레스토랑을 이용한 분실자가 자신의 소지품을 분실한 내용을 신고하면 이미 분실된 내용이 분실물과 습득물(Lost & Found)센터에 습득 신고된 내용물과 일치하면 그 습득물을 반환하게 된다. 이때 분실물 주인의 신원을 확인하고 성명, 주소, 연락처, 서명 등을 받고 물건을 건네 준다.

습득물이 신고되지 않았으면 분실자의 성명, 주소, 전화번호, 분실장소, 분실일시, 분실물 내용 등을 기록해 두었다가 습득물이 들어오면 찾아준다.

❷ 습득신고

호텔 레스토랑 내에서 습득물이 발견되면 자신에게는 사소한 물건처럼 보일지라도 개인적으로 보관하지 말고 분실물과 습득물 담당 부서에 인계하여 집중적으로 일관성 있게 보관, 관리해야 한다.

고객의 귀중품이나 고가의 물건이 습득신고되면 호텔 자체에서 보관하지 말고 관할 경찰서에 신고하여 습득물을 전하고, 습득물 보관증을 관할경찰서로 하여금 받아 보관증만 보관하게 된다.

(2) 접수요령

분실물이 접수되면 분실물과 습득물 관리 대장에 다음의 내용을 기록하고 보관창고나 금고에 보관하게 된다.

분실물이 신고접수 되면 다음 사항을 빠짐없이 기록해야 한다.

❶ 분실물의 분실 일시 ❷ 분실물의 분실 장소
❸ 분실물의 내용 ❹ 분실물의 성명
❺ 분실자의 주소 ❻ 분실자의 전화번호
❼ 분실자 고객의 행선지 주소 ❽ 분실품 보관 담당자 이름

습득물 신고접수 시에도 분실물 기록사항처럼 다음의 내용을 잘 기록해야 한다.

❶ 습득물의 발견 일시

❷ 습득물의 발견 장소

❸ 습득물의 내용(품명, 수량, 형태 등)

❹ 습득자의 성명

❺ 습득자가 호텔 고객일 경우 습득한 고객의 주소 및 전화번호

❻ 습득물 보관 담당자 이름

(3) 반환요청 및 반환

분실물이 습득 신고된 후에 고객이 분실물 신고를 하게 되면 분실물과 습득물 담당자는 분실자가 말하는 분실물 내용, 분실장소, 분실일시, 분실상황이 일치하면 반환자의 성명, 주소, 성명, 신분증 등을 대장에 기록하고 반환한다.

(4) 습득물 처리

습득물 처리는 습득물의 주인이 일정기간 경과하는 동안 나타나지 않으면 호텔에 따라서 다르지만 비귀중품인 경우는 3개월에서 6개월로 하고, 현금 및 귀중품인 경우는 1년 이상으로 정하고 있다. 일정한 기간이 지나도 주인이 나타나지 않으면 습득물 처리방법은 다양한데 습득자에게 돌려주는 방법, 경찰관 입회 하에 경매처분하는 방법, 호텔의 내규에 따르는 방법, 자선단체에 기증하는 방법이 있다.

3. 재떨이 교환 서비스(Ash Tray Changing Service)

고객은 기호에 따라서 식사 도중에 담배를 피울 수가 종종 있는데, 테이블의 청결성을 유지하여 식사 분위기를 고취시키기 위하여 적절한 시간에 재떨이를 교환해 주어야 한다. 재떨이 교환의 요령은 다음 같다.

❶ 재떨이에는 담배꽁초가 2개 이상 넘지 않도록 하고 깨끗한 재떨이로 교체한다.

❷ 재떨이는 담배꽁초뿐만 아니라 슈거 팩 같은 종이가 쌓여도 교체한다.

❸ 재떨이 교체 시 마크는 항상 고객이 잘 볼 수 있도록 정면으로 세팅한다.

❹ 재떨이를 교체하는 시간은 식사 중일 때는 가급적 피한다.

❺ 재떨이를 교체할 때는 담배재가 테이블 위나 음식에 날리지 않도록 깨끗한 재떨이로 소나지 않게 가볍게 덮어서 같이 뺀 후 덮었던 깨끗한 재떨이를 그 자리에 놓는다.

❻ 재떨이에 더러운 자국이나 물기가 있어서는 안 되며, 금이 갔거나 흠이 있는 재떨이를 사용하지 않도록 한다.

❼ 재떨이를 사용할 때는 반드시 트레이(Tray)를 사용하여 미끄러져 깨지지 않도록 하고 소음이 나지 않도록 한다.

❽ 사용된 성냥은 세팅 시 재사용해서는 안 되며, 라이터나 성냥을 켤 때는 불꽃이 고객에게 튀지 않도록 성냥개비를 자기 몸쪽으로 향해 그어서 켠다.

4. 빵 서비스(Bread & Butter Serving)

빵은 본격적인 식사 전에 서브하여 후식 전까지 먹는 것으로 식사에 부수적으로 제공되지만 즐거운 식사가 되기 위해서는 맛있고 신선한 빵(Fresh Bread)을 제공해야 한다. 빵은 각 코스별로 먹기 전에 전 코스에서 먹은 음식 맛을 씻어주고 입안의 잔맛을 없애고 새로운 맛을 느낄 수 있게 하는 역할을 한다.

빵은 재료와 제조 방법, 국가나 지역별로 매우 다양하나 조식에는 토스트나 스위트 롤(Sweet Roll), 머핀 등이 제공된다. 빵은 식사 중에 항상 추가 제공이 가능하고 빵을 제공할 때는 얼음이나 냉장고에 차갑게 보관한 버터를 함께 제공하지만 잼은 고객의 특별한 요청이 없는 한 조식 외에는 제공하지 않는다.

빵 서비스(Bread & Butter Serving)의 요령은 식사와 함께 제공되는 음식이기에 소홀히 하기 쉬운데 다음 사항에 주의해야 한다.

❶ 빵은 축축하거나 딱딱한 것은 고객에게 제공하지 않는다.

❷ 빵과 버터를 제공할 때 고객의 왼쪽 위측의 빵접시(B.B Plate), 위측에 빵바구니(Bread Basket)에 담고, 버터는 버터볼(Butter Bowl)에 담아서 제공한다.

❸ 브레드 카트(Bread Cart)에 담아서 제공할 때는 고객의 좌측에서 보이며 좋아하는 빵을 원하는 만큼 제공한다.

❹ 빵을 다룰 때는 위생상 반드시 빵집게(Bread Tong)를 사용한다.

❺ 2인용, 4인용 등의 테이블에 브레드 바스켓에 담아서 놓을 때는 여러 고객이 쉽게 먹을 수 있는 위치에 놓는다.

5. 핑거볼 서비스(Finger Bowl Service)

음식 중에 고기나 생선의 뼈, 갑각류의 껍질, 과일의 껍질이나 꼭지 등 직접 손을 사용하여 식사하는 음식을 먹을 때 제공되는 것이다. 핑거볼을 만드는 요령은 미지근한 물을 휭거볼의 절반을 넘으면 고객이 마시는 경우가 있으므로 절대 넘지 않도록 하여 슬라이스 레몬이나 국화 따위의 향기 있는 재료를 사용하여 격식 있는 핑거볼을 만들어 제공한다. 핑거볼은 테이블(Meat Fork) 바로 위쪽에 제공하며, 테이블의 상황에 따라서 유동적이다.

6. 술보관 서비스(Keep Bottle Service)

고객이 와인이나 위스키와 같은 술을 병(Bott1e)으로 주문하여 당일 모두 마시지 않고 다음 방문 때 마실 수 있게 보관해 주는 서비스를 말한다. 고객의 요구가 있으면 남은 술의 양, 날짜, 담당자 사인을 하여 고객의 전용 술보관 박스(Box)에 고객의 성함을 기록하여 맡긴 술병을 걸어서 보관하고 신뢰감을 갖게 한다.

7. 빌 서비스(Bill Service)

레스토랑에서 근무하는 직원 중에 수납원(Cashier)은 경리부 소속으로 수납원이 고객이 식사가 끝나고 레스토랑을 떠나려 할 때 고객에게 더 필요한 것이 없는지를 물어보고 계산서를 정확히 빌링(Billing)하여 고객이 캐셔 데스크(Cashier Desk)에서 장기간 기다리지 않게 한다.

계산은 캐셔 데스크에서 하는 것이 원칙이나, 테이블에서 고객이 요구할 때는 계산서를 빌 홀더(Bill Holder)에 넣어 드린다.

계산서를 고객에게 드리거나 수납과정에서 고객이 계산과 관련되어 문의를 하면 정중하게 대답하고 반드시 감사의 말을 잊지 않는다. 계산상 주의할 사항은 다음과 같다.

❶ 계산 시에는 테이블을 바꾸어 계산하지 않게 주의하고 테이블을 잘 주시하여 스키퍼 방지에도 주의해야 한다.

❷ 업무를 시작하기 전에 환율을 알아 놓고 잔돈을 충분히 준비해 둔다.

❸ 고객 서비스를 위하여 담배나 성냥 및 기타 필요한 것을 캐셔 데스크에 준비한다.

❹ 고객에게 계산을 받기 전에 계산서의 기재사항(테이블 번호, 고객수, 금액, 품목 등)을 확인하여 호스트에게 계산서를 제공한다.

❺ 계산서는 빌 홀더(Bill Holder)에 끼워서 사인을 할 수 있는 볼펜과 함께 주며 영수증과 거스름돈은 준비된 봉투에 넣어 트레이(Chit Tray)에 담아 공손히 준다.

❻ 고객이 수표로 지불할 때는 수표 뒷면에 고객의 성함, 연락처 등을 반드시 배서한 후 받도록 한다. 고액이고 낯선 경우는 지배인의 서명이나 지시에 따른다.

❼ 신용카드(Credit Card)로 계산 시 거래중지 카드((Black List Card)의 여부를 확인한 후 카드 청구서에 금액을 기재하여 계산서와 함께 고객의 서명(Sign)을 받는다. 서명 후 카드청구서 중 고객용(Copy)과 계산서의 영수증, 카드를 함께 드린다.

❽ 후불로 할 때는 고객의 주민등록증 확인과 명함 등을 받아 지배인에게 보고한다. 후불로 처리할 때는 계산서에 서명을 받고 가격을 말하며 영수증은 주지 않는다. 또한 인포메이션 차지(Information Charge) 용지에 기재사항을 정확히 기업하여 계산서와 같이 수납원에게 인계한다.

❾ 객실 고객인 경우는 객실번호로 서명을 하는 고객이 많은데 객실 열쇠(Room Key)와 객실번호(Room Number)를 확인하고 풀 네임(Full Name)과 서명을 정확히 받도록 한다. 기재가 끝나면 계산서의 거래명세서를 고객에게 준다.

8. 환송 서비스(Farewell Service)

고객의 영접 및 서비스도 중요하지만 레스토랑에 대한 고객의 이미지가 강하게 남는 환송 서비스를 잘 함으로 다시 찾아주기를 희망한다. 고객이 레스토랑을 떠나려고 할 때는 고객이 식사하는 동안의 만족도를 묻고 만족하지 못한 경우는 정중히 사과하고 지적 사항은 다음 방문 때 고객 서비스에 반영하겠다는 의지를 얘기한다.

환송 담당자는 고객이 계산을 하지 않았다면 신속히 계산할 수 있도록 하고 보관물품이 있으면 찾아주고 지배인과 그리트리스는 출구까지 나와서 고객을 환송하고 필요 시 엘리베이터나 호텔 정문까지 배웅하며 감사를 표시한다.

❶ 고객이 자리를 뜰 때는 테이블에서 제일 가까운 종사원이 일어나기 쉽도록 의자를 빼 드린다. 또한 테이블 주위에 빠뜨린 물건이 없는지 확인하며, 출구 쪽을 향해 방향을 제시하고 정중히 배웅한다.

❷ 고객이 레스토랑을 출발하려고 할 때 모든 종사원은 감사의 인사를 한다.

❸ 환송 담당자는 고객 퇴장 시 계산을 신속하게 할 수 있도록 안내하고, 감사의 인사말과 접객의 평가, 만족도를 확인하고 재방문의 언약을 받도록 한다.

❹ 거동이 불편한 고객은 상황을 판단하여 출구 또는 엘리베이터까지 정중히 안내한다.

9. 정리정돈

고객이 떠난 후 테이블을 재빨리 정리하는 것은 레스토랑에 있는 다른 고객들과 레스토랑 테이블을 재판매하기 위하여 바람직하다. 테이블을 정리하는 일은 위생적이고 신속하게 정리되어야 하는데, 순서는 고객이 테이블을 떠나 레스토랑 밖으로 나가는 즉시 의자에 혹시 음식이 묻어 있는지를 확인한 후 사용된 모든 기물과 냅킨(Napkin)을 테이블에서 치워낸다. 다시 세팅할 기물을 서비스 트레이(Service Tray) 위에 준비해 테이블로 가져와 테이블 세팅이 기준에 맞게 잘 정돈 배열되게 리세팅(Resetting)한다.

테이블을 정리할 때는 소음과 옆 테이블 고객의 식사에 방해가 되지 않도록 주의하고 고객이 기다리는 경우는 신속히 다시 세팅해야 하지만 서두르게 해서는 안 된다.

유리컵은 쟁반의 다른 옆부분에 놓도록 하며 접시들은 쟁반의 가운데 부분에 쌓도록 한다. 트레이에 접시를 쌓을 때는 큰 접시를 밑에 놓고 음식이 남아있는 접시를 가장 위에 놓는다.

모든 빈 병들은 쟁반에 눕혀 운반하고 더러운 냅킨은 쟁반 위에 올려놓지 말고 말아서 들고 간다. 냅킨(Napkin), 테이블보(Table Cloth)는 린넨통(Linen Cart)에 넣기 전에 음식 부스러기를 제거한다.

사용된 기물들을 곧바로 세척하는 곳으로 운반하여 기물의 종류별로 분류하여 세척할 수 있게 놓는다. 세척기에서는 유리컵을 같은 종류의 정확한 랙에 꽂아 두고 접시에 남은 음식은 쓰레기통에 버리고 같은 종류의 접시끼리 쌓아두고 은기물류(Silver Ware)는 기물 통에 살며시 넣는다.

랙의 종류는 기물에 따라서 다른데 [그림 5-2]처럼 A는 접시종류, B는 글라스종류, C는 테이블웨어를 구분하여 넣는다.

[그림 5-2] **랙 종류**

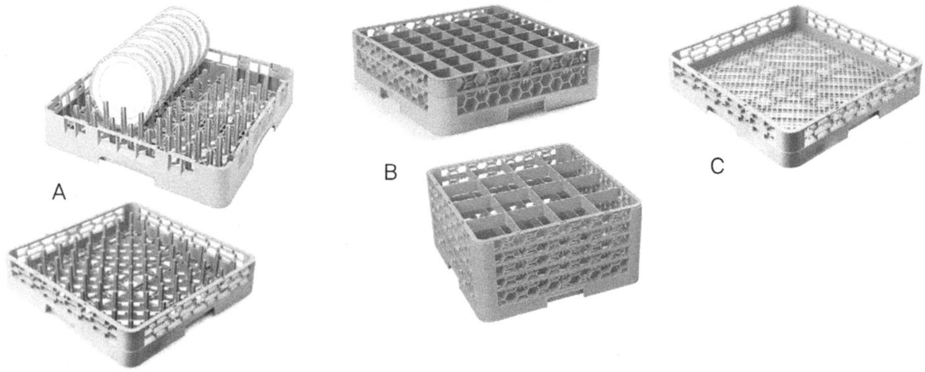

제6장

메뉴(Menu)

제1절 메뉴의 개념

1. 메뉴의 기원

메뉴는 현대 레스토랑경영에서 단순히 상품의 종류를 나열한 목록표가 아니라 고객에게 레스토랑의 상품을 판매하는 중요한 수단과 계약의 의미가 강하다.

메뉴는 우리말로 의궤에서는 찬품단자라 했으며, 현대에는 차림표 또는 식단이라 한다. 메뉴의 기원은 라틴어의 미누트스(Minutus)에서 유래되었고, 원래는 프랑스의 미뉘뜨(Minute)에서 인용된 말로써 그 뜻은 작다(Small), 작은 목록표(Small List)의 의미를 함축하고 있다.

영어로는 마이뉴트(Minute)에 해당하는 말로서 상세히 기록한다는 의미를 갖고 있으며, 나라별로 보면 영국에서는 빌 어브 페어(Bill of Fare), 프랑스에서는 까르뜨(Carte), 독일에서 는 슈파이제카르테(Speisekarte), 일본에서는 곤다떼효(獻立栽)라 하지만 메뉴는 오늘날 전 세계적으로 통용되는 용어이다.

메뉴가 사용되기 시작한 것은 1498년 프랑스의 어느 귀족의 아이디어로 전해지고 있다. 그 후 1540년 프랑스에서 브랑위그 후작이 자신의 자택파티에서 요리에 관한 내용, 순서 등 을 메모하여 테이블 위에 놓고 차례로 나오는 요리를 즐기게 되면서 초대되어 온 손님들로부터 좋은 평판을 듣게 되었다.

그 후 귀족들의 연회에 유행하게 되었고 차츰 구라파의 각국에 전파되어 정찬(정식) 식사 메뉴로 사용하게 되었는데 19세기에 이르러 프랑스 파리에 있는 팔레스 로얄(Palace Royal)에서 메뉴가 일반대중에게도 익숙한 명칭이 되는 계기가 되었다.

2. 메뉴의 정의

메뉴는 레스토랑에서 제공하는 품목에 대하여 상품의 서비스, 분위기, 가격, 계절감각, 요리방법, 요리모양 및 형태 등을 함축하고 있어야 한다. 메뉴는 고객이 상품을 구입하는데 필요한 내용과 식욕을 일으킬 수 있도록 구성되는 강력한 판매촉진의 도구가 되어야 한다. 그렇기 때문에 메뉴는 고객에게 강력한 인상을 주도록 특징적이고 시각적인 요소도 가미해야 하는 레스토랑의 종합예술적 표현이다.

오늘날 사용하는 메뉴의 정의를 사전적 정의와 일반적으로 분류하여 정의를 내려보면 다음과 같다. 웹스터사전의 정의 "A Detailed List of The Foods Served at A Meal" 즉 식사로 제공되는 요리를 설명한 간단한 문구이면서도 상세한 표이다.

일반적 정의는 "메뉴란 고객이 알기 쉽고 보기 쉽도록 식음료의 품목과 가격을 작성 기록하여 고객이 식음료를 주문하는데 필요한 정보를 제공하여 고객과 호텔레스토랑 간의 식음료 제공을 약속하는 차림표"라고 할 수 있다.

제2절 메뉴의 역할

고전적인 메뉴의 역할은 단순한 식음료의 종류를 기록, 나열하는 기능수행에 불과했으나 현대 레스토랑경영에서 메뉴는 레스토랑이 추구하는 영업행위의 본질을 고객에게 알려주는 동시에 고객에게는 안내자의 역할을 하는 판매촉진의 모체로 판매원의 역할과 판매되는 식음료를 자세히 설명하는 설명서의 역할, 호텔 레스토랑과 고객과의 상품에 대한 조건을 제시하는 계약서 역할도 겸하고 있다.

메뉴는 레스토랑에서 상품 자체의 설명과 가격증진을 위하여 필요한 절대적인 마케팅 도구이며, 레스토랑의 이윤과 직결되는 역할을 수행함으로 고객의 육체적, 정신적 만족을 증대시켜 주기위한 역할을 한다.

메뉴의 역할은 경영정책(Policy), 판매계획(Planning), 분석(Analysis), 판매(Sales)로 연결되는 기업의 경영 순환(Management Cycle)과 같은 것이다.

1) 메뉴는 레스토랑의 절대적인 마케팅 도구이다

메뉴는 고객이 상품을 결정하는데 결정적인 역할을 함으로 레스토랑의 이윤달성, 고정고객의 확보, 영업목표 달성, 레스토랑 경영의 목표 수립을 위해 절대적으로 필요한 마케팅 도구이다. 이러한 목표를 달성하기 위하여 메뉴는 고객이 무엇을 어떻게 원하는가를 파악하여 구매 욕구를 충족시켜 주지 않으면 안 된다.

2) 메뉴는 레스토랑의 상징적인 역할을 한다

메뉴는 레스토랑의 얼굴이며 레스토랑의 수준을 결정한다. 메뉴는 고객이 메뉴판만을 보고도 업장의 특성을 파악할 수 있도록 하는 역할을 담당하고 있는데, 그러한 역할을 충분히 달성하기 위해서는 색상, 디자인, 로고 등을 통하여 고객에게 전달할 수 있다.

또한 메뉴는 레스토랑 전체의 분위기와 인테리어 연출에 일조를 하고 시장세분화를 이루어 고객의 욕구를 만족시켜서 레스토랑의 이윤을 창출할 수 있어야 한다.

3) 메뉴는 경영자와 고객을 연결해 주는 커뮤니케이션 수단이다

레스토랑에서 메뉴는 무언의 판매자로 모든 상품의 판매는 메뉴로부터 시작된다. 메뉴는 고객과 업장 사이에 이루어지는 최초의 대화, 홍보수단으로서 고객에게 무엇을 주문하고 얼마를 지출할 것인가를 결정하게 된다.

4) 메뉴에 의하여 레스토랑에서 필요한 종업원과 주방 기기가 결정된다

레스토랑 메뉴의 서비스 형태에 따라서 고객당 종사원의 수가 상당히 다르게 나타나며 식재료 형태에 따라서 필요한 주방 기기도 다르게 나타난다. 셀프 서비스와 고급 레스토랑에서 요구되는 종사원 수와 패스트푸드와 가공식품을 많이 사용하는 주방과 처음부터 신선한 원재료를 사용하여 음식을 만드는 레스토랑의 기계설비는 많은 차이가 있다.

5) 메뉴는 레스토랑의 개성과 분위기를 창출하는 도구이다

개성과 무드가 없는 레스토랑은 기업으로 성장할 수가 없으며, 고객에게 소구점이 약하면 고객들은 재방문을 상당히 꺼릴 것이다. 그래서 고객에게 그 레스토랑만이 갖는 개성이나 매력적인 분위기를 창출할 수 있어야 경영악화를 방지할 수 있다.

6) 메뉴는 음식생산과 서브방법을 결정한다

메뉴는 레스토랑에서 생산되는 상품을 지시하고 고객에 대한 서브방법과 서브를 위한 준비절차가 결정된다.

7) 메뉴는 음식점의 실내장식과 큰 조화를 이루어야 한다

메뉴의 형태, 메뉴의 색채, 메뉴의 문자구성 등이 레스토랑의 분위기와 조화를 이루면서 균형을 유지하도록 노력하여야 한다.

[표 6-1] 메뉴의 역할

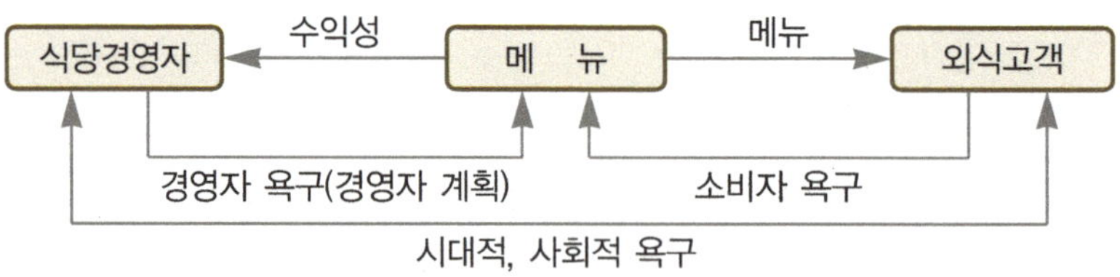

제3절 메뉴의 종류

메뉴를 분류하는 방법은 다양하나 메뉴품목의 제공방법, 변화되는 기간, 제공되는 시간에 따라서 일반적으로 세 가지로 분류한다.

첫째, 시간적인 분류 : Breakfast, Brunch, Lunch, Dinner

둘째, 내용적인 분류 : Table D' Hote, A la Carte

셋째, 식사형태에 의한 분류 : Seafood Menu, Steak Menu, Children' s Menu, Special Menu

1. 시간에 의한 분류

식사가 제공되는 시간에 따른 분류로 조식 메뉴(Breakfast Menu), 브런치(Brunch Menu), 점심 메뉴(Lunch or Luncheon Menu), 저녁 메뉴(Dinner menu), 서퍼 메뉴(Supper menu) 5가지로 분류할 수 있다.

1) 조식 메뉴(Breakfast Menu)

조식 메뉴는 신속, 간단, 저렴한 특정이 있다. 조식은 하루일과의 시작으로 신속하고 효율적이며 경쾌하고 즐거운 분위기를 창조하는 필요하다.

(1) 미국식 조식(America Breakfast)

미국식 조식은 과일, 주스류, 시리얼(Cereal : 곡물요리), 달갈요리(Eggs), 케이크류, 음료, 빵, 토스트와 같이 각종 음식이 다채롭게 제공되는 것이 특징이다.

(2) 유럽식 조식(Continental Breakfast)

미국식에 비하여 간단한 식사로 주스, 빵, 음료, 커피 등이 주로 서브된다.

(3) 비엔나식 조식(Vienna Breakfast)

간단한 달걀 요리와 롤빵, 커피나 우유가 서브되는 식사를 말한다.

(4) 영국식 조식(English Breakfast)

미국식 조식과 같으나 생선요리(Fish)가 추가되는 것이 특징이다.

2) 브런치 메뉴(Brunch Menu)

아침과 점심의 중간에 제공되는 식사형태인데 주로 늦게 일어나 아침시간을 놓치거나 아침을 먹지 않는 사람들을 위해 서브되는 메뉴다.

3) 점심 메뉴(Lunch or Luncheon Menu)

점심 메뉴는 저녁메뉴보다 가볍고 저렴한 가격으로 제공되는데, 오늘의 메뉴(Daily Special), 주방장 특선(Chef' s Recommendation)을 정식코스에 따라 대체로 수프, 앙뜨레, 디저트, 커피나 홍차의 순으로 품목이 적게 제공된다.

4) 저녁 메뉴(Dinner Menu)

저녁 메뉴는 하루 중에 가장 중요한 식사이기 때문에 매우 다양하며, 가격도 비싼 것이 특징이다. 조식, 점심보다 여유를 갖고 식사를 하기 때문에 주류가 제공되어 수익증대에 기여하기도 하고 메뉴의 다양성, 서비스, 분위기, 실내장식에 대한 프리미엄이 기대되기에 레스토랑 경영 측면에서는 고객의 욕구충족과 수익확보 차원에서 메뉴구성에 철저를 기하여야 한다.

5) 서퍼 메뉴(Supper Menu)

서퍼는 본래 공식적인 만찬식을 의미하였으나 근래에 와서는 음악회나 연주회 등 각종 모임이 끝난 후 제공되는 간단한 식사로 그 의미가 변하고 있다. 샌드위치나 수프에 간단한 음료가 제공된다.

2. 내용에 의한 분류

식사가 제공되는 내용에 따라서 메뉴를 분류하면 다음과 같다. 정식 메뉴(Table D'

hote Menu), 일품요리 메뉴(A La Cane Menu), 특별 메뉴(Daily Special Menu), 뷔페 메뉴(Buffet Menu)로 분류할 수 있다.

1) 정식 메뉴(Table D 'hote Menu)

정식 메뉴란 풀 코스 메뉴(Full Course Menu)로 식사가 구성되었으며, 요리의 종류와 순서가 미리 구성되어 있다. 정식 메뉴의 순서는 다음의 정식 메뉴 형태 같이 구성하는 것이 보통 이다. 그러나 고객의 기호에 맞지 않은 품목을 제외하고 구성한 세미 따블도떼 메뉴(Semi Table D' hote Menu)가 고객의 편의를 도모하기 위하여 제공된다.

세미 따블도떼 메뉴 형식의 메뉴구성을 살펴보면 점심 메뉴(Lunch or Luncheon Menu)는 3~4 코스, 저녁 메뉴(Dinner Menu)는 4~5코스, 서퍼 메뉴(Supper Menu)는 2~3코스, 연회는 대략 6~7코스로 이루어진다.

(1) 정식 메뉴 형태

❶ 5 Course Menu

전채(Appetizer) → 수프(Soup) → 주요리(Main Dish) → 후식(Dessert) → 음료(Beverage)

❷ 7 Course Menu

전채(Appetizer) → 수프(Soup) → 생선(Fish) → 주요리(Main Dish) → 샐러드(Salad) → 후식 (Dessert) → 음료(Beverage)

❸ 9 Course Menu

전채(Appetizer) → 수프(Soup) → 생선(Fish) → 샤베트(Sherbet) → 주요리(Main dish) → 샐러드(Salad) → 치즈(Cheese) → 후식(Dessert) → 식후음료(Beverage)

(2) 연회의 정식 메뉴(Table D' hote Menu)

그 중에서 오늘날 통용되고 있는 표준적인 메뉴라고 할 수 있는 연회(Banquet)에 나오는 순서는 일반적으로 다음과 같다.

❶ 전채(Appetizer ; Hors D' oeuvre)

❷ 수프(Soup ; Potage)

❸ 생선(Fish ; Poisson)

❹ 주요리 및 야채 (Main Dish & salad ; Entrée et Salade)

❺ 후식(Dessert ; Entremets)

❻ 식후음료(Beverage ; Cafe et The)

(3) 정식 메뉴(Table D' hote Menu)의 장점

정식메뉴의 판매는 레스토랑 경영 차원에서 여러 가지 장점을 주는데 구체적으로 다음과 같은 장점이 있다.

❶ 판매가격이 저렴하다. ❷ 원가가 절약된다.

❸ 조리과정이 일정하여 노력이 적게 든다.

❹ 서브가 단조롭다. ❺ 매상고가 높다.

❻ 회계가 쉽다. ❼ 고객의 입장에서 선택이 간단하다.

❽ 가격이 조정되어 있다. ❾ 메뉴작성이 쉽다.

❿ 재고가 감소된다.

(4) 정식 메뉴(Table D' hote Menu)의 단점

❶ 고객이 특별히 원하는 요리만 선택할 수가 없다.

❷ 박리다매식 판매로 객단가(客單價)를 증진하기 힘들다.

❸ 조리와 서브가 단조로워 종사원의 능력을 개발할 기회가 적다.

❹ 레스토랑 경영상 융통성 있는 서비스가 어렵다.

2) 일품요리 메뉴(A La Carte Menu)

일품요리(A La Carte) 메뉴의 구성은 정식 메뉴의 순으로 구성되어 있으나 각 코스별로 고객이 좋아할 만한 음식을 다양하게 준비하여 고객이 특별히 좋아하는 기호요리를 제공할 수 있게 만든 메뉴이다.

일품요리를 가리켜 표준차림표, 기호요리, 선택요리의 차림표라고도 하는데 일품요리의 메뉴구성은 다양하고 전문성을 띠는 내용으로 구성되는 것이 바람직하다 고전적 메뉴구성법을 중심으로 표기하면 다음 순서로 구분하여 식재료의 특성에 따라 구성할 수 있을 것이다.

(1) 일품요리 내용

❶ 냉전채(Cold Appetizer) ❷ 수프(Soup: Potage)
❸ 온전채(Warm Appetizer) ❹ 생선(Fish)
❺ 주요리(Main Dish) ❻ 더운 앙뜨레(Warn Entree)
❼ 찬 앙뜨레(Cold Entrée) ❽ 로스트요리(Roast)
❾ 더운 야채요리(Hot Vegetables) ❿ 야채(Salad)
⓫ 더운 후식(Warm Dessert)
⓬ 찬 후식 및 아이스크림(Cold Dessert & Ice cream)
⓭ 생과일 및 조림과일(Fresh Fruit or Stewed Fruit)
⓮ 치즈(Cheese) ⓯ 식후음료(Beverage)

(2) 일품요리의 장점

❶ 고객이 기호에 따라서 메뉴를 선택할 수 있다.
❷ 메뉴의 단조로운 형태에서 탈피하여 권태로움을 제거할 수 있다.
❸ 계절별, 월별, 일별로 시기 적절하게 메뉴의 변화를 줄 수 있다.
❹ 신상품개발로 많은 고객에게 판매할 수 있다.
❺ 종사원들의 능력을 배양할 수 있다.

(3) 일품요리의 단점

❶ 가격이 비싸다. ❷ 메뉴가 복잡하다.
❸ 메뉴인쇄 및 잡비용이 증가한다. ❹ 재고식재료가 증가한다.
❺ 원가통제가 힘들다. ❻ 고도로 숙련된 조리사가 필요하다.
❼ 숙련공을 고용함으로 노동비용이 증가한다.

3) 특별 메뉴(Daily Special Menu)

특별 메뉴란 고객의 식욕을 돋구고 판촉차원에서 명절, 졸업식 등 특별한 기념일에 맞추어 아이디어를 발휘하여 특별히 제공하는 메뉴를 말한다. 특별 메뉴로는 어린이 메뉴, 노인 메뉴, 크리스마스 메뉴, 신년 메뉴, 송년 메뉴, 특별행사 메뉴 등이 있다.

특별 메뉴는 경영상 다음과 같은 이점이 있다.

❶ 고객서비스 향상으로 판매증진을 꾀할 수 있다.

❷ 고객의 관심과 흥미를 불러 일으키고 메뉴선택의 기회를 넓혀 준다.

❸ 재고식 재료를 적절히 사용할 수 있어 원가절감에 기여할 수 있다.

4) **뷔페 메뉴**(Buffet Menu)

뷔페 메뉴는 각 코스별로 다양하게 구성된 메뉴를 실제로 진열해 놓고 일정한 돈을 지불하고 여러 가지 선호하는 요리를 자유롭게 선택하여 먹을 수 있다. 뷔페의 종류로는 다음과 같이 두가지로 분류할 수 있다.

(1) **오픈 뷔페**(Open Buffet)

불특정 다수를 대상으로 일정한 요금을 지불하면 마음껏 골라 먹을 수 있는 방식으로 일반적 뷔페 레스토랑을 말한다.

(2) **크로스 뷔페**(Closed Buffet)

사전에 이용객의 수와 요금이 정해지며, 각종 모임이나 연회 시 이용하는 뷔페 레스토랑을 말한다.

3. 메뉴의 지속성에 따른 분류

식음료 업장에서 메뉴를 사용하는 기간에 따른 분류를 보면 고정 메뉴(Static), 주기적 메뉴(Cyclical Menu), 단기 메뉴(Market Menu)로 분류할 수 있는데, 이렇게 분류된 메뉴는 레스토랑에서 각각 한가지씩 영업시간에 제시할 수도 있고 여러 가지 메뉴를 동시에 사용할 수도 있다.

1) **고정 메뉴**(Static Menu)

레스토랑에서 연중 지속적으로 제공되는 정기 메뉴(Full-Time Menu)로 매일 변화하지 않는 메뉴로 대부분의 레스토랑이나 전문 레스토랑에서 사용하는 메뉴가 이에 속한다.

2) 주기적 메뉴(Cyclical Menu)

특별기간이나 날짜를 주기로 하여 몇 가지의 메뉴를 순환시키며 교체하여 제공하기 때문에 순환적 메뉴(Revolving Menu)라 한다. 흔히 봄, 여름, 가을, 겨울의 특정 계절별, 월별, 주별로 제공하는 메뉴이다.

3) 단기 메뉴(Market Menu)

단기 메뉴는 오늘의 특선 메뉴(Daily Special Menu) 혹은 주간 메뉴(Weekly Menu)처럼 매일 또는 주간별로 메뉴를 교체하여 제공하는 것이다. 단기 메뉴는 식재료가 많이 생산되는 계절에 좋은 식재료를 활용하여 원가관리와 품질관리에 매우 유리하며 계절감을 부각시켜 고객의 변화하는 욕구에 활력을 불어넣을 수 있다. 그러나 단기 메뉴는 새로운 메뉴 개발의 창의력 개발과 재료구입에 압박을 받을 수 있다.

4. 레스토랑의 취급 품목에 따른 메뉴

레스토랑에서 제공되는 요리 품목은 레스토랑별로 차이가 있는데, 요리의 특성에 따른 분류를 살펴 보면 다음과 같다.

1) 양식 메뉴(Western Menu)

양식 요리를 판매하기 위한 메뉴로 대표적인 것이 프랑스식 레스토랑(French Food) 메뉴, 이탈리아식 레스토랑(Italian Food) 메뉴, 미국식 레스토랑(American Food) 메뉴, 스페인식 레스토랑(Spanish Food) 메뉴, 멕시코식 레스토랑(Mexican Food) 메뉴 등을 들 수 있다.

2) 동양식 메뉴(Oriental Menu)

동양식 요리를 판매하기 위한 메뉴로 대표적인 것은 한식(Korean Food) 메뉴, 중식(China Food) 메뉴, 일식(Japanese Food) 메뉴, 인도식(India Food) 메뉴 등이 있다.

3) 룸서비스 메뉴(Room Service Menu)

객실 투숙객을 위하여 객실에서 식사를 할 수 있게 24시간 준비한 메뉴로 조식을 비롯하여 간단한 식사와 안주류가 제공되는 메뉴이다.

4) 연회용 메뉴(Banquet Menu)

연회행사는 다양한 고객이 이용하기 때문에 행사의 종류에 따라서 메뉴도 달라지기 때문에 연회용 메뉴(Banquet Menu)는 매우 다양하다.

조식 메뉴(Breakfast Menu), 런치 메뉴(Lunch Menu), 디너 메뉴(Dinner Menu), 티 파티 메뉴(Tea Party Menu), 칵테일 파티 메뉴(Cocktail Party Menu), 뷔페 메뉴(Buffet Menu), 한식 메뉴(Korean Menu), 일식 메뉴(Japanese Menu), 중식 메뉴(China Menu), 출장 케이터링 메뉴(Outside Catering Menu), 음료 메뉴(Beverage Menu), 채식주의자 메뉴(Vegetarian :Menu) 등이 준비되어 있다.

5) 바 메뉴(Bar Menu) 및 와인 리스트(Wine List)

칵테일과 와인의 매출을 촉진하기 위하여 바(Bar)나 커피숍, 각 레스토랑마다 특색 있는 메뉴를 제공한다.

6) 후식 메뉴(Dessert Menu)

식후에 고객은 디저트 메뉴를 기억하지 못하기에 레스토랑, 커피숍, 라운지 같은 곳에서 디저트를 고객에게 제공하기 위하여 준비한 메뉴이다.

제4절 메뉴의 계획

1. 메뉴계획의 의의

메뉴계획은 레스토랑에서 고객에게 판매할 요리를 미리 결정해 놓는 것을 말한다.

메뉴계획은 레스토랑개념 정립과 밀접한 관계가 있고 메뉴의 중요성은 아무리 강조해도 지나침이 없는데, 메뉴는 레스토랑에서 구르는 바퀴의 중심과도 같이 레스토랑 경영의 총체적 개념으로 예술품을 만드는 것과 같다.

메뉴계획은 레스토랑의 영업형태나 입지조건, 고객의 욕구 등 다양한 요인에 의하여 영향을 받기 때문에 식음료 상품의 공급과 고객만족이라는 마케팅 차원에서 전략적으로 이루어지지 않으면 안 된다.

메뉴계획에 있어서 고려할 요소들은 식음료의 원가, 조리사에 대한 급료, 고객에 대한 시장세분화를 통하여 표적시장을 결정하고 대외적인 환경적 요인을 잘 검토하고 품목, 가격, 재료, 조리방법 및 레시피 등을 결정하여 판매촉진 계획을 세우는 시장성 등을 고려하는 것 이 좋다.

2. 메뉴계획 시 고려할 사항

메뉴는 레스토랑경영의 성패를 좌우하는 절대적인 도구이므로 레스토랑의 지배인, 주방장, 구매담당자, 마케팅 담당자가 함께 메뉴계획을 하는 것이 바람직하다. 메뉴의 성공적인 계획을 위하여 다음 사항을 충분히 고려해야 할 사항이다.

1) 레스토랑의 입지성을 고려한다

메뉴를 계획하는데 있어서 선행되어야 할 것은 레스토랑의 입지성을 파악하는 것이다 레스토랑을 이용 가능한 잠재고개들을 파악하여 이들의 시장규모, 욕구와 기호, 구매행동, 구매력 등을 마케팅조사를 통하여 시장기회를 찾아야 한다.

2) 고객의 요구에 따른 메뉴품목의 결정

시장조사를 통하여 판매대상 고객을 선정하여 고객의 기호에 맞는 레스토랑의 메뉴를 구성해야 하는데, 입지조건, 경쟁레스토랑의 메뉴판매 상황을 파악하여 차별화전략 등을 고려하여 메뉴를 계획한다.

3) 메뉴판매에 따른 원가와 수익성 고려

메뉴를 고객에게 제시하였을 때 음식판매로부터 기대되는 식음료장의 매상을 고려하여야 한다. 그리고 원가관리는 고가의 음식과 서비스형태에 따라 직접비와 간접비로 구성되는데, 메뉴의 계획은 항상 원가 목표률을 정해 두고 적정한 판매가격을 통하여 경쟁력에 대처하고 식음료 판매를 증대하여 원가절감을 통한 이윤창출로 경제성을 고려하여 레스토랑경영에 기여해야 한다. 비록 훌륭한 메뉴라도 원가가 많이 투입되어 고객에게 큰 부담을 주는 메뉴는 실제로 판매부진으로 레스토랑 경영에 지대한 공헌을 할 수 없다.

4) 식사에 영양적 요소 고려

최근 고객들의 식습관의 변화에 따라 고객의 취향이 점차 건강식 위주로 바뀌고 있는 추세에 있다. 질적 서비스 향상의 차원에서 고객의 영양적 측면을 고려하여 기본적인 영양소인 단백질, 탄수화물, 지방, 무기질, 섬유소가 골고루 충분히 함유되도록 건강식, 영양식 위주의 메뉴를 고려한다. 특히 채식주의자나 건강식에 관심이 많은 고객을 위한 메뉴도 준비하는 것이 좋다.

5) 지속적인 식재료 구입여부 고려

메뉴에 있는 품목을 지속적으로 제공하기 위한 하나의 중요한 외적 요소는 원재료 공급 시장에서 지속적으로 식재료를 구입할 수 있는 여부를 고려해야 한다. 메뉴품목에 들어가는 식품이 상품으로써 가치와 식재료를 저렴한 가격으로 쉽게 구매할 수 있는가를 고려하여야 한다.

6) 조리사의 능력과 조리기구를 고려

메뉴계획 시에는 현재 근무하고 있는 조리사가 만들 수 있는 메뉴인가와 현재의 종사원으로 충분한 서비스가 가능한지를 고려한 노동력을 파악한다. 인건비에 비례하여 경제성 및 조리와 서비스에 소요되는 시간의 적절성을 예측할 수 있어야 한다.

조리시설에 대한 설비, 배치요건, 기술, 활용도 등의 여건을 고려하고 조리사의 기술, 조리 장의 교육 정도, 작업조건에 따라 메뉴의 구성이 달라질 수 있다.

7) 다양성과 매력성

고객에게 일년 사계절의 동일한 메뉴를 제공하면 단골고객은 메뉴에 대하여 식상함을 느끼게 된다. 메뉴품목에 있는 상품이 구매의욕을 갖기 위해서는 계절감, 색깔, 모양, 향기, 서비스의 방법, 온도, 장식 등으로 고객에게 호기심과 매력을 주도록 계획하고 다양한 조리 방법과 일정한 시간별로 메뉴에 변화를 주어야 한다.

주요리와 함께 곁들여서 제공되는 사이드 디쉬(Side Dish)도 잘 조화를 이루도록 하고 음식과 함께 고객에게 제공되는 식기 종류도 잘 어울려 아름답게 보이도록 한다.

3. 메뉴 작성 시 유의사항

메뉴 작성은 내적, 외적환경을 잘 분석하여 선입견이나 지나친 주관성을 배제하고 식음료 제품의 공급과 마케팅 차원이 균형 있게 유지되도록 주의 깊게 작성되어야 한다. 그러기 위해서는 고객 카드나 세일즈 리포트(Sales Report)를 통하여 철저한 시전 조사를 하고 실시해야 한다. 왜냐하면 한번 작성된 메뉴는 비용과 노력이 많이 들어가기 때문에 고객에게 어필하지 못한다고 쉽게 교체할 수가 없기 때문이다. 메뉴 작성 시 특별히 요구되는 유의사항은 다음과 같다.

1) 한 메뉴에 동일한 재료의 음식이 중복되어서는 안 된다

전채에서 후식에 이르기까지 동일한 재료로 다른 코스에서 중복되어 제공되면 고객은 메뉴에 대하여 매력을 갖지 못함으로 동일한 재료사용을 피해야 한다. 이것은 생선, 육류, 가금류, 엽조류, 각종 야채류나 과일을 막론하여 마찬가지다.

2) 요리의 장식에 주의해야 한다

주요리만 솜씨 있게 만들 것이 아니라 전체요리가 고객에게 한층 품위 있게 돋보이기 위해서는 색의 조화와 요리의 재료에 알맞게 장식해야 한다. 이러한 장식을 위해서는 요리에 대한 애착과 부단한 연구가 필요하다.

3) 동일한 색상의 육류가 한 메뉴에 동시에 제공되어서는 안 된다

요리에 시각적, 영양적 요소를 감안하여 흰색 육류(White Meat)나 검은색(Dark Meat)이 두 가지 이상 중복되어 같은 메뉴에 제공되어선 안 된다.

4) 동일 계통의 소스(Sauce)를 두 가지 이상 제공해서는 안 된다

다른 재료로 음식을 만들었어도 유사하거나 동일한 소소를 사용하면 맛의 차별화가 힘들기 때문에 통일계통의 소스 제공은 피해야 한다.

5) 조리방법(Cooking Methods)이 동일한 음식을 같은 메뉴에 사용하는 것은 금물이다.

6) 코스의 균형은 경식(Light Dish)에서 중식(Heavier Dish)으로 맞춘다.

7) 레스토랑의 장비 및 주방과 서비스 인원에 맞는 요리를 제공한다.

8) 메뉴는 불어로 표기하는 것을 원칙으로 하되 특정국가의 고유한 요리는 그 나라의 언어로 표기한다.

9) 계절, 요일 등의 감각에 따라 알맞은 메뉴를 작성한다

여름에는 찬요리(Cold Dish), 겨울에는 더운 요리(Hot Dish) 등으로 계절에 맞는 과일과 야채요리, 지방의 특산물 등이 제공되도록 한다.

10) 저녁메뉴에는 가급적 견고한 요리(Hard Dish)를 삼가도록 한다

저녁 식사 후에는 일반적으로 운동량이 적어지면서 수면을 취하므로 소화가 잘되는 요리를 제공한다.

11) 영양적으로 메뉴를 판다.

연령별, 성별, 직업별로 음식의 양과 질을 균형 있게 배합하여 열량공급을 시킬 수 있는 메뉴를 구성해야 한다.

4. 메뉴판 제작요령

메뉴판의 디자인은 고객들의 구매결정, 판독속도, 판독량을 통하여 첫인상을 주는 외관적인 요소로 식음료 상품의 구성과 레스토랑의 전체적인 분위기를 압축적으로 나타내는 중요한 역할을 한다.

메뉴판을 작성하는 요령은 한정된 지면에 디자인, 특성, 색상 등을 통하여 고객에게 주는 이미지를 극대화시킬 수 있도록 정확한 전달 내용과 뚜렷한 인쇄로 고객이 읽기 쉽고 피곤하지 않게 제작되어야 한다.

1) 메뉴의 재질

메뉴의 재질은 촉감, 이미지, 사용기간, 가격 등을 고려하여 흔히 얼룩이 지지 않는 견고한 종이, 가죽, 나무, 특수재질을 사용한다. 재질은 레스토랑의 이미지를 잘 표현하여 소비자를 끌어 들이는 역할을 할 수 있게 독특한 재질이 좋다.

2) 메뉴글자의 모양과 크기

메뉴에 적는 글자는 원칙적으로 불어를 사용하나 각국의 특별요리나 세계 공통어인 영어로 혹은 겸용으로 사용하는 실정이다.

활자가 너무 작으면 메뉴를 보는데 불편하거나 부담을 안고 반대로 너무 크면 한정된 메뉴의 지면에 품목에 대한 설명을 상세히 하기 어렵기 때문에 메뉴가 여러 장으로 구성되어 균형을 잃기 쉽다. 메뉴판의 크기도 테이블에서 쉽게 다룰 수 있어야 한다.

그러므로 메뉴판 활자의 종류는 계획하는 이미지에 맞추어 고딕체, 필기체, 궁서체, 명조체 등 다양한 활자 중에서 선택하여 사용하고, 활자 크기는 12호 이상으로 메뉴를 쉽게 읽을 수 있도록 하고 메뉴에 적당한 공간과 여분을 두어 형태를 단순화시킨다.

3) 메뉴판 디자인

(1) 메뉴품목 배열

메뉴판의 디자인 형태에 따라서 고객에게 미치는 시각적 이미지에 큰 차이가 있는데, 메뉴판 안의 품목배치에 따라서 메뉴 전체의 느낌과 역할이 달라질 수 있다.

가장 먼저 눈에 띄는 곳에 그 레스토랑의 수익성과 고객에게 인기가 높은 중심메뉴를 배치하는 전략이 바람직하다.

(2) 메뉴의 색상

전체를 통일적인 색깔로 하기도 하고 각 페이지나 각장의 색상을 달리함으로써 메뉴 읽기를 쉽게 하려고도 한다. 때로는 같은 면이라도 부분적으로 색을 다르게 사용할 수도 있다. 색상 선택은 전체 호텔의 분위기나 국가나 지방색을 잘 표현하도록 토속적이거나 품격있는 색상이나 고전적인 색상, 정열적인 색상, 현대감각이 돋보이는 색채를 사용하기도 한다.

(3) 메뉴의 유형

메뉴는 펴보지 않고도 고객이 한눈에 무슨 내용의 메시지인지 당장 떠오르도록 디자인되는 형태가 바람직하다. 메시지 전달 방법으로 도안을 사용하는데 고객에게 느낌을 통하여 생동감 있는 메시지를 원활히 하기 위한 수단이다. 도안의 선택에 있어서는 고객의 연령층에 따른 감각, 고객의 시대적 감각, 가격수준 등을 관련하여 조화할 수 있는 것으로 고안하는 것이 바람직하다.

메뉴 디자인 설계 시 기본이 되는 제작요령의 세부사항은 다음과 같다.

❶ 매일 바꾸는 특별 요리의 메뉴는 그 붙이는 난에 핀을 달아 놓거나 스티커를 붙이는 형식으로 부착시킨다.

❷ 음식의 종류는 주문된 순서로 혹은 고전적 순서로 기재되어야 한다.

❸ 메뉴의 특별 요리는 굵은 활자체, 천연색 활자, 밑줄 긋기 혹은 색이 있는 스티커나 추가 조항을 붙여 사용한다.

❹ 메뉴품목의 설명은 음식품목의 시각적 영상으로 명확하게 흥미를 줄 수 있도록 글자를 만들고, 잘못된 전문용어의 안내는 피해야 한다.

❺ 문법, 철자, 가격과 모든 안내는 정확해야 한다.

❻ 메뉴는 얼룩이 없이 깨끗하여 정정한 것이나 다른 표시가 없어야 한다.

[그림 6-1] 메뉴의 유형

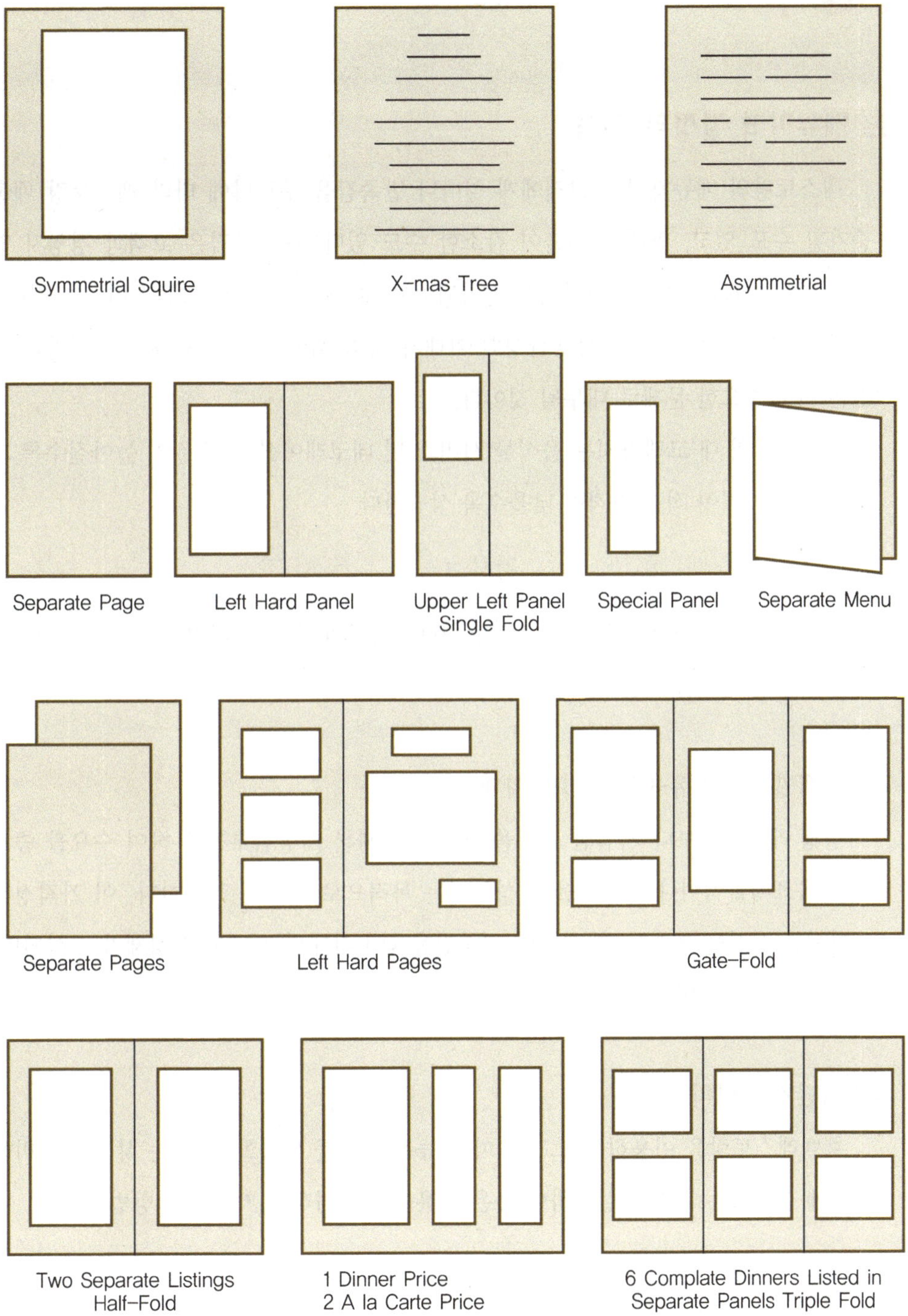
Symmetrial Squire
X-mas Tree
Asymmetrial
Separate Page
Left Hard Panel
Upper Left Panel
Single Fold
Special Panel
Separate Menu
Separate Pages
Left Hard Pages
Gate-Fold
Two Separate Listings
Half-Fold
1 Dinner Price
2 A la Carte Price
6 Complate Dinners Listed in
Separate Panels Triple Fold

제5절 메뉴가격 결정

1. 메뉴가격 결정의 목적

레스토랑의 메뉴가격이 고객에게 얼마나 만족감을 주느냐에 따라 레스토랑 매출이 증가할 수도 있고, 반대로 매출이 감소할 수도 있다. 메뉴가격은 고객과 경영자 양자 간에 있어 이해가 일치되는 선에서 결정되어야 레스토랑 운영의 효율성이 높아진다. 인플레이션이 심각하거나 노동생산성의 확대가 극히 제한되어 있을 때는 적정가격의 결정은 더욱 중요한 문제로 대두될 것이다.

레스토랑의 대 고객가치는 음식물 서비스 및 데코레이션 등의 질이 높아질수록 그리고 음식물 가격이 적정 가격이 낮을수록 상승한다.

$$가치 = \frac{질}{가격}$$

호텔 레스토랑에서 메뉴가격 결정은 호텔 기업의 목표에 따라 다르게 설정되는데, 다음과 같은 목적을 갖는다.

1) 고객별 시장점유율의 유지와 확대

경쟁 레스토랑보다 저렴한 가격을 책정하여 빠른 시장침투를 통하여 수요를 증가시켜서 목표매출액이나 이익률을 달성하려는 목적으로 가격을 결정한다. 이 가격정책은 초기에는 손실을 초래할 수 있지만 시장점유율이 확대되고 규모의 경제가 달성되면 충분한 이윤을 보상받게 된다.

2) 객단가의 이익극대화

호텔레스토랑을 이용하는 고객에 따라 높은 가치를 부여할 수 있는 상품을 준비하여 여기에 상응하는 가격을 설정하여 높은 이윤을 실현하려는 가격결정 방법이다.

3) 현상유지 또는 가격 안정의 목표

현재 수요에 크게 변화를 원하지 않도록 안정되도록 가격을 정하는 것으로 현상유지의 목적이라 한다. 이 가격의 주요 목적은 수요격감 시에도 일정한 고객을 확보하려는 장기적으로 안정과 성장을 추구하는 목적이다.

4) 경쟁사에 대하여 경쟁에 순응하는 목표

경쟁사의 가격정책을 비교 분석하여 경쟁사의 시장침투를 억제하기 위한 목표이다.

5) 촉진적 가격결정 목표

고객에게 인기가 있는 특정상품을 고객이 만족할 만큼의 가격으로 저렴하게 제공하는 방법이다. 그 상품에 대해서는 수익성을 기대하지만 특정상품을 구매하기 위해 방문한 고객에게 다른 상품의 제공이나 재방문의 기회를 기대한다.

2. 메뉴 가격 결정의 방법

메뉴가격은 원가, 수익성, 경쟁력을 고려하여 결정되어야 하는데 표적고객별로 고가, 중고가, 중가, 중저가, 저가로 구별되어야 한다. 레스토랑 경영에서 메뉴가격 결정은 전통적으로 고객의 상품구입에 가장 중요한 요소이다.

1) 원가기초의 가격결정법

(1) 원가가산 가격결정법(Cost Plus Pricing)

제품, 서비스의 생산 및 분배에 소요되는 실제비용의 크기를 기초로 가격을 설정하는 방식으로 비용을 어떻게 식별하느냐에 따라 가격의 범위가 달라질 수 있다.

이는 단위당 원가에 미리 정해진 고정률을 가산하여 판매가격을 책정하는 방법이다. 예를 들면 티본 스테이크(T-Bone Steak)의 식재료비와 노무비의 비용이 40%로 정하고 총이익을 60%로 하기로 결정한 경우에 원가 4,000원의 티본 스테이크는 판매가격을 10,000원으로 판매한다.

(2) 원가비율 또는 이폭 가격결정법(Cost Percentage or Markup Pricing)

이는 총원가에 예정된 일정한 수익률을 가산하여 가격을 결정하는 방법이다. 완제품을 재판매하는 기업에서 주로 이용되는 방식으로 특정품목의 변동비에 일정한 크기의 이폭(Markup)을 가산하거나 전체원가비율에 일정률의 이폭을 가산하는 것이다. 예컨데 프랑스산 보졸레 누보 포도주 한 병의 원가가 10,000원이고, 10,000원의 이폭을 얻기로 하면 판매 가격은 20,000원이 된다. 이 경우 이폭의 비율은 원가의 100% 또는 판매가의 50%가 된다.

(3) 손익분기 가격결정법(Break-even Pricing)

이 방법은 레스토랑 경영에 투입되는 고정비와 변동비에 대하여 사전에 구분되어 총비용이 파악되고 상이한 가격을 설정할 경우 수요량의 변화를 추정하여 최적의 가격을 설정할 경우 수요량의 변화를 추정하여 최적의 가격을 설정한다. 어느 정도 크기의 판매량과 가격이 부과되면 제품, 서비스가 최소한 손익분기 수준에 도달할 것인지를 결정하고 이를 가격설정의 기초로 이용하는 방식이다.

[그림 6-2] **손익분기도표**

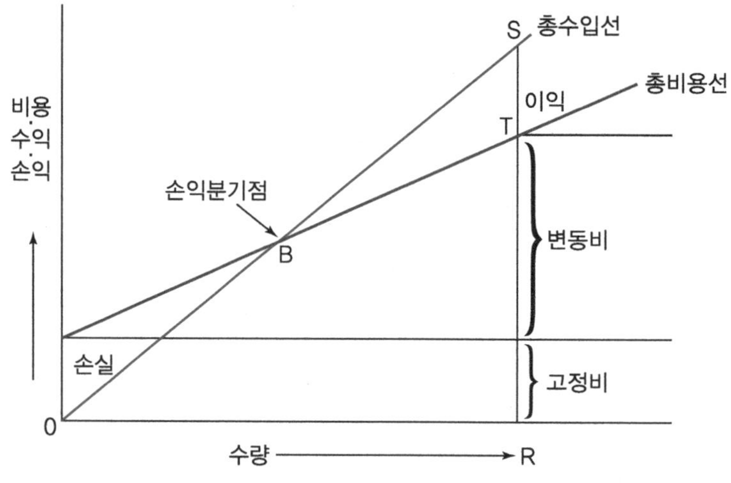

2) 수요 지향적 가격결정 방법

수요 지향적 가격설정은 원가보다는 소비자의 수요를 토대로 가격을 결정하는 방법이다. 가격에 따른 수요량을 추정하여 매출에 따른 이익이 최대가 되도록 가격을 결정한다.

(1) 인지된 가치에 따른 가격결정법(Perceived Value Pricing)

이 방법은 수요기준 가격결정법이라고 하며, 구매자의 제품, 서비스에 대한 인식된 가치를 조사하고 그 평가 상태를 가격결정의 출발점으로 이용한다. 이 방법은 제품가치에 대한 소비자들의 인지도를 정확하게 측정해야만 사용 가능하므로 당연히 시장지각에 대한 정확한 측정이 전제되어야 한다. 제품의 가치를 실제보다 높이 측정하면 가격도 높게 측정되고 제품의 가치를 낮게 측정되면 가격도 낮게 측정되는 결과를 초래한다.

이러한 과오를 피하기 위해서는 마케팅 조사를 실시하여 고객의 인지도를 정확하게 파악하여야 한다.

(2) 수요차별에 따른 가격결정법(Demand Differential Pricing)

수요에 기초한 가격결정의 방법으로 이는 한 제품, 서비스가 수요의 차이에 따라 두 개 혹은 그 이상의 다른 가격으로 판매하는 방식이다. 고객, 장소, 시간에 따라서 차별화된 가격을 적용하는 것이다.

수요차별법에 따른 가격결정방법을 적용하기 위하여 다음 같은 기본조건이 전제되어야 한다.

첫째, 각 세분시장은 자체의 고유한 수요곡선을 가져야 한다. 둘째, 각 세분시장에 책정된 가격은 차별화를 위해 투입된 광고비 및 특별비용을 포함하여 적절한 이윤이 보장되어야 한다. 비즈니스 고객과 단체고객은 가격에 대한 인식에 차이가 레스토랑에 따라서 점심과 저녁에 방문하는 고객수에 차이가 있어 수요차별에 따르는 가격결정방법이다.

3) 경쟁 지향적 가격설정

경쟁 지향적 가격결정은 경쟁업자의 가격을 기준으로 하여 결정하는 방법으로 제품, 서비스의 원가나 수요와 관계없이 경쟁사의 가격변동에 따라 신축적으로 가격을 책정하는 방식이다.

(1) 모방 가격설정(Going-rate Pricing)

모방가격설정은 제품, 서비스의 가격을 동종업계의 평균수준에서 결정하는 방식이다.

(2) 입찰 가격결정(Sealed Bid Pricing)

경쟁사의 예상입찰가격에 기초하여 자사의 가격을 책정하려는 방식이다.

4) 고객심리 중심의 가격설정

이는 합리적 반응보다 고객의 감정적 측면에 기초하는 가격설정방식으로 흔히 소매기관에서 많이 이용된다.

(1) 단수 가격설정(Odd-Even Pricing)

단수 가격설정은 가격의 끝자리 수를 일정 가격 범위 내의 단수로 함으로써 심리적으로 저렴하다는 인상을 주고자 하는 것으로 식사 요금을 10,000원으로 하지 않고 9,900원으로 하는 것이 그 예이다.

(2) 권위 가격설정(Prestige Pricing)

특정제품 서비스가 권위나 질이 우수하다는 것을 나타내기 위해 인위적으로 높은 수준의 가격을 설정하는 방법이다.

(3) 선도 가격설정(Leader Pricing)

몇 개의 제품, 서비스를 대폭 할인하여 일단 고객을 유인하여 다른 제품이나 서비스의 구매를 촉진하게 하는 방식이다.

(4) 특별이벤트 가격설정(Special Event Pricing)

계절적 수요가 감퇴되었거나 특별한 의미가 있는 축제일이나 사건을 전후하여 평소보다 할인된 가격을 제공하는 것이다.

제6절 조리용어

메뉴를 작성하기 위해선 메뉴에 상용되는 조리용어와 메뉴에 자주 사용되는 용어를 익혀야 한다. 조리용어는 고객에게 메뉴를 추천하기 위해서도 반드시 알아야 할 사항이다.

1) 베이킹(Baking)

식품을 오븐에 넣어 적당한 온도의 건열로 조리하는 것이다. 석쇠(Grill)를 이용할 경우 140℃~250℃, 트레이(Tray)를 이용할 때 170℃~240℃에서 조리한다.

2) 보일링(Boiling)

끓는 물이나 스톡을 이용하여 끓이는 방법으로 주로 생선, 삶은 달걀, 삶은 감자, 어패류, 생선, 파스타(Pasta), 곡류(Rice), 야채(Dry Vegetable)의 조리에 사용된다.

3) 스튜잉(Stewing)

뚜껑이 달린 용기(Stewing Pot)를 이용하여 브레징(Braising)할 때 보다 낮은 온도에서 조리하는 방법으로 육류, 야채, 과일 찜에 사용되는 조리법이다. 용기에 식품을 넣고 110℃~140℃의 온도로 서서히 조리한다.

4) 브레징(Brasing)

뚜껑이 달린 용기에 식품을 넣고 장시간 조리는 것으로 180℃~200℃에서 조리한다. 육류나 야채를 내용물이 스톡이나 물에 완전히 잠기지 않게 하고 열을 가하여 익히는 것으로 내용물 표면이 마르지 않도록 자주 국물이나 스톡을 발라준다.

5) 그릴링(Grilling)

석쇠를 이용하여 직렬로 조리하는 방법으로 숯을 사용할 경우 음식에 특유한 맛을 더한다. 고기를 구울 때는 두꺼울수록 온도가 낮아야 하며, 얇을수록 온도가 높아야 한다.

6) 프라잉(Flying)

기름이나 버터를 이용하여 내용물을 익히는 방법으로 디프 프라잉과 팬 프라잉이 있다.

(1) 디프 프라잉(Deep Flying)

기름을 이용하여 튀기는 방법으로 140℃~190℃의 온도에서 조리한다. 육류, 가금류, 야채, 생선의 조리에 이용한다.

(2) 팬 프라잉(Pan Flying ; Sauting)

팬(Pan)에 기름을 넣고 열을 가하여 조리하는 방법으로 생선, 야채, 계란요리 등이 있다. 깊이가 얕은 팬을 사용하여 팬을 뜨겁게 한 후 기름과 버터를 넣어 급히 익혀내는 방법으로 스테이크 조리 시 고기의 표면조직을 수축시켜 내부의 영양분과 고기즙이 밖으로 흘러나오지 않도록 조리하는 방법이다.

❶ 뫼니에르(Meuniere)

생선요리에 적합한 조리방법으로 생선에 밀가루를 입혀서 버터로 구워낸 것으로 일명 버터구이라고 한다.

❷ 브로쉐타(Brochette)

육류, 간, 야채 등을 쇠꼬챙이에 꿰어서 소테(Saute)한 것이다.

❸ 에스콜로프(Escolopes)

밀가루, 계란, 빵가루 등을 입혀서 굽는 방법이다.

7) 스티밍(Steaming)

증기압을 이용하는 방법과 순수한 증기만을 이용하는 법이 있다. 증기압을 이용하는 법은 높은 신선도를 유지시켜야 할 식품의 조리에 이용되며, 사용 온도는 200℃~250℃이다. 스티밍(Steaming)은 흔히 사용되는 조리 방법으로써 생선, 갑각류, 육류, 야채, 후식 등의 요리에 많이 사용되며, 식품고유의 맛을 유지할수 있는 장점이 있다.

8) **그라팅**(Gratining)

요리를 마무리하는 조리방법으로 크림, 치즈, 계란, 버터 등을 요리의 표면에 뿌린 후 오븐이나 살라맨더(Salamander)를 이 용하여 표면을 갈색으로 굽는 방법이다.

9) **스모킹**(Smoking)

이것은 특수한 기술과 장기간의 시간을 요하는 조리 방법으로 연어, 뱀장어, 송어 등의 기름기가 많은 생선(Fat-Fish)에 적합하며, 양념을 한 생선(또는 토막)에다 각종의 야채와 향미초 등을 섞어 기름에 양념하여 1, 2주 정도 훈제실(Smoking Room)에 저장한다. 이때의 온도는 보통 25℃이며 그 후 다시 1주간 서서히 말려서 조리해 낸 기술 요리방법이다.

10) **로스팅**(Roasting)

로스팅은 약 140℃~210℃의 오븐에서 뚜껑이 있는 팬을 이용하여 야채다발(Mirepok)과 함께 가금류, 육류 등을 조리하는 방법이다. 조리 중 흘러내린 기름을 표면에 계속 뿌려 주어야 한다. 조리가 끝날 무렵 약간의 화이트와인을 첨가하여 조리한다.

11) **브란칭**(BlanChing)

야채 등을 끓는 물에 순간적으로 넣었다가 건져내어 흐르는 찬물에 헹구어 조리하는 방법으로 물(Blanching m water)과 오일(Blanching in Oil)이 있다.

(1) **워터 브란칭**(Blanching in Water)

물을 이용하여 데치는 방법으로 찬물에 넣어 끓일 경우 야채나 고기 세포막이 열려서 맛을 손실할 수 있으나, 뜨거운 물에 데칠 경우에는 세포막이 열리지 않아서 맛을 보존할 수 있다.

(2) 오일 브란칭(BlanChing in Oil)

기름을 이용한 브란칭은 프리-프라잉(Pre-Flying)의 과정과 같다. 생선, 육류, 감자, 야채는 130℃에서 데친 후 식힌다.

12) 포오칭(Poaching)

중탕용기(Bain-marie)를 이용하여 65~80℃의 뜨거운 물에 서서히 익히는 조리방법이다. 물의 온도가 80℃ 이상되면 단백질이 파괴된다.

제2편

호텔 레스토랑 실무

제7장

집기의 종류 및 취급요령

호텔 레스토랑의 집기는 레스토랑의 분위기와 이미지를 잘 표현하면서도 실제로 사용하는데 실용적이고 관리하기에 불편함이 없어야 한다. 정상적으로 레스토랑 영업을 수행하기 위해서는 레스토랑에서 필요한 서비스 용품은 제공품목과 서비스 방법에 따라서 종류가 매우 다양하다. 일반적으로 레스토랑에서 사용되는 서비스용품의 종류는 기물류, 가구류, 린넨류, 장비류, 사인류 등으로 구분할 수 있고 자산의 가치로서 비중도 크게 차지하고 있다. 이런 집기는 각자 효율적으로 취급하는 방법에 의하여 높은 질적 서비스와 집기의 사용 수명을 연장하여 레스토랑의 이윤을 증진할 수 있다.

제1절 은기물류(Silver Ware)

1. 은기물 종류

호텔 레스토랑의 은기물(Silver Ware)은 다른 기물에 비하여 고객이 직접 사용하는 시간과 횟수가 많고 원가도 비싸므로 취급에 특히 주의할 필요가 있다. 호텔 레스토랑의 은기물은 스테인리스 스틸과 은도금 제품의 두 종류로 대별되는데, 운반이나 사용할 때 소음을 내서는 안 되고 물기가 있으면 녹슬 염려가 있기에 취급이 까다롭고 그 원가가 대단히 비싼 관계로 호화스러운 레스토랑에서 대부분 사용되고 있다.

그러므로 일부 호텔 레스토랑에서는 은제품보다 원가가 싸고 취급이 수월한 품질 좋은 스테인리스 스틸(Stainless Still)제품을 선호하는 곳도 있다.

레스토랑에서 사용하는 은기물 종류로 서비스 트레이(Service Tray), 나이프와 포크(Knife & Fork), 스푼(Spoon) 및 기타 서비스용 기물 등이 있는데 이를 살펴보면 다음과 같다.

1) 식탁용 은기물(Table Silver Ware)

식탁용 은기물은 테이블 위에 위치하여 고객이 직접 손으로 쥐고 음식을 먹을 때 사용하는 것으로 나이프(KniR), 포크(Fork), 스푼(Spoon)의 종류로 다음과 같다.

(1) 포크(Fork)의 종류

포크는 음식의 용도에 따라 다양하고 사용 용도를 잘 숙지해야만 테이블에서 정확한 세팅을 할 수 있다. 포크(Fork)가 최초로 사용되기 시작한 시기는 16세기 앙리 2세 때 프랑스 궁중에서이다. 귀족들 중심으로 포크가 사용되다가 1866년 이후에 일반대중에게 널리 보급되었다.

❶ Appetizer Fork
❷ Snail Fork(Escargot Fork)
❸ Fish Fork
❹ Salad Fork
❺ Dinner Fork
❻ Dessert Fork
❼ Carving Fork(Meat & Fish)
❽ Oyster Fork
❾ Serving Fork
❿ Cake Fork
⓫ Fruit Fork
⓬ Lobster Fork

(2) 나이프(Knife)의 종류

나이프는 요리를 자르는데 주로 사용하는 것으로 전채, 생선, 샐러드, 육류, 후식의 용도에 따라서 종류가 다양하다.

❶ Appetizer knife
❷ Salad knife

❸ Butter knife
❹ Fish knife
❺ Dinner knife
❻ Dessert knife
❼ Fruit knife
❽ Carving knife(Meat & Fish)
❾ Cheese knife
❿ Lobster knife
⓫ Steak knife

(3) 스푼(Spoon)

스푼은 제공되는 요리가 주로 수프, 국, 커피나 티 같은 액체 형태나 부드러운 형태의 음 식을 먹는데 사용된다. 스푼도 역시 용도에 따라서 그 종류가 다양하다.

❶ Bouillon Spoon
❷ Tea & Coffee Spoon
❸ Soup Spoon
❹ Melon Spoon
❺ Dessert Spoon
❻ Soda Spoon
❼ Strawberry Spoon
❽ Ice-cream Spoon
❾ Long Spoon
❿ Demitasse Spoon
⓫ 한식 Spoon
⓬ Ladle
⓭ Serving Spoon

[그림 7-1] 은기물류(Silver Ware)

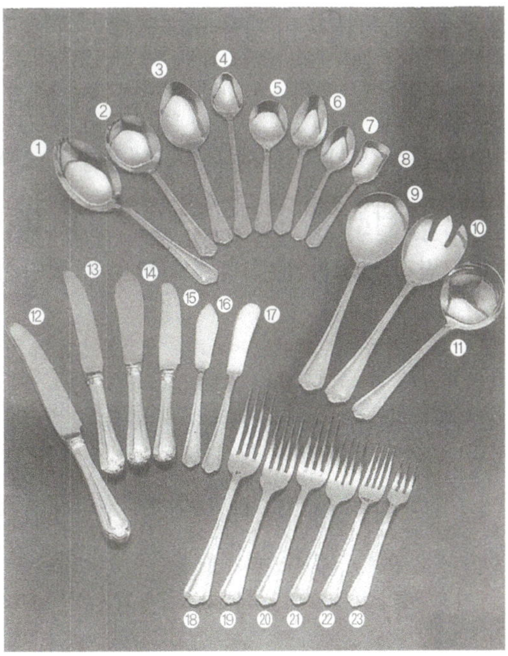

❶ Table Spoon
❷ Soup Spoon
❸ Dessert Spoon
❹ Ice Tea Spoon
❺ Bouillon Spoon
❻ Tea or Coffee Spoon
❼ Demitasse Spoon
❽ Ice Cream Spoon
❾ Serving Spoon
❿ Serving Fork
⓫ Sauce Ladle
⓬ Dinner Knife
⓭ Appetizer or Dessert Fork
⓮ Fish Knife
⓯ Fruit Knife
⓰ Butter Knife
⓱ Butter Spreader
⓲ Dinner Fork
⓳ Fish Fork
⓴ Dessert Fork
㉑ Salad Fork
㉒ Fruit Fork
㉓ Cocktail Fork

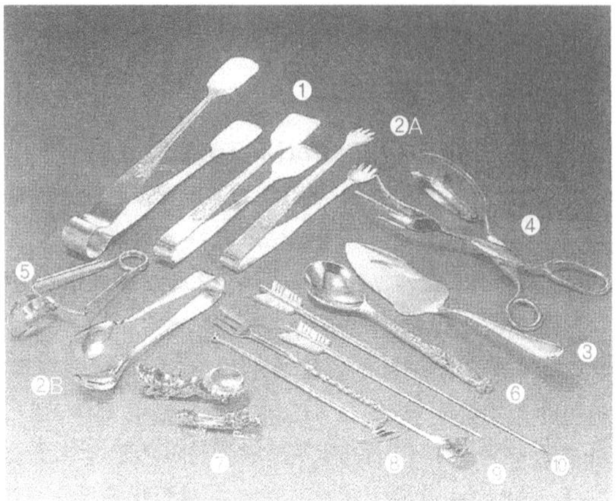

❶ Bread Tongs
❷ Ice Tongs
❸ Pie Server
❹ Server
❺ Snail Tongs
❻ Chinese Soup Spoon
❼ Spoon Holer
❽ Muddle
❾ Bar Spoon
❿ Skewer

2) 서비스 트레이(Service Tray)

서비스 트레이는 고객은 사용하지 않고 서비스 직원만 사용하는 비품으로 음식을 서비스할 때와 빈 그릇을 치울 때 기타 서비스에 필요한 물건들을 안전하고 대량으로 운반하기 위하여 사용한다. 트레이는 모양과 용도에 따라 여러 가지 형태가 있으며, 다음과 같이 종류를 분류할 수 있다.

(1) 서비스 트레이(Service Tray)의 종류

트레이 종류는 모양뿐만 아니라 재질도 다양하여 전통적으로는 은제류(Silver Tray)나 스테인리스(Stainless)를 많이 사용했으나 보관상 어려움과 사용상 불편함 때문에 현재는 플라스틱으로 만든 값싸고 위생적인 트레이를 많이 사용하고 있다.

❶ 원형 트레이(Round Tray)

종사원이 고객 서비스 시 가장 많이 사용하는 트레이로 지나치게 무겁거나 크면 업무능률을 저하시키고 너무 작으면 비효율적이다. 원형 트레이(Round Tray)의 경우 30~50cm이면 적당하고 운반 시에는 미끄럽지 않도록 천이나 매트(Mat)를 깔아서 사용한다.

❷ 사각형 트레이(Square Tray)

직사각형 트레이도 타원형 트레이처럼 고객에게 음료나 식사를 동시에 서비스할 때 주로 사용한다. 이것 역시 대체적으로 실버로 된 것이 많은데, 용도는 쟁반에서 후식 제공 시, 특별 행사의 테이프 컷팅의 보조 수단, 쟁반 위에서 고객에게 직접 서브할 때 주로 사용한다.

❸ 타원형 트레이(Oval Tray)

타원형 트레이는 대체적으로 실버로 된 것이 많은데, 격식 높은 레스토랑에서 서비스할 때 서비스에 필요한 음식이나 기물을 쟁반 위에서 고객에게 직접 서브할 때 주로 사용한다.

❹ 직사각형 트레이(Rectangular Tray)

사각형 트레이는 보다 많은 기물을 한꺼번에 운반할 때 주로 사용하는 것으로 연회 행사 시 한꺼번에 음식을 서브하거나 스테이션에서 빈 기물을 대량으로 치울 때, 각 스테이션으로 조그만 기물을 대량으로 옮길 때도 사용된다.

(2) 트레이 취급요령

트레이의 드는 요령은 왼쪽 팔을 가슴보다 조금 아래에 위치하여 몸의 안쪽으로 하여 트레이가 종사원의 몸밖으로 나오게 들어서는 안 된다. 왼손바닥을 계란을 하나 쥐듯이 손바닥을 가볍게 쥔 다음 손가락과 엄지 부분의 접안 점으로 손가락을 약간 틀어서 트레이를 잡는다. 트레이는 몸에 붙여서는 안 되고 반드시 수평을 유지하고 동일한 품목별로 트레이에 담고 무거운 것은 중앙에서부터 담아서 중심을 잡는다.

[그림 7-2] 트레이 종류와 드는 요령

3) 플레터(Platter)

플레터는 트레이와 유사하나 용도는 고객에게 육류, 채소류, Cold Cuts, 치즈, 후식 등을 제공할 때 호화롭고 맛깔스럽게 보이도록 사용하는 것으로 형태는 트레이처럼 원형(Round Platter), 타원형 플레터(Oval Platter), 사각형 플레터(Square Platter), 직사각형(Rectangular Platter) 등이 있으며 재질은 실버(Silver)이다.

[그림 7-3] 플레터 종류

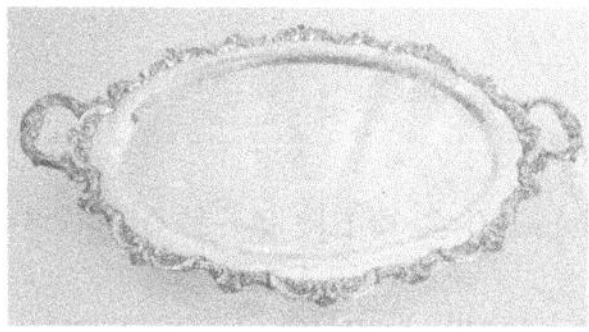

4) 기타 서비스용 기물

호텔 레스토랑에서 트레이, 포크, 스푼, 나이프 외에도 다양한 형태의 은기물류 기물이 있다. 그 종류를 보면 다음과 같다

❶ Gravy/Soup/Sauce/Sugar Ladle – 소스, 수프, 시럽 등을 서브할 때 사용한다.

❷ Crumber – 식사 후에 테이블 위의 빵가루 쓸 때 사용한다.

❸ Cake/Pie Server – 케이크와 파이를 한 조각씩 서브할 때 사용한다.

❹ Bread/Ice Tong 빵이나 얼음을 잡도록 된 집게이다.

❺ Skewer – 조리기구로 꼬치구이처럼 긴 나무 막대기를 말한다.

❻ Pepper Mill – 통후추를 갈을 때 사용한다.

❼ Snail holder(Escargot Clamps) – 달팽이 요리 제공 시 잡기 쉽게 사용한다.

❽ Bowls – 속이 파진 형태로 Salad, 과일, 펀치, 채소류 등을 서브 시 사용한다.

❾ Finger Bowl – 은기류로 재작된 작은 공기와 같은 형태로 과일이나 뼈있는 고기, 조개류의 음식 제공 시 손을 닦는 용도로 제공한다.

⑩ Pot – Coffee, Tea, Hot Chocolate를 제공할 때 사용한다. Water Pitcher는 물을 제공할 때 사용한다.

⑪ Holders – Salt & Pepper, 식초와 오일, Toothpick, 종이 냅킨 제공 시 사용한다.

⑫ Sauce Boat – 드레싱이나 소스를 서브할 때 사용한다.

⑬ Soup Tureen – 수프를 한꺼번에 여러 고객을 동시에 서브할 때 사용한다.

⑭ Champagne Cooler, Wine Bottle Holder – 샴페인이나 와인을 서브하기 위한 것이다.

⑮ Candlestand, Caster Set – 테이블을 꾸밀 때 중앙에 촛불과 각종 양념을 놓기 위하여 만든 비품이다.

[그림 7-4] 기타 은기류

Punch와 Punch Ladle

Wine Cooler

Soup Tureen

Sauce Boat와 Sauce Ladle

Caster Set

Round Platter W/Stand

❶ Finger Bowl
❷ Snail Dish
❸ Snail Dish
❹ Snail Dish
❺ Coquille Dish
❻ Dust Pan

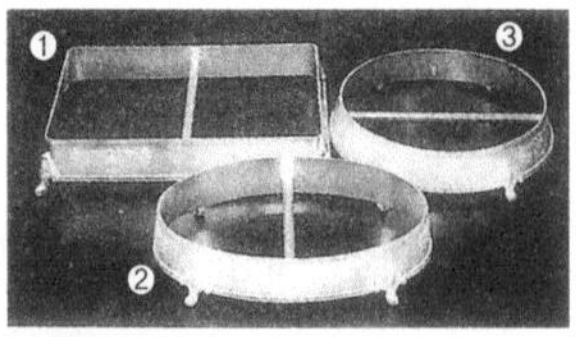

❶ Platter Stand Obling
❷ Platter Stand Oval
❸ Platter Stand Round

Oblong Platter W/Stand

2. 은기물 취급요령

은기물의 취급요령은 위생 측면, 업무 능률 측면, 고객이 서비스받는 측면에서 은기물 관리 측면을 고려하여 평범하면서도 반드시 지켜야 할 내용이 많다.

1) 은기물류의 세척요령

은기물류를 세척하기 위해서는 사용된 기물을 종류별로 구분하여 처리하는 것이 좋다. 우선 닦을 때는 은기물을 종류별로 구분하고(Soup Spoon, Dinner Knife, Fish Knife, Butter Knife, Fruits Knife 등) 종류별로 닦을 때는 반드시 포크부터 닦도록 한다. 그것은 포크의 창이 다치지 않게 하기 위해서이다.

포크의 손잡이를 헝겊으로 감싸 왼손으로 잡고 다른 손으로 헝겊의 다른 끝을 장고 특별히 삼지창의 안쪽 부분을 주의해서 닦는다. 특히 손잡이 부분까지 닦기를 마치면 순서에 의해서 같은 방법으로 마른천으로 닦아 종류별로 배열하여 놓는다.

또한 스푼류를 닦을 때는 스푼의 움푹 파인 부분에서부터 시작하여 손잡이 쪽의 순서로 닦으면서 항상 손은 헝겊을 감싸고 닦아 순서대로 쌓아 놓는다.

나이프를 닦을 때는 칼날이 바깥쪽으로 향하도록 핸드링하여 천(Cleaning Towel)이 찢어지지 않도록 해야 한다.

이와 같이 처리된 은기물은 종류별로 구분되어 스테이션(Station) 또는 기물함에 깨끗이 보관 사용된다.

[그림 7-5] 은기물 세척요령

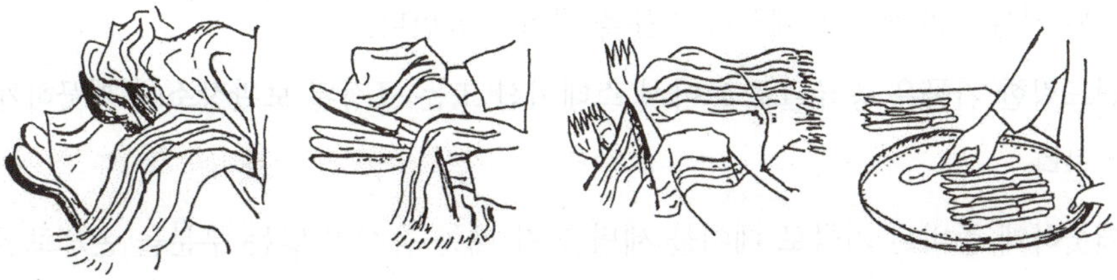

스푼을 닦는 모습 나이프를 닦는 모습 포크를 닦는 모습 쟁반 위의 스푼류를 정렬해 놓은 모습

2) 은기물 취급요령

기물을 운반하거나 테이블에 세팅(Setting) 때는 음식이 닿는 부분은 절대로 손으로 잡거나 닿아서는 안 되고, 조그만 자국이나 오점도 있어서는 안 된다. 그러므로 손잡이 부분을 모로 잡아 손잡이 부분이 라도 가능한 손자국이 안 나도록 잡아 셋업(Set Up)한다.

수프 츄린(Soup Tureen), 소스 보트(Sauce Boat), 파트(Pot)도 마찬가지로 밑으로 잡고 서비스한다.

은기물 취급요령의 세부사항은 다음과 같다.

❶ 사용된 기물은 지정된 통에 모으되 많은 기물을 한꺼번에 쏟거나 함부로 던져서 찌그러지거나 흠이 생기지 않게 한다.

❷ 은기물과 스테인리스 종류는 사용하는 약품과 취급방법이 다르기 때문에 따로 구분하여 모아 기물의 손상을 방지한다.

❸ 모인 기물은 세척기(Dish Washer)에서 뜨거운 물로 세척액을 사용하여 충분히 씻어낸다.

❹ 세척 후 기물을 종류별로 가지런히 모은다.

❺ 뜨거운 물을 용기에 따로 준비한다.

❻ 분류된 기물을 왼손으로 적당량 쥐고 용기에 든 뜨거운 물에 담근 다음 크리닝 타월로 기물의 손잡이를 감싸 쥐고, 오른손으로 음식이 닿는 부분부터 손잡이 쪽의 순서로 물기가 완전히 제거되도록 신속한 동작으로 깨끗이 닦는다. 특히 나이프를 닦을 때는 칼날이 바깥쪽으로 향하고 크리닝 타월이 칼날에 찢기지 않게 주의해야 한다.

❼ 여러 종류의 기물을 한꺼번에 닦을 때는 반드시 포크부터 닦는 것이 용이하며, 변색된 기물은 광택제로 깨끗하게 윤을 내어 사용한다.

❽ 핸드링한 기물은 종류별로 모아서 스테이션 또는 규정된 보관장소에 깨끗하게 비치한다.

❾ 깨끗하게 준비된 기물로 테이블 세팅을 할 때는 음식이 닿는 부분을 손으로 잡거나 만져서는 절대 안 되고 반드시 손잡이 부분을 모로 잡아 가능한 손자국이 나지 않도록 취급하며, 운반할 때는 소음이 나지 않도록 트레이를 사용한다.

제2절 도자기류(China Ware)

도자기류는 대부분이 레스토랑에서 음식을 직접 담아서 제공하는 용도로 사용되기 때문에 무늬나 색깔 그리고 형태가 음식과 조화를 이루어야 한다.

일반적으로 레스토랑에서 사용되는 접시와 같은 도자기류는 취급과 운반 시에 주의해서 다루어 파손되거나 이가 빠지지 않도록 상당한 주의를 요한다. 사용 중에 잘못 취급으로 식기끼리 부딪쳐 금이 가거나 깨졌거나 오점이 있는 것들은 폐기처리한다.

기물의 폐기 처분은 레스토랑의 원가를 압박하는 원인이 됨으로 파손(Breakage) 등 사고가 발생하지 않도록 항상 조심해서 다루어야 하며, 운반 시 한꺼번에 많은 양을 취급하지 않도록 한다.

1. 도자기류의 종류

호텔 레스토랑에서 사용하는 도자기류에는 접시류(Plate), 컵(Cup), 밑받침류(Saucer), 볼류(Bowl) 등의 종류가 그 용도나 형태에 따라 한식당, 중식당, 일식당 및 양식당에서 다양한 형태로 쓰여지고 있다.

1) 플레이트(Plate)

플레이트는 접시류로 레스토랑 집기 중에서도 가장 쓰임새가 많은 집기로 플레이트 종류는 크기 혹은 사용하는 용도에 따라 구분되고 그 종류는 다음과 같다.

쇼 플레이트(Show Plate), 브레드 플레이트(B & B Plate), 에피타이저 플레이트(Appetizer Plate), 샐러드 플레이트(Salad Plate), 앙뜨레 플레이트(Entrée Plate), 디저트 플레이트(Dessert Plate) 등이 있다.

(1) 쇼 플레이트(Show Plate)

쇼 플레이트는 서비스 플레이트라고도 하며, 대형접시로 모양도 화려하고 냅킨을 세워서 식탁의 세팅도 격식 있게 꾸며주며 수프를 먹은 후 본격적으로 치운다.

(2) 브레드 플레이트(B & B Plate)

식사 중 빵을 먹는데 도움이 되는 플레이트로 대체적으로 식탁 위의 세팅에 올라가는 플레이트 중에서 약 16cm로 가장 작으며 버터, 쨈 등을 같이 올려놓고 먹는데 사용한다.

(3) 에피타이저 플레이트(Appetizer Plate)

전채요리를 제공하는데 사용하는 플레이트(Plate)로 대략 24cm 정도의 크기가 음식의 양 이나 외관적인 식사의 균형을 잡는다.

(4) 샐러드 플레이트(Salad Plate)

샐러드를 제공하는데 사용하는 플레이트로 크기는 24cm 정도이며 샐러드(Salad)를 제공하는 용기는 플레이트(Plate)뿐만 아니라 움푹 들어간 볼(Bowl)의 형태도 사용된다.

(5) 피쉬 플레이트(Fish Plate)

생선요리 제공 시에 사용되는 접시로 앙뜨레 플레이트보다는 조금 작지만 에피타이자나 디저트보다는 큰 사이즈이다.

(6) 앙뜨레 플레이트(Entrée Plate)

레스토랑에서 사용되는 접시 중에서 앙뜨레 플레이트(Entrée Plate)는 가장 크고 무겁다. 크기 는 약 30cm가 적당하며 이 앙뜨레 플레이트에 따라서 테이블 세팅의 간격이 조정된다.

(7) 디저트 플레이트(Dessert Plate)

디저트 플레이트(Dessert Plate)는 후식을 제공하는데 사용하는 접시로 후식에 따라서 시각적 효과를 높이기 위하여 독특한 모양과 무늬를 쓸 수 있다.

2) 볼(Bowl)

볼(Bowl)은 보통 속이 움푹 들어간 모양으로 접시의 형식과 컵의 형식으로 가미된 것을 볼이라 하며, 손잡이가 없는 것으로 샐러드 볼(Salad Bowl), 수프 볼(Soup Bowl), 시리얼 볼(Cereal Bowl), 슈거 볼(Sugar Bowl) 등이 있다. 볼은 제공되는 요리가 소스, 우유, 드레싱, 분말 등과 함께 제공되는 경우에 사용하는 기물이다.

3) 컵과 밑받침(Cup & Saucer)

컵을 제공할 때에는 반드시 밑받침(소우서; Saucer)을 받쳐 제공하며 종류에는 커피컵과 밑받침, 수프 밑받침(Soup Saucer), 샐러드 언더라인(Salad Underline) 등이 있다. 보통 밑받침은 중앙에 둥근 원형의 흠이 있는 형태가 있고 플레이트처럼 평평한 것이 있는데 용도가 다르다. 즉, 전자는 뜨거운 내용물이 있는 음식을 서브할 때 후자는 찬 음식을 제공할 때 많이 사용하며 보통 보올의 크기 에 알맞은 플레이트를 밑받침으로 사용하기도 한다.

[그림 7-6] **도자기류(China Ware) 종류**

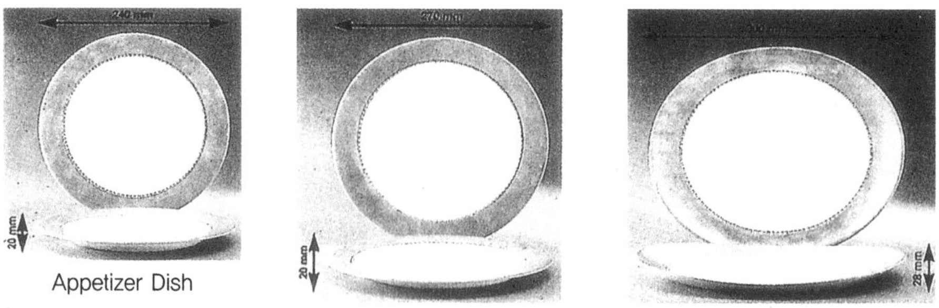
Appetizer Dish
Fish Dish
Entrée

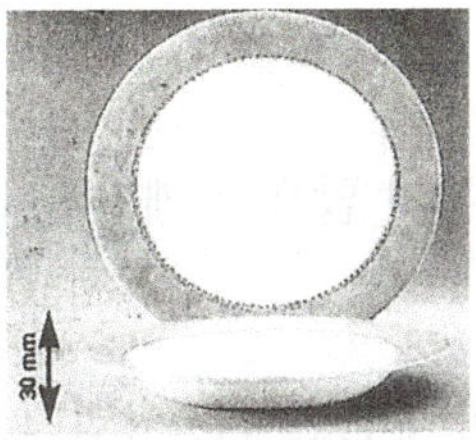

Salad Dish

Bread & Butter Dish

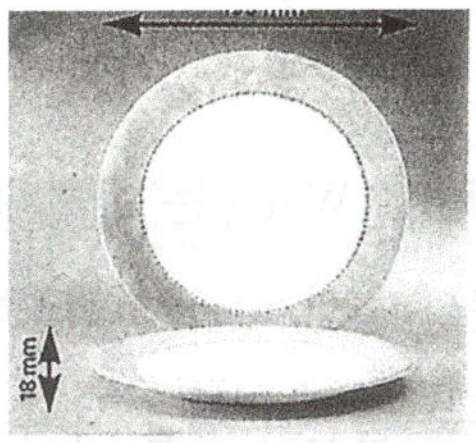

Dessert Dish

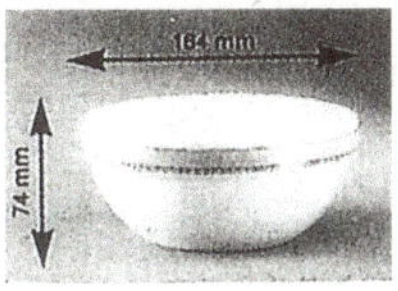

Salad Bowl

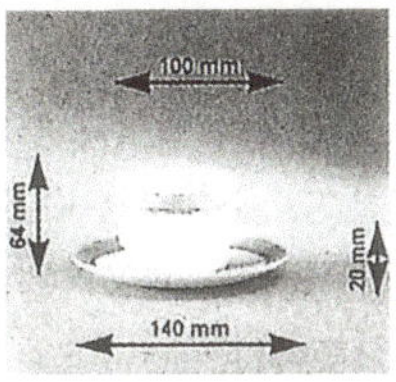

Coffee Cups & Saucer

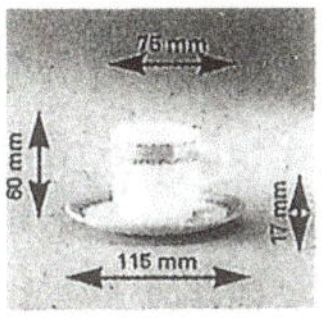

Expresso Saucer

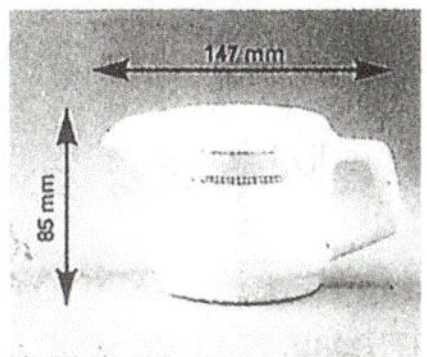

Coffee, Tea Pot

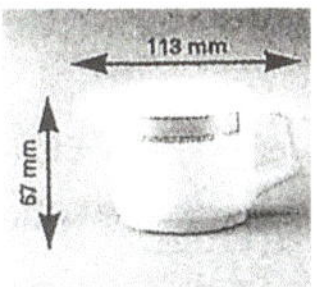

Milk Jug

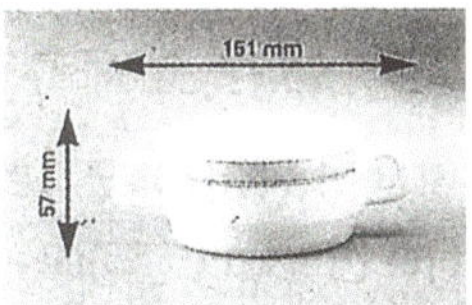

Soup Bowl

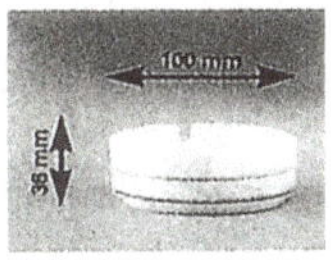

Ash Tray

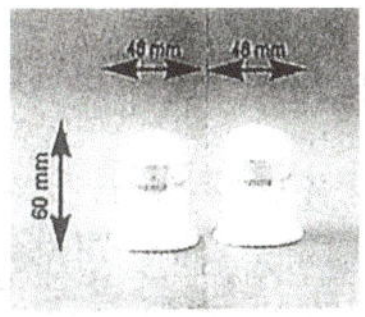

Salt & Pepper Shaker

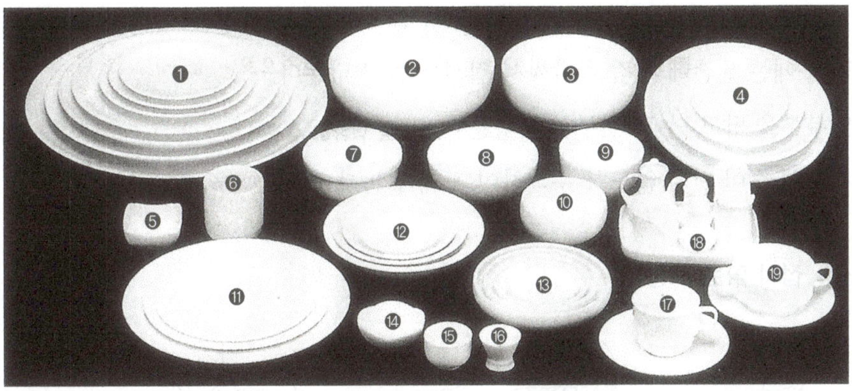

❶ 접시	❷ 냉면기 大	❸ 냉면기 中	❹ 타원접시	❺ 사각 초장기
❻ 물컵	❼ 주발	❽ 대접	❾ 공기	❿ 국물탕기
⓫ 양식접시	⓬ 구프	⓭ 오목찬기	⓮ 오각 장접시	⓯ 술잔(大)
⓰ 술잔(小)	⓱ 커피잔	⓲ 카스타 세트	⓳ 그라탕	

2. 도자기류 취급 요령

도자기류(China Ware)는 손쉽게 파손됨으로 조심해서 다루지 않으면 깨지거나 이가 빠지기 때문에 항상 취급에 조심하여야 한다.

특히 접시류는 운반과 취급 시 주의와 숙달된 요령이 필요하며 운반하는 방법에는 2개, 3개, 4개를 드는 방법과 그 이상 여러 개를 한꺼번에 운반하는 방법이 있고, 접시를 운반할 때에는 접시를 왼쪽 몸에 밀착시키고 왼손으로 접시 바깥부분을 잡은 다음 오른손으로 접시 오른쪽 밑부분을 잡고 운반한다.

1) 도자기류 닦는 요령

도자기류는 스튜워드(Stcward)[6] 직접 손이나 세척기를 이용하여 닦는데 업무의 효율성 과 위생을 우선적으로 고려하여 다음과 같은 요령으로 세척한다.

❶ 사용한 기물을 스튜워드 작업대에 품목별로 운반하여 놓는다.

❷ 기물을 동종별로 랙에 넣고 세척기에 넣어서 세척을 한다.

❸ 세척이 막 끝난 기물은 온도가 매우 높기 때문에 화상에 주의하여 양손으로 마른 헝겊을 감싸 쥐고 접시를 회전시키면서 물기 없이 닦는다. 접시의 가운데 부분을 닦을 때는 왼손에 헝겊을 감싸서 접시를 들고 닦는다.

❹ 앞부분을 닦고 난 뒤 뒷부분을 닦는다.

❺ 접시에 손이 닿지 않도록 주의하여 포개 놓는다.

[그림 7-7] **접시 닦는 요령**

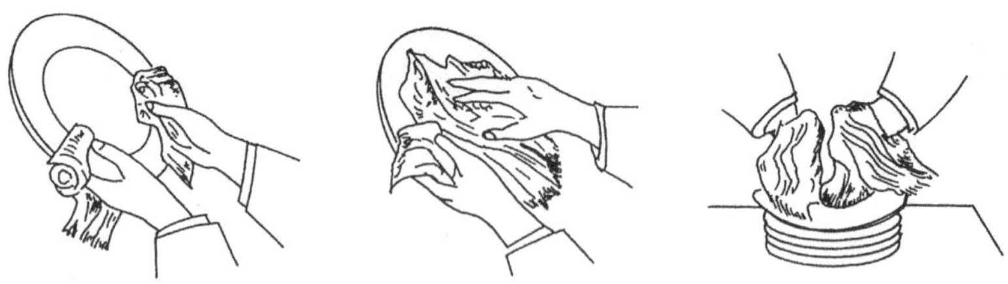

접시의 가장자리를 닦는 모습 | 접시의 가운데 부분을 닦는 모습 | 깨끗이 닦은 접시 위에 다른 접시를 포개놓은 모습

6) 호텔 F&B 소속으로 레스토랑에서 사용하는 기물을 체계적으로 관리하고 세척하는 기물 세척원

❻ 닦을 때는 소음이 나지 않도록 조심스럽게 닦는다.

❼ 억센 수세미나 세제의 잘못 사용으로 인한 접시 무늬 훼손이나 탈색에 주의한다.

2) 접시를 운반하는 요령

고객에게 서비스맨의 태도는 강한 서비스 상품으로 인식되기 때문에 접시를 운반하는 요령도 하나의 상품을 구성하는 요소로 간주되어야 한다.

(1) 빈 접시 운반요령

❶ 깨끗한 빈 접시를 여러 장 운반할 때는 왼손에 암 타월을 깔고 가볍게 다룰 수 있는 만큼의 접시를 왼쪽허리춤에 대어 오른손으로 받쳐 들고 운반한다.

❷ 왼손으로 접시 밑을 받친다.

❸ 최대한 몸에 밀착시킨다.

❹ 오른손으로 접시 윗 부분을 잡고 접시의 흔들림을 방지한다.

(2) 음식이 담긴 접시 운반요령

❶ 뜨거운 접시는 암타월로 손을 보호하며 운반한다.

❷ 고객에게 서비스할 때는 특히 조심하고 뜨겁다는 안내말을 해야 한다.

❸ 음식을 장식과 모양대로 반듯하게 서브한다.

❹ 어류는 배가 고객 쪽으로 향하고 머리는 왼쪽으로 향하게 한다.

❺ 스테이크는 고객 앞쪽으로 스테이크가 놓이고 장식(Garnish)은 위쪽으로 향하게 한다.

❻ 음식은 주방에서 만든 즉시 식지 않게 제공한다.

❼ 동일한 테이블의 고객에게는 동시에 음식을 제공한다.

3) 테이블에 서브하는 요령

고객에게 식사를 서브하는 것은 시간, 장소, 경우에 따라서 달라질 수 있지만 일반적인 서비스의 요령을 잘 숙지하여 고객이 불쾌하지 않도록 만족한 서비스를 제공하여야 한다. 테이블의 식사 서브 요령은 다음과 같다.

❶ 접시를 운반하는 방법에는 2개, 3개, 4개 드는 법과 여러 개를 동시에 운반하는 방법이 있는데 취급 시에는 접시의 테두리(Rim) 안쪽으로 손가락이 절대 들어가지 않도록 잡아야 한다.

❷ 요리가 담긴 접시를 쉴 때는 맨 먼저 잡은 접시를 왼손 엄지손가락과 둘째손가락을 사용하여 접시 위 테두리와 밑바닥 테두리를 가볍게 쥐고, 둘째 접시는 첫째 접시 테두리 위와 왼손 팔목 부분에 셋째 접시를 올려놓으면 3개를 들 수 있다. 또한 요리가 담긴 여러 개의 접시를 겹쳐 들 때는 접시가 요리에 닿지 않도록 조심해야 한다.

❸ 접시를 들고 운반할 때는 몸 바깥으로 벌어지지 않도록 몸 안쪽으로 접시를 밀착하여 들어야 하고, 접시 든 팔을 흔들면서 걷거나 전후좌우 경계를 소홀히 해서는 안 된다.

❹ 요리가 담겨진 접시는 오른손으로 고객의 오른쪽에서 서브한다.

❺ 이때 종사원의 자세는 오른발을 앞으로 반보 정도 내고, 왼손이 비어 있으면 뒤로 하여 허리 위를 잡는다.

❻ 왼손에 다른 접시가 들려있으면 수평을 유지하여 고객으로부터 멀리 뒤쪽으로 향하게 한다.

❼ 고객과의 우발적 충돌을 피하기 위하여 접시를 놓는다고 말을 한다.

❽ 접시를 테이블에 놓을 때 소리가나지 않도록 살며시 놓는다.

❾ 접시를 서브할 때 허리를 구부리지 않도록 바른 자세를 유지한다.

❿ 고객을 넘어서 서브하거나 테이블 반대쪽에서 서브해서는 안 된다.

[그림 7-8] **접시 드는 요령**

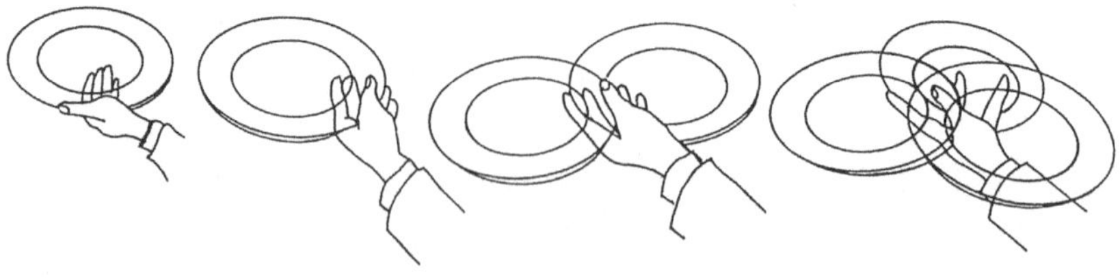

3. 버니싱 시스템(Burnishing System)

버니싱 시스템(Burnishing System)은 고객이 식사를 한 후에 접시를 치우는 것으로 잘못 서비스하면 고객에게 음식물이 될 수 있기 때문에 요령이 필요하다.

먼저 잡은 접시를 왼손 엄지와 새끼손가락을 접시 위로 올리고 나머지 3개의 손가락으로 접시 밑을 받친다. 테이블에서 고객이 버니싱하는 것을 보이지 않도록 하여 몸을 45도 정도 돌려서 치운다. 버니싱 서비스 시 주의사항은 다음과 같다.

❶ 사용한 접시를 치울 때는 맨 먼저 잡은 접시에 왼손엄지와 새끼손가락을 접시 위로 걸치고 나머지 손가락으로 접시 밑을 받쳐 손가락 사이에 가볍게 끼운다.

❷ 포크는 왼손 엄지손가락과 접시 사이에 끼워 잡고, 나이프는 포크 밑으로 가지런히 끼우고, 음식물은 나머지 포크로 밑접시에 쓸어 담는다.

❸ 다음 접시를 왼손 팔목 부분에 올려놓고 나이프를 손에 든 접시에 나란히 끼우고 음식물을 포크로 밑접시에 쓸어 담는다.

❹ 그 다음 접시도 같은 요령으로 처리하여 포개며, 절대 소음이 나지 않도록 해야 한다.

❺ 접시를 취급하면서 접시와 접시끼리 부딪히지 않도록 주의하고 운반 시 한꺼번에 너무 많은 양을 취급하지 않아야 한다.

제3절 글라스류(Glass Ware)

글라스는 바의 용도로 사용되는 것이 대부분으로 디자인, 모양, 용량, 제조자에 의해서도 같은 용도의 것이 달리 만들어진다. 또한 동일한 글라스를 다양한 용도로 사용하기도 한다.

1. 글라스의 종류

글라스는 종류와 디자인이 다양하고 화려하며 용도에 따라서 다양한 형태가 있다. 글라스를 모양, 재질에 따라서 분류를 하며 크게 원통형 글라스(Cylindrical Glass)와 굽달린형 글라스(Stemmed Glass)로 분류하고 재질에 따라서 크리스탈 글라스(Crystal mass)와 보통 글라스(Normal Glass)로 구분하기도 한다.

원통형 글라스는 스템(기둥, 줄기)이 없는 것으로 텀블러형 글라스(Tumbler Glass)이다. 굽 달린형 글라스는 스템이 있는 것으로 다리가 짧고 발이 달린 푸트드 글라스(Footed Glass)와 손으로 잡기 편리하게 긴 스템이 있는 스템드 글라스가 있다. 스템드형 글라스는 온도에 민감한 음료를 마실 때 사용하는 것으로 글라스의 종류 중에 대표적인 것만 나열하여 보면 다음과 같다.

1) 원통형(Cylindrical Glass)

(1) Highball Glass

(2) Beer Glasss(Pilsner)

(3) Collins Glass

(4) Zombie Glass

(5) Old Fashioned Glass

(6) Ice Tea Glass

[그림 7-9] 원통형 글라스 명칭

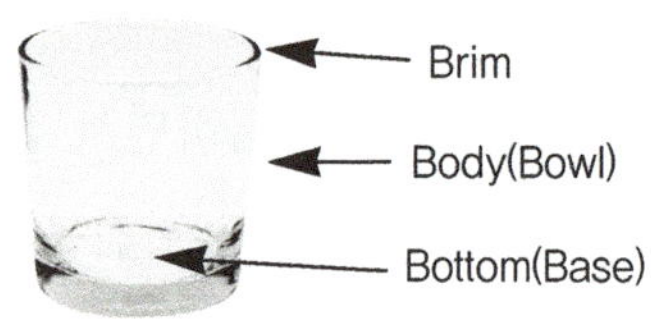

2) 스템드 글라스(Stemmed Glass)

(1) Wine Glass (2) Liqueur Glass

(3) Water Goblet (4) Champagne Glass

(6) Sherry Glass (7) Cocktail Glass

(8) Whisky Sour Glass (9) Brandy Glass

[그림 7-10] 스템드 글라스 명칭

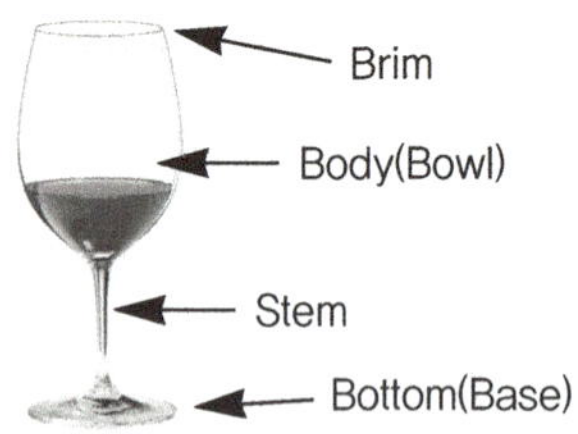

3) 기타류

(1) Decanter (2) Salt & Pepper Shaker

(3) Vinegar & Oil Container　　(4) Glass Pitcher

(5) Lemon Squeezer　　(6) Container - 여러 가지 담는 그릇류

[그림 7-11] 글라스 웨어 종류

❶ Bourgogne　❷ Bordeaux　❸ Champagne Flute　❹ Chardonnay
❺ Sour Glass　❻ Port Wine　❼ Water Goblet　❽ Liqueur Glass
❾ Shot Glass　❿ Old Fashioned Glass　⓫ Highball Glass　⓬ Collins Glass
⓭ Pilsner Glass　⓮ Champagne Saucer　⓯ Cocktail Glass　⓰ Brandy Snifter
⓱ Margarita Glass　⓲ Viva Grande　⓳ Irish coffee Glass　⓴ Beer Mug
㉑ Wine Decanter

2. 글라스의 용도

글라스는 형태에 따라서 시각적인 맛을 자아내고 글라스 웨어에 새겨진 훌륭한 조각은 뛰어난 음식에 예술성을 가미하여 레스토랑의 분위기를 창출하는 역할을 한다.

1) 샴페인 글라스(Champagne Glass)

샴페인은 주로 축하주로 사용하며 보통의 모양은 소우서(Saucer) 형태로 되어 있으나 요즈음에는 샴페인의 거품이 흘러내리지 않도록 튜립형(Tulip Shaped)을 쓰고 있다 샴페인 글라스의 용량은 5온스(Ounce; OZ) 정도의 용량이 적합하다.

샴페인 글라스(Champagne Glass)는 용도에 따라서 2가지로 분류된다.

(1) 샴페인 소우셔 글라스(Champagne Saucer Glass)

주로 축하하는 자리에서 건배용으로 사용한다.

(2) 샴페인 플루트 글라스(Champagne Fluted Glass)

식사용으로 천천히 끓어 오르는 스파클링을 즐기면서 마신다.

2) 와인 글라스(Wine Glass)

보통 5~6온스로 폭보다 길이가 길고, 위(Top)와 밑(Bowl)의 넓이가 비슷하게 생겼다. 레드와인 글라스가 화이트와인 글라스보다 크게 생겼다. 와인 글라스는 용도와 지역에 따라서 매우 다양한 형태가 있다.

3) 칵테일 글라스(Cocktail Glass)

밑은 좁고 위는 넓으며 용량은 3~4온스로 대개 삼각형(V-Shaped)으로 되어 있고 그 크기와 모양은 여러 가지로 변하고 있다.

4) 위스키 샤워 글라스(Whisky Sour Glass)

목줄기(Stem)가 길고 위가 좁고 밑이 깊으며, 용량은 3~5온스이다.

5) **쉐리 글라스**(Sherry Glass)

쉐리 글라스는 용량은 2~3온스로 위가 넓고 밑은 좁아지면서 깊게 생겼다.

6) **브랜디 스니프터**(Brandy Snifter)

브랜디 스니프터(Brandy Snifter)의 용량은 6~8온스 정도로 일명 브랜디 인할러(Brandy lnhaler) 혹은 브랜디 글라스(Brandy Glass)라고 칭하고 있는데, 일반적으로 튤립형(Tulip shaped) 혹은 전구와 같이 생겼다. 이는 브랜디의 향기가 밖으로 쉽게 나가지 않도록 하기 위하여 고안된 것으로 이 잔에는 브랜드를 1~2온스 가량 부어서 스템을 손가락 사이에 끼워서 손의 온도로 향기를 즐기며 혀끝으로 조금씩 마시는 것이 좋다.

7) **리퀴르 글라스**(Liqueur Glass)

리퀴르 글라스의 용량은 3온스와 일자로 쭉 빠진 1온스가 있는데, 여성용의 혼성주를 부어 마실 때 사용하며 스템이 짧고 대단히 작은 튜립형이 있다.

8) **카린스 글라스**(Collins Glass)

시린드라컬 글라스형으로 워터 글라스와 비슷하여 12온스의 용량을 가진 큰 것이다

9) **올드 패션 글라스**(Old Fashioned Glass)

작고 두터운 글라스로 스템이 없고 위가 밑보다 약간 넓고 용량은 4~6온스이다.

10) **하이 볼 글라스**(High-Ball Glass)

용량은 5~9온스며 카스린 글라스보다 작으나 같은 형태로 되어 있다.

11) **올드 패션 글라스**(Old Fashioned Glass; On the Rocks Glass)

올드 패션 칵테일을 비롯한 각종 온더락 형태의 각테일과 위스키 등 각종 양주를 온더락(On the Rocks)로 마실 때 사용한다. 용량은 보통 6~10온스이다.

12) 고블렛(Goblet)

스템이 달린 텀블러 형태로 용량은 다양하지만 보통 8~12온스로 물, 맥주, 소프트 드링크를 담는 용도로 사용한다.

3. 글라스 웨어 취급요령

글라스류는 사용목적에 따라서 상당히 많은 종류가 있어서 정확한 사용과 용도별로 분류를 하고 다른 기물보다 전체 파손뿐만 아니라 부분 파손도 용이하기 때문에 주의에 특히 신중을 기해야 한다.

1) 글라스 웨어 잡는 요령

글라스 웨어는 고객의 위생과 직접적인 관계가 있으므로 컵의 상단이나 안쪽 부분, 유리 접시의 안쪽으로 어떤 경우라도 손가락이 들어가서는 안 된다. 특히 컵종류는 사용한 유리컵이나 사용하지 않은 유리컵을 잡을 때 항상 밑부분을 잡도록 하고 손잡이가 달린 잔은 반드시 손잡이를 잡도록 한다.

[그림 7-12] **글라스 취급 요령**

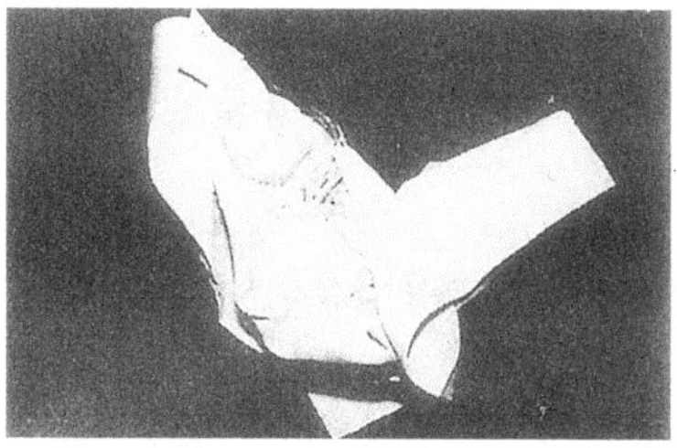

닦는 모습

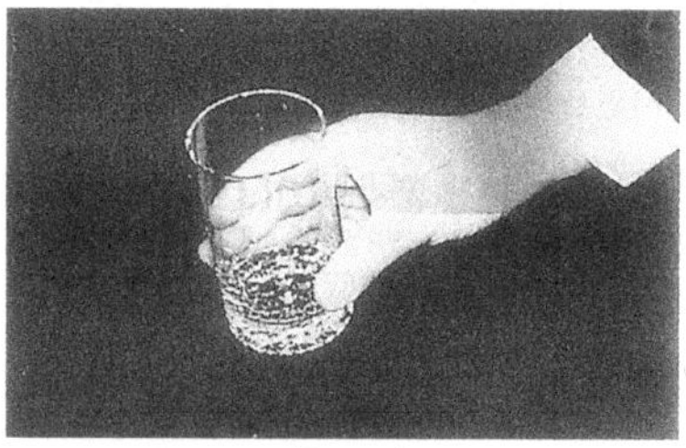

잡는 모습

잡는 모습

여러 개 드는 모습

2) 글라스 웨어 운반 요령

유리컵은 깨어지기 쉬우므로 운반에 상당한 주의를 필요로 하고 조금이라도 흠이 생기면 손이나 입에 상처를 입기 쉽다. 유리컵을 운반하는 방법에는 손으로 운반하는 법과 트레이(Tray)로 운반하는 법이 있다.

손으로 글라스를 운반할 때는 반드시 밑 부분을 잡아야 하고 스템 글라스는 손잡이 부분을 쥐어야 하며, 윗 부분이나 글라스 안에 손가락을 넣고 잡아서는 안 된다.

스템드 글라스(Stemmed Glass)를 손으로 운반할 때는 손잡이(Stem) 부분을 손가락 사이에 끼워서 윗부분이 아래쪽으로 향하도록 거꾸로 들고 글라스끼리 부딪히지 않도록 조심해서 운반하며 놓을 때는 맨 마지막에 끼운 글라스부터 역순으로 내려놓는다.

트레이로 운반할 때에는 항상 글라스가 미끄러지지 않도록 트레이 매트(Tray Mat) 또는 냅킨(Napkin)을 깔고 무게가 한쪽으로 쏠리지 않도록 중심 자리부터 글라스를 붙여 놓으며, 내용물이 담긴 글라스를 운반할 때는 조심해서 다루고 전후좌우 경계를 소홀히 해서는 안 된다. 또한 많은 글라스를 한꺼번에 운반할 때에는 용도에 맞는 글라스 랙(Glass Rack)을 사용하여 운반한다.

3) 글라스 웨어 세척 요령

글라스를 세척할 때는 사용한 글라스를 세척 후에 뜨거운 수증기를 쏘여서 깨끗하고 마른 글라스 타월로 감싸서 닦고 글라스에 지문이나 오물이 묻지 않게 청결하게 닦는다. 글라스를 닦을 때에는 무리한 힘을 가하지 말아야하며 닦으면서 유리컵의 파손여부를 확인한다. 그 구체적인 세부사항은 다음과 같다.

❶ 글라스 랙을 사용하여 식기 세척기(Dish Washer)에서 세척한다.

❷ 용기에 뜨거운 물을 따로 준비하여 세척된 글라스를 한 개씩 수증기에 쏘여 깨끗이 닦는다.

❸ 세척 전에는 금이 갔거나 깨진 것인지 확인한 후 닦도록 한다.

❹ 닦을 때는 냅킨을 펼쳐 잡은 후 한쪽 엄지손가락과 냅킨을 글라스 안쪽에 넣고 나머지 손가락은 글라스 바깥 부분을 쥐며, 다른 한쪽 손은 글라스 밑바닥을 냅킨으로 감싸 쥐고 무리한 힘을 가하지 않도록 글라스를 가볍게 돌려 가면서 닦는다.

⑤ 수증기를 쏘여도 얼룩이 충분히 닦이지 않을 때는 뜨거운 물에 담궜다가 닦는다.

⑥ 세척 순서는 윗부분부터 안팎을 닦은 후, 손잡이 부분과 밑바닥을 차례대로 물기가 없도록 깨끗하게 닦는다.

⑦ 닦은 후에는 먼지 또는 얼룩이나 물자국 등이 깨끗하게 닦였는지 철저히 점검해야 한다.

제4절 린넨류(Linen Ware)

1. 린넨류의 종류

레스토랑에서 사용되는 린넨류는 면종류(Cotton)로 세척해서 사용할 수 있는 제품으로 테이블 크로스(Table Cloth), 냅킨류, 미팅 크로스(Meeting Cloth), 타월 (Towel), 드랩스(Drapes), 언더 크로스(Under Cloth), 테이블 매트, 종사원의 유니폼, 커튼 등으로 매우 다양하다.

이러한 린넨류는 레스토랑의 디자인이나 분위기와 어울려야 하며, 위생적으로 청결하게 사용하고 특히 식탁용 린넨은 비교적 고가품이므로 훼손되지 않도록 조심해서 취급해야 한다.

1) 테이블 크로스(Table Cloth)

레스토랑의 분위기와 특성에 따라 색상을 달리 하기도 하나 일반적으로 흰색을 많이 쓴다. 이는 레스토랑 및 식탁의 청결함을 나타내기 위한 것이며, 특히 크로스를 이중으로 깔아서 식탁을 화려하게 장식하기도 한다.

2) 탑 크로스(Top Cloth)

탑 크로스(Top Cloth)는 테이블 크로스(Table Cloth) 위에 깔아 테이블 크로스가 쉽게 더러워지는 것을 방지하고 식탁의 품위를 높여준다.

3) 언더 크로스(Under Cloth)

테이블 크로스 밑에는 언더 크로스(Under Cloth) 또는 사이런스 크로스(Silence Cloth)라고 하는 펠트(Felt : 털로 다져 만든 천)나 플란넬(Flannel : 면종류의 천) 또는 얇은 스폰지(Sponge)로 된 크로스를 깔아 테이블 크로스의 수명 연장과 식탁에 기물이나 식기를 놓을 때 촉감을 부드럽고 소리가 나지 않도록 한다.

4) 냅킨(Napkin)류

냅킨의 역사는 과거 로마시대에 하인이 식후에 타월과 물그릇을 들고 돌면서 손을 씻게 했던 때부터 시작되었다. 식탁의 장식품이며, 고객이 입을 닦을 때 사용되는 것이므로 특히 위생적으로 관리되어야 한다.

레스토랑의 특성과 테이블 크로스에 잘 어울리는 색상으로 White, Pink, Red, Green, Blue 등이 있고, 그 크기는 대체로 50cm×50cm, 52cm×52cm, 60cm×60cm, 675cm ×675cm 등이 있다.

냅킨은 접는 모양에 따라 레스토랑의 전체 분위기를 나타낼 수 있는데, 냅킨의 특정은 다음과 같다.

❶ 냅킨의 다양성과 정돈된 상태는 레스토랑 및 식탁의 첫 인상을 좋게 한다.

❷ 재질은 부드러운 천을 사용한다.

❸ 테이블 크로스와 잘 어울리는 색깔을 사용하여 식탁의 마지막 장식을 한다.

❹ 레스토랑에 자주 오는 고객 들을 위하여 냅킨을 다양하게 접어 변화를 준다.

5) 암 타월(Arm Towel; Hand Towel)

서비스 타월(Service Towel)이라고도 하는데 서비스할 때 필요한 타월로 면직류나 마직류로 만들어 3, 4등분하여 종사원이 왼쪽 팔에 휴대하여 뜨거운 접시나 플래터를 운반할 때 혹은 아이스 워터를 서비스할 때, 고객이 식탁에서 음식을 엎질렀을 때 신속하게 사용하기 위해 근무 중에 항상 소지한다.

6) 크리닝 타월(Cleaning Towel)

크리닝 타월은 세척기에서 꺼낸 기물을 닦을 때 물기를 재빨리 제거하기 위하여 사용되는 타월로 다른 천보다 물기에 대한 흡인력이 강해야 한다. 또한 닦은 후에 천의 자국이 남지 않는 것이 좋다.

7) 미팅 크로스(Meeting Cloth)

미팅 크로스(Meeting Cloth)는 회의나 리셉션 시에 널리 사용하며 무늬가 없는 색상으로 촉감이 부드러운 털로 다져서 만든 천(Fe1t)이 주종을 이루고 있다. 일반적으로 피곤함을 덜기 위하여 초록색상을 많이 사용한다.

8) 바 크로스(Bar Cloth)

바에서 주로 사용하는 크로스로 글라스를 닦거나 배열하는데 주로 사용하고 깨끗하게 보이기 위하여 흰색의 린넨을 원칙으로 사용한다.

9) 에이프런(Apron)

접객원이 서브할 때 사용하거나 어린이용 냅킨을 말한다.

10) 유니폼(Uniformed)

레스토랑 종사원이 입는 복장은 그 레스토랑의 이미지에 미치는 영향이 가장 강한 것으로 레스토랑의 이미지 포지셔닝을 위하여 항상 깨끗하고 다림질이 잘된 상태로 착복을 해야 한다. 자주 세탁을 하여 불결한 냄새, 터지거나 구겨진 상태로 착용하지 말고 바지 줄이 서도록 하여 입는다.

11) 스커트(Skirt; Drapes)

뷔페나 회의 테이블을 꾸밀 때 하단 부분이 보이지 않게 하기 위해서 두르는 천이다.

12) 도일리(Doily)

음료를 제공할 때 접시 대용으로 사용하는 밑받침이다.

2. 린넨의 취급 요령

린넨류는 직접 식탁 위의 기물과 접하는 경우가 많기 때문에 청결하게 위생적으로 다루어야 하며 테이블이나 용도에 맞는 크로스를 사용해야 한다. 사용목적 외에 사용을 해서는 안 되고 기물이나 녹 등이 묻지 않도록 하여야 한다. 세탁이 끝난 린넨류는 보기 좋게 접어서 사용하기에 편리하도록 규격별로 정하여 놓는다.

항상 린넨은 고객이 사용하는 측면에 손이 닿아서는 안 되고 재봉선이 밖으로 튀어나오게 해서는 안 된다. 사용할 때에는 찢어진 곳이나 얼룩이 있는지를 확인하여 사용하며 항상 다림질이 잘된 상태로 사용한다.

3. 테이블 크로스(Table Cloth) 취급 요령

고객이 식사를 한 후에 테이블 크로스를 교체하여 다음 고객에게 테이블을 판매할 수 있게 준비하여야 한다.

테이블 교체 시에 크로스의 접혀진 줄을 테이블에 잘 맞추어 좌우로 치우치지 않게 한다. 또 한 가지는 혼자서 테이블 크로스를 취급할 때는 대개 하우스키핑에서 4등분된 크로스의 접혀진 끝자락을 밑으로 엎어놓고 테이블선과 펼쳐진 크로스의 선이 평행이 되게끔 알맞게 조정하여 잡고 있는 크로스를 약 15도 각도로 들어 살살 흔들면서 앞으로 깔아 덮는다. 이때 양 모서리의 선을 맞추어 양손으로 테이블의 하단에 약 40cm의 길이로 내리고 잘 펴지도록 쓸어주면 깨끗하게 깔린다.

테이블 크로스의 교체순서는 다음과 같다.

❶ 테이블과 의자의 청결상태를 확인한다.

❷ 고객이 사용한 테이블 크로스를 교체할 경우에는 테이블 위의 센터 피이스(Center Pieces)[7]를 치운다.

7) 테이블의 중앙에 놓이는 소금, 후추, 꽃병 등의 식당 집기

❸ 교체할 테이블로 가서 테이블 크기에 알맞은 테이블 크로스를 가져간다. 이때 얼룩이나 구멍, 흠이 있는 크로스는 사용을 금한다.

❹ 테이블의 곁에서 한 발자국을 앞으로 내디딘 다음에 늘어뜨린 헌 크로스의 자락을 테이블의 끝에 맞춘다.

❺ 어깨넓이만큼의 폭으로 벌리고 손가락으로 헌 크로스와 새 크로스를 잡은 후에 헌 크로스를 자기편의 테이블 끝까지 끌고 온다.

❻ 새 크로스를 테이블 반대편에 40cm의 길이로 널어 뜨린 후 한 끝자락을 자기 앞의 테 이블 끝에 맞춘다.

❼ 교체한 테이블 크로스를 잘 정리한 다음 위의 주름을 펴고 아래의 끝을 맞춘다.

4. 냅킨(Napkin) 접는 요령

중세기 유럽에서 처음 사용하기 시작하여 현재까지 우리들의 식탁에서 사용되고 있는 냅킨은 초기에는 테이블 크로스(Table Cloth)와 함께 식사예절과 위생적인 식사를 위한 도구로 사용되어 왔으나 현대에 와서는 그 역할이 바뀌어 식사를 위한 도구로써 뿐만 아니라 분위기를 조성시키는 매체로써 형태와 색상의 조화에 비중을 더 두어 연출하고 있다. 영업장의 종류 및 특성에 따라서 냅킨 접는 모양을 달리 한다.

냅킨을 정성스럽게 접어서 테이블 세팅을 함으로써 성의 있는 레스토랑으로 평가받을 수가 있다. 냅킨을 접을 때 냅킨은 구겨진 곳이 없어야 하며 또한 접은 냅킨을 폈을 때 가능한 바느질 자국이 고객의 앞쪽으로 향하지 않도록 한다. 냅킨을 접는 방법은 손이 많이 닿지 않게 위생적으로 접어야 하고, 접을 때는 시간이 많이 걸리지 않게 접어서 세팅을 했을 때 모양이 보기 좋아야 한다. 각 형태별로 냅킨 접는 모양을 살펴보면 다음과 같다.

1) 주머니형(The Pocket) 접는 요령

2) 서 있는 부채형(The Standing Fan) 접는 요령

3) 별형(Star) 접는 요령

서 있는 부채형(The Standing Fan) 접는 법 ❶~❾번 과정과 동일

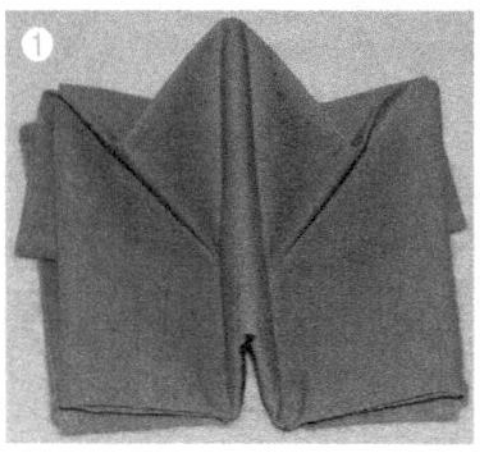

4) 장미형(The Rose) 접는 요령

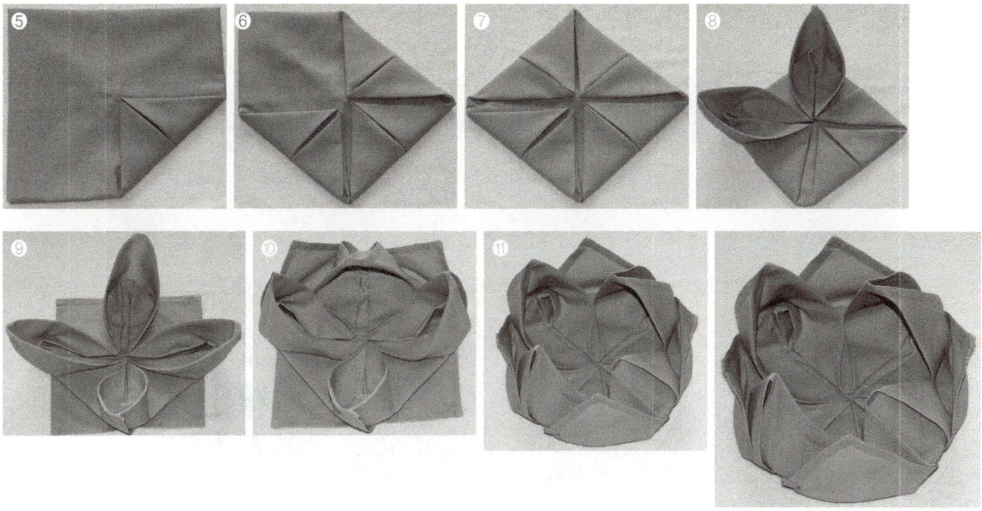

5) 왕관형(The Crown) 접는 요령

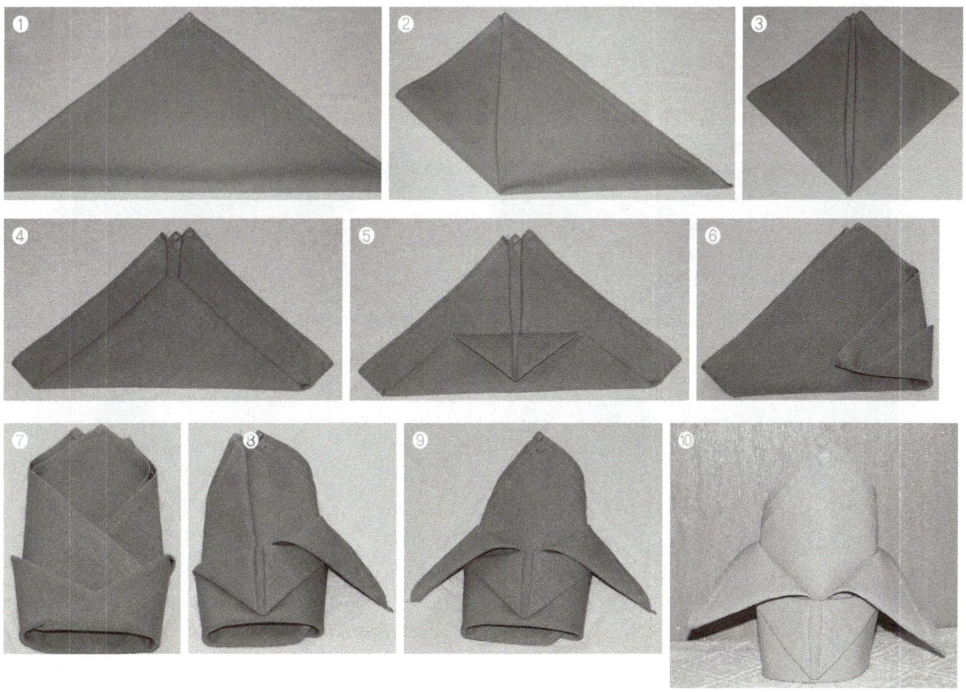

6) 방패형(The Shield) 접는 요령

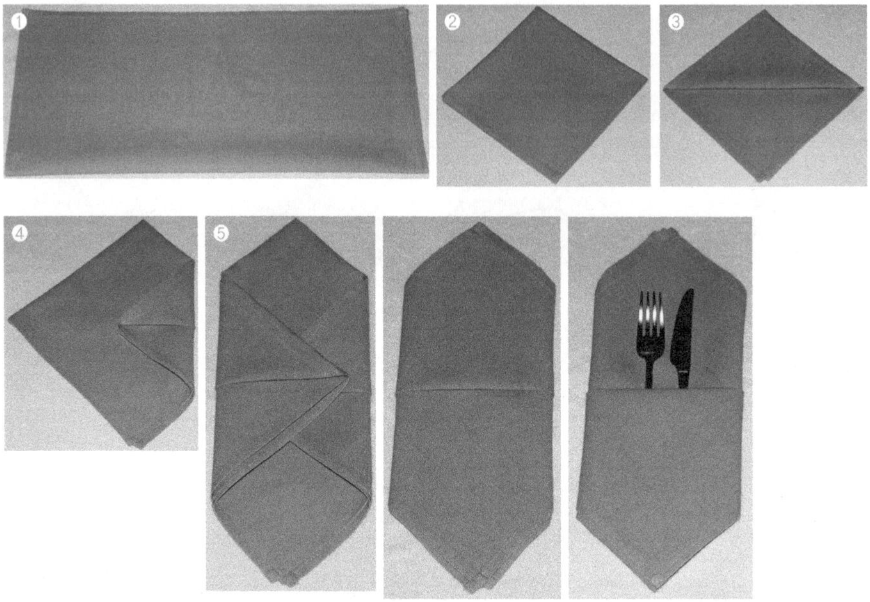

7) 정장모자형(Cocked Hat) 접는 요령

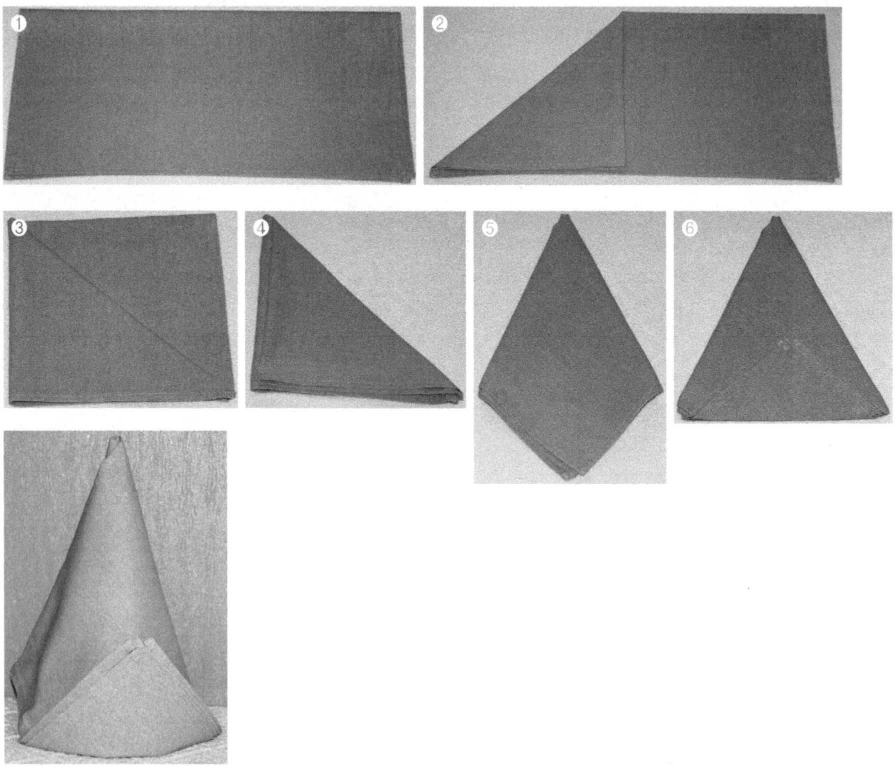

8) 소용돌이형(Swirl) 접는 요령

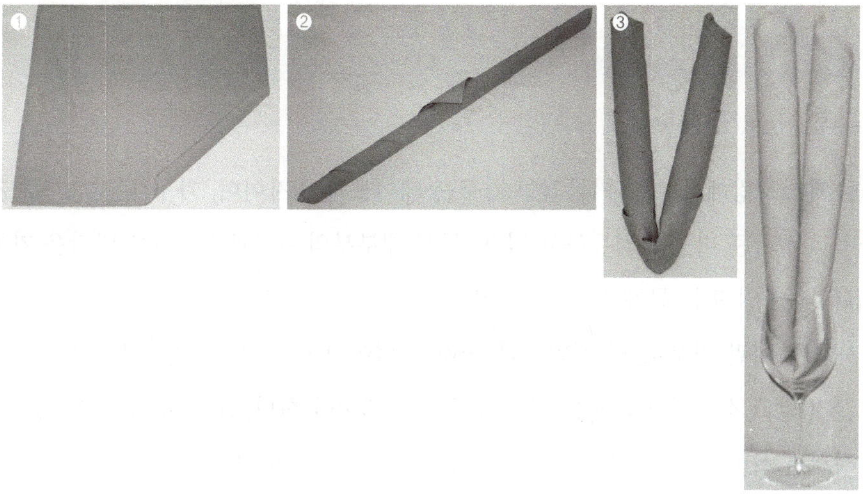

9) 추기경 모자형(Cardinal's Hat) 접는 요령

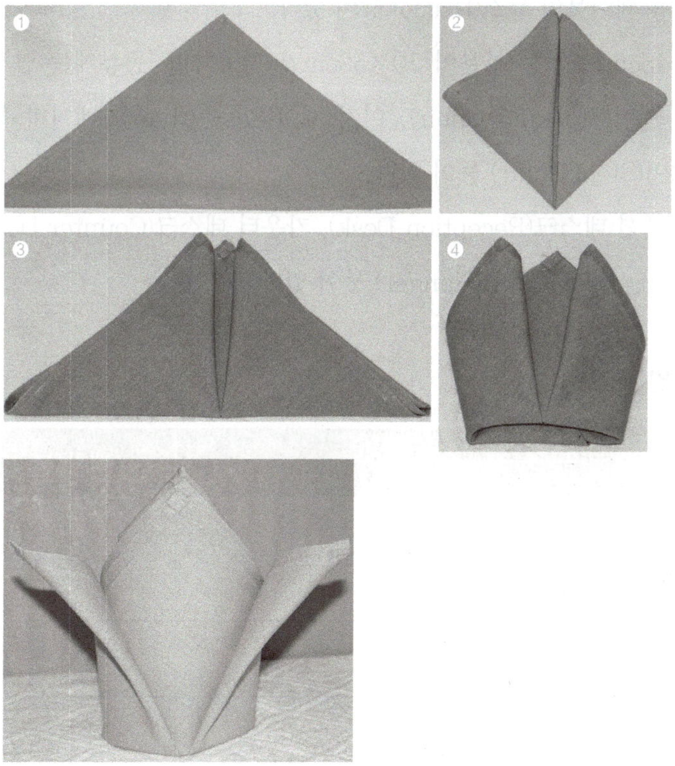

제5절 장비류(Equipment)

1. 가구류(Furniture)

호텔 레스토랑에서 가장 기본적인 가구는 테이블과 의자이며, 가구류는 고가로 자산의 가치로서도 큰 비중을 점유하고 있다. 특히 대부분의 호텔레스토랑은 바닥을 카페트(Carpet)나 타일 또는 목재 로 꾸미고 있다.

종사원은 이런 경우 흔히 식탁이나 의자를 멀어서 이동시키던가, 의자의 등받침을 잡고 끌지 말고 식탁이나 의자를 반드시 들고 움직여야 한다. 또한 식탁은 언제나 위치를 안정시켜 서비스할 때 고객의 식사에 불편이 없도록 하여야 한다.

테이블은 높이 72~75cm, 폭 80~90cm이 적당하며, 길이에 따라 정사각형 테이블(Square Table), 직사각형 테이블(Rectangular Table)로 구분되며 그밖에 원형 테이블(Round Table), 2인용 테이블인 듀스(Deuce) 등이 있다.

의자는 높이가 42~45cm로 앉는 부분이 50×50cm가 적당하며, 종류에는 암체어(Arm Chair), 스타킹 체어(Stocking Chair), 이지 체어(Easy Chair), 베이비 체어(Baby Chair), 스툴 체어(Stool Chair) 등이 있다.

그 밖에 가구류는 리셉션 데스크(Reception Desk), 카운터 데스크(Counter Desk), 사이드 보드(Side Board), 소파, 옷걸이(Hanger) 등이 있다.

[표 7-1] 테이블의 종류 및 규격

(단위 : inch)

테이블의 종류	규격 (가로×세로)	의자수		배치장소
		Stacking Chair	Arm Chair	
원형 (Round)	지름 45 지름 54 지름 60 지름 72	2 6 6~10 10~12	2 4 6 8	중앙
정사각형 (Square)	30×30 45×45	2 4	2 4	중앙 또는 구석
직사각형 (Rectangular)	30×60 30×72	2 3	2 2	창가 또는 벽

2. 레스토랑의 장비류

레스토랑에서 고객에게 식음료를 서비스하는데 있어서 은기류(Silver Ware), 도기류(China Ware), 글라스류(Glass Ware), 린넨(Linen Ware) 이외에도 식음료 서비스용으로 사용되는 장비는 사용목적에 따라 다양하다.

여기서 장비류란 식음료를 운반하거나 진열 · 전시할 때 또는 음식을 제공하거나 취급할 때 사용되는 특수한 장비기물을 말한다. 이러한 모든 장비는 고객 앞에서 직접 사용함으로 모든 영업준비(Mise-en-Place)가 청결하고 완전히 갖추어져야 하며, 모든 장비를 사용할 때에는 안전관리에 주의해야 한다.

1) 서비스 스테이션(Service Station)

영업에 필요한 모든 준비물을 비치하여 접객서비스를 좀 더 빠르고, 편리하고, 정확하게 하기 위하여 레스토랑의 지정된 장소에 고정시켜 종사원들이 서비스할 때 사용하도록 서비스용 비품이 준비되어 있다.

스테이션(Station)에는 린넨류, 자기류, 유리제품 류, 은기류와 함께 레스토랑에서 쓰이는 소모품 및 양념(Condiment), 테이블 소스(Hat Sauce, Tabasco Sauce, A-1 Sauce, Ash Tray, Toothpick, Napkin, Tray 등) 등이 보관되어 있다.

2) 서비스 웨곤(Service Wagon: Gueridon)

일명 게리동(Gueridon)으로 이것은 프렌치 레스토랑과 같은 고급 레스토랑에서 최고급 서비스를 제공하는데 필요한 비품으로 고객 앞에서 직접 카빙(Carving) 또는 조리할 때 사용된다. 레스토랑의 테이블 높이와 비슷해야 하며 바퀴가 달려서 전후좌우로 쉽게 이동할 수 있게 만들어져있다.

게리동은 고객의 식사주문에 의하여 사용됨으로 이동시 종사원의 부주의로 식탁이나 의자에 부딪히거나 닿아서는 안 되며, 서둘러 이동하다가 소리가 난다든지, 기물이나 양념병 등이 넘어지는 일이 없도록 주의가 필요하다.

(1) 로스트 비프 웨곤(Roast Beef Wagon)

요리된 로스트 비프가 식지 않도록 뚜껑이 있으며, 밑에는 연료를 사용하여 적당한 온도를 유지할 수 있다. 또한 고객 앞에서 직접 카빙(Carving)하여 서비스하기도 한다.

(2) 프람베 웨곤(Flambee Wagon)

고객에게 직접 전채, 앙뜨레 또는 후식 등을 요리할 때 사용하는 것으로 조리 시 필요한 간단한 조리용 양념, 조리용 주류, 가스나 알코올 렌지를 갖추고 있다.

(3) 바 트롤리(Bar Trolley)

각종 주류의 진열과 조주에 필요한 얼음, 글라스, 부재료, 바 기물 등을 비치하여 고객으로 부터 주문을 받아 즉석에서 서비스할 수 있는 이동식 수레이다.

(4) 룸 서비스 웨곤(Room Service Wagon)

룸서비스에서 전문적으로 사용하는 웨곤(Wagon)으로 객실까지의 식사를 운반할 때 주로 사용하고 접고 펼 수 있어 객실 내에서 식탁으로도 사용이 가능하다.

(5) 오드블 트롤리(Hors D'oeuvre Trolley)

냉장설비가 되어 있어 음식의 색깔이나 맛의 변화를 방지하고 항상 청결한 상태로 유지한다. 고객이 잘 볼 수 있도록 꾸며져야 하고 오드블의 특성에 따라서 차가운 오드블과 뜨거운 오드블을 제공할 수 있는 접시와 필요한 기물을 함께 준비한다.

(6) 디저트 트롤리(Dessert Trolley)

여러 가지 후식과 디저트에 따라서 냉장설비가 된 것과 안 된 것이 있고 접시와 필요한 기물을 함께 준비하여 고객이 직접 볼 수 있도록 꾸며서 고객에게 직접 제공한다.

(7) 웜어(Warmer)

음식을 따뜻한 상태로 보관하기 위하여 적당한 음식을 보관할 수 있는 웜어기에 일정한 온도를 유지시켜 최고의 상태로 식사를 서브할 수 있게 한 것이다. 그 용도에 따라서 소프트 롤 빵을 담는 롤 웜어(Roll Warmer), 대형 연회장에서 동시에 많은 인원의 서비스가 가능하도록 개발된 푸드 웜어 박스(Food Warmer Box, Plate Warmer) 등이 있다.

3) 트레이 스탠드(Tray Stand)

트레이 스텐드는 테이블에서 고객 접객 시 특히 식후에 기물을 치울 때 테이블 옆에 두고 트레이를 임시로 놓고 편리하게 사용할 수 있는 비품이다.

4) 와인 셀러(Wine Celler)

레스토랑에서 고객에게 와인을 제공하기 위하여 와인을 적정온도에 맞추어 보관하는 상자형태 혹은 잘 보이도록 한 진열장 형태이다.

제8장

테이블 세팅(Table Setting)

테이블 세팅은 고객에게 상품을 판매하기 위한사전 준비작업으로 고객들의 편리성, 각 업장의 특성을 연출할 수 있는 특성과 멋을 표현할 수 있어야 한다. 즉, 식사하기에 알맞은 각종 기물과 소스, 기물, 고객의 요구가 예상되거나 요구한 특별한 준비물 등을 바르게 갖추어 놓는 것을 말한다.

제1절 영업준비(Mise-en-Place)

영업을 원활히 하기 위해서는 완벽한 영업준비가 요구되는데, 영업준비를 얼마나 철저히 했느냐에 따라서 그날의 영업에 큰 영향을 미친다. 대부분 영업준비 시간에 직접 고객을 접객하는 것은 아니지만 영업 못지 않게 중요한 작업이다.

1. 영업준비(Mise-en-Place)의 의의

미정 쁘라스(Mise-en-Place)는 레스토랑에서 고객이 안락한 분위기에서 숙달된 종사원의 서비스에 의해 최상의 서비스를 받고 직원의 환송을 받으며 출발할 때까지의 필요한 모든 사전 영업준비를 가리키는 불어이다. 레스토랑 내의 청결상태, 환경정리와 정돈, 식탁의 배치와 고정, 각종 테이블 린넨류 준비, 사이드 스테이션의 기물류 보충 상태를 완벽히 준비하는 것이 영업준비라고 한다.

고급 레스토랑에서 식사의 가치를 높이기 위해서는 청소와 정리뿐만 아니라, 양념과 기물 등을 충분히 준비하여 서비스 타임에 알맞게 제공되어야 훌륭한 식사가 되는 것이다. 레스토랑 영업 중에 성시를 위해서는 영업이 시작되기 전에 업장의 지배인이나 캡틴들이 미정 쁘라스(Mise-en-Place)를 완벽하게 점검해야 한다.

2. 영업준비의 내용

1) 청소 및 환경정리

고객이 가치를 느끼고 격조 높은 식사를 하기 위해서는 물리적인 주변환경이 가장 중요한 역할을 한다. 그러므로 식탁을 꾸미기 전에는 식탁과 의자를 비롯하여 영엽장 내의 구석구석 조그만 부분까지 철저한 청소가 이루어져야 한다.

2) 영업준비 내용

영업준비란 접객 서비스를 하기 위하여 소요되는 모든 준비물(장비, 집기, 비품, 소모품 등)을 충분히 확보하여 정위치에 비치하고 청소상태, 환경정리, 시설물 등을 완벽하게 재정비함을 말한다. 따라서 종사원들은 영업에 차질이 없도록 일의 진행 순서를 숙지하여 신속하게 수행해야 한다.

효율적으로 영업준비를 하기 위해서는 다음과 같은 점검사항이 필요하다.

❶ 출근하여 가장 먼저 할 일은 로그 북(Log Book)의 커뮤니케이션을 확인하고 레스토랑의 입구에 고객이 볼 수 있도록 상태가 좋은 메뉴를 보기 좋게 펼쳐 놓는다.

❷ 예약상태를 확인하고 고객에게 예약장부와 필기구를 준비하여 언제든지 예약을 받을 준비를 해놓는다.

❸ 레스토랑 내 청결상태를 구석까지 철저히 한다.

❹ 사용한 기물하고 정리되지 않은 기물이나 테이블을 핸드링하거나 닦는다.

❺ 세척한 새로운 기물을 사이드 스테이션에 채운다.

❻ 글라스 웨어를 청결 유지한다.

❼ 차이나 웨어의 준비상태를 점검한다.

❽ 바 웨곤(Bar Wagon)의 준비상태를 점검한다.

❾ 꽃을 비롯하여 테이블 기본 세팅에서 빠진 기물을 확인하여 세팅한다.

❿ 각종 테이블 서비스 및 서비스 웨어의 준비상태를 점검한다. 각종 소모품이나 설탕, 양념류, 소스류를 수령하고 채워 놓는다.

⓫ 서비스 스텝의 위생상태 및 용모점검을 한다.

⓬ 특별요리 및 판매 가능한 요리, 판매할 수 없는 요리, 재고가 많은 요리를 파악하여 당일 적극적으로 판매해야할 메뉴품목을 숙지해야 한다.

⓭ 영업을 시작하기 전에는 조명, 음향, 전구, 소화기 상태를 점검한다.

3. 서비스 기물 및 비품 준비

1) 테이블 점검

테이블 하단의 발톱이 빠져서 흔들리지 않는가를 확인하고, 하단의 철재 부분이 있으면 녹슬지 않게 광을 내고 테이블에 붙어있는 먼지나 이물질을 제거한다. 테이블 상단의 언더 크로스(Under Cloth)에 주름이 생기지 않도록 테이블 크로스를 평평하게 깔 수 있는 조건을 갖춘다. 상단에 언더 클로스가 안 깔린 테이블은 담배재나 취급상의 파손을 확인하여 적절한 조치를 취한다.

2) 의자 점검

의자는 빵가루를 비롯하여 이쑤시개, 먼지를 암타월로 털고 쿠션을 확인하여 쿠션이 약하면 갈아준다. 의자는 스타킹과 부츠로 대별되는데 등받이가 있는 스타킹 체어는 등받이의 삐걱거림과 하단의 발톱의 상태를 확인한다. 부츠의 경우에는 부츠 사이의 이물질과 먼지를 구석구석 제거하고 얼룩을 제거한다. 삼푸를 해야 할 상태라면 해당 부서에 연락하여 해결하고 이상이 없는 의자는 테이블 세팅의 중심에 맞추어 배치한다.

3) 은기류의 준비

은기류는 테이블의 기물 중에 고객에게 가장 시선을 끌 수 있기 때문에 다른 기물보다 준비할 때는 더욱 세심한 주의를 필요로 한다. 은기류의 준비 시 주의 사항은 기물에 광택이 나야 한다 은기물류에 코팅이 벗겨진 것이나 녹슨 기물 그리고 오점이 있거나 휜 기물은 별도로 관리하여야 한다. 또한 영업시간 내에 충분히 쓸 수 있는 분량의 기물을 준비하는 것이 필요하다.

4) 도기류의 준비

도기류는 업장에서 식사의 코스마다 용도가 다르므로 도기류 기물도 다른 기물처럼 필요시에 즉시 사용할 수 있도록 영업시간 전에 오점이나 혹은 이가 빠졌는가, 금이 가지 않았는가, 오래 사용하여 바탕은 더럽지 않은가를 확인하고 뒷면도 잘 살펴야 한다.

5) 냅킨의 준비

동일한 크기와 색상의 냅킨을 업장의 규정된 보기 좋은 모양으로 접어 나이프와 포크의 중앙에 세우고 쇼 플레이트(Show Plate)가 있으면 그 위에 세운다. 이때 특히 주의할 점은 여러번 손을 대지 않고 위생적으로 보기 좋게 접어야 하고 실밥이 뜯어졌거나 오물이 지워지지 않는 부분이 있거나 구멍이 난 것은 사용을 금한다. 냅킨도 모자라서 사용 중에 다시 접거나 하는 불편함이 없도록 충분히 준비한다.

6) 크림 피처(Cream Pitcher; Cream Bowl)

커피숍이나 레스토랑에서 식후에 커피를 마실 때는 크림을 곁들이는데, 종류는 크림과 분말이 있다. 주로 크림을 사용하는 레스토랑에서는 생크림(Fresh Cream)을 미리 차가운 곳에 보관하여 고객이 커피를 주문하면 즉시 사용할 수 있도록 준비해야 하는데, 생크림은 상할 우려가 많으므로 제공 시 사전에 점검하여야 한다.

7) 슈거 볼(Sugar Bowl)

슈거 볼은 설탕을 담는 그릇으로 차나 커피를 마실 때 곁들여 지는데 슈거 볼에 분말

설탕이 담겨져 있는 경우와 팩으로 포장된 일회용이 꽂혀 있는 경우가 있다. 슈거 볼 속에 먼지와 얼룩을 확인하여 깨끗한 상태를 유지하고 슈거 볼에 8부 정도로 채워 넣고 설탕에 레들(Laddle)을 꽂아 뚜껑을 닫고 식탁 중앙에 놓는다. 일회용 설탕일 경우도 호텔이나 레스토랑의 마크가 보기 좋게 꽂아 중앙에 놓아야 한다. 분말설탕인 경우는 덩어리지지 않도록 정기적인 시간대를 정해 놓고 체크한다.

8) **재떨이**(Ashtray)

재떨이는 사용한 흔적이 말끔히 닦여져 있어야 하고 물기가 없어야 한다. 테이블에 세팅할 때 이가 빠졌거나 금이 간 것은 사용을 금한다. 2~4인용 식탁은 1개 재떨이를 중앙에 놓고 6인용 이상 식탁은 2개의 재떨이를 놓는다. 그리고 호텔 로고(Logo)가 있을 때는 고객이 정면으로 볼 수 있는 바른 위치에 놓는다.

9) **성냥**(Match)

성냥은 흡연석 테이블에 세팅할 때 그 레스토랑의 로고가 그려져 있어 이미지를 살리는데 일조를 한다. 한 번 사용한 것은 재사용을 금하고 재떨이 앞에 로고가 고객에게 잘 보이도록 보통 세워서 놓는데, 성냥 알은 한 개 빼서 고객이 쉽게 사용할 수 있게 놓는다.

10) **빌 스탠드**(Bill Stand, Bill Box)

빌 스탠드는 테이블 위에서 자주 이동되지 않도록 고객의 불편함이 없는 곳에 위치해서 센터 피스와 다른 기물과도 잘 어울려야 한다. 또 다른 기물이나 소모품처럼 회사나 레스토랑의 이미지가 잘 표현되는 로고를 새겨서 고객이 정면으로 볼 수 있도록 테이블의 적당한 곳에 세팅한다.

11) **꽃병**(Flower Vase)

꽃은 식탁의 분위기를 살리는데 가장 좋은 소품이다. 항상 싱싱한 멋을 느낄 수 있게 관리하도록 하며, 꽃을 준비하기 위해서 꽃병이 준비되어야 한다. 꽃병(Flower Vase)

은 자기류, 유리, 실버 등 여러 재질로 만들어 사용하는데 재질별로 사전에 잘 관리하여 사용한다.

12) 메뉴 스탠드(Menu Stand)

레스토랑의 입구에 독특한 형태의 메뉴 스탠드를 세워 놓고 고객들이 메뉴 구경을 하고 식사를 결정하는데 도움을 준다. 그러므로 메뉴 스탠드는 실용적이면서도 화려하고 깨끗하게 메뉴와 잘 조화를 이루어야 하며 메뉴와 더불어 항상 깨끗하게 유지한다.

13) 사인보드(Signboard)

사인보드는 레스토랑의 위치나 상품, 방향을 가리키는 것으로 시각적으로 고객에게 잘 보이는 장소에 설치를 한다. 이때 사인보드의 글씨가 정확하게 표시되고 있는지 전기를 이용한 사인보드인 경우 전구가 제대로 작동되는지를 정기적으로 확인한다.

14) 센터 피스(Center Pieces)

테이블의 중앙에 놓여서 식탁의 분위기를 돋보이게 하기 위한 집기들을 말한다. 도기제나 은기제의 공예품이나 조각품, 카스터(Caster), 캔들(Candle), 소금, 후추, 꽃병, 각종 소스병, 칵테일 냅킨의 홀더(Holder) 등을 들 수 있는데, 그 배열은 각 레스토랑의 특성에 따라 다르다.

4. 서비스 스테이션(Service station) 준비

보조 테이블(Side Table)은 효과적인 서비스를 할 때 좀 더 빠르고, 편리하고, 정확하게 하기 위하여 홀 사이사이에 배치된 서비스 준비 테이블을 말하며 영업에 필요한 준비물을 저장, 보관하여 사용하는 테이블이다.

1) 테이블 크로스(Table Cloth)

테이블 크로스는 전통적으로는 깨끗한 흰색을 많이 사용하였지만, 현대 레스토랑에는 고객의 기호에 알맞게 색과 무늬가 들어 있는 다양한 종류의 크로스가 사용되고 있다. 테이블 크로스는 깨끗하게 다림질을 한 상태로 보관한다.

2) 린넨(Linen) 보관

스테이션의 하단에 보관되는 린넨류는 테이블 크로스(Table Cloth), 냅킨(Napkin), 헝겊류(Doily), 언더 크로스(Under Cloth) 등이다. 이때 자주 사용하는 린넨과 자주 사용하지 않는 린넨, 테이블의 크기와 모양별로 테이블 크로스를 정리하여 놓고 접어진 냅킨 등을 별도로 구별하면 편리하다.

3) 플레이트와 글라스 보관

서비스 스테이션의 중간에 위치하고 테이블 세팅에 필요한 종류는 브레드 플레이트(Bread Plate), 티와 커피컵(Tea Cup & Coffee Cup), 고블렛, 와인 글라스 등이다.

4) 기물 보관

서비스 스테이션은 거의 수납형식으로 짜여져 있어 종류별로 준비하면 좋다. 보관할 종류로는 미트 나이프와 포크(Meat Knife & Fork), 샐러드 나이프와 포크(Salad Knife & Fork), 디저트 포크와 스푼(Dessert Fork & Spoon), 수프 스푼(Soup Spoon), 버터 나이프(Butter Knife), 티 스푼(Tea Spoon), 아이스크림 스푼(Ice Cream Spoon), 슈거 레들(Sugar Ladle), 서빙 스푼과 포크(Serving Spoon & Fork), 케이크 서버와 나이프(Cake Server & Knife) 등이다.

5) 소모품 및 양념류(Condiment)

기물 서랍의 윗 칸에 별도의 용도별 서랍을 설치하여 준비하는 것이 좋으며, 이때 서랍입구에 보관품목을 적어 놓으면 편리하다. 보관되는 소모품은 성냥, 이쑤시개(Toothpick), 테이블 매트(Table Mat), 빌 홀더(Bill Holder), 양념, 칵테일 냅킨 등이다.

소스의 종류는 매우 다양하여 후레쉬 페퍼, 치즈, 겨자(Mustard), 핫소스(Hot Sauce), 에이원 소스(A-1 Sauce), 민트 소스, 타바스코 소스(Tabasco Sauce), 토마토 케찹(Tomato Catchup), 칠리 소스(Chilly Sauce) 등이 있다.

소스는 영업 전에 깨끗한 냉장고 안에 보관하여 관리하고 영업이 시작되면 냉장고에서 스테이션으로 옮기고 음식 서브 시 부수적으로 혹은 고객이 요구 시 상표와 병이 깨끗한 상태로 고객에게 뚜껑을 열어 드린다. 따라서 병뚜껑과 병입구는 항상 깨끗이 하여 소스는 항상 채워 놓고 영업이 끝나면 다시 냉장고에 보관한다.

6) 서비스 스테이션에 부수적으로 필요한 준비물

원활한 고객 서비스를 위하여서는 접객에 자주 사용되는 여러 준비물을 미리 취급하기 좋은 상태로 만들어 놓는다. 그 종류는 서비스 트레이(Service Tray), 워터 피쳐(Water Pitcher), 서비스 타월(Service Towel, Arm Towel) 등이다. 웨이터 나이프, 와인 크래들, 저녁 시간에 필요한 램프, 캡틴 빌, 케이크 스탠드 및 나이프 등도 충분하게 준비하는 것이 좋다.

제2절 테이블 세팅의 원칙

테이블 세팅은 호텔의 기본적으로 통일된 매뉴얼이나 업장 매니저에 의하여 고객의 편리성, 각 업장의 특성 연출, 레스토랑의 분위기가 잘 어울리는 멋있는 연출을 감안하여 세팅을 하게 된다.

1. 테이블 세팅의 순서

영업장의 특성, 상황, 테이블의 종류에 따라 세팅 순서가 달라질 수 있겠으나 세팅된 기물을 외각에서 세팅해서 안쪽으로 들어옴으로 식사코스의 역순으로 진행한다. 일반적인 테이블 세팅 순서는 다음과 같다.

❶ 식탁과 의자를 점검한다.

❷ 테이블 크로스를 편다.

❸ 센터 피스(Center Pieces) : 꽃병(Flower Vase), 소금과 후추(Salt & Pepper Shaker)를 놓는다.

❹ 쇼 플레이트(Show Plate)를 놓는다.

❺ 디너 나이프와 포크(테이블 포크와 나이프)를 놓는다.

❻ 피쉬 나이프와 포크를 놓는다.

❼ 수프 스푼과 샐러드 포크를 놓는다.

❽ 에피타이저 나이프와 포크를 놓는다.

❾ 빵 접시(Bread Plate)를 놓는다.

❿ 버터 나이프(Butter Knife)를 놓는다.

⓫ 디저트 스푼과 포크(Dessert Spoon & Fork)를 쇼플레이트(Show Plate) 위쪽에 놓는다.

⓬ 고블렛과 와인 글라스(Water Goblet, White & Red Wine Glass)을 놓는다.

⓭ 냅킨(Napkin)을 편다.

⓮ 전체적인 조화와 균형을 점검한다.

2. 테이블 세팅의 원칙

테이블 세팅은 레스토랑의 전체적인 분위기를 격상시키는 수단으로 매출 증진에 일익을 담당할 뿐만 아니라 테이블 세팅의 원칙은 고객의 이용 목적에 따라서 레스토랑을 이용하는 고객에 게 불편함이 없도록 식당에서 보유하고 있는 물적자원을 상품화하여 고객을 만족하게끔 유도해야 한다. 기물류의 배열은 전체적인 균형을 이룰 수 있도록 적당한 간격으로 보기 좋게 놓는다. 테이블을 세팅할 때에도 효과적이고 능률적인 작엽을 위하여 일정한 원칙에 의하여 작업을 하는 것이 바람직하다.

테이블 세팅의 원칙은 다음과 같다.

1) 쇼 플레이트(Show Plate)

쇼 플레이트는 서비스 플레이트라고도 하는데, 각 고객이 앉는 자리의 중앙에 놓아서 외관상 균형을 잡아주고 이때 쇼 플레이트를 놓을 때는 테이블의 테두리에서 1인치 정도 떨어지게 놓는다. 그 이유는 고객이 착석시 옷깃이 닿지 않게 하는 것과 시각적으로 안정감을 주기 위함이다.

2) 디너 나이프(Dinner Knife)

디너 나이프는 식사 중에서 주식을 먹기 위한 용도로 세팅되는 것인데 주식이 생선, 스테이크 등에 따라서 모양이 다른 디너 나이프가 세팅되기도 한다.

쇼 플레이트 다음에 디너 나이프(Dinner Knife)를 세팅하는데 칼날이 안쪽으로 향하게 하여 수직으로 놓고 쇼 플레이트의 오른쪽 가장 안쪽에 놓아서 고객이 오른쪽으로 사용하기 편리하도록 한다. 디너 나이프도 쇼 플레이트 같이 테이블의 테두리에서 1인치 정도 떨어지게 놓는다.

3) 디너 포크(Dinner Fork)

나이프와 균형을 맞추어 한쪽으로 치우치지 않게 적당한 간격으로 왼쪽에 보기 좋게 음식이 닿는 부분이 위로 향하게 하여 수직으로 놓는다. 쇼 플레이트의 왼쪽에 바짝 붙여서 놓는데 만약 쇼 플레이트가 없어서 냅킨으로 중심을 잡을 때는 가장 큰 메인 디시(Main Dish)의 넓이만큼 간격을 두어 왼쪽에 세팅한다. 그 이유는 나이프를 이용한 오른손으로 자른 음식을 왼손으로 먹게 하기 위해서이다. 쇼 플레이트와 디너 나이프처럼 디너 포크도 테이블의 테두리에서 1인치 정도 떨어지게 놓는다.

4) 피쉬 나이프와 포크(Fish Knife & Fork)

생선을 먹기에 적합하게 만든 나이프와 포크로 디너 나이프보다는 작고 날도 날카롭지 않다. 피쉬 나이프를 세팅할 때는 디너 나이프에 붙여서 세팅하고 포크는 디너 포크의 끝열에 피쉬 포크의 중간열을 맞춘다.

5) 샐러드 나이프와 포크(Salad Knife & Fork)

샐러드를 먹기 위해서 사용하는 기물로 피쉬 나이프와 포크에 붙여서 세팅한다. 나이프는 다른 기물처럼 테이블의 끝에서 1인치 떨어지게 세팅하고 포크는 피쉬 포크에 붙이고 디너 포크에 맞추어 테이블에서 1인치정도 떨어지게 세팅한다.

6) 수프 스푼(Soup Spoon)

수프 스푼은 음식을 떠 먹는 부분이 위로 향하게 하고 오른손으로 사용하도록 오른쪽에 세팅하는데 나이프와 동일한 방법으로 세팅한다.

7) 에피타이저 나이프와 포크(Appetizer Knife & Fork)

에피타이저를 먹는 용도로 세팅의 가장 외부에 위치하고 세팅의 요령은 다른 코스의 나이프와 포크의 세팅 방식과 같이 세팅하면 된다.

8) 브레드 플레이트와 나이프(Bread Plate & Knife)

브레드 플레이트는 왼쪽의 포크를 세팅하는 가장 외부의 기물과 접하여 세팅하게 된다. 보통 포크 상단의 휘어진 부분에 브레드 플레이트를 걸쳐서 세팅한다.

브레드 나이프(Bread Knife)는 브레드 플레이트의 1/4 정도 되는 위치에 오른쪽으로 다른 나이프와 동일한 방식으로 세팅한다.

9) 디저트 스푼 & 포크(Dessert Spoon & Fork)

디저트 스푼, 포크는 쇼 플레이트의 상단에 위치하도록 세팅을 하고 디저트 스푼은 손잡이가 오른쪽으로 오게 하여 오른손으로 용이하게 손잡이를 잡을 수 있게 한다. 디저트 포크는 손잡는 부분이 왼쪽으로 향하게 하여 스푼이 포크의 위쪽으로 향하게 하는데 이것은 왼쪽보다는 오른쪽이 먼저라는 통념에 따라서 스푼이 위로 오고 수평으로 세팅한다.

10) 냅킨(Napkin)

쇼 플레이트가 있을 때는 그 위에 냅킨을 잘 접어서 세팅을 하고 쇼 플레이트를 사용하지 않을 때는 냅킨(Napkin)을 놓아서 기준을 삼는다. 냅킨은 커버(Cover)의 중앙에 세팅을 하는데 직접 고객의 입에 닿기 때문에 위생적으로 다루어야 한다. 냅킨은 디너 나이프와 포크의 목선에 맞추고 재봉선이 없는 깨끗한 쪽이 고객의 앞으로 오게 한다.

11) 글라스 세팅(Glass Setting)

(1) 워터 고블렛(Water Goblet)

워터 고블렛은 디너 나이프의 끝쪽 약 1cm 위의 중앙에 마크가 정면으로 오게 놓는다. 모든 글라스의 세팅에 워터 고블렛은 기준이 되어 각종 글라스가 놓여지게 된다.

(2) 와인 글라스(Wine Glass)

와인 글라스 워터 고블렛을 기준으로 마름모꼴 혹은 사선형으로 45도 대각선상에 놓는다. 그 순서는 화이트 와인, 레드 와인, 샴페인 와인의 순으로 놓는다.

3. 테이블 세팅의 주의사항

1) 손님 앞에서의 테이블 세팅

기본 세팅이나 레스토랑이 바빠서 부득이한 경우로 다시 세팅이 안 된 경우에는 고객에게 요리의 주문을 받은 후 요리에 맞추어서 테이블 세팅을 한다. 첫째, 전혀 세팅되어 있지 않았을 때는 주문에 맞추어서 세팅한다.

둘째, 일부가 세팅되어 있으면 주문에 따라서 필요한 기물을 보충한다.

셋째, 세팅이 완료된 테이블에서는 주문에 따라 불필요한 기물은 치운다. 이상과 같은 경우의 테이블 세팅에서 특히 주의해야 할 점은 다음과 같다.

❶ 기물을 테이블로 옮길 때나 치울 때에는 트레이를 사용하고 손으로 들고 다니지 않는다. 기물을 손으로 다루어야 할 경우에는 냅킨으로 감싸서 서비스한다.

❷ 기물이 서로 부딪혀 내는 소리는 조용한 대화를 나누는 고객에는 소음이 됨으로 조심해서 다루어야 한다.

❸ 나이프, 포크를 세팅할 때나 치울 때에는 나이프나 포크의 끝이 손님의 몸에 닿지 않게 또는 떨어뜨리지 않게 주의한다.

❹ 테이블 배치상 부득이 손님 앞을 가로 막는 크로스 세팅을 해야 할 때는 고객에게 반드시 "실례합니다"라고 양해를 구하고 나서 동작을 옮긴다.

❺ 테이블 배치에 따라 매우 하기 힘든 경우나 바쁠 경우에라도 세팅을 조잡하게 대충해서는 안 된다.

❻ 고객에게 불쾌감과 불편함을 주지 않도록 신속하고 정중하게 모든 동작을 취한다.

2) 테이블 세팅의 주의 사항

테이블 세팅을 할 때는 때와 장소 및 요리에 따라서 변형이 있을 수 있으나 몇 가지 기본에 맞추어 세팅을 하면 서비스에 좀 더 큰 효과를 가져 올 수 있다.

❶ 고객의 활동에 불편함이 없어야 한다.

❷ 정해진 세팅의 규정이 일정해야 한다.

❸ 안정되고 흔들리거나 삐뚤어지지 않아야 한다.

❹ 서비스 공간을 충분히 확보하여야 한다.

❺ 고객의 수에 알맞은 테이블을 유지한다.

❻ 고객들 간의 대화나 식사에 서로 적당한 간격을 두고 배치한다.

❼ 필요하지 않은 은기류, 접시 및 컵은 가능한 제외하도록 한다.

❽ 고객의 위생을 고려하여 세팅이 이루어져야 한다.

제3절 테이블 세팅의 종류

테이블 세팅은 레스토랑의 종류나 식사의 형태, 식사의 코스별 주문에 따라서 다양한데 일반적으로 기본적인 세팅의 종류는 기본차림 세팅(Basic Setting), 정식차림 세팅(Table D' hote Setting), 일품요리 세팅(A la Carte Setting), 조식차림 세팅(Breakfast Setting)으로 분류할 수 있다.

1. 기본차림 세팅(Basic Setting)

기본차림은 레스토랑에서 효과적으로 식사를 제공하기 위하여 최소한의 세팅을 해놓고 고객을 기다리는 것이다. 고객이 음식을 주문하는데 최소한의 기본적 코스를 염두한 기물의 차림을 가르켜 기본차림 세팅(Basic Setting)이라 한다.

[그림 8-1] 기본 세팅(Basic Setting)

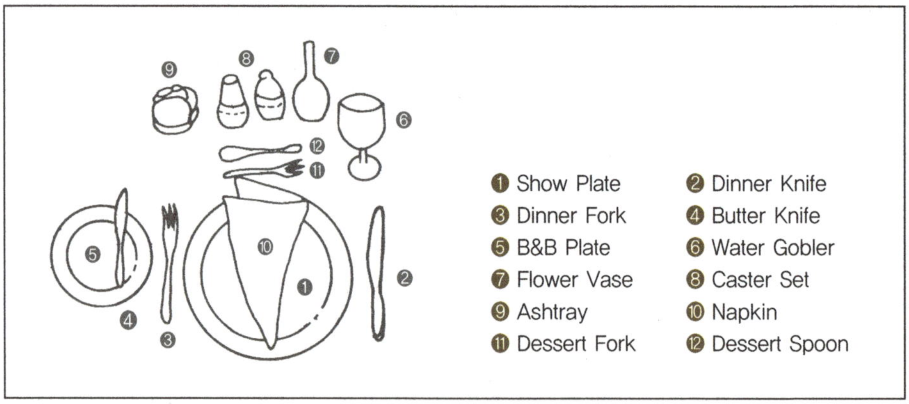

2. 정식차림 세팅(Table D' hote Setting)

정식 세팅의 방법은 레스토랑에 따라서 배열하는 방법이 조금씩 다르지만 일반적인 방법은 다음과 같다.

[그림 8-2] 정식 세팅(Table D'hote Setting)

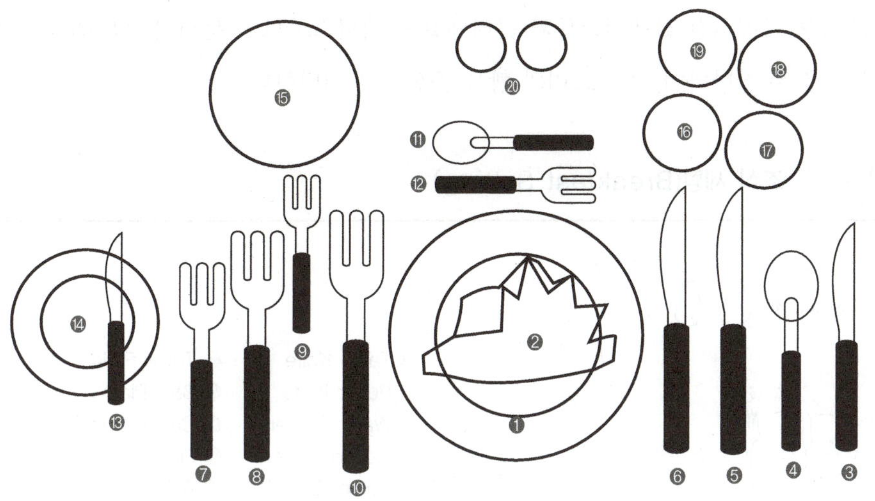

❶ Show Plate ❷ Napkin ❸ Appetizer Knife ❹ Soup Spoon
❺ Fish Knife ❻ Meat(Dinner) Knife ❼ Appetizer Fork ❽ Fish Fork
❾ Salad Fork ❿ Meat(Dinner) Fork ⓫ Dessert Spoon ⓬ Dessert Fork
⓭ Butter Knife ⓮ B&B Plate ⓯ Butter Bowl ⓰ Water Goblet
⓱ White wine Glass ⓲ Red Wine Glass ⓳ Champagne Glass ⓴ Salt & Pepper(Caster)

3. 일품요리 세팅(A la Carte Setting)

대기 에피타이저나 간단한 식사를 제공할 때 쓰이는 세팅으로 정식세팅처럼 가지 수가 많지는 않지만 메뉴에 따라 특색 있는 세팅이 요구된다.

[그림 8-3] 일품요리 세팅(A la Carte Setting)

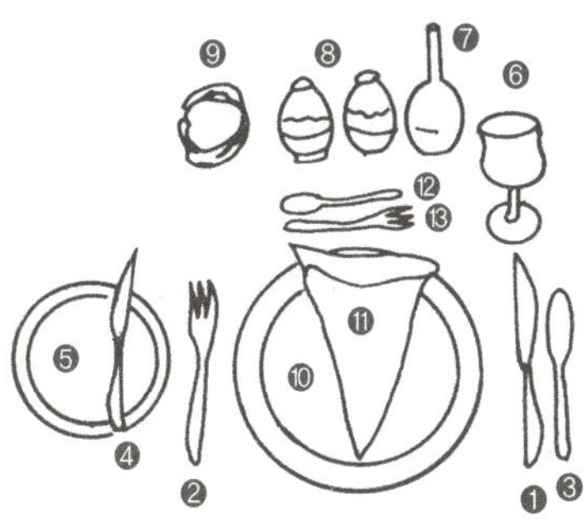

❶ Dinner Knife ❷ Dinner Fork
❸ Soup Spoon ❹ Butter Knife
❺ B&B Plate ❻ Water Gobler
❼ Flower Vase ❽ Caster Set
❾ Ashtray ❿ Show Plate
⓫ Napkin ⓬ Dessert Fork
⓭ Dessert Spoon

4. 조식차림 세팅(Breakfast Setting)

조식은 아메리칸 블랙퍼스트와 콘티넨탈 블랙퍼스트로 구분되며, 형태도 구분된다. 특히 조식은 간단하며, 계란요리와 빵을 중심으로 세팅한다.

[그림 8-4] 조식 세팅(Breakfast Setting)

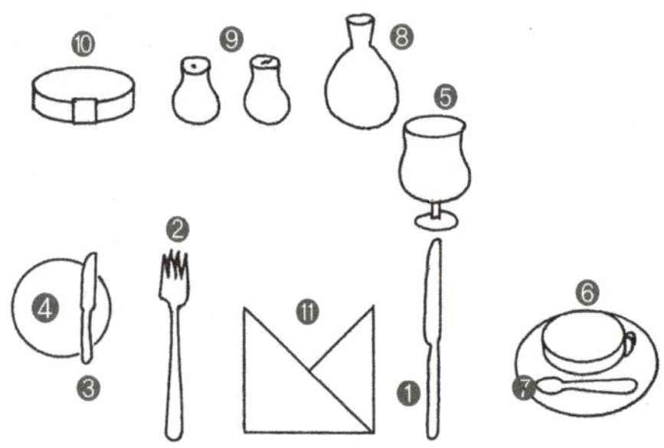

❶ Table Knife ❷ Table Fork
❸ Butter Knife ❹ B&B Plate
❺ Water Gobler ❻ Coffee Cup & Saucer
❼ Coffee Spoon ❽ Flower Vase
❾ Caster Set ❿ Ashtray
⓫ Napkin

제9장

메뉴 코스별 서비스

제1절 전채요리(Appetizer : Hors d' oeuvre)

1. 전채요리의 의의

전채요리는 식욕을 촉진시키기 위해 식사 전에 가볍게 먹는 요리의 총칭으로 각국의 명칭은 다양하다. 영어로는 에피타이저(Appetizer), 스칸디나비아를 중심으로 하는 북구 지방에서는 스모가스보드(Smorgasbord), 이탈리아어는 안티파스티(Antipasti), 중국어는 렁분, 러시아에서는 독한 술과 함께 연회를 하기 전에 별실에서 간단한 요리를 제공하던 자쿠스키(Zakuski), 스페인어는 아트라다스(Antradas), 프랑스어로는 오드블(Hors-d' oeuvers)이라고 한다. 즉 이는 Hors(-외에, -전에) + Ouver(작품)의 합성어로 메인코스 전에 먹는 에스트라(Extra)요리라는 의미를 강조한다. 오드블(Hors-d' ocuvers)은 오늘날 양식에서 그 비중을 점차 더해 가는데, 그 유래는 러시아의 자쿠스키(Zakuski)가 오드블이 되었다는 설과 13세기 마르코폴로가 중국의 원나라에 가서 냉채요리를 이탈리아로 들여온 후 프랑스 요리로 되었다는 2가지의 설이 있다.

2. 전채요리의 특징

전채요리는 본격적인 식사를 더욱 맛있게 하기 위하여 주요리와 균형을 맞추어야 하고 식욕을 돋우기 위하여 다음과 같은 특징을 갖추어야 한다.

❶ 타액의 분비를 촉진하여 식욕을 돋울 수 있게 신맛, 짠맛이 곁들여지면 좋다.

❷ 한 입에 먹을 수 있는 소량이어야 한다.

❸ 맛과 풍미를 갖추고 주요리와 균형을 이루어야 한다.

❹ 계절감과 지방색을 갖추어야 한다.

3. 전채요리의 종류

오드블은 가공하지 않고 재료 그대로 만들어 모양과 형태, 맛이 유지되는 생 전채(Plain Appetizer)와 조리사에 의해 가공되어 모양이나 형태가 바뀐 가공된 전채(Dressed Appetizer)로도 나눌 수 있다. 또한 온도에 따라서 찬 오드블(Froid; Cold Appetizer)과 더운 오드블(Chaud; Hot App6tizer)로 구분할 수 있다.

다양한 전채요리 중에서 세계 3대 에피타이저는 철갑상어알(Caviar), 거위간(Foie Gras), 송로버섯(Truffle)이다.

1) 가공형태에 의한 분류

(1) 가공되지 않는 전채요리(Plain Appetizer)

햄, 올리브, 시리얼(Cereal), 생굴(Oyster), 소시지(Sausage), 치즈, 살라미(Salami), 과일 등이 있다.

(2) 가공된 전채요리(Dressed Appetizer)

카나페(Canape), 고기완자(Meat Ball), 게살 요리(Crab Meat), 과일주스(Fruit Juice), 스네일(Snail) 등이 있다.

■고기 완자

2) 조리형태에 의한 분류

(1) 칵테일(Cocktail)

칵테일의 재료로는 매우 다양한 종류를 사용할 수 있지만, 일반적으로 많이 사용하는 것에는 여러 종류의 과일을 잘게 썰어서 섞어 제공하거나, 쉬림푸(Shrimp), 바다가재(Lobster), 게맛살(Crab Meat), 조개살(Shellfish) 등에 매운 소스를 얹어 칵테일 글라스를 사용하여 겉모습이 산뜻하고 매력 있게 만든 전채요리이다.

(2) 카나페(Canape)

빵을 재료로 다양한 모양으로 얇게 잘라 튀기거나 토스트하여 버터를 바른 다음 그 위에 여러 가지 재료(생선 알, 앤초비, 야채, 치즈, 살라미, 소시지, 굴, 캐비아, 훈제연어 등)를 얹어 작게 만든 요리이다.

(3) 보우세(Bouchee)

밀가루반죽을 얇게 하여 치즈나 계란을 넣어 주사위나 만두같이 만든 요리이다.

(4) 레리쉬(Relish)

레리쉬는 맛을 즐긴다. 풍미가 있다는 의미와 함께 에피타이저란 뜻도 포함되어 있다. 약간 깊은 유리 볼(Bowl)이나 글라스에 분쇄한 얼음을 채우고 그 사이에 무, 샐러리, 당근, 오이 같은 각종 야채들을 꽂아 내 놓는 경우가 일반적이다.

(5) 테린(Terrine)

육류나 생선 등을 갈아서 틀에 넣어 익힌 것으로 대표적인 요리는 간테린(Liver Terrine), 닭고기 갈라틴(Chicken Galatine) 등이 있다.

■닭고기 갈라틴

3) 온도에 의한 분류

(1) 찬 전채요리(Cold Appetizer)

요리의 특성에 따라서 전채요리를 차게 고객에게 제공하여 식욕을 촉진시키는 것이다. 거위간 요리(Goose Liver), 철갑상어알 요리(Caviar), 훈제 연어(Smoked Salmon), 훈제 송어(Smoked Trout), 생굴 요리(Fresh Oyster), 말린 햄과 참외 (Raw ham with Melon), 오리고기 파테(Duck Pate), 새우 칵테일(Shrimp Cocktail), 게살요리(Crab Meat), 신선한 과일(Fresh Fruits) 등이 있다.

(2) 더운 전채요리(Hot Appetizer)

달팽이 요리(Snail; Escargot), 구운 굴 요리(Baked Oyster), 튀긴 양송이 요리(Fried Mushroom), 혀넙치 요리(Fillet of Sole), 튀긴 새우 요리(Fried Shrimp), 구운 바다가재(Broiled Lobster), 식용 개구리 다리(Frog Leg) 등이 있다.

4. 전채의 서비스

식사의 첫 코스로 식사에 따라서 세팅이 달라지는데 캐비어, 전복(Aba1one), 훈제 연어, 새우튀김 등은 에피타이저 나이프와 포크가 세팅된다. 과일의 경우는 푸르츠 나이프와 포크(Fruits Knife & Fork)를 세팅하고, 쉬림푸(Shrimp), 로브스타(Lobster, 크렘 미트(Crab Meat) 등의 각종 칵테일의 경우는 디저트 스푼 혹은 티스푼을 세팅한다. 오드블은 오른손으로 오른쪽에서 칵테일 종류는 언더라인(Under Liner)에 놓아서 서브한다. 대개는 음료를 곁들이게 되는데 에피타이저에 잘 어울리는 음료는 드라이 쉐리(Dry Sherry), 캄파리(Compari), 버머스(Vermouth) 등이 있다.

5. 브레드 서비스(Bread & Butter Service)

브레드는 고객의 일행이 좌석에 도착하여 식사주문을 한 후에 브레드 바스켓에 담아서 내거나 브레드 카트(Bread Cart)나 트레이(Tray)에 담아서 제공할 때는 고객의 좌측에서 정중하게 보여드리고 브레드 텅(Bread Tongs)이나 서버를 이용하여 위생적으로 취급하고 신선한 상태의 브레드와 버터를 동시에 제공한다. 이때 버터는 냉장고나 얼음에 항상 차게 보관하였다가 브레드 플레이트(B & B Plate) 위측에 고객이 쉽게 드실 수 있도록 놓는다.

제2절 수프(Soup : Potage)

1. 수프의 의의

수프는 본격적인 식사의 첫번째 코스로 가볍고 액체 요리로 영양가가 높을 뿐만 아니라 위에 부담을 주지 않는 양이 작은 요리이다. 수프는 일반적으로 육류, 생선, 닭 등의 고기나 뼈를 야채와 향료를 섞어서 장시간 동안 끓여 낸 국물 즉, 스톡(Stock)에 각종 재료를 가미하여 만든다.

불어로는 뽀다지(Potage)로 발음하고 포트(Pot)에서 익혀 먹는다는 의미를 포함하고 있었고, 수페(Soupe)는 부이용이나 뽀따지를 얇게 썰은 빵 위에 부어 먹었다는 것을 의미했다. 17세기까지 불란서에서는 뽀다지(Potage)와 수페(Soupe)가 구분되어 사용되었으나 18세기경부터는 영어의 수프와 프랑스어의 수페가 공통적으로 불리기 시작하였다.

2. 수프의 종류

수프의 종류는 스톡으로부터 다양한 수프가 만들어지므로 수프의 종류를 알기 전에 스톡에 대하여 잘 알고 있어야 한다. 스톡에 대하여선 제10절에서 다시 설명하기로 한다.

1) 농도에 의한 수프 종류

수프는 온도에 따라서 뜨거운 수프(Hot Soup)와 차가운 수프(Cold Soup)로 나누며, 농도에 따라서 맑은 수프(Clear Soup)와 농도가 진한 수프(Thick Soup)로 나눈다.

(1) 맑은 수프(Clear Soup ; Potage Claire)

맑은 수프는 전분을 사용하지 않아서 맑은 수프로서 보통 뷔용(Bouillon)에다 고기, 야채, 향신료 등을 넣고 서서히 끓이면서 계란 흰자를 넣고 빠른 속도로 저으며 고운 천으로 걸러서 만든 수프이다.

대표적인 수프가 콘소메수프(Consomm Soup)인데 콘소메는 뷔용(Bouillon)이 맑고 풍미를 잃지 않도록 하기 위해 지방분이 제거된 고기를 잘게 썰거나 기계에 갈아서 사용하며, 양파, 당근, 백리향, 파슬리 등과 함께 서서히 끓이면서 계란 흰자위를 넣어 빠른 속도로 젓는다. 이때 주의해야 할 점은 부용을 아주 펄펄 끓이(Boiling)는 것이 아니라 천천히 끓여야(Simmering) 한다. 이렇게 1~2시간 끓인 후 화이트 와인이나 쉐리 와인을 첨가하여 완성시킨 후 천을 대고 걸러 내어 이중용기에 넣어 식지 않게 한다.

조리된 콘소메는 가미한 재료에 따라 명칭을 달리하는데 그 종류가 400여 가지가 넘으며 콘소메의 대표적인 종류는 다음과 같다.

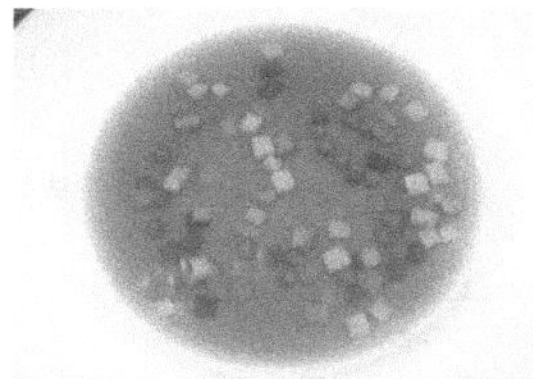

❶ **콘소메 브르노와즈**(Consomm Brunoise)

당근, 무, 파, 샐러리를 아주 작은 주사위 모양으로 잘라 버터로 살짝 볶아서 소고기 콘소메에 띄운 것이다.

❷ **콘소메 셀레스티**네(Consomm Celestine)

토피오카(Topioka; 식용녹말)를 약간 넣은 콘소메이다. 밀가루, 계란, 우유, 소금 및 후추로 만든 크레이프(Crepe; 얇게 부친 케이크)를 살짝 구워 좁게 잘라 콘소메에 띄운다.

❸ **콘소메 쥬리 엔네**(Consomm Julienne)

당근, 무, 양파, 파, 샐러리, 양배추 등을 썰어서 버터로 볶은 것을 콘소메에 띄운다.

❹ **콘소메 페이잔느**(Consomm Paysanne)

야채를 은행잎 모양으로 잘라 버터로 볶아 띄운 것으로 페이잔느(Paysanne)란 말은 시골 처녀의 티가 난다는 의미이다.

❺ **콘소메 쁘랭따니에르**(Consomm Printanier)

콘소메에 신선한 야채 여섯 가지 이상을 작은 주사위 모양으로 만들어 띄운 것이다.

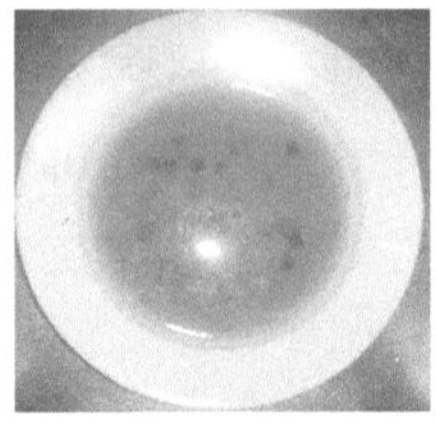

여기에 살짝 익힌 계란을 넣으면 콘소메 쁘린따니에르 콜베르떼(Consomm Printanier Colbert)가 되고, 계란과 두부를 넣으면 콘소메 쁘린따니에르 로얄(Consomm Printanier Royale)이 된다.

❻ 콘소메 알라 로얄(Consomm a la Royale)

로얄을 다이아몬드 형으로 잘라 띄운 것이다. 로얄은 계란의 노른자와 흰자를 3 : 1의 비율로 배합하여 버터를 발라 15~20분 정도 오븐으로 구운 것이다.

❼ 콘소메 버미셀리(Consomm Vermicelli)

콘소메에 이탈리아 파스타인 버미셀리(Vermicelli)를 넣은 것이다.

❽ 콘소메 라이스(Consomm Rice)

콘소메에 쌀(Rice)을 넣은 것이다.

❾ 콘소메 엥 따세(Consomm en Tasse)

콘소메를 찻잔에 담아 제공하는 것을 말한다.

(2) 진한 수프(Thick Soup; Potage Lie)

진한 수프는 스톡에 주재료를 넣어 익힌 다음 리에종(Liaison)[8]을 사용하여 탁하고 농도가 진하게 만든 수프이다. 진한 수프(Thick Soup)는 크게 3가지의 기본 수프가 있다.

❶ 크림 수프(Cream Soup; Potage Creme)

크림 수프는 뷔용(Bouil1on)에 루(Roux)[9]를 걸죽하게 타서 우유나 크림을 타서 묽게 만든 수프이다. 이것이 베샤멜 소스(Bechamel Sauce)인데 크림 수프는 이 베샤멜 소스를 기본으로 하여 만든 수프이다.

■토마토 크림 수프

■야채 크림 수프

크림 수프의 종류는 주재료에 따라서 명칭이 달라지는데, 토마토를 사용하면 토마토 크림 수프(Tomato Cream Soup), 야채를 사용하면 야채 크림 수프(Vegetable Cream Soup), 치킨을 사용하면 치킨 크림 수프(Chicken Cream Soup)가 된다.

8) 리에종(Liaison)은 두 개의 별개의 물질을 결합시켜 새로운 하나의 물질을 만드는 역할을 하는 것으로, Butter, Roux, Cream, Starch 등의 종류가 있다. 사용 목적은 맛, 색깔, 농도를 조절하는 데 있다.
9) 루(Roux)는 밀가루와 버터(반고체 상태)를 1 : 1의 비율로 배합하여 팬이나 오븐을 이용하여 볶거나 구운 것이다. 종류에는 Roux Blanc, Roux Blond, Roux Brun이 있다. 일반적으로 스톡과 결합시켜 소스를 만드는데 이용한다.

❷ **퓌레 수프**(Purée Soup ; Potage Purée)

퓌레 수프(Purée Soup)는 대표적인 것이 야채 수프인데 완두콩, 토마토, 감자, 야채 등을 잘게 분쇄한 것을 퓌레(Purée)라 하며, 이것을 익혀서 걸러내고 진하게 만드는 수프로서 뷔 용(Bouillon)과 혼합하여 조리한 수프이다.

대표적인 퓌레 수프는 야채수프(Vegetable Soup), 양파수프(Onion Soup), 미네스트로네 수프(Minestrone Soup) 등이 있다.

■야채 수프

■양파 수프

■미네스트로네 수프

❸ **벨루떼 수프**(Velout Soup; Potage Veloute)

벨루떼 수프는 스톡(Stock)에 루(Roux)를 혼합하여 넣고 계란과 야채를 함께 끓여서 만든 수프이다. 벨루떼 수프의 종류는 당근을 사용하면 당근 크림 수프(Carrot Cream Soup), 버섯을 이용한 버섯 크림 수프(Cream of Mushroom Soup), 아스파라거스로 만든 아스파라거스 크림 수프(Cream of Asparagus Soup) 등이 있다.

■당근 크림 수프

■버섯 크림 수프

2) 온도에 의한 수프의 종류

수프는 온도에 따라서 더운 수프와 찬 수프로 구별하는데 대부분은 더운 수프이나 여름 식단을 중심으로 찬 수프가 애용되고 있다. 여기서는 찬 수프(Cold Soup; Potage Froid)를 기술하겠다.

❶ **찬 콘소메 수프**(Cold Consomm Soup)

뜨거운 콘소메에 가벼운 젤라틴을 가미시켜 엉기게 한 후에 젤리 상태가 될 때까지 식힌 후 쉐리 와인과 피망, 토마토 콩까세(Tomato Concasse) 등으로 장식한 수프이다.

❷ 찬 감자 수프(Cold Potato Soup: Vichyssoise)

감자, 양파, 부추를 버터로 볶아 스톡에 넣어 크림을 첨가하여 만든 수프이다.

❸ 가스파쵸(Andalusian Gazpacho)

콘소메 수프에 토마토, 양파, 마늘, 식초, 샐러드유를 이용해 만든 수프이다.

❹ 찬 배와 워터크레스 수프(Cold Pear and Watercress Soup)

배, 치킨 브로드(Chicken Broth), 퓌레(Purée), 레몬 주스(Lemon Juice), 휘핑 크림, 워터크레스(Watercress) 잎을 이용한 수프이다.

❺ 찬 오이 수프(Cold Cucumber Soup)

양파와 마늘 등을 볶아서 오이와 함께 갈아서 요구르트, 생크림 등으로 맛을 낸 찬 수프이다.

3) 특별 수프(Special & National Soup)

3가지의 기본 수프에서 발달한 짙은 수프는 오늘날 세계적으로 수백 종에 달하며, 잘 알려 진 수프와 국가별로 유명한 수프를 살펴 보면 다음과 같다.

(1) 특별 수프

❶ 차우더 수프(Chowder Soup)

조개, 새우, 게, 생선류 등과 감자를 이용하여 만든 크림 수프의 일종이다. 차우더 수프의 종류는 조개 차우더 수프(Clam Chowder Soup), 옥수수 차우더 수프(Com Chowder Soup) 등이 있다.

■조개 차우더 수프

■옥수수 차우더 수프

❷ 비스큐 수프(Bisque Soup)

새우, 게, 가재 등 갑각류를 사용하여 만든 진하고 걸쭉하게 만든 어패류 수프이다. 비스큐 수프의 종류는 새우 비스큐 수프(Shrimp Bisque Soup), 바다가재 비스큐 수프(Inbster Bisque Soup) 등이 있다.

■새우 비스큐 수프

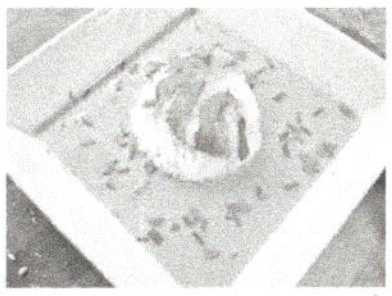

■옥수수 차우더 수프

❸ **치킨 브로드 수프**(Chicken Broth Soup)

닭과 야채 쌀을 육수에 넣고 끓인 수프이다.

❹ **목 터틀 수프**(Mock Turtle Soup)

바다거북의 살대신 송아지 머릿고기 등을 쓴 수프이다.

❺ **브로시치 수프**(Borsch Soup)

소고기와 야채로 특히 순무가 든 러시아 수프이다.

(2) 국가별 대표적인 수프

각 국가별로 생성기원이나 특정 국가에서 오랜 전통과 식생활에서 즐겨 먹는 것으로 명칭 도 특정국가에서 사용하는 그대로 표기한다.

❶ **크림 차우더 수프**(Clam Chowder Soup)

영국의 이주민들이 조개를 넣은 이 수프를 먹고 혹한을 무사히 넘김으로써 더욱 유명해진 전통 영국식 수프로 크림수프의 일종이다.

❷ **맨하탄 크림 차우더 수프**(C1am Chowder Soup)

미국을 대표한 조개수프이다.

❸ **오니온 수프**(Onion Soup)

프랑스의 대표적인 수프로 양파를 볶아 국물로 끓이고 치즈를 가미해 조리해 낸 수프이다.

❹ **스카치 브로쓰 수프**(Scotch Broth Soup)

스코틀랜드의 대표적인 수프로 램 스톡(Lamb Stock)에 양고기를 넣어 만든 수프를 말한다.

❺ **헝가리안 골라쉬 수프**(Hungalian Goulash Soup)

헝가리의 소고기, 감자, 토마토, 파프리카를 주재료로 만든 수프이다.

❻ 멀리거 토우니 수프(Mulligatawny Soup)

인도의 대표적인 수프로 카레, 치킨수프이다.

❼ 미네스트로네 수프(Minestrone Soup)

각종 야채와 베이컨 파스타를 넣어 만든 이탈리아 전통수프이다.

❽ 미소시루

양식처럼 수프의 개념은 아니지만 일본에서 우리나라의 된장국처럼 음식과 곁들여 먹는 국물이다.

❾ 된장국

한국 사람들이 즐겨 먹는 국으로 미소시루처럼 양식의 수프 개념은 아니지만 대중이 가장 많이 먹는 것으로 한국을 대표한다.

3. 수프의 서비스

찬 수프를 제외하고는 수프를 제공할 때는 항상 따뜻하게 제공하여야 한다. 수프의 서브는 두 가지 형태로 나누어지는데 수프 튀린(Soup Tureen)과 수프 레들(Soup Ladle)을 사용하여 고객의 왼쪽에서 서비스하며, 수프 볼(Soup Bowl)로 서브할 경우에는 트레이로 날라서 오른쪽에서 서비스한다.

수프 튀린(Soup Tureen)에 담아서 서브할 때는 먼저 준비된 빈 수프 볼을 고객의 우측에서 중앙에 놓은 후, 암 타월(Arm Towel)을 알맞게 접어서 왼손으로 수프 튀린 밑받침을 감싸 쥔 후 고객의 좌측에서 수프 볼에 수프 튀린을 가까이 대고 오른손으로 수프 레들(Soup Ladle)을 사용하여 테이블 또는 수프 언더라인(Soup Under- liner)에 흘리지 않도록 조심하면서 수프 볼에 8부 정도 담는다.

제3절 생선요리(Fish ; Poisson)

1. 생선요리의 의의

생선요리는 정찬요리에서 수프 다음 육류요리의 전에 오는 코스로 이 코스를 생략하거나 육류요리 대신에 주요리가 되는 경우가 많다.

생선은 육류보다 지방 성분이 적고, 섬유질이 연하고 맛이 담백하며 열량이 적다. 또한 소화가 잘 되고 단백질, 지방, 칼슘, 비타민(A, B, C) 등이 풍부하여 건강식으로 육류에 비해 선호도가 높아 가는 추세이다. 그러나 부패하기 쉬운 결점이 있어 신선도를 유지하는데 유의하여야 한다.

생선요리에서 무엇보다도 중요한 것은 우선 신선도가 높은 생선을 사용해야 좋은 요리를 만들 수 있는데 좋은 생선이 갖추어야 할 조건은 다음과 같다.

첫째, 생선모양이 좋고 표면의 색깔이 아름다우며 비늘에 광택이 있을 것

둘째, 눈알이 맑고 빛나며 살을 손가락으로 눌러서 자국이 안 나는 것

셋째, 아가미 색에 아름다운 피빛이 있고, 선명한 냄새가 나고, 썩은 냄새가 없는 것

2. 생선의 종류

일반적으로 생선을 분류하면 민물고기(Fresh Water Fish), 바다생선(Sea Fish)으로 대별할 수 있는데 다시 세분화하면 조개류(Shell Fish), 갑각류(Crutacean), 연체류(Mollusca), 식용개구리, 달팽이 등을 들 수가 있다. 이들의 저장방법에 따라 신선한 생선(Fresh Fish), 얼린 생선(Frozen Fish), 절인 생선(Cured Fish), 통조림(Canned Fish) 등으로 나누어진다.

1) 민물고기(Fresh Water Fish)

① 잉어(Carp) ② 개구리(Frog) ③ 연어(Salmon) ④ 달팽이(Snail)
⑤ 은어(Sweet Fish) ⑥ 송어(Trout) ⑦ 자라(Turtle) ⑧ 뱀장어(Eel)

2) 바다 물고기(Sea Fish)

① 멸치(Anchovy) ② 대구(Cod) ③ 민어(Cracker) ④ 바다장어(Eel)
⑤ 청어(Herring) ⑥ 고등어(Mackerel) ⑦ 농어(Seabass) ⑧ 넙치 (Sole)
⑨ 정어리(Sardine) ⑩ 참치(Tuna) ⑪ 도미(Red Snapper; Sea Bream)

3) 조개류(Shellfish)

① 전복(Abalone) ② 대합(Clam) ③ 홍합(Mussel) ④ 굴(Oyster)
⑤ 가리비(Scallop)

4) 갑각류(Crutacean)

① 게(Crab) ② 바닷가재(Lobster) ③ 왕새우(Prawn) ④ 새우(Shrimp)
⑤ 성게(Sea Urchin) ⑥ 해삼(Sea Cucumber)

5) 연체류(Mollusca)

① 오징어(Cuttlefish) ② 문어(Octopus) ③ 낙지(Octopus)

3. 생선 조리법

생선의 영양가를 높게 보전하면서 안전하고 맛있게 먹기 위하여 식품에 열을 가하여 익히는 것을 조리라고 한다. 이러한 조리는 단순히 생선을 익히는 것이 아니고 요리를 만드는 능력 즉 음식의 색, 형태, 모양, 장식, 영양을 조절할 수 있는 예술적 감각이 필요하다. 일반 조리법은 생선, 육류, 야채의 종류 및 조직에 의해서 달라지는데, 생선의 경우는 지방 함유량에 의하여 조리방법이 결정된다.

생선조리방법을 살펴보면 액체(물, 스톡), 식용유, 직접열, 간접열을 이용한 4가지 조리법이 있는데 구체적으로 보면 다음과 같다.

1) 보일링(Boiling)

지방이 많은 연어, 송어, 고등어, 새우, 뱀장어와 같은 생선을 물이나 스톡에다 식초, 소금, 향신료, 백포도주 등을 혼합하여 약한 불로 삶는 조리 방법이다.

2) 베이킹(Baking)

생선의 물기를 제거하고 생선에 버터를 바른 후에 팬에 올려놓고 140~250℃ 정도의 열로써 10~15분 가량 팬과 함께 오븐에 넣고 조리하는 방법이다.

3) 스튜잉(Stewing)

뚜껑이 달린 스튜잉 포트(Stewing Pot)를 이용하여 브레이징(Braising)할 때보다 낮은 온도로 서서히 생선을 조리하는 방법이다. 용기에 식품을 넣고 110℃~140℃의 온도로 서서히 조리한다.

4) 브레이징(Brasing)

뚜껑이 달린 용기에 야채와 향료를 깔고 그 위에 생선을 놓아 스톡이나 물을 이용하여 직접 열로 180℃~200℃에서 장시간 조리는 것이다. 생선을 스톡이나 물에 완전히 잠기지 않은 상태에 서 열을 가하여 익히는 것으로 생선 표면이 마르지 않도록 자주 국물이나 스톡을 발라준다.

5) 브로일링(Broiling)

기름이나 물을 이용하지 않고 생선을 직접열로 조리하는 방법으로 생선을 석쇠, 철판, 팬에서 약간 익힌 다음 버터를 바른 후에 위에서 직접 열이 닿을 수 있는 거리만큼 두고서 익히는 방법이다

브로일링 방법은 석쇠구이와 같은 하방가열 방법, 살라맨더(Salamander)와 같은 상방가열 방법과 토스터기와 같은 쌍방가열 방법이 있다.

6) 프라잉(Flying)

프라잉은 팬에 기름을 붓거나 용기에 식용류를 담아서 생선이 완전히 잠기도록 하여 생선을 조리하는 것으로 팬 프라잉(Pan Flying)과 디프 프라잉(Deep Flying)으로 나눈다.

(1) 디프 프라잉(Deep Flying)

기름을 이용하여 생선을 기름에 완전히 잠기게 하여 튀기는 방법으로 140℃~190℃의 온도에서 조리한다. 육류, 가금류, 야채, 생선의 식재료를 조리에 이용하는데 디프 프라잉 (Deep Flying)은 영국식, 프랑스식, 이탈리아식 등이 있다.

❶ 영국식 : 밀가루+계란+빵가루+생선

❷ 프랑스식 : 밀가루+우유+생선

❸ 이탈리아식 : 밀가루+생선

(2) 팬 프라잉(Pan Flying ; Sauting)

깊이가 얕은 팬을 사용하여 팬을 뜨겁게 한 후 기름과 버터를 넣어 생선을 급히 익혀 내는 방법으로 생선의 표면조직을 수축시켜 내부의 영양분과 고기즙이 밖으로 흘러나오지 않도록 조리하는 방법이다.

(3) 뫼니에르(Meuniere)

뫼니에르(Meunicre)의 뜻은 밀가루집 여주인이라는 뜻으로 팬 프라이의 일종으로 생선요리에 적합한 조리방법이며, 생선에 소금과 후추를 뿌리고 밀가루를 입히고 레몬즙을 쳐서 버터로 구워낸 것으로 일명 버터구이라고 한다.

(4) 브로쉐터(Brochette)

생선을 쇠꼬챙이에 꿰어서 프라잉팬에서 소테(Sautc)한 것이다.

(5) 에스콜로프(Escolopes)

이탈리아식 조리 방법으로 생선을 얇게 썰어서 밀가루, 계란, 빵가루 등을 입혀서 굽는 방법이다.

7) 스티밍(Steaming)

생선을 고압의 증기압을 이용하는 방법과 순수한 증기만을 이용하는 방법이 있다 증기압을 이용하는 방법은 높은 신선도를 유지시켜야 할 식품의 조리에 이용되며, 사용온도는 200℃~250℃이다.

스티밍(Steaming)은 흔히 사용되는 조리 방법으로써 생선, 갑각류, 육류, 야채, 후식 등의 요리에 많이 사용되며, 영양가를 보존하면서 식품 고유의 맛을 유지할 수 있는 장점이 있다.

8) 그라팅(Gratining)

그라팅은 용기의 바닥에 버터를 바른 다음 생선을 위에 놓고 맨 위에는 베샤멜 소스(Bechamel Sauce)나 치즈를 덮어 오븐이나 살라맨더의 윗열로 굽는 방식이다.

9) 스모킹(Smoking)

스모킹(Smoking)은 연어, 뱀장어, 송어 등과 같은 연하고 기름기가 많은 생선(Fat Fish)에 적합하며, 양념을 한 생선(또는 토막)에다 각종의 야채와 향미초 등을 섞어 기름에 양념하여 1, 2주 정도 훈제실(Smoking Box)에 저장한다. 이때의 온도는 보통 25℃이며 그 후 다시 1주간 정도 서서히 말려서 조리해 낸 기술요리 방법이다.

10) 로스팅(Roasting)

생선을 약 140℃~210℃의 오븐 속에 넣고 뚜껑이 있는 팬을 이용하여 직접열로서 조리하는 방법이다. 조리 중 흘러내린 기름을 표면에 계속 뿌려서 식품의 가치와 맛을 완전히 보존하는 방법으로 조리법 중에서 가장 힘들고 뛰어난 방법이다.

11) 포오칭(Poaching)

생선이나 계란을 요리할 때 쓰이는 방법으로 생선 스톡이나 화이트와인을 사용하여 비등점 (100℃) 이하로 삶아내는 조리방법이다. 특히 계란을 조리할 때는 끓는 물에 식초를 넣어서 계란이 풀어지지 않도록 한다.

12) 블란칭(Blanching)

생선조리방법 중에 블란칭(Blanching)은 끓는 물과 식용유에 순간적으로 넣었다가 건져내어 흐르는 찬물에 헹구어 조리하는 방법이다.

워터 블란칭(Blanching in Water)은 물을 이용하여 데치는 방법으로 찬물에 넣어 끓일 경우 야채나 고기 세포막이 열려서 맛을 손실할 수 있으나, 뜨거운 물에 데칠 경우에는 세포막이 열리지 않아서 맛을 보존할 수 있다.

오일 블란칭(Blanching in Oil)은 기름을 이용한 블란칭으로 팬 플라잉(Pre-Flying)의 과정과 동일하며 생선은 130℃에서 데친 후 식힌다.

4. 생선요리 서비스 방법

생선요리와 잘 어울리는 음료는 화이트 와인으로 와언을 먼저 서브한 다음 생선요리를 오른쪽에서 서브한다. 생선요리를 서브 시에 머리와 꼬리부분으로 구분할 수 있는 모양(Whole) 일 때는 고객의 정면에서 머리는 왼쪽으로 꼬리부분은 오른쪽으로 향하고 배부분이 앞쪽으로 오도록 놓는다. 생선요리를 서브할 때는 사이드 디시(Side Dish)로 싱싱한 레몬을 레몬스퀴즈(Lemon Squeezer)와 함께 제공한다. 또한 생선에는 소스가 요리와 함께 제공되기도 하나 따로 제공될 때는 인원수에 알맞은 소스 볼(Sauce Bowl)과 레들(Ladle)을 준비하여야 한다.

제4절 샤베트(Sherbet ; Sorbet)

1. 샤베트의 의의

샤베트는 1640년 불란서의 앙리 2세 때 이태리 메디치가의 공주가 프랑스로 시집갈 때 데리고 간 요리사가 왕비가 된 공주에게 천연 얼음을 이용한 리큐르를 앙뜨레 다음에 서브하여 귀족들을 놀라게 했는데, 이것이 샤베트의 시초라고 할 수 있다.

샤베트는 생선냄새의 잔맛을 없애고 다음 식사를 정확한 맛으로 즐기기 위한 얼음과자라 할 수 있다. 샤베트는 칼로리가 낮으면서 깨끗하고 상쾌한 맛을 내는데, 이유는 아이스크림처럼 우유나 계란을 사용하지 않고 과즙, 물, 설탕, 향신료, 술을 재료로 만들기 때문이다.

2. 샤베트의 종류

샤베트는 주재료로 사용하는 과즙에 따라서 종류가 다양하게 분류되기 때문에 과일의 종류만큼이나 다양하다.

❶ 레몬 샤베트(Lemon Sherbet)

❷ 오렌지 샤베트(Orange Sherbet)

❸ 키위 샤베트(Kiwi Sherbet)

❹ 인삼 샤베트(Ginseng Sherbet)

❺ 와인 샤베트(Wine Sherbet)

❻ 워터메론 샤베트(Watermelon Shcrbet)

❼ 무화과 샤베트(Fig Sherbet)

❽ 딸기 샤베트(Strawberry Sherbet)

❾ 포도 샤베트(Grape Sherbet)

❿ 체리 샤베트(Cherry Sherbet)

⓫ 삼페인 샤베트(Champagne Sherbet)

⓬ 메론 샤베트(Melon Sherbet)

■레몬 샤베트

■오렌지 샤베트

■키위 샤베트

■딸기 샤베트

3. 샤베트 서비스

샤베트는 생선코스 다음이나 후식으로 제공되는데 서비스할 때 주의할 사항은 찬 음식이므로 샤베트 글라스를 차게 하여 샤베트 아래에 언더라인을 하고 고객의 오른쪽에서 주문한 샤베트의 이름을 말씀드리고 정중하게 제공한다.

제5절 앙뜨레(Entrée ; Main Dish)

1. 앙뜨레의 의의

앙뜨레(Entrée)는 영어의 Entrance에 해당하는 말로 본격적인 식사의 주식으로 들어간다는 의미로 앙뜨레는 식사의 코스 중에서 가장 중심이 되는 육류로 제공되는 요리를 의미한다. 그러나 현대의 앙뜨레 개념은 주요리로 제공되는 모든 요리를 의미한다. 주요리(Main Dish)는 육류를 많이 사용하는데 육류에는 칼로리, 단백질, 지방, 무기질, 비타민이 풍부한 음식으로 조리하는 방법에 따라 독특한 맛을 낸다.

육류에는 소(Beef), 송아지(Veal ; Calf), 돼지고기(Pork), 양고기(Lamb)가 주로 사용되고 그외의 가금류(닭, 칠면조), 엽조류(메추라기, 핑, 들오리), 엽수류(사슴, 멧돼지, 토끼) 등이 있다.

2. 육류요리의 종류

앙뜨레로 주로 사용되는 육류를 재료별로 분류를 해보면 다음과 같다.

소고기(Beef) : 선홍색이 짙을수록 좋은 소고기이다.

비프 스테이크(Beef Steak), 비프 스트로가노프(Beef Stroganoff, 비프 타르타르(Beef Tartare), 페퍼 비프(Peppercd Been)

송아지(Veal) : 우유 빛깔(Milk White Color)이 짙을수록 좋은 송아지고기이다.

빌 메달리온(Veal Medallion), 벌 버드(Veal Birds), 빌 커틀렛(Veal Cutlet), 에민스 빌(Emince Veal)

양고기(Lamb) : 적홍색(Dark Red Color)이 짙을수록 좋은 양고기이다.

램 스튜(Lamb Stew), 스튜프드 램 숄더(Stuffed Lamb Shoulder, 램 찹(Lamb Chop), 랙 어브 램(Rack of Lamb).

돼지고기(Pork) : 연분홍색(Pinkish Color)이 짙을수록 좋은 돼지고기(Pork)이다.

폭찹(Pork Chop), 폭 로버트(Pork Robert), 로스트 폭 숄더(Roast Pork Shoulder)

1) 소고기(Beef)

호텔 레스토랑에서 가장 많이 사용되는 육류는 소고기이며, 맛과 질, 상품 등 여러 측면에서 대표적인 것은 스테이크(Steak)로 스테이크는 뼈를 발라낸 두껍게 자른 살덩어리를 저민 것을 의미하며, 비프스테이크(Beef Steak)는 소고기를 두껍게 잘라서 요리한 것이다. 식용으로 가장 좋은 소는 새끼를 낳지 않은 암소나 거세한 수소가 좋다.

스테이크(Steak)나 로스트(Roast)용으로는 2~3년 된 어린 소가 좋은데, 소고기는 밝은 선홍색을 띄고, 고기결은 단단하고 매끄러워야 한다.

비프스테이크는 소고기를 두껍게 잘라서 구운 것으로 고기의 부위와 자르는 방법 따라 명칭이 달라진다.

[그림 9-1] **소고기의 부위별 명칭**

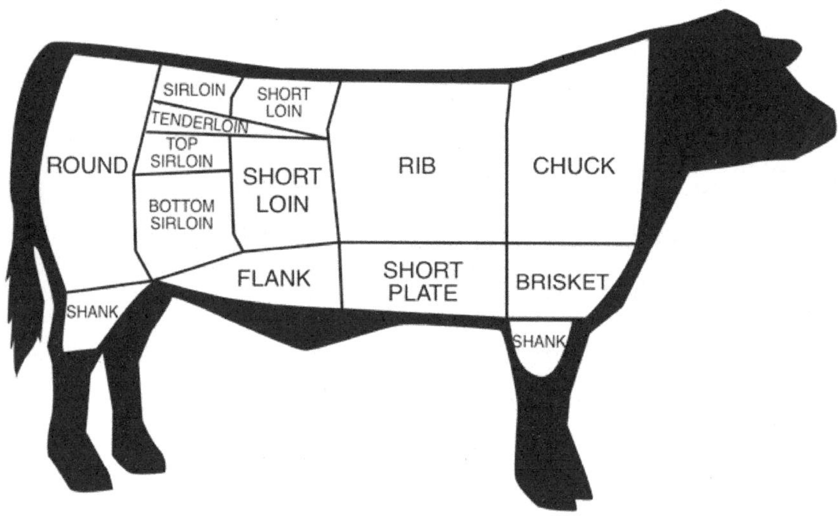

(1) 안심 스테이크(Tenderloin Steak)

스테이크 안심은 소고기 중에서 가장 연한 부분으로 그 부위는 다음과 같이 분류된다.

❶ 샤또브리앙 스테이크(Chatcaubriand Steak)

샤또브리앙은 소의 등뼈 양쪽에 붙어있는 가장 연한 안심의 머리부분으로 19세기 프랑스 귀족인 샤또브리앙 남작이 즐겨 먹었다고 하여 붙여진 이름으로 소의 안심 부위

중 가운데 부분(Center)을 두껍게 4~5cm로 잘라서 굽는 스테이크로 최고급 스테이크이다.

❷ 뚜어느도 스테이크(Tournedos Steak)

안심부위의 중간 뒤쪽 부분의 스테이크로 베이컨을 감아서 구워내는 요리이며 1855년 파리에서 처음 시작된 것으로 뚜어느도는 눈 깜박할 사이에 요리가 된다는 의미이다.

❸ 필렛 미뇽 스테이크(Fillet Mignon Steak)

안심부위의 뒷부분으로 만든 소형의 아주 예쁜 스테이크라는 의미를 포함하고 있는 스테이크이다. 보통 스테이크의 꼬리에 해당하는 세모형태 부분을 베이컨으로 감아서 구워 낸다.

[그림 9-2] 안심 부위의 명칭

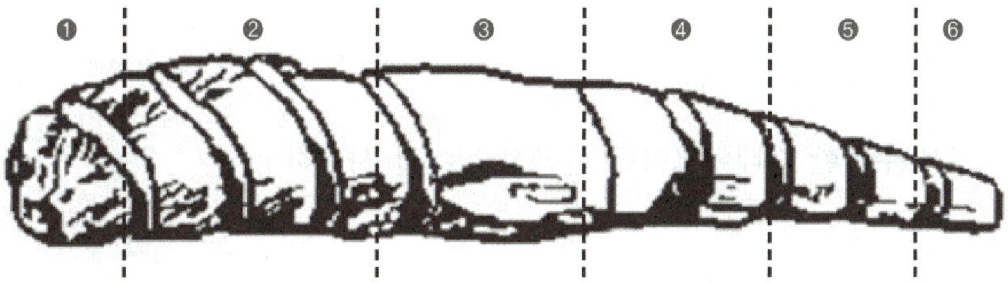

❶ Head ❷ Chateaubriand ❸ Filet Steak ❹ Tournedos
❺ Filet Mignon ❻ Filet tip

(2) 등심 스테이크(Sirloin Steak)

등심 스테이크는 안심보다는 조금 더 질긴 스테이크로 영국의 왕이었던 찰스(Charles) 2세가 등심 스테이크를 즐겨 먹던 것으로 스테이크에 남작의 작위를 수여할 만큼 훌륭하다고 하여 로인(Loin)에 써(Sir)를 붙여서 써로인(Sirloin)이라고 하였다.

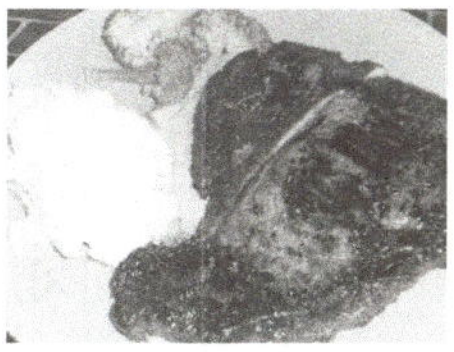

(3) 포터 하우스 스테이크(Porter House Steak)

허리부분 위쪽의 이 스테이크는 안심과 뼈를 함께 자른 크기가 큰 스테이크이다.

(4) 티본 스테이크(T-Bone Steak)

포터하우스 스테이크(Port House Steak)를 잘라낸 다음 그 앞부분을 자른 것으로 포터하우스 스테이크보다 안심부분이 작고 뼈를 T자 모양으로 자른 것이다 이 스테이크는 안심과 등심이 같이 붙어 있어서 안심과 등심을 동시에 맛볼 수 있다.

(5) 립 스테이크(Rib Steak)

등쪽에 있는 갈비 등심 스테이크로 지방분이 많은 스테이크로 립 아이 스테이크(Rib Eye Steak), 로스트 비프(Roast Been, 프라임 립(Prime Rib) 등이 있다.

(6) 라운드 스테이크(Round Steak)

소허벅지에서 추출한 스테이크이나 상품으로서 가치가 거의 없는 스테이크이다.

(7) 럼프 스테이크(Rump Steak)

소 궁둥이에서 추출한 스테이크이나 일반적으로 잘 사용하지 않는다.

(8) 플랭크 스테이크(Flank Steak)

소의 배 부분에서 추출한 스테이크로 상품으로 잘 사용하지 않는다.

2) 송아지 고기(Veal; Veau)

송아지는 생후 12주(3개월) 미만으로 어미소 젖으로만 기른 것으로 적은 지방층과 많은 수분을 지니고 있어 연하고 부드럽다. 어미소의 젖으로 사육된 송아지는 조직이 매우 부드러우며 밝은 회색의 핑크빛을 띤다.

(1) 스칼로삐네(Scaloppine)

송아지 고기를 가지고 요리하는 대표적 전통 이탈리안 요

리로 송아지 다리부분에서 잘라낸 얇고 작은 고기를 소금, 후추로 양념한 다음 밀가루를 입혀 와인으로 맛을 내고 소테하여 소스와 함께 제공된다.

(2) 빌 커틀렛(Veal Cutlet)

송아지 고기를 얇게 저민 후 소금, 후추를 뿌리고 밀가루를 칠한 후 계란, 빵가루를 입힌 후에 버터에 소테하여 소스와 함께 서브한다.

(3) 스위트 브레드(Sweet Bread)

송아지의 목젖살로 만든 요리인데 스위트 브레드(Sweet Bread)는 어린 송아지에게만 있는 것으로 송아지가 성장하면서 없어진다.

3) 돼지고기(Pork)

돼지고기는 소고기 다음으로 호텔 레스토랑에서 많이 소비되는 것으로 햄, 베이컨, 소시지 등의 가공식품뿐만 아니라 특히 중국 레스토랑, 뷔페 레스토랑에서 많이 제공된다.

[그림 9-3] 돼지고기의 부위별 명칭

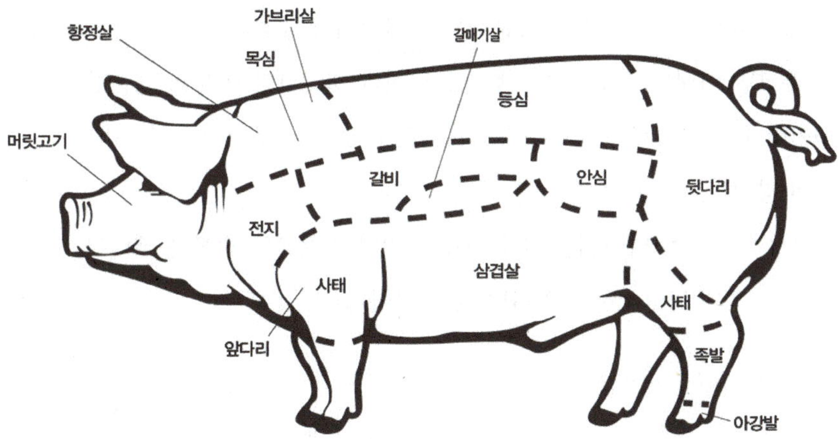

(1) 폭찹(Pork Chop)

돼지갈비 부분을 뼈가 붙어 있는 상태로 1~1.5cm의 두께로 자른 후 소금, 후추를 뿌린 다음 밀가루를 묻혀서 처리한 요리로 베베큐 소스와 함께 제공한다.

(2) 폭 커틀렛(Pork Cutlet)

돼지고기를 얇게 저민 후 소금, 후추를 뿌린 다음 밀가루, 계란, 빵가루를 입혀 튀겨낸 요리이다.

(3) 햄 스테이크(Ham Steak)

햄을 적당한 두께로 자른 후 뜨거운 팬에 버터를 녹이고 양쪽을 살짝 익힌 후 화이트와인을 뿌린다.

4) 양고기(Lamb ; Agneau)

양은 섬유조직이 가늘고 약하기 때문에 소화가 잘되고, 특유한 향이 있어서 레몬 주스나 식초, 박하(Mint), 로즈마리 (Rosemary) 등을 많이 사용한다. 양고기는 한국인에게는 그다지 친숙하지 못하지만 신앙문제로 유태인이나 중동인이 많이 찾는 요리이다.

양은 생후 1년 이내의 어린 양을 램(Lamb)이라 하고 1년 이상의 성숙한 양을 무통(Mutton)이라 하는데, 가장 좋은 양고기는 생후 8~15주된 어린 양이며, 그 다음은 3~5개월 된 양이다.

일반적으로 사용하는 양고기는 생후 1~2년 미만의 것으로 검붉은 색이다. 1~5년 생의 양에서 얻은 고기(Mutton)는 3~4년 생의 것이 좋다.

(1) 랙 어브 램(Rack of Lamb)

허리부분 중에서 뼈가 달린 부분을 잘라서 양념을 뿌려서 소테한 다음 다시 양념하여 살라맨더로 요리한 것이다.

(2) 램 찹(Lamb Chop)

1년 이하의 양고기의 갈비를 뼈가 붙어 있는 채로 잘라

서 레드 와인, 양파, 셀러리, 올리브오일로 절인 후 고기를 소테하여 화이트 와인으로 조리한다.

(3) 램 커리(Lamb Curry)

양고기를 잘게 잘라서 카레에 넣고 조리한 요리이다.

(4) 케밥(Shish Kebab)

양고기를 작게 잘라 양념에 절인 다음 긴 꼬챙이에 야채와 함께 끼워서 요리하여 밥과 함께 제공한다.

(5) 새들 어브 램(Saddle of Lamb)

어린 양을 통째로 구이한 요리를 일컫는 말이다.

5) 가금류(Poultry ; Volaille)

가금류는 닭, 오리, 칠면조, 바둘기, 거위 등 집에서 사육하는 날짐승을 말한다. 가금류도 영양이 풍부하고 지방이 많을 뿐만 아니라 철분과 인도 풍부하여 육류처럼 앙뜨레(Entrée)로 제공될 수 있다.

요즈음에는 로스트 코스는 없어지고 앙뜨레 코스에 속해 있는데 오리, 거위, 칠면조 등은 통째로 조리해서 제공되기도 한다. 요리방법에는 브로일링(Broiling), 로스팅(Roasting), 프라잉(Flying)이 있는데 단백질 등이 유실되지 않도록 적당한 온도에서 조리하는 것이 바람직하다. 로스트 요리는 조리 시 생기는 육즙 즉, 내추럴 소스(Natural Sauce)를 그대로 사용하고 로스트 중 특히 칠면조 고기는 크리스마스나 추수감사절 같은 명절에 축하 음식으로 즐겨 먹는다.

가금류의 종류는 크게 흰색 살고기(Wite Meat)를 가진 가금과 검은색 살고기(Black Meat)로 분류할 수 있다. 일반적으로 흰색 살고기(White Meat)에는 닭, 칠면조 따위가 있고, 검은색 살고기(Black Meat)는 오리, 비둘기, 거위, 뿔닭 등이 있다.

3. 스테이크 굽는 정도(Steak Temperature)

고객의 기호별로 스테이크는 굽는 주문에 차이가 있는데, 이것은 스테이크를 굽는 정도에 따라서 맛과 영양이 달라짐으로 세심한 조리능력을 갖추어야 한다. 스테이크를 익히는 것은 불의 온도에 따라서 시간이 다소 틀리지만 대체적으로 다음과 같다.

1) 레어(Rare, Blue ; 브르)

연하게 영양분을 파괴하지 않고 먹을 수 있는 방법의 스테이크로 스테이크 내부의 온도를 50℃~52℃에서 2~3분 정도 익히면 속에는 붉은 피가 서려있을 정도로 겉부분만 살짝 굽는다.

2) 미디엄 레어(Medium Rare, Saignant ; 세냥)

미디엄 레어는 레어(Rare)보다는 좀 더 익히고 미디엄(Medium)보다는 덜 익혀 자르면 피가 보이도록 굽는다. 조리시간은 3~4분 정도 고기 내부의 온도는 55℃ 정도로 절반 정도 보다 덜 익히는 방법이다.

3) 미디엄(Medilln, A Point ; 아 뽀앙)

스테이크 내부의 온도는 60℃ 정도, 조리시간은 5~6분 정도로 약 60% 정도 익히는 것으로 자르면 안쪽은 붉은 색이 되어야 한다.

4) 미디엄 웰던(Medium Well-done, Cuit ; 퀴트)

스테이크 내부의 온도를 65℃로 하여 8~9분 정도 조리하면 약 80%가 익는데 자르면 가운데 부분만 조금 붉은 색이 있어야 한다.

5) 웰던(Well-done, Bien cuit ; 비양퀴트)

스테이크 내부의 온도는 70℃ 정도에서 조리시간 10~12분 정도 익히면 속까지 완전히 익힌다.

4. 앙뜨레(Entrée) 서비스

1) 앙뜨레 서비스의 주의사항

앙뜨레(Entrée) 서비스의 가장 기본은 뜨거운 요리는 뜨거운 접시에 치가운 요리는 차가운 접시에 담아서 고객의 우측에서 서비스한다. 뜨거운 요리를 서브할 때는 고객에게 대단히 뜨겁다는 말씀을 드려 주의를 환기시켜 드린다.

고객이 앙뜨레를 한점 드셨을 때 식사에 대한 고객의 만족도를 반드시 확인하고 식사가 끝나기 전에 이쑤시개(Toothpicks) 포장지의 마크가 한쪽으로 일치되도록 홀더(Holder)에 가지런히 담아 테이블에 놓는다.

앙뜨레 서비스의 세부적인 주의사항은 다음과 같다.

❶ 식사를 서브할 때 발의 자세는 양발의 간격을 25~30cm 정도 벌리고 오른쪽 발을 반보 정도 앞으로 디디고 무릎을 구부려 높낮이를 조절하여 서브한다.

❷ 요리를 서브하기 전에 고객의 주문 내용에 따라 요리에 맞는 기물로 테이블 세팅을 고친다.

❸ 접시를 쥘 때는 절대로 엄지손가락이 접시의 테(Plate Rim) 안쪽으로 들어가지 않도록 쥔다.

❹ 요리를 서브할 때와 치워 드릴 때는 트레이 또는 접시가 절대로 고객의 머리 위를 지나가서는 안 되고 특별한 경우에 머리 위로 서브할 때는 사전에 반드시 양해를 구한다.

❺ 요리를 서브할 때는 고객이 주문한 요리를 확인시키고 서비스 시 주의를 환기시키기 위해서 반드시 "실례하겠습니다. 주문하신 ○○ 또는 ○○요리 올려 드리겠습니다. 맛있게 드십시오"라고 정중히 말씀 드린다. 다음에 나올 음식이 남아있는 경우 다음 코스의 음식을 말씀드리면 더욱 좋다.

❻ 요리를 서브할 때는 고객의 우측에서 오른손으로 제공하며 빵, 샐러드, 요리에 따른 소스, 샐러드 드레싱을 제공할 때와 플레이터 서비스(Platter Service)시는 고객의 좌측에 서 보여(Showing) 준 뒤에 서비스하는 것이 원칙이다.

❼ 무늬나 마크가 들어 있는 접시 또는 그릇을 무늬나 마크가 고객의 정면으로 오도록 하고, 접시를 놓을 때는 테이블 끝에서 약 1인치 정도 안쪽으로 살며시 놓는다.

⑧ 종사원이 고객의 테이블 앞에서 직접 조리해야 하는 요리일 때는 고객의 취향을 물어 본 후 고객의 기호에 맞게 조리한다.

⑨ 기물을 다룰 때는 절대 소음이 나지 않도록 취급해야 한다.

2) 사이드 디시(Side Dish)

앙뜨레를 제공할 때는 요리에 곁들여 장식, 맛, 영양, 조화를 위하여 야채를 비롯하여 메인 디시와 같이 서브해야 하는 사이드 디시(Melba Toast, Cracker, Garlic Bread, Anchovy, Fresh Lemon, 고객의 특별주문 등)는 브레드 플레이트(B.B Plate) 위측에 놓아주고 적당한 시기에 치운다.

또한 주요리와 함께 제공되어야 할 서비스 품목 예를 들면 핑거볼, 주요리와 따로 제공되 는 더운 야채 등과 같은 서비스 품목을 잊지 말고 함께 제공한다.

더운 야채(Hot Vegetable)는 주요리가 생선이나 고기일 때 이는 식품의 성질이 산성이므로 알카리성인 야채를 곁들여서 영양의 균형을 조절할 수 있다. 이러한 더운 야채는 칼로리와 단백질 함량은 적지만 수분, 비타민, 무기질을 많이 함유하고 있어 식이요법으로 많이 사용하고 있다.

(1) 더운 야채 종류

채소는 잎을 사용하는 엽채류, 열매를 사용하는 과채류, 종자나 씨앗을 사용하는 종실류, 뿌리를 이용하는 근채류로 사용하는 부분에 따라서 분류할 수 있다.

❶ 잎을 이용하는 야채

양배추(Cabbage), 양상치(Lettuce), 시금치(Spinach), 치커리(Green Chicory), 엔다이브(Endive) 등

❷ 줄기를 이용하는 야채

아스파라거스(Asparagus), 죽순(Bamboo Shoon, 셀러리 (Celery) 등

❸ 열매를 이용하는 야채

호박(Squash), 토마토(Tomato), 옥수수(Baby Corn, Corn), 그린 빈스(Green Beans), 오이(Cucumber), 가지 (Eggplant) 등

❹ 뿌리를 이용하는 채소

감자(Potato), 당근(Carrot), 래디쉬(Radish), 양파(Onion) 등

❺ 꽃을 사용하는 채소

컬리 플라워(Cauliflower), 브로커리(Broccoli), 엉겅퀴(Artichoke) 등

(2) 감자 종류

감자는 주성분이 알카리성인 식품으로 산성인 고기와 함께 먹으면 좋다. 특히 감자는 철분, 칼륨, 마그네슘과 같은 중요한 무기질 성분과 비타민 B, C 복합체를 골고루 가진 영양식 품이다. 특히 감자는 필수 아미노산을 골고루 갖추고 있어서 완전식품이라고 하는데, 우유나 치즈를 곁들이면 영양효율이 더욱 높다. 감자요리는 맛이 담백하고 생선이나 육류에 거의 빠짐없이 제공되며, 그 요리방법은 무수히 많으나 대표적인 조리방법을 살펴보면 다음과 같다.

❶ 프렌치 프라이드 포테이토(French Fried Potato)

프렌치 프라이드 포테이토는 감자요리 중에 대중이 가장 즐겨먹는 요리로 감자를 1~2cm 정도의 두께와 감자 길이만큼 일정하게 썰어 기름에 튀겨 소금을 친 요리이다.

❷ 포테이토 그라탕(Patato Gratin)

감자를 1~2mm 정도의 두께로 반달 모양으로 잘라 용기의 바닥에 버터를 바르고 크림, 우유를 붓고 소금 등으로 양념한 후 위에 치즈를 넣어 살라맨더나 오븐에서 요리한 것이다.

❸ 베이크드 포테이토(Baked Potato)

감자를 쿠킹 호일에 감싸고 구운 요리인데 윗 부분을 열십자(十)로 크게 홈을 내어 제공할 때에는 샤워크림이나 파 등과 같이 제공한다.

❹ 보일드 포테이토(Boiled Potato)

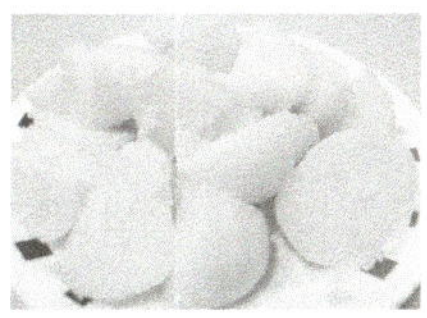

감자를 타원형으로 보기 좋게 짝은 다음 반으로 잘라 소금을 탄 물에 삶은 감자 요리이다.

❺ **하쉬드 브라운 포테이토**(Hashed Brown Potato)

주로 조식으로 많이 제공되는 요리로 감자를 삶아 으깬 다음 일정량과 모양으로 빚어서 팬 구운 감자 요리이다.

❻ **베니 감자**(Berny Potato)

크로켓감자(Croquette) 반죽을 지름 3cm 정도로 둥글게 만들어 계란과 아몬드를 입혀 기름에 튀긴 감자를 말한다.

❼ **성곽 모양 감자 튀김**(Potato Chateau Style)

감자를 5cm의 길이로 양끝을 자른 다음 6등분하여 기름에 튀긴 감자요리이다.

❽ **동전모양 감자**(Anna Potato)

감자를 병마개 모양으로 썰어 소금, 후추, 버터로 섞은 다음 오븐에서 요리한 감자이다.

제6절 샐러드(Salad ; Salade)

1. 샐러드의 정의

샐러드(Salad)는 라틴어의 허바 살라테(Herba Salate; 소금을 뿌린 향초)에서 그 어원을 찾을 수 있으며, 싱싱한 야채를 주재료로 하여 소금을 가미하여 먹던 것에서 유래한다. 샐러드는 프랑스식 서비스에서는 앙뜨레 코스(Entrée Course) 다음에 제공되고, 미국식 서비스 형식을 추종하는 레스토랑은 앙뜨레 전에 제공되기도 하는데, 영양측면을 고려한다면 앙뜨레와함께 제공되어 지방분이 많은 주요리의 소화를 돕고 샐러드에는 비타민 A와 C가 풍부하기 때문에 건강의 균형을 유지해 준다.

2. 샐러드의 분류

샐러드(Salad)의 재료는 계절에 따라서 다양한데, 약초(Herb), 식물의 뿌리, 야채와 과실, 생선, 육류, 조류 등을 이용하여 다양하게 만든다. 특히 맛과 영양을 배가시키기 위하여 여러 가지 특성의 드레싱(Dressing)과 함께 제공되기도 한다.

샐러드가 정찬에서는 에피타이저의 하나에 불과하지만 요즘엔 주요리 역할도 하고 있다. 샐러드의 비중은 메뉴의 성격에 따라서 조금씩 차이는 있지만 간단하게 먹을 수 있는 에피타이저에서 한끼의 식사가 될 수 있는 영양이 풍부한 것과 술을 마시면서 안주로 먹는 샐러드까지 그 종류가 다양하다. 샐러드는 제철 채소와 풍부한 상상력을 발휘할 수 있는 드레싱과 조화를 이루어 최근에는 허브, 향신료, 닭고기, 해산물, 라이스, 파스타 등과도 잘 어울리는 등 아주 다양한 재료와 방법이 변화있게 개발되고 있다.

샐러드를 크게 분류하면 순수 샐러드(Simple Salad)와 혼성 샐러드(Combined Salad)로 나누어진다. 순수 샐러드(Simple Salad)는 다시 푸른 잎(Green Leaf), 야채 샐러드(Vegetable Salad)로 나누어지며, 혼성 샐러드(Combined Salad)는 과일 샐러드(Fruits Salad), 생선(Fish Salad), 육류(Meat Salad), 가금류 샐러드(Poultry Salad) 등으로 세분화시킬 수 있다. 샐러드는 반드시 차게 제공하고 항상 신선한 상태를 유지하여야 한다.

1) 순수 샐러드(Simple Salad)

❶ 푸른잎 샐러드(Grecn Salad) : 순수한 그린 샐러드로 만든 야채.

❷ 리프 샐러드(LeafSalad) : 야채의 먹을 수 있는 잎으로 구성된 샐러드.

❸ 야채 샐러드(Vegetable Sa1ad) : 여러 가지 야채를 혼합하여 만든 샐러드.

2) 혼성 샐러드(Combined Salad)

❶ 과일 샐러드(Fruits Salad) : 과일이나 과일과 야채가 함께 제공되는 샐러드.

❷ 생선 샐러드(Fish Salad) : 생선과 야채가 함께 제공되는 야채.

❸ 미트 샐러드(Meat Salad) : 육류와 함께 야채가 제공되는 샐러드.

❹ 가금류 샐러드(Poultry Salad) : 가금류 요리와 함께 야채가 제공되는 샐러드.

3. 야채의 종류 및 자르는 방법

1) 야채의 종류

(1) 시금치(Spinach)

완전식품의 하나로 다량의 철분을 함유하고 있으므로 샐러드용으로 많이 사용되는 야채이다.

(2) 양상추(Lettuce)

양상추는 세계 어느 곳에서나 샐러드에 가장 많이 사용되는 필수적인 재료로 시원하고 특유의 촉감이 있는데, 이런 특징을 살리기 위해서는 3~10℃ 온도에서 보관하고 메뉴에 나가기 전에 잠깐 담구었다가 꺼내면 더욱 싱싱하고 바삭거리는 맛을 살릴 수 있다.

(3) 치커리(Chicory)

쌉쌉한 맛이 인상적인 치커리는 독일의 한 소녀가 날마다 길가에 앉아서 돌아오지 않는 연인을 기다리며 울다가 그만 그 자리에 꽃이 되고 말았는데, 파란 꽃이 바로 이 소녀의 파란눈의 눈물 빛이라는 것이다. 그래서 치커리는 맛이 쓰다는 전설을 갖고 있다.

(4) 셀러리(Celery)

소스나, 수프, 샐러드, 스톡, 애피타이저, 레리쉬 등에 이용되고 셀러리의 씨는 향을 내는데 이용되는 등 서양 조리에는 없어서는 안 되는 재료이다.

(5) 청경채(Chinese Cabbage)

중국에서 가장 오래된 겨자과에 속하는 채소로 위를 튼튼하게 하고 녹즙으로 마시면 변비와 종기에 효과가 있고 또한 탈모증에도 좋다. 기름에 볶아 먹으면 향기도 좋지만 생으로 샐러드에 한 잎씩 떼어서 곁들이면 좋은 샐러드 채소가 된다.

(6) 그린 비타민(Green Vitamin)

마치 영양소와 같은 느낌을 주는 이름의 이 채소는 잎의 색이 진해서 샐러드나 에피타이저 등에 장식용으로 쓰기 좋다. 시금치 대신 김밥에 넣으면 또 다른 맛의 세계를 느낄 수 있다.

(7) 적채(Red Cabbage)

비타민 C가 많은 적채는 빨간 자색의 아름다움을 이용해 샐러드 및 피클용으로 각광받는다. 샐러드에 가늘게 썰어 넣어 오일과 식초 드레싱을 이용하면 산뜻한 맛을 느낄 수 있다.

(8) 레드 치커리(Red Chicory)

약간 쓴맛이 나는 레드 치커리는 간장 질환이나 당뇨병 치료에 좋고 변비, 당즙 분비의 증강에도 좋다. 생채, 쌈으로 먹는다.

(9) 애플민트(Applemint)

사과와 민트를 섞은 듯한 순한 향기가 나며 잎이 달갈형으로 둥글고 흰털이 나 있다. 고기, 생선 요리의 향료로 쓰인다.

(10) 파프리카(Paprika)

약간 쓴맛을 내는 잎 치커리는 샐러드나 쌈으로 먹고 뿌리 치커리는 말려서 차로 이용한다.

(11) 브로컬리(Broccoli)

브로컬리의 중심 줄기는 딱딱함으로 버리고 잎줄기를 먹는데, 잎보다 칼슘이 많이 함유되어 있고 다른 푸른 채소보다 비타민C도 풍부하다.

(12) 딜(Dill)

잎과 줄기는 잘게 썰어서 생선 요리와 채소 요리에 쓰며 꽃은 피클과 함께 식초에 담가 드레싱으로 이용하기도 한다.

(13) 레디시 레드(Radish Red)

겉은 빨갛지만 속은 하얗기 때문에 칼로 여러 가지 모양을 낼 수 있다. 비타민C, 칼슘, 철분이 들어 있다.

(14) 케일(Kale)

반찬용 잎 채소보다 주스용 영양 채소로 알려져 있다. 비타민 A, B, C가 많고 카로틴의 양도 풍부하다.

(15) 이탈리안 파슬리(Italian Parsley)

우리가 흔히 보는 파슬리보다 잎이 넓고 크다. 샐러드나 요리의 장식용으로 쓰인다.

(16) 마조람(Marjoram)

건조해도 향기가 없어지지 않고 오래 보존되는 특징이 있다.

(17) 앤다이브(Endive)

잎이 톱날처럼 결각이 심한 것과 상추처럼 둥근 것이 있다. 한 잎씩 떼어 그 위에 샐러드나 고기를 얹어 먹는다.

(18) 로즈마리(Rosemary)

주로 고기 요리에 많이 쓰이며 이탈리아 요리에 없어서는 안 될 정도로 향기가 좋다.

(19) 다임(Thyme)

다임향은 채소, 육류, 어패류, 달걀 등 어느 것이나 잘 어울리므로 요리의 부향제로 이용하 며 방부살균력이 있어 햄, 소시지, 수프를 만들 때도 쓰인다.

(20) 차이브(Chives)

에센셜 오일에 유황이 함유되어 있어 독특한 향미를 내는데 식욕을 증진시키고 강장작용도 한다.

(21) 비트잎(Beet leaves)

비트의 잎 부분, 섬유소가 많고 당분 함량은 9.1%이다. 혈압을 정상화시키고 빈혈에도 좋다.

(22) 알팔파(Alfalfa)

실처럼 가는 알팔파의 주성분은 비타민C, 샐러드나 요리의 장식에 쓰이며 녹즙을 낼 때 섞으면 당뇨와 탈모방지에 좋다.

2) 야채의 이름

영어	한글	영어	한글
Artichoke	뚱딴지(엉겅퀴)	Leek	부추
Asparagus	아스파라거스	Lettuce	양상추
Bamboo Shoots	죽순	Mushroom	송이 버섯
Beet Roots	사탕무 뿌리	Onion	양파
Broccoli	모란채	Parsley	파슬리
Brussels Sprouts	작은 양배추	Red Pimento	붉은 둥근 고추
Cabbage	양배추	Green Pimento	푸른 둥근 고추
Carrts	당근	Potatoes	감자
Cauliflower	꽃양배추	Pumpkin	호박
Celery	셀러리	Radish	무
Cherry Tomato	체리 토마토	Red Pepper	붉은 고추
Chicory	치커리	Sesame leaf	깻잎
Chives	실파	Spinach	시금치
Corn	옥수수	Squash	애호박
Cucumber	오이	String Bean	강낭콩
Eggplant	가지	Sweet Potato	고구마
Garlic	마늘	Tomato	토마토
Ginger	생강	Truffle	송로
Green Peas	완두콩	Turnip	순무
Horseradish	양겨자	Watercress	미나리

3) 야채 자르는 방법

야채의 종류뿐만 아니라 그 형태나 색깔도 매우 다양하다. 이러한 야채를 보기 좋은 샐러 드로 만들려면 모양새가 좋게 야채를 다루어야 하는데 그것은 야채의 특성에 따라서 알맞게 자르는 방법을 숙지할 필요성이 있다.

일반적으로 조리 용어로 야채 자르는 방법은 다음과 같다.

■ Allumene(알뤼메뜨) : 야채를 성냥개비 모양으로 자르는 방법

■ Battonne(바동네) : 성냥개비 모양으로 성냥개비 보다 굵은 모양으로 자르는 방법

■ Brunoise(브뤼누아) : 네모 반듯하게 3mm 정도의 주사위 모양으로 야채를 자르는 것

■ Chateau(샤또) : 홍당무, 호박, 무 등을 썰 때 6cm 정도의 작고 둥글게 타원형 모양으로 자르는 것

■ Cheveux(쉬브) : 야채를 마치 머리카락형으로 자르는 것

■ Chiffonade(쉬포나드) : 가는 실처럼 가늘게 써는 것

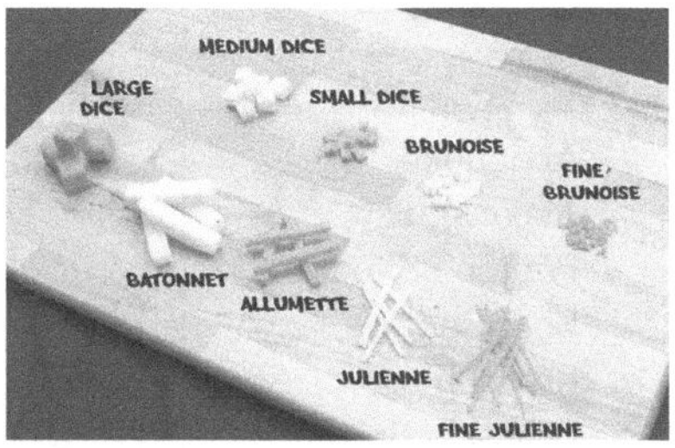

■ Conerette(꼴레르뜨) : 둥근 문고리 모양으로 자르는 것

■ Concasse(꽁까세) : 가로 세로 15cm씩 정사각형으로 얇게 써는 것

■ Comet(꼬흐네) : 나팔형으로 둥글게 말린 모양으로 자르는 법

■ Cube(뀌브) : 가로 세로 1.5cm의 주사위형

■ Domino(도미노) : 얇은 직사각형 모양으로 약 1~2cm 두께로 자르는 것

■ Emincer(에맹세) : 0.2~0.3cm 정도로 얇게 저미는 것

■ Hacher(아세) : 잘게 다지는 것(Chop)

■ Julienne(주리엔) : 5cm 길이로 가늘고 길게 자르는 방법

■ Maccdome(마세두안) : 과일 등을 1~1.5cm 크기의 주사위형으로 자르는 것

■ Noisette(누아제뜨) : 지름 3cm 정도의 둥근 형으로 자르는 것

■ Olivette(오리베뜨) : 올리브형으로 자르는 것

■ Parisienne(빠리지엔) : 둥근 구슬형 으로 자르는 것

■ Paysannc(빼이잔느) : Domino보다는 작은 장방형 모양으로 가로 세로 1cm의 크기로 얇게 자르거나 혹은 삼각형으로 자른다.

■ Printanier(쁘랭따니에) : 가로 세로 3.5mm의 주사위형이나 가로 세로 1cm의 다이아몬드형으로 자르는 것.

- Pont-neuf(뽕느프) : 가로 세로 6mm, 길이 6cm로 길쭉하게 자른다. 프렌치 프라이드(French Fried Potatoes)를 자르는 방법이다.
- Rondelle(롱델) : 둥글게 자르는 방법
- Ruhan(뤼방) : 리본 모양으로 자르는 것
- Russc(뤼스) : 가로 세로 5mm, 길이 3cm로 자르는 것
- Salpicon(살피콘) : 작은 정사각형으로 자르는 것
- Tourner(뚜르네) : 돌리면서 모양을 내는 것
- Trancha(트랑쉬) : 고기 등을 넓은 조각으로 자르는 것

4. 드레싱(Dressing)

1) 드레싱의 의의

샐러드는 드레싱 맛으로 먹는다고 해도 과언이 아닐 정도로 다양한 종류의 드레싱이 등장하고 있는데, 드레싱의 어원은 옷치장, 마무리의 뜻을 포함하고 있다. 그것은 샐러드 위에 드레싱을 뿌리면 샐러드에 흘러내리는 모양이 여성이 옷을 입었을 때와 유사한 데서 드레싱(Dressing)이란 말을 사용했다. 드레싱은 일반적으로 샐러드에 혼합하거나 곁들여 제공되는데, 샐러드의 맛을 조절하고 풍미와 맛을 더하고 가치를 돋보이게 하며, 소화를 돕는 소화촉진제의 역할을 한다. 그렇기 때문에 좋은 샐러드에는 좋은 재료를 사용하여 만들어진 최상의 드레싱을 곁들여야 샐러드 맛을 한층 즐길 수 있다.

2) 드레싱의 종류

드레싱은 만드는 주요 재료에 따라서 다양하게 파생되는데 좋은 드레싱이 되기 위해서는 최고급의 오일과 비네가(Oil & Vinaigrette)를 사용해야 한다. 드레싱은 기본적으로 소금, 후추, 오일, 베네가로 만드는데 부재료가 가미되어 여러 종류로 파생된다.

(1) 프렌치 드레싱(French Dressing; Vinaigrette)

식초(Mine Vinegar), 올리브 오일, 겨자(Mustard), 보일드 에그(Boiled Eggs), 레몬주스, 소금, 후추, 향료를 섞어서 만든다.

식초의 종류에 따라 여러 가지 파생소스가 많으며, 풍미를 위해서 더 많은 부재료를 가감할 수 있다.

(2) 아메리칸 프렌치 드레싱(American French Dressing; Emulsified)

파프리카, 식초, 오일, 소금, 후추, 설탕, 샐러드유, 마늘, 겨자, 레몬주스, 계란 노른자, 우스타셔어 소스(Worcestershire Sauce) 등을 재료로 한 드레싱이다.

(3) 이탈리안 드레싱(Italian Dressing; Sauce Italiene)

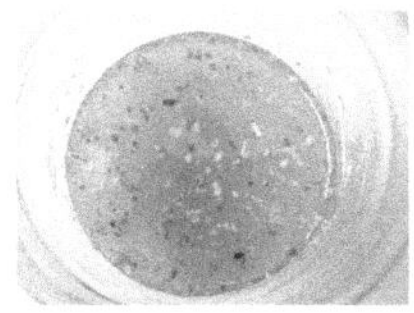

레드와인, 소금, 후추, 식초, 파프라카, 올리브유, 마늘, 레몬주스, 오레가노(Oregano), 바질(BasH), 딜(Dill) 등을 재료로 한다.

(4) 러시안 드레싱(Russian Dressing; Mayonnaise Russe)

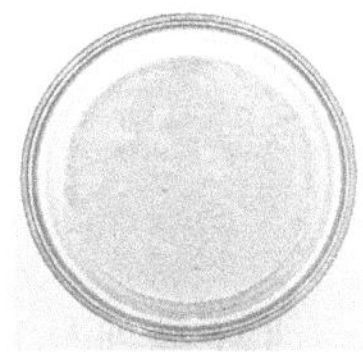

사우전 아일랜드 드래싱(Thousand Island Dressing)과 비슷하며, 마요네즈에 토마토 케첩을 넣고, 캐비어(Caviar) 또는 연어 알(Salmon Roe), 삶은 계란, 양파, 피망, 올리브유, 피클, 레몬주스, 소금, 후추를 혼합한 드레싱이다.

(5) 사우전 아일랜드 드레싱(Thousand Island Dressing)

마요네즈, 토마토케첩, 올리브유, 토마토 패스트(Tomato Paste), 양파, 피클, 셀러리, 레몬주스, 화이트와인, 파프리카, 파슬리, 소금, 후추 등을 혼합한 드레싱으로 양파와 피클 등이 많은 섬같이 보인다하여 천 개의 섬을 가지 소스라고 부른다고 한다.

(6) 블루 치즈 드레싱(Blue Cheese Dressing)

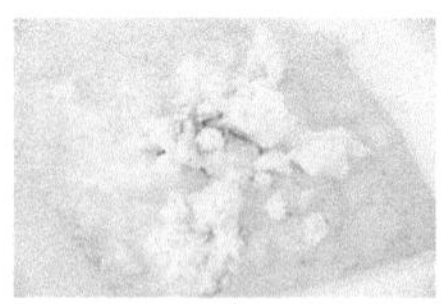

부르치즈, 샤워 크림(Sour Cream), 마요네즈, 마늘, 소금, 후추, 양파 등으로 만든다. 특히, 프랑스 남부 로크포트(Roquefort) 마을의 양치기에 의해 우연히 만들어져 유래된 로크포트 치즈를 이용한 것을 치즈 고유의 이름을 붙여 로크포트 드레싱(Roquefort Dressing)이라고 한다.

(7) 머스타드 크림 드레싱(Mustard Cream Dressing)

소금, 후추, 크림, 겨자(Mustard), 레몬주스 등으로 만든다.

5. 샐러드 서비스 요령

샐러드는 고객의 왼쪽에서 서비스하며, 레스토랑에서 준비된 드레싱을 보여주면서 간단한 설명을 곁들여 고객이 원하는 드레싱을 왼쪽에서 서비스한다. 드레싱 서비스는 드레싱을 오른손으로 들고 왼손으로 고객이 원하는 만큼 제공하는데, 너무 많이 제공하면 샐러드의 맛을 정확하게 느낄 수 없기 때문에 알맞게 적당량 제공하여야 한다.

또한 샐러드 볼은 항상 차게 제공하고 드레싱 볼이나 트레이는 항상 깨끗이 하여 고객이 보기에 청결히 하고 드레싱 제공시에 테이블이나 고객의 옷에 떨어지지 않게 특별히 주의를 요한다.

샐러드는 경우에 따라서는 앞에 코스를 생략하고 제일 먼저 제공될 수도 있으며, 주방장 특선 샐러드(Chef' s)는 메인 디쉬로 대용되기도 한다. 시저 샐러드(Caesar Salad)는 주문 시 해당 양념을 빠짐없이 넣고 서비스 시간에 맞추어 제공한다.

제7절 치즈(Cheese)

1. 치즈의 의의

치즈는 우유나 산양, 염소 젖 등을 주재료로 젖 속의 주요 단백질인 카세인(Casein)과 렌네트(Rennet : 응유효소)에 유산균을 작용시켜 지방, 유당 및 무기물을 함께 응고시킨 후 유용한 세균, 곰팡이 박테리아 등을 발효시켜 일정한 온도로 가열을 한 후에 일정한 온도로 가열을 한 후에 일정한 습도를 갖춘 소금창고에서 숙성시켜 압착을 하여 만든다.

2. 치즈의 종류

치즈는 만드는 과정과 강도에 따라서 종류가 매우 다양한데 치즈를 만드는 과정에 따라서 구별하면 자연치즈(Natural Cheese)와 가공치즈(Process Cheese)로 분류되고, 강도에 따라서 연질치즈(Soft Cheese), 반경질치즈(Semi Hard Cheese), 경질치즈(Hard Cheese)로 나누어진다.

■치즈 저장소

자연치즈는 대부분 유통되는 치즈로 미생물에 의하여 숙성을 시켜서 독특한 맛이나 향취가 나는 치즈이고, 가공치즈는 자연치즈를 숙성과정에서 사람의 기호에 맞게 가공한 것으로 강하게 느껴지는 치즈 특유의 향취를 약하게 유화시킨 것이다.

1) **연질치즈**(Soft Cheese)

연질치즈는 치즈의 굳기가 아주 연한 것으로 수분 함유량이 45~50%에 달함으로 습기가 있는 장소에 보관한다. 연질치즈는 단시간 내에 박테리아나 곰팡이로 숙성시키는 제품도 있으며, 저장성이 다른 종류보다 떨어져서 단시일 내에 소비한다. 대표적인 치즈는 모짜렐라치즈(Mozarella Cheese), 록크포트치즈(Roquefort Cheese), 고르곤 졸라치즈(Gorgonzola Cheese), 스틸턴치즈(Stilton Cheese), 코타즈치즈(cottage cheese), 카망벨치즈(Camembert Cheese), 브리치즈(Brie Chcesc), 크림치즈(Cream Cheese) 등이 있다.

■모짜렐라치즈

■스틸턴치즈

2) **반경질치즈**(Semi Hard Cheese)

반경질치즈는 수분 함유량이 40~45%에 달하므로 연질치즈보다는 조직이 튼튼하고 응유를 익히지 않고 압착하여 만들며, 가장 많이 이용하는 치즈로 경질치즈보다 숙성기간이 길고 오래 저장이 가능하다.

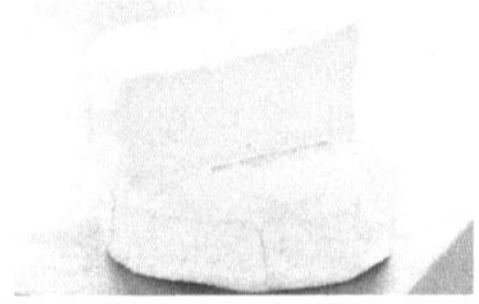
■체다치즈

반경질치즈의 대표적이고 많이 알려진 치즈의 종류는 체다치즈(Cheddar Cheese), 에담치즈(Edam Cheese), 그뤼예르치즈(Gruyere Cheese), 에멘탈치즈(Emmental Cheese), 던롭치즈(Dunlop Cheese), 블루치즈(Blue Cheese) 등이 있다.

■블루치즈

3) 경질치즈(Hard Cheese)

하드치즈는 경질치즈로 부르는데 수분 함유량이 가장 낮은 30~40%로 조직이 치즈의 종류 중에서 가장 단단하고 박테리아로 숙성시키는 치즈이다

■팔메산치즈

경질치즈는 너무 단단하여 대부분 분말로 만들어 사용하는 불편함이 있지만 저장과 운반은 용이하다. 경질치즈는 대부분이 산악 지방에서 생산되며, 제조과정에서 우유와 같은 원료를 끓여서 익힌 다음에 세균을 첨가한다.

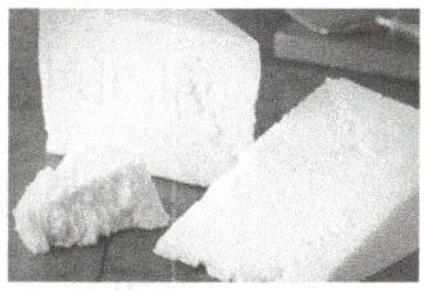
■로마노치즈

하드치즈의 대표적인 종류는 팔메산치즈(Parmesan Cheese), 에멘탈치즈(Emmental Cheese), 로마노치즈(Romano Cheese) 등이 있다.

3. 치즈를 이용한 후식 종류

치즈를 후식으로 할 때는 고단가의 영양을 흡수하는데 적합하고 치즈가 후식으로 제공되는 종류는 다음과 같다.

1) 치즈 수플레(Cheese Soufflе)

크림 소스에 스위스 치즈나 가루치즈를 혼합하여 양념과 함께 오븐에 넣어 굽는다.

2) 치즈 스트로(Cheese Straw)

밀가루, 우유, 버터 등에 붉은 치즈를 섞어서 양념한 후 얇게 밀어서 동그랗게 만든 다음 작게 썰어 오븐에 구워 낸다.

3) 치즈 커스타드(Cheese Custard)

가루치즈를 우유에 붓고 소금, 후추, 파프리카 등으로 조미해서 끓인 다음 계란 노른자를 푸딩판에 차갑게 해서 제공한다.

제8절 디저트(Dessert)

1. 디저트의 의의

후식(Dessert)은 다른 요리 코스에 비하여 간단하지만 현대 레스토랑에서는 간식으로도 겸하고 있어서 그 종류는 매우 다양하다. 정식 코스에서는 일반적으로 식사는 거의 마치는 단계로 감미로운 요리로 화려하게 장식하여 지나치게 달거나 기름지지 않는 것이 특정이다. 에피타이저가 식욕을 촉진시키는 역할을 한다면 후식은 산뜻한 입맛과 단것을 먹음으로 식욕을 감소시키는 역할도 한다.

2. 디저트의 종류

후식의 종류로는 감미로운 후식, 과일(Fruits) 종류, 치즈 종류로 분류되고 감미로운 후식은 다시 찬 후식(Cold Dessert)과 더운 후식(Hot Dessert)으로 분류한다.

1) 찬 후식(Cold Dessert)

(1) 아이스크림

아이스크림은 대표적인 찬 후식으로 우유, 크림, 향료, 젤라틴, 물엿, 연유, 분유, 무염버터 등을 배합하여 냉동시켜 만든 것이다.

[그림 9-4] 아이스크림

(2) 샤베트(Sherbet)

샤베트(Sherbet)의 주재료는 과즙, 설탕, 불, 리큐르를 사용하고 유지방이 들어가지 않은 저칼로리 후식이다. 과즙에 따라서 오렌지 샤베트(Orange Sherbet), 레몬 샤베트(Lemon Sherbet), 키위 샤베트(Kiwi Sherbet), 스트로베리 샤베트(Strawberry Sherbet), 삼페인 샤베트(Champagne Sherbet), 그레이프 샤베트(Grape Sherbet), 인삼 샤베트(Ginseng Sherbet) 등이 있다.

(3) 무스(Mousse)

계란, 설탕, 럼 등을 혼합하여 글라스에 담아서 차갑게 한 것이며, 첨가되는 부재료에 따라서 다양하게 만들어 진다 그 종류는 초콜릿 무스(Chocolate Mousse), 요구르트 무스, 바닐라 무스, 카라멜 무스, 푸르츠 무스 등이 있다.

(4) 젤리(Jelly)

계란 흰자, 젤라틴, 설탕, 레몬, 화이트와인 등을 혼합하여 불로 가열한 후 차갑게 응고시킨 것이며, 이 외에 각종 과일 또는 향신료를 첨가하여 만든 것이다. 주재료에 따라서 피어 젤리(Pear jelly), 플럼 젤리(Plum jelly), 키위(Kiwi Jelly), 민트 젤리(Mint Jelly), 파인애플 젤리(Pine Apple Jelly) 등 다양하다.

(5) 파르페(Parfait)

계란 노른자, 생크림, 설탕, 럼, 뜨거운 물을 재료로 하여 기포상태가 된 것을 냉동시켜서 만든 것이다. 바닐라 파르페(Vanilla Parfait), 커피 파르페(Coffee Parfait), 페퍼민트 파르페(Peppermint Parfait), 초콜릿 파르페(Cblate Parfait) 등이 있다

(6) 푸딩(Pudding)

계란, 우유, 바닐라향, 설탕, 소금을 재료로 하여 푸딩을 만드는 방법으로는 증기에 찌는 방법, 오븐에 익히는 방법, 차게 굳힌 방법으로 나누어지고 전체 형태는 연두부 모양으로 어린이와 노약자에게 인기가 있다.

2) 더운 후식(Hot Dessert)

더운 후식을 만드는 방법은 뜨거운 물이나 우유에 삶거나 기름에 퇴기거나 알코올을 이용하여 주방에서 만들어서 제공하는 방법과 고객 테이블에서 직접 후람베(Flambee) 하는 방법으로 나눈다.

(1) 크랩(Crepes ; Pan Cake)

세계적으로 유명한 정통 프랑스식 후식으로 밀가루, 계란, 우유, 소금, 설탕 등을 혼합하여 후라이팬을 이용하여 종이처럼 얇게 익혀서 만든 팬케익과 비슷한 것이며, 과일, 브랜디, 리큐 등으로 만든 내용물과 소스를 곁들여 만든다.

서비스 과정은 설탕을 팬에 녹여 오렌지와 레몬주스 등을 붓고 끓여서 시럽을 만들고 그 속에 크랩을 넣어 익힌 다음 그랑마니아(Grandmamier) 혹은 꼬인트루(Cointreau) 등의 리큐르를 부어 후람베한 것이다.

(2) 베이네(Beginet)

사과, 복숭아, 배 같은 과일에 반죽을 입혀서 식용유에 튀긴 후 설탕과 계피가루를 럼 소스나 계피소스에 곁들여서 제공한다.

(3) 수플레(Souffle)

계란, 우유, 그랑마니아, 설탕, 버터 등을 재료로 오븐에 익혀 만든 후식으로 완성 후

에는 분말설탕을 뿌리고 바닐라 소스로 장식하여 제공하는 것으로 푸딩류에 속하는 고급 케익의 일종이다.

바닐라 수플레(Vanilla Soume), 아몬드 수플레(Almond SoufRe), 바나나 수플레(Banana SoufHe), 스트로베리 수플레(Strawberry SoufHc) 등이 있다

(4) 프르츠 후람베(Fruits Flambee)

각종의 프르츠를 주재료로 하여 설탕, 버터, 과일주스, 브랜디, 리큐 등을 첨가하여 독특 한 맛을 내며 고객의 테이블 앞에서 게리동을 이용하여 직접 조리하는 불란서 정통의 후식이다. 체리 후람베(Cherry Flambee), 피치 후람베(Peach Flambee), 바나나 후람베(Banana Flambee) 등이 있다.

(5) 그라땅(Gratin)

크랩(Crepe) 위에 설탕, 레몬주스에 삶은 과일을 잘게 썰어 올려놓고 사바용 소스를 끼얹어 오븐에 구워 낸 것으로 샤베트나 아이스크림을 같이 얹어서 제공한다.

3) 과일(Fruits)류의 후식

가공하지 않은 생과일을 후식으로 제공할 때는 과일을 통째로 내는 것이 원칙이나 고객이 먹기 편하게 잘라서 제공한다. 과일은 계절에 따라서 다양하게 제공하는 것이 바람직하며, 신선도를 유지하는 것이 가장 중요하고 맛을 돋우기 위하여 아이스크림을 같이 제공하기도 한다. 과일을 이용한 후식을 보면 다음과 같다.

(1) 선선한 과일(Fresh Fruits)

생과일을 신선하고 다양하게 준비하여 한입에 먹을 수 있도록 껍질을 벗겨서 보기 좋게 잘라서 제공한다.

(2) 과일 샐러드(Fruits Salad)

각종 과일을 재료로 설탕, 레몬주스, 시럽을 넣고 과일과 잘 어울리는 리큐르를 첨가하여 차갑게 만든다.

(3) 조림과일(Stewed Fruits Compote)

과일을 잘게 잘라서 설탕시럽과 콘스타치(Corn Starch)로 온건한 불에 삶아서 조림한 후식으로 조림과일을 낼 때는 위에 아이스크림과 같이 제공하기도 한다.

조림과일의 재료는 과일의 종류만큼 다양한데 대표적인 것을 몇가지 적어보면 다음과 같다. 에프리코트 콤포트(Stewed Apricot Compote), 플럼 콤포트(Stewed Plum Compote), 스트로베리 콤포트(Strawberry Compote), 라스베리 콤포트(Stewed Rasp berry Compote) 등이 있다.

3. 디저트 서비스 요령

후식을 디저트(Dessert), 스위트(Sweet)라 하는데, 후식을 제공할 때는 고객이 식사 중에 사용하는 기물이나 테이블 크로스 위에 떨어진 이물질을 비롯해서 반드시 테이블을 깨끗이 정리를 하고 후식을 제공해야 한다. 이때의 요령을 순서대로 살펴보면 식사를 마치면 테이블에 필요 없는 기물을 치워야 하는데, 반드시 고객의 양해를 구하거나 알린다. 고객이 마시고 있는 글라스나 고블렛, 센터 피스를 제외하고는 모두 치우는데 고급레스토랑인 경우에는 업장에 따라서는 센터 피스도 치운다.

테이블 위의 기물이 정리되면 테이블 크로스에 떨어진 크럼블을 냅킨이나 스위퍼(Sweeper)를 이용하여 치운다. 그 후에 디저트 메뉴를 제시하고 메뉴에 대한 질문에 정성껏 이해하기 쉽게 설명하고 후식을 원하는 경우에 추천과 업셀링(Up-Selling) 한다.

후식의 메뉴가 결정되면 즉시 주방에 주문 후 후식에 알맞은 세팅을 하고 처음부터 위에 후식 세팅이 되어 있는 테이블 스푼은 오른쪽으로 포크는 왼쪽으로 세팅을 하여 후식이 준비되면 오른쪽에서 서비스를 한다. 만약 세팅이 되어 있지 않다면 후식 종류에 따라서 디저트 나이프(desert Knife)와 스푼은 고객의 오른쪽에 디저트 포크(Dessert Fork)는 고객의 왼쪽에 세팅하고, 디저트 포크만 세팅할 때는 고객의 오른쪽에 놓는다.

조각 케이크(Piece Cake) 또는 조각 파이(Piece Pie)를 서브할 때는 모서리 뾰족한 부분 고객 앞으로 오도록 놓는다.

케이크 또는 파이에 아이스크림을 함께 서브할 때는 고객 오른쪽에 디저트 스푼을 왼쪽에 디저트 포크를 세팅한다. 만약 꼭지나 껍질이 있는 과일이 후식으로 제공된다면 핑거볼을 제공하고 치즈가 제공되면 브레드를 얇게 썰어서 함께 제공한다.

제9절 음료(Beverage)

1. 음료의 의의

음료는 식후의 최종단계에서 마시는 음료로 알코올이 들어가는 브랜디를 비롯한 다양한 리큐류가 있고 비알코올 음료로 가장 보편화되어 있는 기호음료로는 커피와 홍차를 많이 마신다. 후식이 끝나면 바 웨곤(Bar Wagon)을 고객들이 보기 좋게 테이블 옆으로 끌고 가서 고객에게 음료를 선택하게 하는 서비스도 훌륭한 서비스이다.

2. 음료의 종류

1) 커피(Coffee; Café)

커피는 티(Tea)와 더불어 가장 보편적이면서도 현대인들의 식생활에서 빠지지 않는 기초 음료로 일상 생활에 갚은 뿌리를 내리고 있다. 커피가 우리 생활의 필수품은 아니지만 고객 들이 잘 알고 있기에 맛, 향, 서비스 등에서 뛰어나지 않으면 고객에게 뛰어난 서비스가 될 수 없다

(1) 커피의 특성

커피의 생명은 커피가 지니고 있는 향기로 커피의 맛을 좌우하며, 향기는 품종, 작황, 생산 지, 정제처리, 볶는 방법 등에 의하여 달라진다. 또한 커피는 다양한 맛이 있는데 쓴맛, 짧은 맛, 신맛, 구수한맛이 잘 조화되어 만들어진 미묘한 쾌감을 주는 기호음료로서 커피에는 카페인이 들어 있어 카페인이 중추신경을 자극하여 피로감을 없애 주고 머리를 깨끗하게 하고 혈액순환과 이뇨, 강심(強心) 작용이 잘 되도록 해 준다.

(2) 커피의 역사

커피의 원산지는 북아프리카 에티오피아의 남서부 지방인 카파(KaHa)로 추정하고 있으며, 어원이나 역사의 시작은 명확한 문헌적 근거는 미약하나 커피 역사의 시작은 기원전 6세기경 에티오피아의 고원지대에서 야생으로 자라던 커피열매를 산양이 먹고 취해 있는 것을 칼디라는 목동에 의하여 발견되었다. 그 후에 아라비아의 의사였던 라세스(서기 850~922년)와 아비세나(서기 980~ 1037)의 기록을 보면 약용으로 사용했다는 말이 나온다. 이처럼 커피가 처음부터 기호음료로 사용된 것이 아니라 최초에는 약용으로 사용되다가 후에 식용으로 발전되었는데 10세기경에 본격적으로 음료로 사용되기 시작하였다.

그 후 유럽으로 전해진 것은 약 300년 전이며, 이웃 나라 일본에 상품으로 들어온 것은 약 100년 전의 일이다. 우리나라에서는 1895년 을미사변으로 인하여 러시아 공관으로 피신한 고종황제가 처음으로 시음하였고 그 후에는 해외에서 거주하던 동포들이 8. 15 해방과 더불어 입국하고 6.25 동란을 거치면서 유엔군의 전투식량으로 포함된 커피가 나오면서 본격적으로 일반인에게 알려졌으며 이때부터 커피의 대중화는 시작되었다고 볼 수 있다.

(3) 커피 제조방법

훌륭한 커피를 끓이기 위해서는 추출에 사용하는 물, 원두의 종류, 배합비율, 특별한 기구 사용, 추출하는 사람의 정성 등이 잘 어우러졌을 때 멋진 향과 맛이 나오게 되는데 다음과 같은 원칙이 지켜져야 한다.

첫째, 커피를 끓일 때는 항상 신선하고 깨끗한 물을 사용하여야 한다. 커피의 99%는 물로 물의 비중은 크다고 할 수 있는데, 물 속에 칼슘, 마그네슘, 철, 망간 등이 많이 들어 있지 않은 것을 연수라 한다. 경수에 들어있는 칼슘이나 마그네슘은 커피에 함유되어 있는 단백질, 지방, 유기산 등과 반응하여 조직을 강화시켜 향기와 맛을 손상시키며 혼탁한 원인이 된다. 둘째, 커피의 양과 물의 양이 맞아야 한다.

셋째, 커피는 항상 신선한 것을 사용하여야 한다.

넷째, 커피 끓이는 기구는 항상 깨끗하게 보관하여야 한다.

다섯째, 커피의 종류에 따라서 알맞은 기구를 사용하여야 한다.

커피는 크게 3가지로 분류되는데 볶은 원두 그대로의 로스팅 커피(Roasted Bean Coffee)와 볶은 원두를 분쇄한 분쇄 커피(Ground Coffee)와 분쇄한 커피를 분말이나 과립(Granule)의 형태로 건조시킨 3가지로 분류되는데, 각 커피의 특색에 따라서 제조 방법을 달리한다.

일반적으로 커피를 추출하는 방법은 매우 다양하며 추출방법에 따라서 맛과 향이 특색있게 추출된다.

❶ 드립 방법(Drip ; Filter)

일명 필터법으로 여과지나 여과천을 깐 필터 위에 분말 커피를 담아 포트 위에 담아 놓은 후 약 98℃ 정도의 끓인 물을 커피분말 위에 붓고 여과지를 통해 커피가 포트로 내려가 추출된다. 커피를 추출할 때 물의 온도는 85℃~95℃가 적당하다. 물의 온도가 100℃ 이상이 되면 카페인이 변질되어 쓴맛을 내며, 70℃ 이하에서는 탄닌의 짧은 맛이 남아 있어 적당하지 못하다. 이 방법을 사용할 경우에는 사용기구가 간단하여 가격이 저렴하고 추출하는 능력에 따라서 훌륭한 커피를 만들어 내는 것이 가능하다.

[그림 9-5] 드립식 커피 추출방법

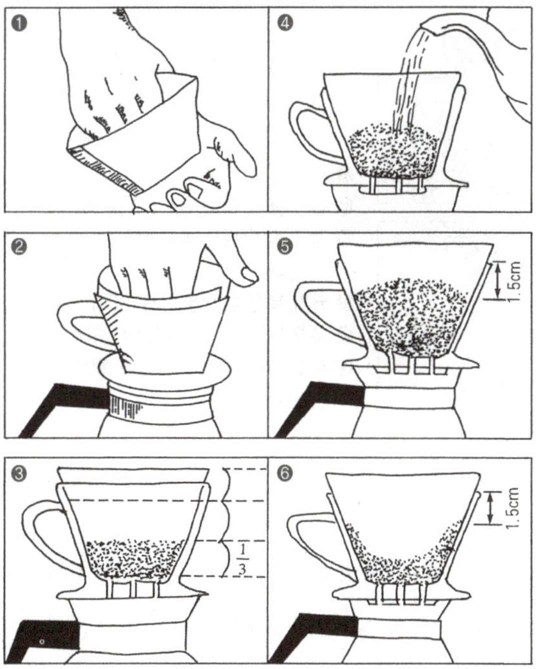

■여과지를 사용한 드립식

❶ 여과지를 손으로 펼친다.
❷ 여과지를 용기에 밀착시킨다.
❸ 커피 분말을 넣고 표면을 평탄하게 한다.
❹ 첫 번째 물을 넣는다.
❺ 두 번째, 세 번째 물을 부은 후 커피 분말의 상태
❻ 추출 완료 후 커피 분말의 상태

❷ 사이폰(Siphon) 방법

사이폰 방식은 시각적인 효과를 극대화시키는 추출방법으로 사이폰 방법(Siphon)은 열을 가했을 때 발생하는 물리적 팽창과 진공을 이용하는 방법을 직접 볼 수 있는 것으로 관(Siphon)을 통하여 커피를 추출하는 방법이다. 플라스크(하부품)와 로드(상품부)를 상하로 연결하는 것으로 플라스크에 물을 붓고 로드에 커피를 넣어 커피와 물을 따로 분리해 놓고 상하로 연결한 후 열을 가하면 93℃에서 끓는 물이 중앙의 관을 통해 로드로 올라 가 플라스크로 급속히 내려와 추출되는 방법이다.

사이폰 방식의 특정은 뜨거운 물에 커피를 잠기게 하여 추출하는 일종의 침지식이고, 추출방식만 확실히 지킬 경우는 언제든지 좋은 커피를 만들 수 있다.

[그림 9-6] **사이폰식 커피 추출방법**

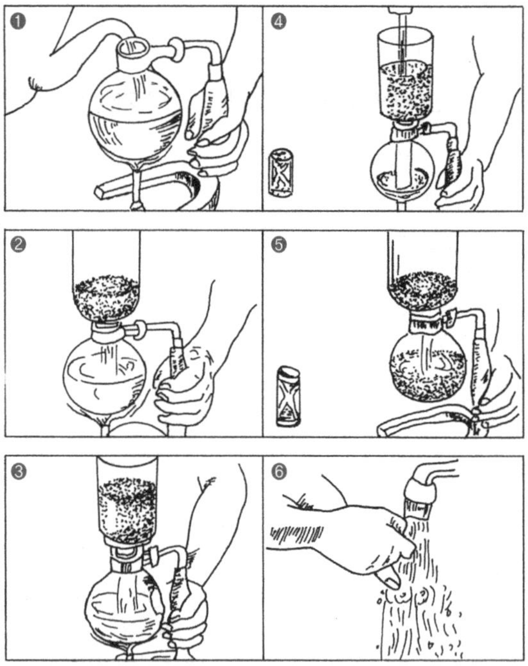

■사이폰

❶ 뜨거운 물을 넣는다.
❷ 물이 끓기 시작하면 로드를 끼운다.
❸ 끓은 물이 위로 올라가면 곧 불을 약하게 한다.
❹ 커피 분말을 가볍게 저어준다.
❺ 추출 완료 후 커피 분말의 상태
❻ 추출 후에는 기구를 물로 완전히 씻어준다.

❸ 퍼콜레이터 방법(Pecolator)

퍼콜레이터를 이용하여 불 위에서 직접 끓이는 방법으로서 커피포트의 윗부분에 장치된 여과기에 커피를 분말과 일정 분량의 물을 넣고 가열하면 물이 비등점에 달했을 때는 포트 중앙의 관을 통하여 여과반 위를 거쳐 밑으로 직하되는 과정을 통하여 진한 커피가 추출되는 방법으로 호텔보다는 일반 가정에 많이 쓰인다. 이 방법으로 추출한 커피는 상당 시간 끓여 버렸기에 커피 본래의 갖은 맛이 나지 않는 단점이 있다.

❹ 터키식 커피

세계에서 가장 오래된 커피추출법으로 알려져 있으며 원두를 아주 곱게 갈아 더욱 진한 맛을 낸다. 미지근해졌을 때 더욱 부드럽고 진한 향이 난다. 이브릭(lbrik) 추출이 터키식에 속하며 이브릭이라고 하는 특별하게 생긴 주전자를 이용하는 추출방식이다.

❺ 프렌치 프레스

이 방식은 19C 중반부터 사용되었으며 필터 없이 물과 분쇄한 커피가루를 함께 기구에 넣어서 추출하는 방식이다. 기구 가운데에는 금속성 필터가 있는데 물과 커피를 넣은 후 이 필터를 아래로 눌러서 혼합된 커피가루를 걸러내어 커피를 추출하는 방법으로 조금 굵은 입자를 사용한다.

❻ 모카포트

가정식 에스프레소 추출방식으로 가열된 물에서 나오는 증기압으로 커피를 추출하는 방법으로 이탈리아에서는 카페띠에라라는 이름으로 불린다. 어는 정도의 압력을 가지고 있기 때문에 압력을 견딜 수 있을 만한 강철로 만들어진 포트를 사용한다.

이 포트는 위아래 두 부분으로 되어 있으며 서로 돌려서 여닫게 되어 있고 아래쪽 가운데에는 분쇄된 커피를 담는 필터바구니가 들어 있다. 고압의 증기가 필터 바구니를 통해 올라가서 커피를 추출해 가는 관을 통해 위쪽의 주전자로 올라가게 되어 추출을 한다

❼ 에스프레소 추출

에스프레소 머신을 이용하여 추출한 커피로 에스프레소 머신의 증기압을 이용해 커피분말을 압축하여 9기압 정도의 압력으로 20~30초간 약 30㎖ 커피를. 추출하는 것이다. 이 추출법의 가장 특징적인 것은 크레마가 생성이 되고, 다른 커피보다 맛과 향이 강하다.

(4) 커피의 종류

커피를 만드는 원료인 커피 빈(Coffee Bean)의 종류는 크게 아라바카(Arabica), 로브스타 (Robusta), 리베리카(Liberica)의 3대 원종으로 구별된다. 이러한 원두로 만든 커피의 종류는 호텔에서 상품으로 제공되는 커피의 형태에 의하여 비알코올성 커피(Non-Alcoholic Coffee)와 알코올성 커피(Alcoholic Coffee)로 크게 2종류로 나누어질 수 있는데 각 종류별로 살펴보면 다음과 같다.

❶ 비알코올성 커피(Non-Alcoholic Coffee)

바알코올성 커피는 알코올 성분이 첨가되지 않은 순수커피로서 만드는 방법이나 재료의 종류에 따라서 명칭을 달리 한다.

가. 아메리칸 커피(American Coffee)

레귤러 커피에서 더욱 연하게 추출하는 커피로 조식이나 진한 커피를 싫어하는 고객에게 서브한다.

나. 에스프레소 커피(Espresso Coffee)

증기로 농축시켜 진하게 추출한 전통 이탈리아식 커피이다.

다. 카푸치노 커피(Cappuccino Coffee)

에스프레소 커피와 더불어 이태리 전통 커피로 에스프레소 커피를 커피 컵의 성을 추출한 다음 우유의 거품을 내는데 거품을 내는 과정에서 데워진 우유를 8부 정도 채우고 그 위에 우유거품을 덮는다. 거품 위에 계피가루를 뿌려서 따뜻하게 서비스한다.

라. 비엔나 커피(Vienna Coffee)

오스트리아의 비엔나의 이름을 따온 커피로 휘핑크림과 브라운 슈거를 넣고 제공하는 커피이다.

마. 디카페이네이티드 커피(Decaffeinated Coffee)

카페인을 97% 정도 제거한 커피이다.

바. 라떼 커피(Latte Coffee; Cafe Au Laite)

커피와 핫 밀크를 통일한 양으로 부어서 만드는 커피이다.

사. 러시안 커피(Russian Coffee)

커피와 핫초콜릿을 동일한 량으로 제공하여 같이 마신다.

아. 아이스 커피(Ice Coffee)

레귤러 커피를 추출하여 차게 식혀서 슈거 시럽(Suger Syrup)과 크림을 함께 제공하는 커피이다.

❷ 알코올성 커피(Alcoholic Coffee)

알코올을 첨가하여 커피 맛을 한층 돋우기 위해서 마시는 방법으로서 첨가되는 술의 종류 에 따라서 그 명칭을 달리한다.

가. 아이리쉬 커피(Irish Coffee)

아이리쉬 위스키 글라스에 슈거 림(Sugar Rim)[10]을 한 다음 아이리쉬 위스키를 1지거(Jigger) 정도 넣고 글라스를 가열한 후 불을 붙여 쇼윙(Showing) 후 커피를 넣고 휘핑 크림을 얹어서 제공한다.

나. 스페니쉬 커피(Spanish Coffee)

깔로아를 1oz 넣고 설탕을 넣은 후에 글라스를 서서히 돌려서 설탕을 완전히 녹인 후에 커피를 붓고 휘핑크림을 얹어서 제공한다.

다. 로얄 커피(Royale Coffee)

커피에 브랜디를 넣은 것으로 방법은 커피컵에 스푼을 걸치고 그 위에 브랜디를 부운 후에 불을 붙인다.

라. 커피 콩퀘스트(Coffee Conquest)

커피에 럼, 그랑마니아, 오렌지 껍질, 설탕을 넣어서 제공한다.

---

10) 림(Rim)은 슈거 림(Suger Rim)과 솔트 림(Salt Rim)이 있는데, 글라스의 브림(Brim) 부분 즉, 글라스의 입에 닿는 부분에 레몬 슬라이스 즙으로 글라스 바깥 부분만 칠하여 소금을 묻혀서 하는 솔트 림(Salt Rim)과 설탕을 묻히는 슈거 림(Suger Rim)은 솔트 림과 동일한 방법으로 림을 하고 불에 설탕이 브라운 색이 날 때까지 녹인다.

2) 홍차(Tea)

(1) 홍차의 의의

홍차의 발생지는 중국이다. 차나무의 연한 두 번째 잎을 수확하여 건조과정을 거쳐서 말아서 발효시킨 기호음료이다. 문헌에 나타난 차의 역사는 수(階 : 580~620)의 문제(文帝)부터 당(團 : 780)의 덕종(德宗) 때까지 2세기에 걸쳐서 보급되었다. 그 홍차는 커피나 코코아 같이 강한 맛은 없지만 탄닌, 알카로이드 등이 포함되어 있어 가벼운 흥분과 상쾌함, 섬세하고 미묘하고 우아한 향에 특성에 전체적으로 홍차의 풍미는 짧은 맛이 풍부하게 풍긴다.

(2) 홍차의 종류

차익 종류에는 제조방법의 변화에 따라서 다음과 같이 여러 가지로 구별이 된다.

❶ **홍차**(Black Tea)

홍차는 잎을 끓이지 않고 말려서 잎의 천연 효소작용에 의해 발효하여 검은 색으로 변하고 휘발향료로 변화하여 특별한 향기를 낸다.

❷ **녹차(Green Tea)**

차 잎을 끓여서 발효를 방지시켜 녹색을 유지하게 한 것이다.

❸ **오룡차**(Olong Tea)

홍차의 진행 과정에서 중간 발효에서 멈추게 하여 만든 차로 홍차의 일종이지만 맛은 녹차의 성격을 띄고 있다.

차의 종류에서 보면 차나무의 잎의 동일한 재료로 끓이지 않고 말려서 천연효소로 발효시켜 만든 방법은 홍차이고, 오룡차는 홍차의 발효과정에서 중간에 멈추게 하는 방법이다. 녹차는 잎을 끓여서 발효를 방지함으로 녹색을 유지하게 하는 방법으로 제조 방법에 따라서 그 종류가 분류된다.

3. 음료 서비스의 요령

1) 커피 서비스

커피는 영양보다는 맛과 향을 즐기는 기호음료이므로 커피를 제공할 때에는 맛과 향이 살아 있도록 세심한 주의를 요하기 때문에 커피는 제 맛을 즐길 수 있는 온도를 맞추기 위하여 커피 컵이 항상 따뜻하게 준비되어야 한다. 크림도 너무 차거나 장시간 사용하면 굳거나 변하기 때문에 크림 피쳐 아래에 코스타를 깔고 서비스한 후에 자주 체크해야 한다. 커피숍과 같이 동시에 대량으로 추출하여 사용할 경우에는 너무 오랫동안 추출하여 두면 향이 날아가기 때문에 이런 상태의 커피를 서브해서는 안 된다.

커피 한 잔은 약 8~9g으로 양은 100ml 정도이고 적정온도는 80~83℃이며 설탕과 크림을 넣었을 때 60~63℃를 유지해야 커피의 맛이 가장 좋다 커피를 서비스할 때는 고객의 우측에서 커피포트에서 커피가 테이블로 흐르지 않도록 하여 서비스하며 커피잔에 2/3컵 정도 따른다. 커피컵은 고객의 우측에서 손잡이가 오른쪽으로 향하도록 물컵 아래 쪽에 놓으며, 티 스푼은 컵의 앞부분에 손잡이와 평행되게 얹어 놓는다.

깨끗이 준비된 슈거 볼(Sugar Bowl)과 크림어(Creamer)의 양이 충분한지 확인한 후 손잡이가 고객쪽으로 향하도록 하여 고객이 쉽게 집을 수 있는 위치에 세팅한다.

이탈리아 정통 커피인 에스프레소 커피(Espresso Coffee)는 보통 커피 컵의 1/2되는 크기의 데미따세(Demitasse)로 슈거와 크림을 제공하지 않는 것이 원칙이나 고객의 요구가 있을 때에는 커피와 함께 제공한다.

커피는 한 잔 이상 마시는 고객이 많으므로 고객들이 커피를 모두 마시면 반드시 더 마실 것인가를 물어보아야 한다. 고객이 세컨드 커피(Second Coffee)를 원할 경우 반드시 새로 추출한 신선한 커피(Fresh Coffee)로 리필(Refill) 한다.

또한 커피를 마실 때 담배를 피우는 사람이 많으므로 커피를 제공할 때는 반드시 재떨이(Ash Tray) 유무를 확인하여야 한다.

2) 홍차 서비스

홍차를 제공할 때는 커피와 마찬가지로 홍차 컵이 뜨거워야 하고, 홍차는 특유한 풍미를 잃지 않도록 끓여야 한다. 서비스할 때 세심한 주의를 하여 고객의 기호에 따라서 레몬이나 밀크를 넣기도 하는데, 레몬을 넣으면 레몬 과즙에 포함된 향기와 홍차의 풍미가 잘 조화되며, 밀크를 넣으면 짧은 맛(타닌)의 강한 맛을 제거시켜 부드러운 맛으로 변하게 한다.

레몬을 서브할 때는 칵테일 픽(Cocktail Pick)에 끼운 슬라이스(Sliced Lemon) 2쪽 또는 뜨거운 우유를 준비하여 고객의 기호에 맞게 서브한다.

정식 코스나 업장의 운영상 식후음료를 제공하면서 초콜릿이나 쿠키를 함께 제공하는데 고객의 왼쪽에서 커피나 홍차의 곁에 두면 된다.

이 밖에 아이스커피 또는 아이스티는 톨 글라스(Tall Glass)에 적당히 얼음(Ice Cube)을 넣고 차게 식힌 커피 또는 티를 글라스에 7부 정도 따른 후에 드시기 용이하게 빨대(Straw)와 슈가 시럽(Sugar Syrup)을 같이 서브하며, 아이스티에는 반드시 슬라이스 레몬을 같이 서브한다.

홍차 서비스 온도는 80℃ 정도가 좋으며, 반드시 티 포트(Tea Pot)를 사용하여 티백을 넣어서 포트채로 서브하거나, 티백을 포트에 넣어서 포트채로 서브하거나 티백을 포트에 넣지 않고 서비스할 때는 뜨거운 물과 티백을 따로 서브한다.

제10절 소스(Sauce)

1. 소스의 의의

1) 소스의 역사

음식은 지리적 조건과 사회적 조건에 의하여 발달하게 되었는데, 소스의 시작은 13세기에 접어들면서 주방 안에 조리대를 설치하면서라고 전해진다. 소스는 식재료의 가공이나 저장에 관한 기술이 발달하지 않았던 시대에 육류를 취급하기 위한 하나의 수단이었다. 냉동시설이 미비했던 시기에 육류가 쉽게 상하고 맛이 변질되기 때문에 소금과 후추와 같은 기본적인 소스의 재료로 양념을 해서 고기를 먹기 좋게 하고 품질이 저하된 고기를 거부감 없이 먹을 수 있도록 방법을 모색하던 것에서 시작되었다.

2) 소스의 어원

라틴어의 소금을 의미하는 SAL에서 유래한 소스의 어원은 현대 식문화에서 특히 양레스토랑에서 요리의 질적 수준을 간음하는 척도이다. 요리에서 소스의 역할은 음식의 풍미를 한층 높이고 영양가를 더해주며, 식재료의 특성을 살리면서 식욕촉진과 소화를 돕기 위한 것이기 때문에 양식 요리의 가치를 제고 시켜줌으로 양식 요리의 생명은 바로 소스의 맛에 의하여 좌우된다.

그렇기 때문에 주방에서 소스의 생산은 오랜 조리 경험이 있는 조리사가 담당하며 주방전체의 음식의 질을 책임지는 가장 중요한 위치이다.

3) 소스의 특징

소스의 농도, 광택, 색채 등 모든 요소가 잘 조화를 이룰 수 있도록 특색 있게 조리하기 위해서는 주의해야 할 점은 다음과 같다. 현대 소스의 특징이라 하면 지나치게 기름지지 않아야 하며, 식재료를 이용한 천연적 맛을 느낄 수 있는 소스가 되어야 한다. 소스의 색채는 주요리와 접시의 색깔이 잘 조화를 이루고, 소스는 시각적으로 식욕촉진을 시키며 혐오감을 주는 색채는 피해야 한다.

2. 기초 소스의 제조과정

소스를 만드는 과정은 여러 번의 과정을 거쳐야 하는데 과정마다 정성이 들어가야 하고 알맞은 재료를 사용하는 것이 보다 중요하다. 소스를 만드는 과정은 스톡을 뽑아서 루(Roux)와 리에종(Liaison)을 이용하여 기초 소스를 만든다.

1) 스톡(Stock ; Fond)

스톡은 우리말로 육수라 하며 소뼈, 닭뼈, 생선뼈, 야채, 향신료 등을 물과 함께 약한 불로 천천히 삶아 우려낸 국물로서 소스의 맛을 결정하는 소스 생산의 가장 중요한 조리 과정 이라 할 수 있다.

스톡(Stock)은 프랑스어로 퐁(Fond)과 뷔용(Bouillon)으로 나뉜다. 일반적으로 퐁

(Fond)은 옅은 스톡에 해당하며 뷔용은 퐁을 1/3 정도로 농축한 만큼 진한 스톡으로 주로 콘소메(Consomme)를 만드는 기초 육수로 사용된다.

영어의 스톡은 퐁(Fond)과 뷔용(Bouillon)을 포괄하는 뜻으로 사용되지만 프랑스어에서는 구별이 명확하므로 그 개념을 분명히 하여 둘 필요가 있다.

2) 스톡(Fond) 생산 시 주의사항

(1) 찬물(Cold Water)로 시작한다

찬물은 식품 중에 있는 맛, 향 등 요리의 질을 향상시키는 식품의 성분을 잘 용해시켜 준다.

(2) 자연적 정화작용(Natural Clarification)

주로 뼈, 근육, 섬유질 속에 있는 알부민(Albumen), 프로틴(Protain) 등은 찬물에 비교적 잘 용해되며 낮은 불로 서서히 끓여 주면 정화작용이 활발하여 퐁(Fond)의 혼탁도를 줄일 수 있어 맑은 육수를 얻을 수 있다.

퐁(Fond)의 혼탁도는 일반적으로 강한 불로 가열함으로써 발생한다. 왜냐하면 강한 불로 가열하면 정화작용을 하는 이들 요소(Albumin, Protain)가 식품 속에 나오지 못한 상태에서 강한 열로 인하여 고기, 뼈의 섬유 조직이 파괴되기 때문이다. 육류의 세포 속에 존재하는 피(Blood)는 계란 흰자로 정화시킬 수 있다.

(3) 거품 제거(Skimming)

거품제거는 혼탁도를 줄일 수 있는 아주 중요한 방법이다. 특히 처음 퐁(Fond)를 가열시켜 끓일 때 발생하는 거품과 지방, 기타 불순물을 완전히 제거하여야 하며, 향신료와 야채는 첫 거품제거 작업이 끝난 다음 첨가하는 것이 좋다. 전 조리 과정에서 발생하는 거품과 기타 불순물은 계속적으로 제거해 줄 필요가 있다.

(4) 약한 불로 졸이기(Simmering)

퐁(Fond)과 소스를 끓일 때는 불의 강도를 조절하는 것이 가장 중요하다. 즉, 대류작용(Convection Movement)이 퐁 또는 소스를 끓이는 용기 속에서 발생하도록 하여야 하며, 그 세기는 너무 지나치지 않게 하여야 한다. 만약 대류작용이 일어나지 않는다면 용기의 밑부분에 내용물이 퇴적하여 시간이 경과하면 탈 우려가 있다.

3. 스톡의 분류

스톡은 사용하는 재료와 색깔에 의하여 분류할 수 있는데 다음의 표와 같다.

[표 9-1] 스톡의 분류

육수 (Fond : Stock)	흰색 육수 (Fond Blanc : White Stock)	흰색 송아지 육수 (Fond De Veau Blanc)	정향(Clove), 부케가르니, 리크(Leek), 마늘(Garlic), 샐러리, 송아지 뼈, 양파, 당근
		닭육수(Fond De Volaille Blanc)	닭날개, 벼슬, 다리 등, 리크(Leek), 마늘(Garlic), 양파, 정향(Clove), 부케가르니, 당근(carrot)
		생선육수(Fumet De Poisson)	생선뼈(Fish Bone), 파(Shallot), 양파(Onion), 부케가르니(Bouquet-Garni)
	Fond Maigre (Plain Stock)	Water	야채(Vegetavles), 버터, 향신료(Spices)
	갈색 육수 (Fond Brun : Brown Stock)	갈색 송아지 육수 (Fond De Veau Brun)	송아지뼈(Veal Bone Braised), 당근, 양파, 마늘, 부케가르니 토마토, 타라곤

2) 흰색 육스(Fond Blanc : Chicken, Veal, Beef)

(1) 재료

소고기는 연한 근육질과 밝은 색깔의 지방에 심이 섬세한 것이 제일 좋은 고기이다. 흰색 육수(Fond Blanc ; Chicken, Veal, Beef)를 생성하기 위해서는 종류별 뼈(Bones)를 잘게 자르고, 야채(Mirepoix)를 썰고(Diced), 양파(Onion), 당근(Carrots), 셀러리(Celery), 리크(Leek), 다임(Thyme), 월계수 잎 (Bay Leave) 등을 재료로 한다.

월계수 잎, 셀러리, 리크, 파슬리, 부케가르니라 하는데, 부케가르니는 스튜나 수프 스톡을 만들 때 고기, 야채와 함께 냄비에 넣어 풍미를 더하고 재료의 냄새를 없애는 향초 다발이다.

4종, 5종을 한데 묶은 향초의 풍미가 복잡하게 뒤섞여 있어 풍부한 맛을 내는 서양 요리에 빠지지 않는 감초이다.

다 끓인 뒤 오랫동안 그릇에 담아두면 쓴맛이 나므로 불을 끄면 반드시 곧바로 꺼낸다. 기본적인 부케가르니는 파슬리 축 1대, 셀러리 줄기 1/2개, 월계수 잎 1장을 굵은 실로 묶어 다발을 만든 것이다 요리에 따라서는 그 밖의 다른 향미료를 끼우기도 한다.

(2) 조리과정

뼈와 고기를 잘게 썰어서 물에 담구어 피를 뺀 다음 용기에 넣고 깨끗한 물을 부은 후에 서서히 가열하여 끓을 때 거품과 불순물을 제거한다. 기름(Fat)에 볶은 야채(Mirepoix)와 향신료를 첨가하여 약한 불로(Simmer) 치킨은 5~6시간, 송아지는 8~10시간, 소고기는 10~12 정도 응축시킨다. 이때 주의할 점은 열은 일정하게 하고 용기의 뚜껑은 꼭 열어 두어서 끓이면서 응축한 육수는 고운 천으로 거른다. 완성된 육수는 용기에 담아서 찬물에 식힌 후 생산 날짜를 기입하여 냉장고에 보관한다.

2) 갈색 육수(Fond de Veau Brun ; Brown Veal Stock)

(1) 갈색 육수 재료

갈색 육수의 재료는 작게 갈라서 볶은 송아지 뼈(Roasted Bones), 작게 썰은 야채(Mirepoix), 양파(Onion), 당근(Canon), 셀러리(Celery), 리크(Leek), 맑은 물, 토마토(Fresh or Paste), 다임(Thyme), 월계수 잎(Bay Leaves)을 이용한다.

(2) 갈색 육수 조리과정

뼈를 로스팅 팬(Roasting Pan)에 담아 100℃ 되는 오븐에 갈색이 나도록 굽는데, 뼈의 로스팅(Roasting)이 3/4 정도될 때 준비한 야채(Mirepoix)를 뼈 위에 얹어 굽기를 끝낸다.

로스팅이 끝나면 뼈 (Bone), 야채(Mirepoix), 향신료(Spices)를 용기(Stock Pot)에 붓는다. 그리고 준비한 찬물을 그 위에 부어 8~10시간 약한 불로 서서히 끓여(Skimming) 고운 천에 걸러서 찬물에 식힌다. 육수가 완성되면 생산 날짜를 기입하여 냉장고에 보관한다.

3) 생선 육수(Fumet de Poisson ; Fish Stock)

(1) 재료

생선 육수에 쓰는 재료는 혀넙치(Sole), 광어와 같이 비린내가 적게 나는 흰살 생선이 좋다. 생선 육수를 만드는 재료는 식용할 수 없는 생선뼈(Fish Bone), 깨끗한 물, 야채(Mirepoix), 양파(Onion), 셀러리(Celery), 리크(Leek), 화이트 와인(White Wine), 부케가르니(Bouquet Garni), 월계수 잎(Bay Leave), 파슬리(Parsley Stems), 다임(Thyme) 등이 있다.

(2) 조리과정

생선 육수는 단시간에 만드는 것이 비결인데, 그 이유는 1시간 이상 끓이면 생선의 자연적인 맛이 상실됨으로 주의하여야 한다.

흐르는 물에 생선뼈와 머리 부분을 담구어 피와 불순물을 깨끗이 씻고, 야채(Mirepoix)를 버터에 볶는다. 이 야채에 생선뼈를 넣고 같이 묶으면서 생선뼈를 주걱으로 으깨어 준비한 화이트 와인을 부은 다음 잠시 후 찬물을 붓고 향신료를 넣어 뚜껑을 덮어 약간 익힌다. 그 다음 천천히 끓이면서 거품을 제거하고 뚜껑을 열어 약 45분 동안 졸인 후에 끓인 육수를 고운천으로 걸러서 이용한다.

4) 가금 육수(Fond de Gibier Brun ; Brown Game Stock)

(1) 가금 육수 재료

가금육은 소화시키기 쉽고 단백질, 지방, 비타민, 무기질의 영양이 골고루 함유되어 있어 육수로 아주 좋다. 가금 육수의 재료는 가금류의 뼈나 고기(Bone and Meat), 동물 기름(버터), 맑은 물, 야채(Mirepoix), 양파(Onions), 당근(Carrots), 리크(Leeks), 양파(Onion), 다임, 파슬리 줄기(Parsley Stems), 설탕, 쥬니퍼 베리(Juniper Berries), 화이트 와인이다.

(2) 가금 육수 조리과정

흐르는 물에 깨끗이 처리한 가금육과 뼈를 로스트 팬에 깔고 버터를 발라서 100℃ 되는 오븐에 넣고 갈색이 나도록 잘 굽는다. 가금 재료의 약 3/4 정도 로스팅이 끝나면 야채 (Mirepoix)를 뼈 위에 얹어서 굽는다. 갈색이 된 뼈를 용기(Pot)에 넣어 찬물과 화이트 와인을 로스팅 팬에 붓고 천천히 끓이면서 거품을 제거한다. 양파와 부케가르니(Bouquet Garni)를 첨가하여 5시간 동안 끓인 후 고운 천에 거른 다음 찬물에 식힌다. 육수가 완성되면 생산 날짜와 봉함을 한 후 냉장 보관한다.

4. 소스를 위한 재료

소스를 만들기 위해서는 리에종(Liaison)이 필요한데, 리에종은 소스나 수프를 걸쭉하게 하여 농도를 내며 풍미를 더해 주는 것으로 두 개의 물질을 결합시켜 새로운 하나의 물질을 만들어 맛, 색깔, 농도를 조절하기 위함이다. 일반적으로 버터, 루(Roux), 크림, 스타치(Starch) 등이 많이 이용된다.

1) 루(Roux)

루(Roux)는 스톡(Stock)과 결합하여 소스 생산에 이용되는데 가장 대표적인 형태로 밀가루와 버터를 통일한 양을 사용하여 만들어진다. 루의 종류에는 루 블랑(Roux Blanc), 루 블론 드(Roux Blond), 루 브르(Roux Brun) 등 3 종류가 있다.

루(Roux)의 재료는 버터와 밀가루를 재료로 만드는데, 밀가루와 버터를 1:1의 비율로 섞어서 만든다. 루(Roux)의 조리법은 두꺼운 냄비에 버터와 밀가루를 넣어 타지 않게 원하는 색을 내서 윤택이 나게 만든다. 버터를 그대로 사용하면 리에종의 효과가 감소됨으로 용기를 서서히 가열하여 그 안에 버터를 반고체 상태로 녹인 것의 50%와 체로 걸러서 잘 정제된 밀가루 50%를 넣고 나무주걱을 이용하여 덩어리가 지지 않도록 잘 저어서 밀가루에 버터가 완전히 포화상태가 될 때까지 볶아서 완성시킨다.

(1) 루 블랑(Roux Blanc ; White Roux)

제조 방법은 앞에서 설명한 바와 같으며 화이트 소스(White Sauce)를 만들기 위해 사용되므로 색깔이 갈색이 되지 않도록 흰색에 가깝게 만든 것이다.

(2) 루 브론드(Roux Blond)

제조 방법은 앞에서 설명한 바와 같으며, 벨루떼Weloute)를 만드는데 사용되므로 루 블랑(Roux Blanc)보다는 약간 짙은 색깔이며 루 브르(Roux Brun)보다는 넓은 중간 정도의 색상이다.

(3) 루 브르(Roux Brun ; Brown Roux)

제조 방법은 동일하고 가장 짙은 색상이며, 갈색 소스(Fond de Veau Brun; Brown Sauce)를 만드는데 사용한다.

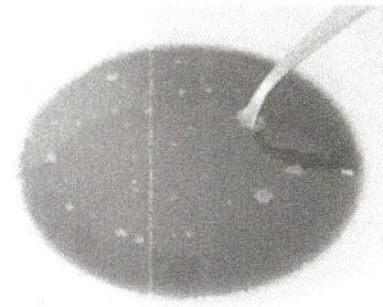

이러한 루를 만들 때 주의 사항은 차가운 루(Roux)에 뜨거운 스톡(Fond)을 섞어 사용하거나 뜨거운 루(Roux)에 차가운 스톡(Fond)을 섞어 사용하며 루와 스톡의 온도가 같게 하지는 않는다. 왜냐하면 온도가 동일할 경우 잘 풀리지 않기 때문이다.

2) 스타치(Starches)

스타치는 응집력과 광택이 훌륭한 농축제로써 옥수수 스타치(Corn Starch), 에로우 루트 스타치(Arrow Root Starch), 타피오카 스타치(Tapioca Starch), 라이스 스타치(Rice Starch) 등이 있다.

(1) 옥수수 스타치(Corn Starch)

모든 목적에 적합하며 가격이 저렴하나, 조리 시 사용하면 옥수수맛이 날 우려가 있다.

(2) 에로우 루트 스타치(Arrow Root Starch)[11]

광택이 아주 우수하나 소스에 사용하기에 가격이 약간 비싸다. 요리에 사용할 경우 좋은 품질을 유지시킨다.

(3) 타피오카 스타치(Tapioca Starch)[12]

에로우 루트(Arrow Root)와 유사하며 가격도 저렴하여 주방에서 사용하기가 용이하다.

---

11) 열대 아메리칸산의 마란타 속의 다년초로 거기서 채취한 녹말을 말한다.
12) 카사바의 뿌리에서 만든 식용녹말

(4) 라이스 스타치(Rice Starch)

맑고 투명한 소스에는 사용하기 어려우나 비스큐 수프(Bisque Soup) 등 진한 수프(Thick Soup)에는 루 대용으로 사용하기도 한다. 쉽게 변질되는 것이 약점이다.

3) 부르 마니(Beurre Manie)

밀가루와 버터의 비율을 1 : 2로 혼합하여 사용하며, 너무 과도하게 끓이면 분리 현상이 난다.

4) 에그 욕(Egg Yolk)

계란 노른자를 그릇에 담아서 거품기로 친 후 크림을 첨가하여 사용하기도 한다. 수프나 소스의 완성 단계에 섞어서 사용하며 절대 끓여서는 안 된다.

5) 브루드(Blood)

일반적으로 돼지피(Pork Blood), 바다가재(Lobster), 가금(Game) 등을 사용하며, 사용 방법은 에그 욕(Egg Yolk)과 동일하다. 장시간 보관의 필요성이 있을 때에는 혈액 응고제를 섞는 경우도 있다.

6) 야채 퓌레(Vegetable Purée)

현대에 와서 많이 사용하며 향과 영양 가치를 살릴 수 있는 장점이 있다.

7) 버터(Butter)

버터는 소스의 농도를 조절하여 줄뿐만 아니라 소스의 맛을 풍부하게 하여 준다. 이러한 이유 때문에 크림 소스(Cream Sauce) 등 모든 소스에 이 방법을 사용하고 있다. 사용 시 주의할 점은 가급적 낮은 불에 하여야 하며, 소스의 표면이 너무 뜨거울 경우 분리현상이 일어날 수 있다.

8) 크림(Cream)

흰색 소스(White Sauce) 계통에 많이 사용한다.

9) 화그라(Foie Gras)

헤비크림(Heavy Cream)과 화그라(Foie Gras)는 1:2 비율로 혼합한다. 거품기를 이용하여 이 혼합물을 소스에 첨가한다.

5. 소스의 종류

소스는 소뼈, 닭뼈, 생선뼈, 야채, 향신료 등을 물과 함께 끓여 우려낸 스톡(Stock)과 소스에 들어가는 여러 가지 부재료들(Accessory Elements)에 의하여 다양한 파생소스가 나온다. 소스는 복잡하고 이해하기 어렵지만 기본 모체소스를 잘 익힘으로써 모체소스에서 파생되는 소스를 파악하는 방법이 더욱 효과적이다.

소스의 종류는 수백 종에 이르나 기본적으로 크게 나누어 베샤멜 소스(Bechamel Sauce), 벨루떼 소스(Veloute Sauce), 에스파뇰 소스(Espagnole Sauce), 토마토 소스(Tomato Sauce), 홀랜다이즈 소스(Hollandaise Sauce) 등 5가지 모체 소스로 나눌 수 있다.

1) 베샤멜 소스(Bechamel Sauce)

베샤멜 소스는 프랑스의 루이 14세의 요리장이었던 베샤멜이 창안한 것으로 흰색 소스의 기본이다. 베샤멜 소스는 루(Roux)[13]에 밀크를 넣고 끓이면서 소금, 후추, 양파, 너트멕(Nutmeg), 월계수잎(Bye Leaves) 등을 넣어 약한 불로 1시간 정도 서서히 끓인 후에 고운 천으로 거른다. 베샤멜 소스는 생선이나 야채요리에 많이 제공되고 베샤멜 소스에서 파생되는 소스는 모르네이 소스(Momay Sauce), 크림 소스(Cream Sauce), 수비즈 소스(Sauce Soubise), 파리잔느 소스(Parisienne Sauce), 찬틸리 소스(Chammy Sauce), 아울레 소스(Amore Sauce) 등이 있다.

(1) 모어네 소스(Mornay Sauce)

베샤멜 소스를 기본으로 하여 계란 노른자(Egg Yolk)와 그릴에 치즈를 갈아서 주재료로 만든 소스이다.

13) 루(Roux)는 밀가루와 버터를 동일한 양으로 볶은 것을 말한다.

(2) 파리잔느 소스(Parisienne Sauce)

베샤멜 소스에 크림과 양송이 버섯을 다져서 넣고 만든다.

(3) 크림 소스(Créme Sauce)

베샤멜 소스에 후레쉬 크림(Fresh Cream)과 계란 노른자(Egg Yolk)을 넣고 끓인다.

(4) 아울레 소스(Aurore Sauce)

크림소스(베샤멜 소스+크림)에 토마토 페스트(Tomato Paste)를 넣어서 만든다.

(5) 찬틸리 소스(Chantilly Sauce)

베샤멜 소스에다 휘핑크림을 넣어서 만든다.

(6) 수비즈 소스(Soubise Sauce)

베샤멜 소스에 양파, 소금, 후추, 설탕과 생크림을 넣는다.

[그림 9-7] **베사멜 소스의 과정**

■재료(400cc)

버터 35g, 밀가루 35g, 우유 500cc, 소금, 후추가루 약간

■만드는 방법

❶ 냄비에 버터를 넣고, 중간불에 녹인다.
❷ 잘 체질한 밀가루를 한번에 넣고 약한 불에서 나무주걱으로 섞으면서 타지 않도록 한다.
❸ 밀가루가 풀려서 미끈미끈하게 될 때가지 쿠킹하여 화이트 루(Roux Blanc)를 만든다. 그리고 루(Roux)를 식혀 둔다.
❹ 우유를 끓인다.

❺ ❸의 냄비를 재차 중간불에 놓고, ❹의 우유를 한번에 전부 첨가하여 거품기로 잘 저어준다.
❻ 끓으면 불을 약하게 하고 나무주걱으로 섞으면서 잠시 익힌다. 소금, 후추가루로 맛을 내고 체로 거른다.

■사진 설명
❶ 중간불로 버터를 녹이고, 밀가루를 한번에 첨가한다.
❷ 불을 약하게 하고, 나무주걱으로 섞으면서 타지 않도록 한다.
❸ 미끈미끈하게 될 때까지 익히고, 큰 그릇에 물을 넣고 그 속에 냄비를 얹어 불 위에 둔다.
❹ 비등 직전까지 쿠킹한 우유를 한번에 첨가하고, 체로 잘 섞는다.
❺ 잠시 익혀서 맛을 내고 거른다.

2) 벨루떼 소스(Veloute Sauce)

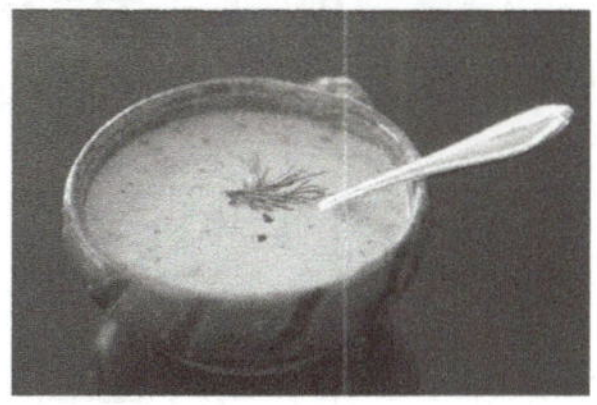

벨루떼 소스는 야채를 버터에 볶아서 루(Roux)에 넣고 화이트 송아지 스톡을 넣어 1~1시간 30분 정도 약한 불로 끓여서 만든 크림 소스로 베샤멜 소스와 유사한 기본 소스이다. 사용하는 스톡의 종류에 따라서 생선 스톡을 넣으면 피시 벨루떼(Fish Veloute)가 되고, 치킨 스톡을 넣으면 치킨 벨루떼(Chicken Veloute)가 된다.

베샤멜 소스에서 파생된 소스는 카푸레 소스(Sauce Aux Carpes), 버섯 소스(Sauce Aux Champignons), 소스 쉬 프림(Sauce Supreme), 소스 쉬브리(Sauce Chivry), 리키 소스(Riche Sauce), 베르씨 소스(Berey Sauce), 소스 홍그르와즈(Sauce Honggmise) 등이 있다.

(1) 소스 알망드(Sauce Allemande)

화이트 송아지 스톡을 이용하여 만드는 소스로 벨루떼에 화이트 스톡이나 생선 스톡을 선택하여 소금과 양송이 부스러기를 넣고 미지근한 불로 바닥이 타지 않게 계속 저어 주면서 원하는 농도와 윤기를 맞춘다.

(2) 베르씨 소스(Bercy Sauce)

양파를 다져서 넣은 생선 스톡에 백포도주와 버터, 파슬리 다진 것을 가미한다.

(3) 카푸레 소스(Aux Carpes Sauce)

벨루떼 소스에 계란 노른자, 크림, 레몬 주스를 넣은 다음 서서히 끓인 후 식초와 케이퍼(Caper)를 넣는다.

(4) 소스 쉬브리(Chivry Sauce)

생선 요리나 찬 오드블에 사용하는 소스로 생선 벨루떼에 화이트 와인, 타라곤, 파슬리, 버터, 소금, 후추 등으로 만든 소스이다.

(5) 홍그르와즈 소스(Honggmise Sauce)

쉬프림 소스에 양파, 버터, 파프리카, 화이트 와인을 부케가르니에 넣고 졸인 후에 벨루떼를 넣는다.

(6) 소스 쉬프림(Suprame Sauce)

치킨 벨루떼를 졸인 후 크림을 추가하고 한 번 더 졸여서 버터를 넣고 거른다. 버터 대신 버섯 국물과 레몬 즙을 넣어서 만들기도 하는데 주로 생선 요리에 사용한다.

(7) 리키 소스(Riche Sauce)

알망드 소스에 다진 파슬리와 레몬 즙을 넣는다.

(8) 버섯 소스(Aux Champignons sauce)

알망드 소스에 양송이를 볶아서 넣어 만든 소스이다.

3) 에스파뇰 소스(Espagnole)

스페인식 소스로 육류 요리에 많이 사용되어지는데 갈색 브라운 스톡에 버섯, 양파, 당근 을 볶아서 넣고 나중에 토마토 퓌레(Purée)[14]를 가미하여 2~3시간 약한 불에 끓여서 만든 갈색 소스로 그레비(Gravy) 소스라고도 하며 브라운 소스의 기초 소스이다. 에스파뇰에서 파생된 소스는 다아안 소스(Dianne Sauce), 마드리아 소스(Madere Sauce), 피쿠안 소스(Piquance Sauce), 로버트 소스(Robert Sauce), 진가라 소스(Zingara Sauce), 포토 소스(AuPorto Sauce) 등이 있다.

14) 퓌레는 야채를 잘게 부순 것을 말한다.

(1) 다이안 소스(Dianne Sauce)

다진 양파와 통후추, 적포도주를 적당히 혼합한 후에 그레비(Gravy) 소스를 첨가하여 계란 흰자와 트러플(Truffle)을 넣는다.

(2) 마드리아 소스(Madere Sauce)

그레비(Gravy)에 포르투갈의 포트와인인 마드리아와 양파를 다져 만든다.

(3) 피쿠안 소스(Piquance Sauce)

그레비 소스에 양파, 화이트 와인, 식초, 타라곤, 피클, 아메리칸 페퍼를 넣는다.

(4) 로버트 소스(Robert Sauce)

그레비, 다진 양파, 화이트 와인을 잘 혼합하여 끓인 후 겨자와 레몬 주스를 넣는다.

(5) 진가라 소스(Zingara Sauce)

그레비, 다진 양파, 화이트 와인, 토마토 소스를 잘 혼합하여 끓인 후 피클, 햄, 타라곤을 넣어서 만든다.

(6) 포토 소스(Au Porto Sauce)

그레비에 포트 와인을 사용하여 만든다.

4) 토마토 소스(Tomato Sauce)

토마토 소스는 화이트 스톡에 토마토 페스트와 당근, 마늘, 양파, 부케가르니, 베이컨 등을 브라운 루에 함께 넣고 끓이면서 스파이스를 넣은 후에 2시간쯤 끓인 다음 설탕을 첨가한다. 토마토를 주원료로 하여 색은 붉은 색깔이며, 돼지고기나 밀가루 음식에 많이 사용한다. 토마토 소스가 기초가 되어서 파생되는 소스로는 포르투갈 소스(Portugaise Sauce), 프로 벤살 소스(Provencale Sauce), 뽁뒤게즈 소스(Portugaise Sauce), 꿀리 드 토마트 소스(Coulis De Tomate Sauce) 등이 있다.

(1) 포르투갈 소스(Portugaise Sauce)

올리브 오일로 양파를 익힌 후에 토마토를 마늘과 함께 뚜껑을 덮고 잠시 끓인 후에 토마 토 패스트와 다진 파슬리, 버터를 가미한다.

(2) 프로벤샬 소스(Provencale Sauce)

양파 다진 것과 화이트 와인, 껍질을 벗긴 토마토에 마늘을 꽂아 놓아 토마토 패스트를 넣고 끓인 후에 올리브 오일, 양송이, 파슬리 다진 것을 넣는다.

(3) 뽁뛰게즈 소스(Portugaise Sauce)

양파를 크게 다져서 오일에 연한 갈색으로 만든 후에 토마토 꽁까세(Concasse)[15]를 넣고 약 15분 정도 익혀서 마늘, 후추, 설탕, 파슬리를 다져 넣고 20분 정도 익힌다.

(4) 꿀리 드 토마트 소스(Coulis De Tornate Sauce)

양파, 당근을 작은 주사위 모양으로 잘라서 버터로 숨을 죽이고 물을 첨가한 후에 토마토를 넣고 소금, 설탕, 후추로 양념을 하고 부케가니를 넣는다

5) 홀랜다이즈(Hollandaise)

버터를 주재료로 사용하는 대표적인 소스로 계란 노른자와 후추(Black Pepper), 월계수 잎(Bye Leaves), 양파, 기름을 넣고 레몬주스, 소금을 가미하여 양념한 후에 고운 천으로 걸러서 만든 기초 소스로 모슬린 소스(Mousseline Sauce), 말타이즈 소스(Maltaisc Sauce), 베어네어즈 소스(Bearnaise Sauce) 등이 있다.

(1) 모슬린 소스(Mousseline Sauce)

홀랜다이즈 소스에 휘핑 크림을 얹어서 만든 소스이다.

15) 꽁가세는 야채를 으깬 것을 말한다.

(2) 말타이즈 소스(Maltaise Sauce)

홀랜다이즈 소스에 오렌지 주스와 잘게 싼 오렌지 껍질을 얹어 만든 소스이다.

(3) 베어 네어즈 소스(Bearnaise Sauce)

홀랜드 소스에 파슬라와 타라곤을 섞어서 만든다.

(4) 초론 소스(Choron Sauce)

베어네어즈 소스에 토마토 퓌레(Tomato Purée)를 소테(Saute)하여 넣고 섞는다.

6. 테이블 소스

요리사들이 직접 만드는 후레쉬 소스 외에도 대량으로 생산되어 유통되는 기성품 소스도 다양하게 제공되며 고객들이 즐겨찾기 때문에 여러 가지를 준비해야 한다.

❶ 핫 소스(Hot Sauce)

고추, 식초, 소금으로 만든 매운 소스이다.

❷ 타바스코 소스(Tabasco Sauce)

핫소스와 유사한 것으로 핫소스에 비교하여 매운 맛이 더욱 강한 소스이다.

❸ 토마토 케첩(Tomato Catchup)

토마토, 식초, 소금, 양파, 향료 등으로 만든 소스로 핫도그, 샌드위치 등에 많이 곁들인다.

❹ 우스터셔어 소스(Worcestershire Sauce)

우스터셔어는 영국 남서부주의 이름으로 일반적으로 우스타소스로 부른다. 우리나라의 간장과 흡사한 것으로 식초, 당밀, 설탕, 양파, 향초, 멸치젓을 재료로 만든다

❺ A-1 소스(A-1 Sauce)

육류 요리에 곁들이는 소스로 토마토, 식초, 건포도, 소금, 오렌지, 마늘, 향초 등으로 만든다.

❻ **하인즈 57 소스**(Heinz 57 Sauce)

치킨, 스테이크, 바베큐 요리에 주로 사용되며, 토마토, 식초, 설탕, 소금, 사과, 카레, 양파, 마늘 등으로 만든다.

7. 소스의 서비스

요리에 따라서 소스의 종류가 다양함으로 소스의 서브도 알맞게 이루어져야 한다. 소스는 고객의 왼쪽에서 서브하고 일반적으로 묽은 소스류는 주요리에 골고루 끼얹어 드리고, 농도가 진한 소스류는 주요리에 끼얹지 말고, 주요리 옆, 접시의 빈 부분에 덜어준다. 그외 기본 테이블 소스(Mustard, Tabasco, Worcestershire Sauce, A-1 Sauce, Chili Sauce, Tomato Ketchup 등)는 사전에 서비스 스테이션 또는 사이드 테이블에 준비하여 고객이 요구할 때는 즉시 제공토록 하며, 서브하기 전에는 마개를 열어 병입구가 깨끗한지 확인한 후 상표가 고객 앞으로 오도록 하여 고객 우측 가까이 테이블에 놓아 드린다. 또한 팔메산 치즈(Parmesan Cheese), 후레쉬 페퍼(Pepper Mill), 샐러드 드레싱 등은 고객의 요구 시 요리에 적당량을 뿌려 준다.

제10장

호텔 식당별 운영관리

제1절 한식당(Korean Restaurant) 운영관리

1. 한국 요리의 개요

세계 모든 민족의 식생활은 지리적, 사회적, 문화적 환경의 변천에 의하여 발전되어 왔으며, 음식의 문화는 민족의 태동과 시대를 같이 함으로 우리 요리의 역사는 약 5000년 전으로 거슬러 올라간다.

한국의 지리적 위치는 중국대륙과 일본열도 사이에 위치한 반도국가로서 교량적 역할을 하게 되었으며, 전통적으로는 대륙의 영향을 많이 받았지만 근대와 현대로 넘어오면서 일본을 통해 들어온 식문화의 영향도 무시할 수 없다. 한국 음식은 삼면이 바다로 둘러싸인 해변 지역에서 풍부한 수산자원과 지역에 따라 생산되는 다양한 농수산물 및 사냥과 가축의 사육을 주축으로 향토성이 짙은 음식들이 창출되었다.

대륙적인 기후와 사계절의 구분, 자세, 계절풍의 영향에 의한 강우량의 분포, 습도, 일조량 등 다면적인 기후를 이루고 있어서 다양한 곡물이 산출되어 이들을 이용한 식생활 요리가 발달하게 되었다. 외세에 따른 새로운 문물 도입에 영향을 받으면서 향토음식, 궁중음식, 민간신앙 음식, 관혼상제 음식, 사찰음식, 계절음식, 발효음식, 떡, 과자 등 분야별로 변화의 과정을 거치면서 독특한 조리기술 개발과 상차림 및 독창적인 식기 문화의 변천과 더불어 우리의 식문화가 발전되었다고 할 수 있다.

선조들의 지혜와 슬기로움이 음식에 잘 배합이 되어 영양과 맛을 바탕으로 음식이 잘 발달되어 왔으나 육류식품의 부족이 그 결점이다.

2. 한식의 특성

한국음식은 농경문화의 특성과 농경문화가 잘 반영되어 있고, 모든 식사에 탕을 곁들이는 식문화가 발달되었다. 이런 배경 하에서 궁중음식, 반가음식(班家飮食), 서민음식을 비롯하여 여러 지역에 따른 향토음식의 조리법이 많이 발달하였다.

주식과 부식의 구별이 뚜렷하고, 음식의 재료를 잘게 썰거나 다지는 방법이 음식 조리에 두루 쓰인다. 조리법이 복잡하나 대부분 미리 썰어서 조리하는데 고명이나 조미료, 향신료의 이용이 섬세하나 음식마다 비슷하게 사용한다. 그 외에도 다른 음식에서 마늘, 생강, 파, 겨자 등 자극성이 강한 양념을 많이 쓴다.

❶ 고춧가루를 비롯하여 마늘, 생강, 파, 겨자 등 자극성이 강한 양념을 많이 쓴다.

❷ 채소류의 음식과 발효음식이 발달했다.

❸ 전 요리가 발달했다.

❹ 음식은 처음부터 상위에 차려져 나온다.

❺ 음식을 담는 그릇에 중심을 두고 양을 책정한다.

❻ 식후에 숭늉을 마신다.

❼ 조식과 석식의 비중을 많이 둔다.

❽ 식사의 기준이 그릇 위주이다.

3. 한국 요리의 종류

1) 주식류

(1) 밥

밥은 한국요리를 구성하는 으뜸으로 쌀을 기본으로 쌀만으로 밥을 짓던지 아니면 보리, 조, 채소류를 알맞게 섞거나 곁들여 짓는 방법이 있으며, 그 종류로는 흰밥, 보리밥, 잡곡밥, 팥밥, 콩밭, 차조밥, 오곡밥, 찰수수밥, 감자밥, 고구마밥, 밤밥, 찰밥, 김치밥, 무밥, 콩나물밥, 비빔밥, 볶음밥, 약밥 등 다양하다.

(2) 죽(粥)

죽은 밥이나 면류보다도 간단한 조리 덕택에 일찍부터 먹어 왔다고 생각되는데, 곡물을 주재로 부재료가 될 수 있는 식재료를 넣고 끓인 반유동식의 음식이다.

우리나라에서는 농경문화가 싹틈에 따라서 토기에다 물과 곡물을 넣고 가열한 것이 그 유래이다. 죽은 종류에 따라서 보양식, 환자식, 이유식으로 이용되어 왔다. 죽은 재료가 다채롭고 그 종류도 다양하여 흰죽, 두태죽, 장국죽, 어패류죽, 비단죽, 미음, 응이[16] 등으로 분류할 수 있다.

(3) 면류

면류는 국수를 일컫는 말로 전통적인 한국의 음식에서는 면류의 음식이 활성화되지 못하였는데, 그 이유는 한반도가 풍토상 밀농사가 적합하지 못하였기 때문이다. 우리나라의 전래 풍습에서는 면요리가 생일, 혼례, 빈례용 음식이었다. 국수 장국상에서는 전, 잡채, 병과류, 음청류와 같은 음식을 기본 품목으로 하고 면류를 놓는다.

❶ 국수

면류에는 대개 점심에 차리는 음식으로 냉면, 온면, 비빔국수가 있는데, 생일날의 점심에는 장수를 비는 뜻으로 반드시 면류를 장만한다. 국물은 육수를 사용하고 국수의 재료는 온면에는 밀가루와 녹말가루를 섞어 만든 녹말국수가 원칙이나 근래에는 대개가는 밀가루를 사용하고 있다. 냉면용 국수로는 메밀국수와 녹말가루를 혼합하여 만든 국수가 사용되며, 비빔국수로는 온 · 냉면국수 모두가 사용된다.

❷ 만두

밀가루 반죽을 모양을 내어 속에 원하는 내용물을 넣어 빚은 형태로 육수에 삶은 교의라는 만두가 있고, 밀가루 반죽을 네모 반듯하게 만들어 네 귀를 서로 붙여서 세모꼴

16) 재료를 곱게 갈아서 앙금을 만들어 죽을 만든 음식을 말함

로 만들어 찐 편수가 있는데, 만두는 겨울에 좋고 편수는 복중의 요리 중 하나이다. 이외에 밀가루 반죽 대신에 생선을 얇게 저며 쏙을 싼 다음 녹말가루를 묻혀서 찌는 어만두가 있다.

2) 부식류

(1) 국(湯)

국은 탕이라고 하며, 우리나라의 음식 중에서 국은 반상차림에 반드시 밥과 함께 차리는 국물요리로 기본적인 부식의 일종이다. 국과 탕은 동일한 말이며 찌개와는 구별이 되는데, 찌개가 국물이 적고 약간 짠데 비해서 국은 찌개보다 싱겁다.

국은 맛과 간을 맞추는 재료에 따라서 맑은 장국, 토장국, 곰국, 찬국 등으로 크게 나눌 수 있는데, 국을 선정할 때에는 계절, 밥의 종류와 반찬의 내용 등에 따라서 맛과 색채감, 영양소가 균형을 이루도록 고려해야 한다.

(2) 찌개

찌개를 궁중용어로 조치라 하는데, 찌개는 밥반찬으로 밥상에 올리는 반찬을 의미한다. 찌개는 국에 비하여 건더기가 많고 국물이 적으며 간이 짠 밥반찬으로 3첩 반상에는 올리지 않고, 5첩 반상에는 한 종류, 7첩 반상에는 두 종류의 찌개를 놓는데 쌍조치에는 하나는 새우젓찌개, 다른 하나는 된장이나 고추장찌개로 한다.

찌개는 쌀뜨물에 새우젓국으로 간을 맞춘 젓국찌개, 된장, 고추장찌개가 있는데 고추장찌개에는 육류, 버섯, 생선류, 두부 등이 쓰이며, 쌀뜨물에 된장으로 간을 맞춘 된장찌개는 우거지나 산나물 등의 푸성귀가 잘 어울리는데 넣는 재료에 따라서 그 종류가 대단히 많다.

(3) 구이

구이는 고기, 생선, 야채를 요리하기 좋게 다듬어 불에 굽는 요리로 우리나라 음식에서는 구이 조리방법에는 대체적으로 소금, 간장, 기름, 술, 식초, 깨소금 등으로 양념을 잰 후에 굽는 법과 식재료의 표면에 칼자국만 내어서 소금이나 양념을 바르면서 굽는 방법이 있다. 생선구이는 긴 꼬챙이를 생선 입에서 길이로 꽂아서 구웠고 조미료는 소금, 간장, 기름, 술을 썼으며, 비린내가 많은 생선류에는 생강을 썼다.

현재 구이의 대표적인 것은 육류로는 불고기, 제육구이, 돼지갈비구이가 있고, 생선과 어패류로는 삼치, 조기, 민어구이가 있고, 채소구이의 대표적인 것은 김, 미역 등이 있으며, 구이의 가장 대표적인 것은 불고기로 궁중에서는 너비아니라 했다.

(4) 찜

찜은 수조육류, 어패류, 채소류에 다양한 양념을 하여 적은 양의 물에 재료를 삶아서 익히거나 기름에 지져서 구운 후에 재료를 덮을 만큼 다시 국물을 붓고 무르게 익히면서 양념을 하고 간이 어울릴 때까지 중탕으로 끓여서 국물을 조린 후에 고명을 얹어서 뜸을 들인 후 찜그릇에 담아서 알지단과 실백 등을 얹는다.

찜은 뼈째로 익혀서 맛이 농후하며 소화하기도 쉬운 고급요리이다. 종류로는 갈비찜, 전복찜, 도미찜, 닭찜, 우설찜, 송이찜, 죽순찜, 가지찜 등 다양하며 모양 그대로 찜을 하는 것이 많다.

(5) 선

찜과 유사한 조리방법으로 차이점은 재료에 칼집을 적당한 간격으로 내어 만들고 선은 만든 후에 찜에 비하여 국물이 적다. 선을 만드는 주재료는 호박, 오이, 가지, 배추, 두부와 같은 재료에 초장과 겨자집(겨자, 간장, 물)으로 소고기, 버섯 등으로 소[17]를 넣어서 육수를 조금 부어 익혀 낸다. 애호박선, 오이선, 가지선, 두부선 등이 있다.

(6) 조림과 초

조림은 생선, 고기, 두부, 감자 등의 재료를 큼직하게 썰고 간장 또는 고추장을 섞어서 조린 음식으로, 밥반찬에 적합한 것으로 현재는 일반화되어 있으나 그 역사는 비교적 짧다.

궁중요리로는 조리니라는 조림의 간은 주로 간장으로 하나 고등어, 꽁치, 전갱이 등과 같은 살이 붉고 비린내가 강한 생선은 간장에 고추장을 섞어서 조린다.

---

17) 속은 속재료로 곱고 짧게 채썰어 양념하여 선 속에 고명으로 사용하는 것

조림과 비슷하면서 다른 이름을 가진 것이 초이다. 초란 조림과 비슷한 요리방법을 이용하되 조림의 국물에 녹말가루를 넣어 익혀서 재료에 엉기도록 한 것으로 전복초, 홍합초 등이 있다.

(7) 적(산적)

적이란 어패류, 야채, 고기를 꼬챙이에 꿰어서 굽는 음식의 총칭이다. 예로부터 우리나라는 농업국이면서도 수렵과 어로에 능하여 수조육류를 다루는 기술과 조리방법이 숙달되어 고기음식이 발달되었으며, 오늘날 불고기의 뿌리가 되기도 하였다.

고전에는 무척 많은 적을 볼 수 있었는데, 그 종류로는 육산적, 어산적, 섭산적, 닭산적, 송이산적, 떡산적, 화양적, 두릅산적 등이 있다.

(8) 전(전유어)

전은 고기, 생선, 채소 등의 재료를 다지거나 얇게 저며서 소금, 후추로 간을 하여 밀가루, 달걀을 입혀서 팬에 기름을 두르고 열이 잘 통하도록 납작하게 양면을 지져내는 것이 통례이다. 궁중요리에서는 전유어(煎油魚), 전유화(煎油花)라 하였으며, 그 종류로는 파전, 김치전, 두릅전, 게전, 굴전, 조개전, 새우전, 동태전 등 대단히 많다.

(9) 회

회는 육류나 야채, 특히 어패류를 조리하지 않은 채로 먹는 생회, 살짝 데쳐서 회즙에 찍어 먹는 숙회 그리고 가는 실파와 연한 미나리에 편육 버섯 등을 가늘게 썰어 끼워서 말아 먹는 강회로 구분한다. 회를 찍어 먹는 장으로는 겨자즙, 초간장, 초고추장 등을 쓰고 있으나 고추가 사용되기 전에는 겨자즙에 생강, 파, 산초 등을 섞어서 썼다. 최근 생선회의 모습은 일본회와 유사하여 크기가 큼직하고 두툼하다.

(10) 편육

편육은 소고기의 양지머리, 정정육, 사태육, 우설 등과 돼지고기의 돼지머리, 젖통, 삼겹살 등을 통째로 푹 삶아서 베보자기에 싼 다음 큰 돌로 눌러 굳힌 고기를 얇게 저며서 초장이나 겨자에 찍어 먹는 것이다. 삶은 국물은 국으로 이용하고 편육은 숙육이라고도 한다.

(11) 젓갈

젓갈은 김치와 더불어 독특한 맛과 풍미를 돋우는 대표적인 저장식품으로 주로 어패류로 만든 염장식품이다. 젓갈은 반찬용으로 멸치, 조기, 황새기, 잔새우 같은 생선은 김치용 젓갈로 담근다.

소금에만 담근 것, 소금과 고춧가루에 담근 것으로 크게 나누어지는데, 숙성 중에 생기는 자체효소에 의한 소화작용과 발효작용을 일으키는 삭은 맛이 별미이고 뼈째로 담가서 숙성 중에 뼈가 연해지므로 일종의 칼슘의 근원 식품이기도 한다.

(12) 튀각과 부각

주재료는 다시마, 김, 미역 등을 비롯하여 철마다 생산 혹은 자생하는 신선식품 중 수분이 적고 향미가 있는 것이 사용되었다.

(13) 김치

김치류는 각종 채소류를 소금에 절이고 물에 씻어 젓갈, 고춧가루, 마늘, 파 등으로 양념을 하여 발효시킨 것이다. 우리 음식의 가장 대표적인 식품으로 재료는 무, 배추가 대표적인데, 재료에 따라서 매우 다양하다. 계절로 보아 가을, 겨울에는 통김치, 봄에는 나박김치, 여름에는 오이소박이, 열무김치가 제철이다. 명칭상으로 조사된 김치류는 배추김치류 11종, 무김치류 21종, 나물김치 20종, 물김치류 19종, 기타 김치류 46종 등 117종에 달하고 깍두기류 16종, 동치미류 10종 등 모두 143종이나 된다.

4. 한국 요리의 서비스 방법

1) 상차림의 형식

우리나라 식생활에는 상차림이 갖추어진 시기는 조선시대라 할 수 있다. 한국의 일상 음식 상차림은 전통적으로 독상이고, 목적에 따라서 반상, 면상, 주안상, 교자상, 돌상, 큰상, 제상 등의 형식이 있다.

우리나라 음식의 상차림에 가장 큰 특징은 서양음식이 시간적 간격을 두고 제공하는 시계열형이지만 한국음식은 동시에 함께 차려내는 공간전개형을 특징으로 한다.

(1) 반상

반상은 밥을 주식으로 하고 준비한 찬을 올려놓는 형식의 상이다. 식사는 밥, 탕, 김치, 조치(찌개, 찜) 등 기본식과 반찬류, 후식으로 구성되고 반찬의 가지 수를 첩수라 하여 밥, 국, 김치, 조치, 종지(간장, 고추장, 초고추장 등)를 제외한 수에 따라 3첩 반상, 5첩 반상, 7첩 반상, 9첩 반상, 12첩 반상으로 나뉜다.

❶ 3첩 반상

3첩상은 있는 음식을 있는 그대로 적당히 먹던 서민의 상차림으로 밥, 탕, 김치, 장이 기본식이고, 기본식 외에 3가지의 찬품이 제공되나 조치는 제공되지 않는다.

기본식 : 밥, 국, 김치, 장(조치는 없음)

반찬 : 기본식을 제외한 3가지의 찬품을 내는데 생채, 숙채, 구이 혹은 조림을 낸다.

후식 : 단 것, 과일, 차

❷ 5첩 반상

밥, 국, 김치 2가지, 장, 찌개 외에 5가지 찬품을 내는 반상이다.

기본식 : 밥, 국, 김치, 장(간장, 초간장), 조치 1가지

반찬 : 기본식을 제외한 5가지 생채, 구이, 숙채, 전유어, 마른 찬을 낸다.

후식 : 단 것(떡종류, 다과류), 과일, 차

❸ 7첩 반상

밥, 국, 김치 2가지, 장, 조치 2가지, 찜, 전골 외에 일곱 가지 찬품을 내는 반상이다.

기본식 : 밥, 국, 김치 2가지, 장(간장, 초간장, 초고추장), 조치 2가지 전골

반찬 : 기본식 외에 7가지의 찬품을 내는데 생채, 숙채, 구이, 전유어, 마른 찬, 회를 낸다.

후식 : 떡, 한과류, 과일, 차, 화채

❹ 9첩 반상

밥, 국, 김치 3가지, 장, 조치 2가지, 찜, 전골 외에 아홉 가지 찬품을 내는 반상이다.

기본식 : 밥, 탕, 김치, 장(간장, 초간장, 초고추장), 조치 2가지, 전골, 찜

반찬 : 기본식 외에 9가지의 찬품을 내는데 생채, 찜, 구이 2가지, 숙채, 전유어, 마른 찬, 회, 조림 등을 낸다.

후식 : 떡, 한과류, 과일, 차, 화채

❺ 12첩 반상

밥, 국, 김치, 장, 찌개, 찜, 전골 외에 12가지 이상의 찬품을 내는 반상으로 수라상이라고 한다.

기본식 : 밥, 탕, 김치, 장(간장, 초간장, 초고추장), 조치 2가지, 찜, 전골

반찬 : 기본식 외에 12가지의 찬품을 내는데 생채 2가지, 숙채 2가지, 구이 2가지(찬 구이, 더운 구이), 편육, 회 2가지, 조림, 수란

후식 : 떡, 한과류, 과일, 차, 화채

[그림 10-1] 한식 세팅

(2) 주안상

주류를 대접하기 위한 상으로 술안주가 될 수 있는 요리를 차리는 상으로 고객의 기호를 고려하여 장만한다. 반상의 반찬은 술안주 요리로 적합하지 않으며, 술 종류에 따라 안주용 요리도 달라지나 대체로 술안주 요리에는 여러 가지의 육포, 어포, 건어, 전류와 편육류, 신선로, 전골, 얼큰한 고추장찌개, 겨자채 같은 생채요리, 김치 등이 있다.

(3) 교자상

명절이나 잔치 축하연이나 회식, 모임 등에 쓰이는 상차림이며 많은 인원이 함께 식사하는 방법으로 쓰이는 상으로 1인용으로 작은 식기에 요리를 담는 것이 아니라 4명, 5명, 8명의 분량을 한 식기에 담는다.

대개 고급재료를 사용하여 여러 가지 음식을 많이 만들어 대접하려고 할 때 종류를 지나치게 많이 하는 것보다는 중심이 되는 몇 가지의 요리를 특별히 잘 만들고 이와 조화가 되도록 색채, 재료, 영양을 고려하여 다른 요리를 곁들이는 것이 바람직하다.

교자상을 차리는 요령은 다음과 같다.

❶ 모임의 종류나 성격에 맞는 요리를 선택한다.

❷ 손님의 식성과 기호에 맞도록 조리 방법과 요리를 선택한다.

❸ 여러 손님이 함께 식사할 수 없는 요리는 선택하지 않는다.

예를 들면 물김치, 탕, 초간장, 차, 화채 등 후식 종류이다.

(4) 장국상(면상)

국수를 주식으로 차리는 상을 면상이라 하고 점심이나 간단한 식사 때에 많이 이용하는 상으로 상업요리로는 연회용으로 차리는 상이다. 온면, 냉면, 떡국 등의 간단한 것이 주식이므로 편(떡), 숙과류 등으로 양도 보충하고 열량도 채워지도록 함이 원칙으로 되어 있다.

5. 한식당의 세팅과 서비스 방법

1) 한국 요리의 세팅

한국 요리의 세팅은 양식처럼 기물이 복잡하지 않고 숟가락과 젓가락을 기본으로 세팅한다. 반상의 배선법은 수저가 상의 오른쪽에 위치하도록 하는데, 숟가락은 앞쪽에 오고 젓가락은 뒤쪽에 오도록 하여 상 끝에서 1인치 정도 위에서 세팅한다.

식사를 서브하기 전에 상차림에 필요한 그릇, 간장, 소금, 물수건 등을 세팅해 놓고 반상기의 용도도 정확히 파악한다.

세팅에 사용되는 반상기(飯床器)의 종류를 보면 계절에 따라서 다양하지만, 반기(주발), 탕기(국그릇), 대접(숭늉, 면, 국수를 담는 그릇), 종지(장을 담는 그릇), 김치보시기, 조치보(찌개 담는 그릇), 쟁첩(반찬 담는 그릇) 등이 있다.

2) 한식당 서비스 방법

밥은 상의 위치에서 상 앞줄 왼쪽에 오게 하고 국은 오른쪽에 조치는 국 뒤쪽으로 놓는다. 김치는 상 뒤쪽에 놓이고 김치 중에서 국물김치는 오른쪽으로 오도록 하고 일반적으로 더운 음식인 국, 조치, 구이, 전 등은 오른쪽에 배선한다.

한국 요리 서비스 시 주의사항을 반상 중심으로 살펴보면 다음과 같다.

❶ 아침, 점심, 저녁을 막론하고 반상으로 접대할 때에는 반상기를 사용하므로, 요리를 담은 그릇은 반드시 뚜껑을 덮는다.

❷ 국물이 있는 요리는 오른쪽, 마른 요리는 왼쪽에 놓는 것을 원칙으로 한다.

❸ 상의 오른쪽 윗부분은 더운 요리 중 국물이 없는 요리를 놓는다.

❹ 상의 오른쪽 아랫부분에는 국이나 찌개처럼 국물이 없는 요리를 놓는다.

❺ 소스에 해당하는 간장, 초고추장, 새우젓 등의 주위에는 이들을 필요로 하는 요리를 놓아 중앙을 차지하게 한다.

❻ 손이 자주 가는 요리는 앞에 놓는다.

❼ 중간 줄은 마른 찬이나 조림 등을 놓는다.

❽ 여러 명이 식사를 할 경우 공동으로 사용하기에 미관이나 위생상 곤란한 간장, 초고추장, 밥, 탕, 물김치, 신선로 등은 각 개인에게 요리를 담아 상차림을 한다.

❾ 뚜껑이 달린 오목한 그릇인 도구가 필요한 경우 음식을 먹다가 나오는 뼈, 가시를 뱉을 수 있도록 왼편 끝에 놓는다.

⑩ 두 사람 이상이 식사를 할 경우 김치는 중심에 놓고 더운 요리와 찬 요리는 서로 대각선으로 놓아 서로가 이용하기에 불편이 없도록 한다.

⑪ 순서에 따라 요리를 낼 필요가 있는 경우 차가운 반찬, 마른 반찬, 국물 없는 더운 요리, 국물 있는 더운 요리 순으로 상에 내놓는다.

⑫ 반찬의 내용은 가능한 한 같은 조리법을 사용하여 조리한 것이 겹치지 않도록 하며, 같은 재료가 중복되지 않도록 한다.

⑬ 식사가 끝나면 식기 전부를 치우고 차와 후식을 놓는다.

제2절 중식당(Chines Restaurant) 운영관리

1. 중국 요리의 개요

중국인들은 예부터 음식에 대한 관심이 대단하여 B.C 1600년경에 은나라 탕(湯)왕 때 재상으로 있던 이윤에 의하여 본미론(本味論)이라는 요리의 전문 서적이 출판되었고, 6세기경에 전문요리 서적인 「식경(食經)」이 지금도 남아 있을 정도로 중국 요리는 그 맛과 전통을 자랑하고 있다.

중국의 역사는 많은 왕조의 흥망에 따라서 새로운 풍습과 습관이 생성되고 소멸되는 가운데 요리의 종류, 기술이 발달하였고, 중국 대륙에서 발달한 요리의 총칭으로 일명 청요리라고 한다.

중국 요리는 세계 각국에서 만들어지고 있는데, 그것은 넓은 영토와 영해에서 다양한 생산물과 풍부한 해산물을 얻을 수 있었기 때문이다. 이처럼 다양하고 좋은 재료를 이용한 요리는 불로장수를 목표로 하여 오랜 기간의 경험을 토대로 꾸준히 다듬고 연구 개발되었기 때문이다. 그러한 연구의 결과는 독특한 맛, 풍부한 영양, 식사매너의 간편함 등의 요소로 인하여 현재는 세계적인 요리로 발전하였다. 폭넓은 재료의 이용, 맛의 다양성, 풍부한 영양, 손쉽고 합리적인 조리법, 풍성한 외양 등이 오늘날의 중국 요리가 발전하는 계기가 되었다.

중국은 지역적으로 광활한 영토를 가지고 있어서 여기에서 산출되는 식재료는 그 지방마다의 독특한 지방색을 표현하게 되었다.

2. 중국 요리의 특징

중국 요리는 미각 측면을 강조하여 오미(五味)의 배합이 매우 발달하였으며 다른 요리에 비하여 색채의 조화나 요리법은 간단하다.

중국 요리의 일반적인 특성은 다음과 같다.

❶ 식재료 선택의 폭이 광범위하다

일반적인 식료품뿐만 아니라 맛을 위해서는 상어지느러미, 제비집, 곰발바닥, 원숭이골, 낙타물주머니 같은 특수 재료도 일품요리로 이용하고 있다.

❷ 맛이 다양하고 풍부하다

오미를 묘하게 배합하여 창출해내는 맛의 다양성은 세계 제일이다. 오미란 단맛, 짠맛, 신맛, 매운맛, 쓴맛의 배합이 발달되어 조화를 이루어 백미향이라고 한다.

❸ 조리기구가 간단하고 사용이 용이하다

다양한 요리 종류에 비해 요리기구의 종류가 적고 사용법이 간단하다.

❹ 찜요리가 다양하다

중국 요리에서는 찌는 조리법을 이용하여 재료의 맛을 유지하고 영양분을 보호한다.

❺ 조리 과정에서 기름을 합리적으로 많이 사용한다

중국 요리는 전체 요리에 기름을 사용한다고 해도 과언이 아닐 정도로 대부분 기름에 튀기거나, 조리거나, 볶거나, 지진 것이다. 기름은 소량의 재료에 비해 대량의 칼로리를 얻을 수 있어 합리적이다.

❻ 외양이 풍요롭고 화려하다

요리를 개별적으로 나누어 담지 않고 큰 그릇에 수북이 담아서 풍성한 여유를 느끼게 한다.

❼ 녹말을 많이 사용한다

녹말을 많이 사용하는 이유는 수분과 기름이 서로 분류되는 성질이므로 이 두 가지를 융합하는데 녹말로 처리한다.

❽ 고온으로 조미료와 향신료를 적절히 사용하여 조리한다

고온에서 가열하여 당분을 열로 변화시키면서 조미료와 향신료를 적절히 사용하여 재료의 고유한 맛과 조미료의 새로운 맛을 조화시킨다.

3. 중국 요리의 지역적 분류

1) 북경 요리(京茶 料理)

북경 요리는 정차이(京茶) 요리로도 부른다. 청조의 궁중요리에서 발전하였으며, 베이징(北京) 서쪽에서 타이완까지의 요리를 포함하여 기본이 된다. 중국 요리 중에서 가장 호화로운 장식을 한 요리로 화북평야의 광대한 농경지에서 생산되는 농산물로 소맥, 과물 등의 풍부한 각종 농산물을 주재료로 조미에는 소금으로 간을 하여 색이 없으며 기름기가 많으며 맵다. 연료로 루메이라는 화력이 강한 석탄을 사용하기 때문에 튀김요리, 볶음요리, 농후한 요리가 발달하였다. 대표적인 요리로는 오리통구이(베이징야즈), 떡(餠), 양통구이 등이 있다.

2) 남경 요리(南京 料理)

중국 중부 지역의 대표적인 요리로 난징, 상하이, 쑤소우, 양조우 등지의 요리를 말한다. 남경 요리 중 유럽풍으로 국제적인 발전을 이룩한 것이 상하이 요리로 남경 요리의 총칭으로 일명 상하이 요리라고도 한다.

상하이는 따뜻한 기후와 풍부한 농산물 등 갖가지 해산물의 집산지로 다양한 요리를 낳게 했고, 특히 이 지역의 특산물인 장유를 써서 만드는 요리는 독특하다. 상하이(上海) 요리는 간장이나 설탕으로 달콤하게 맛을 내며, 기름기가 많고 진한 것이 특징이기도 하다. 돼지고기에 진간장을 써서 만드는 홍사오로우(紅燒肉)가 유명하고 한 마리의 생선을 가지고 머리에서 꼬리까지 조리하는 조리법과 양념을 달리해서 맛을 내는 생선

요리도 일품이다. 바다가재로 만드는 푸룽침세(芙蓉煎荞), 두부로 만드는 스진사 꿔두부(付錦砂禍豆腐)와 꽃모양의 빵인 화권(花券) 등으로 유명하다. 특히 바다가 가깝기 때문에 해산물을 많이 쓰고 간장과 설탕을 많이 써서 맛을 내며 선명한 색채를 낸 화려한 음식이 많다.

3) 광동 요리(廣東 料理)

남부 중국의 요리를 대표하는 광동 요리는 광주 요리를 중심으로 복건 요리, 조주 요리, 동강 요리 등 지방 요리 전체를 말한다. 광동 요리는 흔히 나챠이(南菜)라고 하는데 광조우(廣東)는 외국과의 교류가 빈번하여 16세기부터는 스페인, 포르투갈의 선교사와 상인들이 많이 왕래하였기에 특이한 요리에다가 국제적인 요리관이 정착되어 독특한 특성을 이룩했고 사람들은 일찍부터 이 매력있는 식생활의 고장을 일러 식재광주라고 칭찬했던 것이다.

광조우 요리는 재료가 가지고 있는 자연의 맛을 잘 살려내는 담백한 것이 특징인데 서유럽 요리의 영향을 받아 소고기, 서양채소, 토마토캐첩, 소스 등 서양 요리의 재료와 조미료를 받아들인 요리도 있다. 이러한 재료는 전통요리의 맛에 변화를 가져온 것이 사실이고, 그것을 소화하고 중국화하는데는 능히 그들을 서유럽풍이 섞인 다채로운 맛의 연회요리로까지 발전시켰다. 대표적인 광동 요리로는 구운 돼지고기 요리인 요우싸워(又燒)와 하우요우 마이차(壕油白茶) 그리고 쿠르로우(古魯肉), 하우요우 뉴노우(壕油牛肉) 등이 있고 특수한 것으로 개요리, 뱀요리 등이 있다.

4) 사천 요리(四川 料理)

사천 요리는 다른 말로 추안차이(川茶)라고도 하며, 중국 서쪽 지방 양자강 상류의 산악지대 요리를 대표하는 사천(四川) 요리는 운남, 귀주 지방의 요리까지를 총칭한다. 사천 지방은 바다가 멀고 더위와 추위가 심한 지방으로 예부터 악천후를 이겨내기 위해 향신료를 많이 쓴 요리가 발달해 왔기 때문에 매운 요리와 마늘, 파, 고추를 사용하는 요리가 많다. 또한 외지이기 때문에 소금절이, 건물 등의 보존식품이 잘 발달하여 채소를 이용한 자차이와 같은 특산물을 낳기도 하였다. 산악지대에서 나오는 암염은 소금절이 밑받침이 되었고 신맛과 매운맛, 톡 쏘는 맛과 향기가 기본을 이룬다.

두부와 다진 고기를 이용한 마포또우회, 회교도들의 양고기인 양로우 꿔쯔, 새우고추장 볶음인 낀사오밍사 등이 유명하다.

4. 중국 요리의 종류

1) 냉분류(冷盆類 : 전채류)

요리의 코스 중에 가장 먼저 제공되는 찬 전채요리로 여러 가지 재료를 혼합하여 만들어 본요리를 맛있게 먹을 수 있도록 제공되는 요리로 양식의 에피타이저 역할을 한다. 대표적인 냉분류(冷盆類)는 량빤하이저피(냉파리 냉채), 소화피딴(오리알), 스웨이따샤(새우냉채) 등이 있다.

2) 어시류(漁翅類 : 샤스핀류)

전채요리의 하나로 더운 요리 중에 가장 먼저 내는 요리이며, 양, 질, 맛이 강조되는 요리이다. 종류로는 칭탕위츠(샤스핀 수프), 찌롱위츠(기용샤스핀) 등이 있다.

3) 어패류(漁貝類)

해삼이나 전복, 새우 등의 어패류를 요리한 것인데 각종 양념을 하여 다양한 요리를 만든다. 어패류를 이용하여 만든 음식은 샤쓰하이 센(새우알 해삼), 차오바오위(전복볶음), 허다우또샤(호도새우요리) 등이 있다.

4) 육류요리(肉類料理)

소고기, 돼지고기, 오리고기 등을 이용하여 만든다. 특히 돼지고기를 많이 사용하며, 북경 요리에서는 오리를 이용하는 요리도 세계적으로 유명하다.

5) 야채요리(野菜料理)

중국 요리에는 다양한 야채요리가 있는데 대부분이 볶음요리이다. 대표적인 야채요리는 쑤스진(모둠야채), 쟈조우차이(부추볶음) 등이 있다.

5. 중국 요리의 메뉴 구성

메뉴는 중국어로 보통 차이딴(茶單)이라고 부른다. 중국인들의 관습은 짝수를 좋아해 4, 6, 8종류의 메뉴를 즐겨 구성한다. 중국 요리도 양식의 코스와 유사하게 서비스되며 구성은 일품요리, 양식의 따아블도떼와 유사한 정탁요리(定卓料理), 특별요리로 구별된다.

1) 일품요리(一品料理)

일품요리는 양식과 같이 고객이 선호하는 음식을 선택하여 먹을 수 있도록 한 메뉴이다. 그 종류는 매우 다양하고 요리마다 특색이 있다.

종류로는 냉채류, 상어지느러미 요리, 해삼, 전복, 오리고기, 새우, 야채, 두부, 면류, 돼지고기, 소고기 등이 있다.

❶ 특별냉채 : Special Cold Dish

❷ 제비집과 상어지느러미류 : Whole Shark' s Fin

❸ 해삼, 전복, 새우류 : Sea Cucumber, Abalone and Shrimp

❹ 오리고기, 닭고기류 : Duck, Chicken

❺ 소고기, 돼지고기류 : Beef, Pork

❻ 야채, 두부, 잡품류 : Vegetable, Bean Curd

❼ 수프류 : Soup

❽ 식사, 면류 : Noodle, Fried Rice

❾ 감채류 : Sweet and Fresh Fruits

2) 정탁요리

정탁요리는 상요리(床料理)라고 불리며, 전체 2~4품(品), 주요리(大菜) 4~8품(品) 점심(点心) 2품(品)으로 구성하여 정해진 순서에 따라서 제공되는 메뉴로 가격에 의하여 메뉴가 작성되며, 보통 6~10인분을 기준으로 하고 있다. 정탁요리는 농후한 요리에서 담백한 요리로 진한 요리에서 연한 색으로 해물에서 육류로 연결되는데 다음과 같다.

정탁요리는 일품요리 코스 중에서 선택하여 메뉴를 선택하는데 그 예는 다음과 같다.

■ 특별냉채 : Special Cold Dish
■ 상어지느러미 찜 : Whole Shark's Fin
■ 바다가재와 칠리소스 : Lobster With Scallops
■ 해삼 관자요리 : Sea Cucumber With Scallops
■ 송이 소고기 볶음 : Sauteed Beef With Pine Mushrooms
■ 북경식 오리껍질 요리 : Peking Duck
■ 해산물 수프 : Seafood Soup
■ 식사 : Noodle or Fried Rice
■ 과일 : Fresh Fruits

3) 특별요리(特別料理)

특별한 행사나 명절, 파티 등 고객의 특별한 주문에 의하여 만들어지는 요리로 두부요리, 소면, 새우요리, 제비집요리, 곰발바닥 요리, 원숭이골, 사슴요리 등 그 종류는 헤아릴 수 없을 만큼 많다.

6. 중식당의 테이블 세팅

1) 중식당의 테이블 세팅

세팅은 고객을 완벽하게 맞을 제반 준비가 되어있는 상태를 말하는 것으로 고객이 만족한 만한 시간의 편의를 최대한 제공하기 위한 준비작업이다. 레스토랑의 입장에서는 종사원들이 신속히 업무를 처리할 수 있도록 하여 업무 능률의 극대화를 의미한다.

2) 테이블 세팅에 필요한 기물

❶ 식단 ❷ 냅킨 ❸ 조미료접시(간장, 라유[18], 식초)
❹ 유리컵 ❺ 공기그릇 ❻ 숟가락 ❼ 숟가락 받침 ❽ 젓가락
❾ 젓가락 받침 ❿ 작은 빈 접시 ⓫ 술잔 ⓬ 술주전자 ⓭ 뼈접시

18) 중식의 소스로 쓰이는 고춧기름

3) 중식당 기본 세팅(Basic Setting)

[그림 10-2] 중식당 기본 세팅

7. 중식당 서비스 방법

1) 주문받는 요령

❶ 중국 요리는 양식처럼 1인분의 주문이 아니고 접시의 양에 따라서 보통 대(大), 중(中), 소(小)로 나누어 분류하는데 대는 7~8인분, 중은 4~5인분, 소는 2~3인분으로 주문을 받는다. 또한 요리의 양을 너무 많이 주문하지 않도록 하고 조리법이 동일한 요리는 중복되지 않게 주문받는다.

❷ 고객이 요리를 주문하는 시간이 길어질 경우 미리 주문받은 전채요리의 주문을 먼저하고 서두르는 인상을 주지말고 고객에게 친절히 주문받는다.

❸ 바쁜 비즈니스 맨인 경우나 식사시간이 짧은 고객에게는 조리시간이 짧은 요리를 추천한다.

❹ 고객이 메뉴에 대하여 질문을 하거나 망설일 때는 적극적으로 설명하고 고객의 기호에 맞는 음식을 추천한다.

❺ 요리시간이 많이 걸리는 찜류, 탕류는 사전에 고객에게 시간을 고시한다.

❻ 업장의 매출증진을 염두하고 주문을 받는다.

2) 중식 요리 서비스

❶ 냉채를 서비할 때는 초청한 고객(Host)부터 초청받은 사람(Guest)의 순으로 러시안식 서브를 하고 남은 요리는 회전판(Lazy Susan) 중앙에 올려놓거나 식탁 중간에 놓는다.

❷ 식사가 제공되기 전에 전 코스가 있으면 새로운 접시를 고객 앞에 놓아준다.

❸ 수프는 수프 튜린(Soup Tureen)을 사용하여 고객의 왼쪽에서 따뜻하게 제공한다. 이때 고객의 테이블이나 옷에 떨어지지 않도록 한다.

❹ 테이블이 복잡한 경우에는 보조 테이블을 이용하여 접시에 덜어서 제공한다.

❺ 맑은 수프는 고객의 특별한 지시가 없으면 주식과 같이 제공한다.

❻ 생선요리는 양식과 동일하게 머리부분이 왼쪽, 배부분이 고객 쪽으로 오게 하여 서브하는데 식욕을 돋우기 위한 쇼잉(Showing)으로 회전판에 한바퀴 돌려서 고객에게 서비스한다.

❼ 식사 중에 지속적으로 부가적인 서비스를 한다. 예를 들면 재떨이를 갈아주고, 차는 식지 않도록 항상 서비스한다.

❽ 고객의 물음에는 명랑하고 친절하게 대답하고 고객의 화재를 가로채거나 지나친 농담은 하지 않는 것이 좋다.

제3절 일식당(Japanese Restaurant) 운영관리

1. 일식의 의의

일식도 다른 나라의 요리와 마찬가지로 일본 풍토와 기후, 식재료에 따라서 독특하게 발달하여 일본인이 늘상 먹는 요리의 총칭이다. 일본 요리는 계절의 변화가 뚜렷하고 고온다습하여 담백하고 재료나 조리법에 있어서 계절감을 특히 강조한다. 일식은 고대 중국으로부터 한반도를 통하여 전래된 문물과 함께 그 효시가 이루어졌으며 문화가 발달함에 있어서 일본인의 기호와 지역적 특성에 맞는 색깔, 향기, 맛을 위주로 하면서 고유한 특징을 지닌 요리로 발전해 온 것이다.

2. 일식의 특징

일본 지형은 북동에서 남서로 길게 뻗어있고 바다로 둘러쌓여 지형과 기후의 변화가 많다. 따라서 사계절에 생산되는 재료가 다양하고 계절에 따라서 맛도 달라지며 해산물이 매우 풍부하다. 이러한 조건 속에서 일본 요리는 쌀을 주식으로 하고 농산물, 해산물을 부식으로 형성되었는데 일반적으로 맛이 담백하고 색채와 모양이 아름다우며 풍미가 뛰어난 것이 특징이다.

양식이 재료가 기준이 되는 요리라면 일식은 구이, 회, 찜 등 조리법에 기준을 두고 요리 내용과 그릇과의 조화도 중요시하며, 질이 좋은 신선한 어패류를 이용한 회요리처럼 재료의 본래 맛을 살리는 조리법이 발달했다.

이러한 일본 요리는 지역별로 고유한 특성이 있어 동경 지방의 관동풍 요리와 오오사까 지방의 관서풍 요리가 있다.

일본 요리는 상차림으로 구분하여 모모야마(桃山) 시대에서 에도(江戶) 시대로 내려오는 본선요리와 에도 시대의 대명사처럼 불렸던 회석요리, 다도를 전문으로 하는 일가에서 전해 내려오는 차회석요리 등이 있다.

3. 일본 요리의 구분

1) 지역에 의한 구분

(1) 관동 요리(關東料理)

관동 요리는 동경지방의 요리로 에도요리(江戶)라고도 불리며, 의례요리의 성격을 지니고 있으므로 무가(武家) 및 사회적 지위가 높은 사람에게 주로 제공된 요리로 맛이 진하며, 전통적으로는 간장과 설탕을 많이 사용하였는데, 옛날에는 설탕이 상당히 귀하였기에 그만큼 고급요리로 농후하면서도 달고 짠 것이 특징이다.

(2) 관서요리(關西料理)

관서요리라는 말보다는 가미가타 료오리(上方料理)를 많이 사용하다가 관서 요리는 최근에 불리기 시작한 말이다. 관서요리는 다시 분류하여 쿄오토 료오리(京都料理)와 오오사카 료오리(大板料理)가 있다. 오오사카 료오리는 신선한 어패류를 이용한 상가(商家)의 요리이고, 쿄오토 료오리는 두부, 야채, 대구포, 말린 청어, 밀기울 등을 주재료로 이용한 조정에 출사하는 집안에서 주로 먹던 요리이다.

관서요리는 맛이 부드러우며 맛도 농후하지 않다. 설탕을 사용하지 않고 재료 자체의 외양과 맛을 극대화하면서 조리하는 것이 특징이다.

2) 형식에 의한 구분

일본 요리는 형식에 따라서 본선요리(本膳料理), 회석요리(會石料理), 차회석요리(茶懷石料理), 정진요리(精進料理), 보채요리(普菜料理) 등으로 나눌 수 있다.

(1) 본선요리(本膳料理 : 혼젠요리)

대략 370~400년 전 일본의 도산 시대(桃山時代)에서 출발하여 에도 시대에 접어들면서 상이 화려해지고 요리에 예술성을 가미한 의식요리(儀式料理)로 연회나 혼례요리에 사용하게 되었다. 식단의 기본은 일즙삼체(一汁三菜)[19], 이즙오채(二汁五菜), 삼즙칠채(三汁七菜) 등이 정통 식단이었으나 일즙오채(一汁五菜), 이즙칠채(二汁七菜), 삼즙구채(三汁九菜), 삼즙십일채(三汁十一菜) 등으로 수정된 것도 있다. 선의 수도 여러 가지 있으며 본선(本膳), 이선(二膳), 삼선(三膳), 여선(與膳), 오선(五膳) 등으로 되어 있다.

(2) 회석요리(會石料理 : 가이세끼 료오리)

본선요리를 주연에 맞도록 약식으로 개선하여 연회에서 차리는 요리로 현재 일본 대중요리의 형태이다. 에도 시대(江戶時代)에서 발달하여 차려지는 음식의 3품, 5품, 7품, 9품, 11품으로 구분하는데 밥과 김치는 품수에서 제외한다.

19) 일식인 식단에서 한 가지 국에 세 가지의 야채를 의미함

(3) 차회석요리(茶懷石料理 : 챠가이세끼 료오리)

회석은 불교의 일파인 선종(禪宗)에서 유래한 것으로 승려들이 좌선(坐禪)을 하면서 공복감에서 오는 복통의 고통을 돌을 뜨겁게 하여 헝겊에 싸서 품속에 품어 고통을 가볍게 한데서 기인된 것이다.

차를 마시기 전에 공복을 달래는 정도의 간단한 채식 위주의 식사였으나 현재는 식사의 질을 강조하면서 계절감을 살리는 요리 형식으로 일즙삼채(一汁三菜)가 보통이다.

(4) 정진요리(精進料理 : 쇼오진 료오리)

생선, 고기, 비린내 나는 음식을 피하고 두류, 곡류, 채소류를 이용하여 만든 요리로 교오토를 중심으로 발달한 요리로 불교식 요리다. 차이(京茶) 요리로도 부른다. 정진요리의 뜻은 유정(有情)을 피하고 무정(無情)인 채소류, 곡류, 두류, 해초류만으로 조리한 것이다.

(5) 보채요리(普菜料理 : 휴챠 료오리)

에도 시대에 중국에서 귀화한 은원선사(隱元禪師)가 황벽산(黃壁山)에 있는 만복사(萬福寺)의 주지로 있을 때 중국에서 찾아오는 선종승들을 대접할 때 중국식으로 조리하였던 것이다.

4. 일본 요리의 종류

1) 오도오시(お通し : 진미)

오도오시는 다른 말로는 쓰기다시(つぎだし), 사끼쯔께(先付), 고쯔께(小付)라 하는데, 이 요리는 일식에서 식사를 주문하고 기다리는 시간에 제공하는 것으로 가벼운 술안주로 제공되는 음식이다.

2) 젠사이(前菜 : 전채)

전채요리는 양식과 같이 소량으로 신 것, 매운 것, 단 것, 기름진 것으로 타액의 분비를 촉진하여 식욕을 돋우는 역할로 삼채와 오채까지 있는데 중요한 것은 맛의 중복을 피해야 한다.

3) 스이모노(吸物 : 국)

우리나라의 국과 유사한 것으로 맑은 장국으로 국물 속에 작은 양의 식품을 넣어서 만든 음식으로 맛은 담백하고 청신한 향기를 내게 하여 식욕을 돋운다.

(1) 스마시지루(清汁)

스마시지루는 가쓰오부시와 곤부(昆布)를 기본으로 한 시원하고 맑은 국으로 조리 방법으로는 끓이기 전에 건더기를 데치거나 볶는 등의 조리하는 경우와 국 건더기를 직접 다시 지류에 넣어 끓이는 경우가 있는데 대체로 일상의 요리로는 후자가 이용되고, 손님 접대의 요리에 전자를 이용한다.

(2) 우시오지루(潮汁)

생선이나 조개를 사용하여 재료 그 자체에서 우러나오는 맛을 음미하도록 만든 맑은 국이다.

(3) 구즈요시노지루(葛吉野汁)

우시오지루(潮汁)에 칡가루를 넣어 약간 묽게 만든 국이다.

4) 미소시루

미소시루는 일본 된장을 기본으로 한 다시지루와 국건더기가 잘 조화된 국이다. 일본의 된장은 각 지방마다 독특한 제법의 것이 있어 단맛의 것, 짠맛의 것, 매운 것 등 수십 종이 있는데 미소시루의 맛은 된장의 품질과 기본 다시에 따라 달라진다.

5) 사시미(刺身 : さしみ)

전체(全體) 요리를 만드는 방법을 대별하면 재료를 생식(生食)하는 방법과 가열식(加熱食)이 있다. 가열식은 음식의 재료에 열을 가하여 만드는 요리로 대부분의 요리가 이에 속한다. 생식요리는 채소, 과실, 회 등인데 재료를 가공하거나 익히지 않고 재료의 특성을 그대로 살려서 영양손실에 적고 소화도 양호하며 풍부한 비타민을 섭취하는 특별한 맛을 준다. 그 중에 사시미는 대표적인 생식요리로 어패류를 익히지 않고 양념도 하지 않은 채 먹는 일본 요리 가운데서 가장 미적 표현이 잘 나타나는 요리이다. 사시미는 날 것 그대로의 맛과 향기를 즐기는 요리이므로 위생에 각별한 주의가 요망되고 재료가 특히 신선해야 한다. 관동 지방에서는 사시미, 관서 지방에서는 쓰구리라고 한다.

6) 야키모노(燒物 : やきもの)

야키모노는 재료에 높은 열을 가하여 요리하는 방법으로 석쇠나 꼬챙이를 사용하여 불에 직접 굽는 방법과 프라이팬이나 오븐 등을 사용하여 간접적으로 굽는 방법이 있다. 식품의 형태를 그대로 가열하여 굽는 방법과 설탕, 소금, 간장, 술 등을 넣고 간을 하여 재료의 겉부분을 익히거나, 지방분을 알맞게 녹이면서 익히는 조리법으로 재료가 지닌 독특한 맛의 성분이나 영양분을 상실하지 않는 조리법이다.

7) 스노모노(酢の物 : すのもの)

초(酢)를 주로 사용하여 신선한 어패류, 야채, 조수육 등의 재료를 양념한 것으로 새콤한 산미와 산뜻한 맛으로 입안을 개운하게 한다. 진한 조림과 튀김과도 배합이 잘되며, 식욕을 돋우는 요리로 특히 하절기의 요리로 잘 어울리고 식사의 중간이나 전채로도 사용할 수 있는 전천후 요리이다.

8) 무시모노(蒸物 : むしもの)

증기로 찌는 요리로 재료가 지닌 영양이나 풍미를 살리는 조리법이다. 재료는 흰 살 생선, 닭고기, 계란, 조개, 야채 등이 쓰이며 비교적 담백한 것이 어울린다.

무시모노에는 재료를 조미한 다음 찌는 경우와 재료의 물기를 뽑거나 연하게 하기 위해 양념을 하지 않고 찐 다음 조미하는 경우가 있다.

9) 아게모노(陽物 : あげもの)

아게모노는 우리말로 튀김요리로 재료가 지닌 자연의 맛을 그대로 살릴 수 있고 영양가가 높다는 점에서 튀김은 가장 뛰어난 요리법이다. 튀김옷을 입혀 질이 좋은 식물성 기름에서 튀기므로 재료의 맛은 튀김옷에 의해 완전히 보호되고 기름이 스며들어 맛이 한결 좋아지고 영양가도 높여준다.

10) 니모노(익힌 요리 : にもの)

식품을 장국과 함께 가열하여 조미료로 향미를 가한 요리로 우리나라의 찌개와 같이 국물이 많은 것, 조림과 같이 국물이 적은 것 등 조리법이 다채로운 요리로 순안주 등으로도 좋지만 대체로 밥반찬에 알맞은 요리이다. 이러한 방법으로 조리된 음식은 식품이 연하여 소화촉진에 많은 도움이 되고 향미가 있어서 식욕증진에도 도움이 된다. 그러나 니모노의 재료는 앞에 내놓은 요리와 조화를 이룰 수 있는 것으로 선택해야 한다. 니모노의 맛은 지방의 전통에 따라 특성이 있는데 관동풍은 일반적으로 물기가 적고 맛이 진한 것이 특징이며 관서풍은 물기가 많고 담백한 것이 특징이다.

11) 나베모노(鍋物 : おべもの)

우리나라의 전골식으로 야채, 어패류, 육류 등 손질한 재료들을 여러 가지로 양념하여 냄비에 담아 식탁에서 단시간에 끓여서 먹는 즉석요리로 시간도 절약되고 계절에 따라 재료를 다채롭게 사용하므로 영양가가 높다.

나베모노의 종류는 스끼야끼와 샤부샤부(しゃぶしゃぶ)가 있으며, 모두 여러 가지의 다양한 재료가 들어가는 전골식의 요리이다. 샤부샤부는 얇게 저민 고기를 끓는 물에 살짝 데쳐 양념장에 찍어 먹는 요리로 스끼야끼와 비슷하지만 우엉과 양파가 빠진다. 끓는 물에 쇠고기를 젓가락으로 잡은 후 2~3번 정도로 흔들어서 익히는 요리로 이때 흔드는 행위가 샤부샤부이다.

12) 스시(すし : 초밥)

쌀과 생선을 이용한 건강식 위주의 음식으로 일본 요리 중에서 가장 세계적인 음식이다. 스시는 밥을 초밥초(식초, 설탕, 소금)로 맛을 들여 생선, 생선알, 조개, 김, 계란말이, 야채 등의 재료와 조화를 맞추어 숙련된 솜씨로 담근 요리이다.

13) 후구 료오리(河豚料理 : 복요리)

복요리로 복어는 한자로 하돈(河豚)이라 하는데, 몸은 뚱뚱하며 날카로운 이와 작은 등지느러미를 가졌으며 복어가 갖고 있는 독은 사람에게 치명적이기 때문에 반드시 면허가 있는 요리사가 취급해야 한다. 복어는 기름기가 적어 맛이 담백하고 단백질이 많은 생선이다.

14) 멘 료오리(麵料理 : 국수)

일본 요리의 국수는 지방에 따라 만드는 재료와 맛이 다른데 관동 지방은 국물이 진하고 강한 맛을 가지고 있으며, 관서 지방은 연한 맛이 특징이다. 메밀국수는 관동 지방, 우동은 관서 지방에서 즐겨 먹는다.

15) 데판야끼(鐵板 : 철판구이)

데판야끼는 서양 요리법을 모방하여 일본인들의 식성에 맞게 변화시킨 것이다. 철판 위에서 구운 요리로 고객의 기호에 따라서 철판에서 구운 고기나 야채를 즉석에서 먹게 하며, 카운터 형식으로 된 넓은 철판에서 조리사가 직접 요리하여 앞의 고객에게 서비스해 주기 때문에 조리과정을 볼 수 있어 시각적인 효과를 높일 수 있다.

5. 일식당의 테이블 세팅

1) 일식당의 테이블 세팅

일식당도 다른 레스토랑처럼 일식당에 오는 고객을 완벽하게 맞을 제반 준비를 말하는 것으로 고객이 만족할 만한 편의를 최대한 제공하기 위한 준비작업이다. 일식당의 업장에서 일하는 종사원들이 신속히 업무를 처리할 수 있도록 하여 업무 능률의 극대화를 의미한다.

2) 테이블 세팅에 필요한 기물

❶ 젓가락(著 : はし)
❷ 젓가락 받침(著置 : はしおき)
❸ 냅킨(ナプキン)
❹ 재떨이(はいざら)
❺ 간장병 받침(しょうびん台ざち)
❻ 간장병(しょうびん)
❼ 이쑤시개(つまようじ)

3) 일식당 기본 테이블 세팅

[그림 10-3] **일식당 기본 세팅**

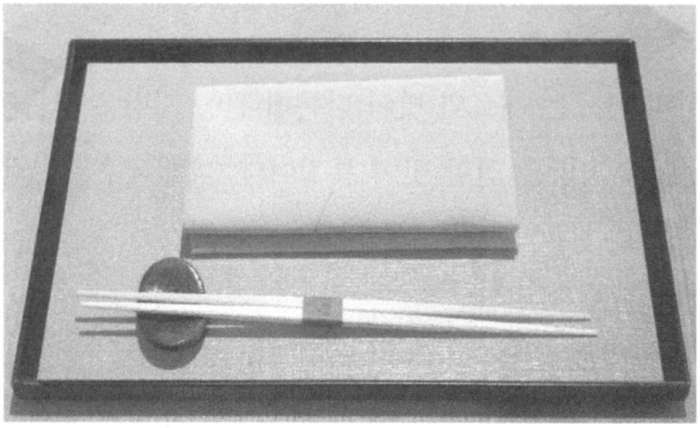

6. 일식당 서비스 방법

1) 회석요리 서비스 방법

❶ 회석요리는 한꺼번에 제공하지 않고 메뉴의 차림표에 의해서 제공한다.

❷ 스이모노(すいもの : 장국) 서비스 후 음료의 추가 주문을 받는다.

❸ 도미구이, 왕새우구이, 복냄비 등뼈가 있는 생선을 제공할 때에는 물수건을 별도로 준비한다.

❹ 요리를 추가했을 경우에는 주방에서 만드는 대로 제공한다.

❺ 밥, 장국, 싱꼬를 제공하고 뚜껑은 접객요원이 열지 않고 고객이 직접 열도록 한다.

2) 냄비요리 서비스 방법

냄비요리는 다른 요리와는 달리 고객 식탁에서 직접 끓이면서 조리하여 고객에게 제공하기 때문에 세심한 주의가 필요한 서비스이다.

(1) 샤부샤부(しゃぶしゃぶ) 서비스

❶ 불은 중간 불 정도로 하며 거품이 생기면 즉시 걷어낸다.

❷ 물이 끓으면 배추와 파를 넣어서 익힌다.

❸ 고기를 살짝 익혀 야채와 고기를 같이 낸다.

❹ 야채를 먼저 익힌 다음 고기를 살짝 익혀 덜어 주는 것을 반복한다.

❺ 떡은 중간 정도에 넣는다.

❻ 우동은 중간 불로 끓이는데 양념은 우동을 넣기 전에 넣는다.

❼ 우동은 그릇에 떠서 그 위에 뽄스를 약간 뿌려서 제공한다.

(2) 전골(すきやき)

❶ 불은 중간 불 정도로 하여 팬에 파를 먼저 잘 볶는다.

❷ 볶은 파 위에 고기를 얹어 익힌 다음 다래 소스를 붓고 조리될 동안 계란을 풀어 고객에게 제공한다.

❸ 조리된 파와 고기를 제공한 후 고객에게 맛의 감정을 의뢰한다.

❹ 프라이팬에 다래 소스를 넣고 죽순, 표고버섯, 느타리버섯, 두부 꼰야꾸를 조금씩 넣어서 익힌다.

❺ 조리된 야채와 고기를 고객에게 제공한 후 다시와 가래로 간을 맞춘다.

❻ 쑥갓은 제일 나중에 넣는다.

❼ 손님의 기호에 따라 시찌미(七味)를 제공한다.

제11장

연회장

제1절 연회업무 개요

1. 연회의 개념

연회업무는 호텔에서 다양한 방켓 룸(Banquet Room)을 준비하여 원래의 의미인 축하, 환영, 피로연, 석별에서 확대된 개념으로 회의, 전시회, 설명회, 세미나, 교육, 패션쇼 등의 각종 행사를 유치하여 행사를 수행하는 다목적인 기능을 가진 확대된 개념이다.

현대 호텔경영에서는 수입과 규모, 경영의 탄력성으로 연회의 비중이 점진적으로 증가하고 있기에 과거에는 반드시 식음료 부서에 소속이 된 경우가 많았으나 호텔 연회의 수요가 점차 증가함에 따라 각 호텔의 연회부가 독립되어 기능을 맡고 있으며 연회만을 전문적으로 취급하는 호텔이 출현하고 있다. 또한 행사장을 방문한 고객은 잠재적인 고객화가 될 수 있어 호텔의 홍보나 판촉에 지대한 기여를 하고 객실이나 다른 업장의 파급효과도 크다.

식음료 부서에 소속된 경우라도 가장 큰 면적과 수입을 올리는 영업장으로 내부적으로는 대, 중, 소의 연회 룸을 가지고 있으며, 출장 연회도 활발하게 이루어지고 있다.

2. 연회의 특성

호텔의 이용이 대중화되지 않았던 시기에 호텔 연회는 결혼, 회갑, 돌, 백일, 약혼식 등을 위주로 가족연회가 많았다. 1970년대 이후 산업개발과 1980년대 국제행사의 적극적인 유치로 도시화, 산업화, 핵가족화와 더불어 생활수준도 높아짐에 따라서 점차 격식있고, 질적 수준이 높은 연회장 시설을 갖춘 호텔이나 규모있는 레스토랑 등을 이용하기 시작했다. 우리나라 국력의 신장과 국제사회에서의 위상이 높아지고 비즈니스와 관광으로 세계적인 국제행사, 각종 회의, 세미나, 전시회, 개인이나 단체의 모임 등 다양한 연회행사가 개최됨으로 연회업무도 수준에 알맞은 시설을 비롯하여 서비스 요원도 확보하지 않으면 안 된다.

최근 들어 경제의 발전과 더불어 사회활동이 활발해지면서 호텔의 연회행사는 다양화, 대형화, 조직화되고 있으므로 호텔은 그에 따른 대형연회장을 마련하고 연회를 전담하는 부서를 조직화하여 연회의 유치와 성공적인 행사진행을 해야 한다. 또한 호텔에서 예식업이 가능해짐에 따라서 큰 수요가 예상되므로 적극적인 준비가 요구된다. 이러한 연회장은 레스토랑과는 다른 특성을 가지고 있는데 다음과 같다.

❶ 호텔연회는 일반 레스토랑과는 달리 예약에 의해서만 판매가 가능하다.

❷ 예약에 의하여 고객이 원하는 파티의 성격별로 사전에 치밀한 준비가 됨으로써 동시에 많은 고객을 서비스할 수 있다.

❸ 일반 레스토랑처럼 항상 테이블과 의자를 일정하게 배치하여 일정한 시간에 영업을 하는 것이 아니고 동일한 공간에서도 식음료 메뉴에 따라서 가격이 상당히 탄력적이며, 시간도 다양하다, 특히 출장파티는 공간적 제한을 받지 않고 테이블 배치나 서비스 형태 등 다양한 융통성을 보일 수 있다.

❹ 식음료 원가절감 효과와 서비스 능률성을 기대할 수 있다. 사전에 예약된 메뉴를 동시에 생산하고 서브하기 때문에 식료품 창고에 저장 품목을 처분할 수 있어 원가절감의 효과를 기대할 수 있으며, 동일한 서비스로 진행되기 때문에 노동성도 극대화시키는 효과를 볼 수 있다.

❺ 비수기의 타개책으로 임대나 특별행사를 개최하여 호텔영업에 기여한다.

❻ 호텔 외부판매(Outside Catering)나 행사에 참여한 고객들을 통한 호텔 홍보의

효과를 극대화시킬 수 있다. 고객이 만족할 만한 행사는 재방문객이 되고, 고객들이 행사를 기다리는 동안 혹은 행사 후에 각종 부대시설을 이용하기도 하여 연회장 외의 부서에도 파급효과가 크다.

⑦ 호텔연회 행사는 예약 및 판촉요원이 별도로 운영되고 있으며, 그 외에도 호텔의 내부 부서와 유기적인 협조로 고객이 원하는 행사를 무사히 마칠 수 있어야 한다.

제2절 연회의 분류

연회행사는 목적에 따라 다양하게 이루어지고 있는데, 크게 식음료 판매를 목적으로 하는 식음료연회 행사와 장소 판매를 목적으로 하는 임대연회 행사가 있다. 식음료연회 행사는 주로 파티형으로 정찬파티, 리셉션 파티, 칵테일 파티 등이 있으며 임대연회 파티로는 전시회, 회의 패션쇼 등이 있다.

1. 기능별 분류

1) 식사와 음료판매를 목적으로 한 연회

블랙퍼스트(Breakfast), 런치(Luncheon), 저녁(Dinner), 정찬파티(State Dinner Party), 칵테일 파티, 뷔페, 티 파티(Tea Party), 리셉션 파티(Reception Party) 등이 있다.

2) 장소대여를 목적으로 한 연회(Rental Charge)

박람회(Exhibition), 패션쇼(Fashion Show), 세미나(Seminar), 회의(Meeting), 국제회의(Conference), 심포지엄(Symposium), 프레스 미팅(Press Meeting), 연주회(Concert), 상품설명회, 강연, 간담회 등이 있다.

2. 장소별 분류

1) 호텔 내의 연회장 파티(In House)

고객들을 호텔 내에 준비된 연회장을 이용하여 행사를 수행한다.

2) 출장 연회(Outside Catering)

고객의 요청에 따라서 고객들이 원하는 장소를 섭외하고 파티의 목적에 알맞은 연회행사를 호텔 밖에서 유치하길 원할 때 호텔의 음식과 기물 인력을 동원하여 목적지에 도착하여 연회행사를 한다.

3. 목적에 의한 분류

1) 가족모임 : 약혼식, 회갑연, 칠순, 금혼식, 돌잔치, 결혼피로연
2) 회사행사 : 창립기념행사, 개점기념행사, 이 · 취임식, 사옥이전
3) 학교관계행사 : 입학, 졸업축하 파티, 사은회, 동창회, 동문회
4) 정부행사 : 외국 국빈의 영접 파티, 정부수립기념회, 국민행사
5) 각종 협회행사 : 국제적 회의, 심포지엄, 정기총회
6) 수상 파티 : 각종 시상식 행사
7) 디너쇼 : 식사와 함께 가수들의 노래와 쇼를 즐기는 것
8) 기타 행사 : 신년하례식, 소연회, 간담회, 체육행사, 각종 이벤트 등이 있다.

4. 시간별 분류

1) 조찬 파티(Breakfast Party) : 06:00~10:00
2) 브런치 파티(Brunch Party) : 10:00~12:00
3) 런치 파티(Lunch Party) : 12:00~15:00
4) 디너 파티(Dinner Party) : 17:00~24:00
5) 만찬 파티(Supper Party) : 22:00~24:00

제3절 연회의 종류

연회가 국가적인 행사나 국제적인 대규모의 성격을 띠고 있을 경우가 있으므로 연회 서비스 담당자는 사전에 그 내용과 목적을 잘 파악하여 업무수행에 최선을 다하고 고객 서비스에 만전을 기하여 연회행사가 성공적으로 이뤄질 수 있도록 해야 한다.

1. 테이블 서비스 파티(Table Service Party)

테이블 서비스 파티(정찬파티)는 가장 정식적인 행사로서 경비의 규모가 클 뿐만 아니라 사교장의 중요한 목적을 띠는 연회행사이다. 별다른 언급이 없더라도 통상 예복을 입고 참석해야 하는데, 초대장에 연회의 취지, 주빈 성명, 복장에 대한 명시를 하기도 한다.

연회 서비스 직원들은 고객이 참석하기 전에 좌석 배치도가 결정되면 좌석카드(Place Card)를 각각의 식탁에 배치하여 지정된 좌석에 앉도록 안내한다. 많은 고객이 초대되었을 경우에는 연회장 입구에 좌석 배치도를 부착하여 참석자들이 혼잡을 일으키지 않고 자리를 안내받을 수 있도록 한다. 테이블 서비스 파티의 테이블 세팅은 연회장의 넓이와 참석자의 수, 연회의 목적에 따라 테이블의 배치가 달라진다. 좌석의 배열로 사회적 지위 및 연령의 상하가 구분되기 때문에 주최자와 충분한 사전협의가 이루어져야 하고, 특히 외국인의 경우는 부인을 위주로 하며 상석은 입구에서 가장 먼 내측이 된다.

2. 칵테일 리셉션(Cocktail Reception)

칵테일 리셉션이란 고객들이 입식 형태로 각종 주류와 음료를 주제로 전채를 곁들이면서 행하여지는 연회를 말한다. 칵테일 리셉션은 정찬파티에 비해 비용이 경제적이고, 자유롭게 이동하면서 자연스럽게 담소할 수 있다. 또한 참석자들의 복장이나 시간도 별로 제한받지 않기 때문에 현대인에게 더욱 편리하고 특히 사교모임에 적당한 파티이다. 고객들은 연회장 입구에서 주최자와 인사를 한 후 입장하고, 연회장 내 준비된 바에서 좋아하는 칵테일이나 음료를 주문한 후 격식없이 고객들과 어울리게 된다. 연회 서비스 직원들이 특히 준비해야 할 점은 고객에게 직접 다가가 적극적으로 주문을 받도록 한다.

3. 출장연회 파티(Outside Catering Party)

출장연회란 호텔의 한정된 장소를 탈피하여 고객이 원하는 장소, 시간에 따라 호텔 외부에서 행하는 연회 행사로 음식, 음료, 식기, 테이블, 글라스, 린넨, 각종 비품 등 연회행사에 필요한 집기 비품들을 준비하여 고객이 지정한 장소에 운반하여 고객이 만족할 만한 연회행사를 실시하는 것을 말한다.

이 행사 역시 최근 들어 시장의 신장률이 점차 높아지고 있는 행사이다. 출장연회 행사 전 현장 책임자는 반드시 장소를 사전에 답사하여 행사규모, 주방시설 및 위치, 엘리베이터 이용가능 여부, 전기, 차량 대기장소, 약도 등을 파악한다. 또한 야외행사 시 기상변화에 따른 대비책도 강구한다.

4. 뷔페 파티(Buffet Party)

뷔페는 보통 입식뷔페(Standing Buffet)와 착석뷔페(Sit-down Buffet)로 나눌 수 있으며, 식사의 내용도 단일 종류의 뷔페식사와 여러 가지를 섞은 뷔페식사가 있다.

특히 뷔페식사에서는 양이 모자라 고객이 불쾌하게 생각하는 경우가 빈번히 발생하게 되므로 뷔페 레스토랑에서의 뷔페는 오픈 뷔페(Open Buffet), 연회행사 시의 뷔페는 클로즈 뷔페(Closed Buffet)라는 것을 고객에게 인지시켜 주도록 한다.

5. 패밀리 뷔페(Family Buffet)

우리나라도 눈부신 경제성장과 더불어 국민의 소득이 증대됨에 따라 가족모임을 호텔에서 갖는 일이 많아지고 있다. 패밀리 뷔페는 최근 들어 부쩍 신장률이 높아지고 있고 시장 잠재력이 높은 연회행사로 호텔에서 행사 유치에 전력을 기울이는 전력품목 중의 하나이다.

6. 정원 파티(Garden Party)

개인의 정원이나 경치 좋은 야외에서 칵테일 리셉션, 뷔페 파티 등의 연회행사를 개최하는 연회행사를 말한다. 자연의 풍경이나 경치를 만끽할 수 있으며, 실내에서의 서비스와 동일한 서비스를 제공한다. 그러나 정원 파티는 우천 시의 대비책을 사전에 강구해야 한다.

7. 티 파티(Tea Party)

티 파티는 일반적으로 휴식시간(Break Time : 오후 3~5시) 사이에 양식 다과만으로 하는 경우와 한식 다과만으로 간단히 하는 경우 그리고 한·양식 다과를 혼합하는 경우가 있다. 또한 과일, 샌드위치, 대형 케이크를 잘라 한쪽씩 음료수나 차와 함께 하기도 한다. 티 파티에서는 커피, 홍차, 인삼차와 같은 더운 음료와 주스, 콜라, 사이다 등과 같은 찬 음료가 제공된다.

제4절 연회 부서 조직 및 직무분담

1. 연회부문 조직도

전술한 바와 같이 호텔의 연회부문은 식음료 부서에 소속하고 있어 식음료 부서장이 연회부문을 관리한다. 그러나 최근에는 연회부문이 호텔에 대한 기여도가 큰 만큼 식음료 부서와는 별도로 독립된 조직체계를 갖추고 있는 호텔이 증가하는 추세이다.

호텔 연회부문 조직은 크게 연회를 유치하는 부서(F&B Sales Department), 연회장에서 행사 서비스를 수행하는 부서(Banquet Service), 판매와 서비스의 원활한 커뮤니케이션과 코디네이션 역할을 하는 연회예약 부문(Banquet Reservation)으로 대별된다. 철저한 사전준비로 치열한 경쟁에서 고객의 만족과 재고객화를 위해서는 상기 세 부문은 호텔 내의 다른 부문보다 더욱 긴밀히 유기적인 조직체계를 갖춰야 한다.

[표 11-1] 연회부분의 조직도

2. 조직원의 직무분담

조직원들의 직무분석을 하기 전에 연회행사에 없어서는 안될 호텔 내부 관련부서의 역할에 대하여 살펴보고 구성원들의 직무에 대하여 설명하기로 한다.

1) 연회관련 부서의 역할

(1) 연회예약실

호텔 연회행사 시 대부분의 고객이 가장 먼저 접촉하는 곳으로 연회행사가 대중화됨에 따라서 그 비중은 현재도 크지만 앞으로 더욱 증가할 전망이다.

연회행사의 유치 및 연회를 창출하는 주요기능과 철저한 고객관리, 원만한 행사 준비를 통하여 고객의 만족도를 재고시키고, 식음료에 대한 상식으로 최선의 가격으로 최고의 서비스를 할 수 있도록 지원해야 한다.

연회예약을 성립시키기 위해서는 예약담당자와 판촉사원 간에 밀접한 협력체계를 갖추면서 능률과 기능을 최대한 발휘하야 한다.

경쟁업체와 우위를 유지하려면 최고의 시설, 특색있는 요리, 품위있는 실내 분위기, 최상의 서비스를 지속적으로 개발하여 예약 시 자신있게 상품을 추천할 수 있어야 한다.

(2) 아트 룸(Art Room)

고객이 원하는 플래카드나 사인류(Sign Board)를 준비하고 연회관련 인쇄물을 취급한다. 행사고객들의 특성을 나타낼 수 있는 아이스 카빙이나 조형물도 준비하는 곳이다.

(3) 연회장 바(Banquet Bar)

고객의 요구가 있으면 연회장 안이나 외부에 바를 준비하여 각종 음료를 제공한다.

(4) 플라워 숍(Flower Shop)

연회행사 시 필요한 꽃과 평소의 업장, 객실에 비치되어 있는 관상목이나 장식물을 담당하며, 행사의 특성에 맞게 계절감 있는 장식으로 고객에게 비쳐지는 주변을 보다 아름답게 한다.

(5) 연회장 주방(Banquet Kitchen)

고객이 주문한 행사 통보서(Event Order)를 보고 시간에 맞춰서 요리를 하여 동시에 많은 인원을 서비스하더라도 부족함이 없는 철저한 준비가 있어야 한다. 또한 음식이 식거나 음식 만드는 속도가 느려서 행사에 차질이 없도록 인적자원도 충분히 확보하여 원만한 서비스가 되도록 한다. 음식과 관련있는 브레드나 후식도 베이커리 주방과 충분히 협조하여 준비를 하는 곳이다.

(6) 음향실

행사에 필요한 조명, 음향, 동시통역기, 녹음, 아이스 카빙, 조명, 스크린, 스피커, 영사기, 환동기의 준비와 점검이 필요하다.

2) 직무분담

(1) 연회예약 지배인(Banquet Reservation Manager)

연회행사의 판매, 행사예약장부의 관리, 연회장 준비상태를 조정하는 직무를 담당하고 있다. 연회예약 지배인은 호텔 연회장의 규모에 따라서 관리하는 부하직원의 수가 다르고, 호칭도 이사, 차장, 과장으로 불리며, 예약지배인의 세부적인 업무는 다음과 같다.

❶ 고객들의 연회예약과 관련된 업무의 총괄적인 지휘, 감독 및 최종적인 책임을 진다.

❷ 연회행사에 대한 세일즈 및 특별행사 기획을 한다.

❸ 연회예약 대장을 관리한다.

❹ 연회에 필요한 모든 준비상황을 고객과 함께 검토한다.

❺ 연회예약의 메뉴 및 가격결정을 한다.

❻ 관련부서와 협조하여 행사준비를 차질없이 한다.

(2) 연회서비스 지배인(Banquet Service Manager)

연회서비스 지배인은 연회예약부서에서 작성된 예약통보서에 의하여 식음료 서비스를 실제적으로 계획하고 감독하는 등 행사의 세부사항을 책임지는 임무를 맡고 있다.

❶ 연회장의 시설 및 가지재 관리

❷ 각 직원의 업무분담 및 행사준비 지시

❸ 행사 통보서(Event Order)를 완전히 숙지하여 업무담당 및 준비사항을 점검한다.

❹ 행사 전에 관련부서에 충분한 시간을 두고 협조요청을 한다.

❺ 행사 중에 VIP 영접과 고객의 불편함을 체크하여 요구사항을 들어준다.

❻ 행사 후에도 행사에 대한 피드백을 들어보고 계산을 도우며, 환송을 한다.

❼ 직원의 교육, 훈련, 직원회의, 업무일지 작성, 근무시간표 등을 작성한다.

(3) 연회판촉 지배인(Banquet Sales Manager)

연회판촉 지배인은 호텔의 연회서비스를 대중에게 홍보하는 역할, 연회와 컨벤션 행사를 유치하고 고객과 상담하며, 연회메뉴를 조정하고 가격을 결정한다.

(4) 캡틴(Captain)

지배인의 지시에 의하여 연회행사를 직접적으로 준비하는 사람으로 식탁배열, 테이블 세팅, 인원배정, 행사의 특성, 준비과정, 기물확보, 음료설치 및 서비스 요청, 린넨류를 점검하는 실무 책임자이다.

❶ 지배인을 보좌하여 업무를 수행한다.

❷ 행사 전, 후에 연회장 및 백사이드(Backside) 정리정돈 점검

❸ 연회행사의 순서와 특별사항을 숙지하고 실천한다.

❹ 행사 시 서비스 인원을 알맞게 배치한다.

❺ 고객의 영접 및 환송을 하고 행사 후 계산서를 작성하여 계산을 완료한다.

❻ 행사 완료 후에 결과를 보고한다.

❼ 직원과 지배인의 교량적 역할을 하면서 지배인의 지시와 직원의 불만을 해소한다.

(5) 웨이터(Waiter)

행사 시에 접객조장을 도와서 식탁배열(Table Arrangement), 테이블 세팅을 하며 지정된 담당구역에서 고객서비스를 직접 담당한다.

❶ 접객조장의 지시에 의하여 연회를 준비하고 청소한다.

❷ 행사 시 고객의 특별한 주문을 숙지하여 준비한다.

❸ 정해진 메뉴에 따른 기물, 비품을 준비하고 서비스한다.

❹ 영업완료 후의 각종 기물을 정리정돈한다.

❺ 행사에 따른 고충, 개선점, 문제점 등을 보고한다.

(6) 버스보이(Busboy)

웨이터를 도와서 연회행사에 필요한 기물 준비, 정돈을 하고 연회행사의 고객서비스를 담당하여 행사 후 기물을 정리한다.

❶ 웨이터의 업무를 보조한다.

❷ 연회용 기물, 비품, 린넨류 등을 준비하여 정리한다.

❸ 각 연회장, 스테이션을 정리정돈한다.

❹ 연회행사 시 서비스 준비 및 보조를 한다.

제5절 연회행사 업무의 절차

행사를 위한 최초의 단계는 연회예약을 담당하는 부서의 예약원이 연회상품을 설명하고 견적에 의해 계약하게 되면 연회예약 시 접수된 고객의 모든 행사 정보를 행사지시서(Event Order Sheet)에 표기하여 연회서비스 부서를 비롯하여 관련부서에 송부히게 된다. 연회서비스 부서에서는 행사지시서에 의거, 행사를 준비하고 행사 당일 최종적으로 예약한 각종 연회 상품을 판매한다.

[표 11-2] 연회행사 의뢰서(Function Order)

Date of Function		Day :	Time :
Revenue			
No of Persons	Guaranteed : Pax Expecte : Pax		
Name of Function			
Person of Charge			
Contact	Adress : Tel :		
Menu & Price			
Beverage			
Other Arrangement (ENT., Decor etc)			
Other Charges			
Engineering			
Stewarding(Equipment)			
Set-up & Service Istruction			
Lobby Posting			
Function Originated By			
Function Followed-up By			
Function Order Checked & Approved			
Distribution	GM, EAM, DOM, BQT, BELL, C/S, ACT		

1. 연회행사 예약

연회판매는 주로 판촉사원에게 의뢰하고 예약담당자는 정보제공, 서류정리, 자료작성 등을 주관하며, 판촉사원과 상호협력하여 예약업무의 착오가 없도록 한다.

연회예약의 접수는 고객이 직접 내방하거나 판촉사원을 통하여 또는 전화, 팩스(Fax), 인터넷, 편지 등으로 이루어지는데, 근래에는 적극적인 판촉활동을 통해 고객확보에 최선의 노력을 해야 하는 경쟁시대에 들어섰기 때문에 경쟁업체보다 우위를 유지하기 위해서는 최고의 시설, 특징 있는 요리, 친절한 서비스를 항상 유지해야 한다.

특히 연회예약을 접수하기 위해서는 연회의 구성요소를 충분히 사전에 숙지할 필요가 있는데 연회장의 규모, 시설이나 기자재, 식음료의 매뉴와 가격, 좌석배치(Layout) 무대 등 전반적인 사항을 파악하고 있어야 한다. 더구나 연회행사는 요금이 정해진 상품만을 판매하는 것이 아니고 연회행사라는 상품을 창조하여 판매하기 때문에 연회예약 종사원의 역할은 매우 중요하다. 또한 연회는 사내 관련부서와의 긴밀한 협조하에서 이루어지는 특성을 가지고 있기 때문에 관련부서와의 연락이 정확하게 이루어져야 한다.

만약 관련부서와의 사전 연락의 불충분이나 관련부서의 착오로 인해 한가지라도 실수를 하게 되면 식음료 상품의 특성상 완벽한 상품을 창조하지 못해 고객의 불만이나 불평을 사게 되므로 연회예약 시간은 사전에 관련부서와의 협조를 충분히 하여야 한다.

따라서 고객이 연회예약을 문의하면 제일 먼저 연회의 성격과 규모를 파악한 다음 연회장의 사용여부를 확인하고 고객과 여러 가지 사항을 연회예약서(Function Reservation Sheet)를 토대로 해서 하나씩 상담하고 협의(Negotiation)하면서 관련부서와의 업무 협조를 한다.

연회예약이란 요금이 정해진 상품을 판매하는 것이 아니라 연회라는 상품을 창조하여 판매하는 것이므로 다음과 같은 사항을 유의하여 접수받는다.

1) 일시의 결정

고객이 원하는 날짜를 제시하면 예약장부를 열람하여 연회장의 사용여부를 체크하는데 이때 주의할 것은 그 날짜의 예약 유무확인 절차를 취해 빠른 결정을 유도하며, 확정적인 연회가 예약되어 있으면 문의 고객에게 다른 날짜로 권유한다.

특히 연회예약에 있어 시간의 배정은 연회장의 효율적인 운영을 위해 매우 중요한 요소이다. 연회장의 사용 시간대는 크게 조, 중, 석식의 시간대로 나누어지는데 예약 컨트롤 차트(Control Chart)를 활용하여 적절하게 운영하면 매출의 극대화를 기할 수 있다.

일시 결정에서 특히 주의할 사항은 다음과 같다.

❶ 일시 확인
❷ 행사명
❸ 주최자와 초청손님
❹ 행사성격
❺ 참석인원
❻ 1인당 예산
❼ 장식 – 꽃, Carving, 기타
❽ 음식결정
❾ 식탁 및 좌석배치
❿ 지불방법
⓫ 예약금 지불 여부, 기타 특별사항 확인

2) 연회장의 배정

보통 호텔은 대, 중, 소규모의 연회장을 다수 가지고 있으므로 연회장을 적절히 배정하는 것도 연회장의 효율적인 운영과 매출의 극대화를 기할 수 있는 부분이다. 따라서 연회장을 배정할 때에는 행사의 인원수와 성격 등을 고려하여 배정한다.

3) 견적서 작성(Banquet Quotation)

견적서를 작성할 때에는 고객의 예산에 맞는 견적을 제출하는 것이 매우 중요하다. 특히 식음료의 요금은 봉사료와 세금을 포함한 가격으로 하며, 무료로 제공되는 품목이 있으면 원래의 가격을 기록하고 비고란이나 가격 기록란에 무료라고 표시해 주어야 고객이 내용을 파악할 수 있다.

또한 견적서를 작성할 때에는 연회장의 도면과 좌석 배치(Layout) 등을 동시에 제출한다.

4) 예약서 작성과 예약금

고객과의 모든 협의가 끝나면 계약서를 작성하고 예약금을 받는데 액수는 보편적으로 총금액의 30% 정도로 한다. 연회계약서나 예약금을 받고 난 뒤에는 반드시 고객의 사인이나 도장을 받는다.

5) 연회요구서 작성 및 배부

연회예약서를 작성하고 난 뒤 행사가 유치되면 컨트롤 차트(Control Chart)를 재확인하여 확정된 내용을 기록하는 연회요구서(Banquet Event Control)를 작성한다. 연회행사 관련부서에서 고객과의 대화나 대면없이 연회요구서에 의해서만 행사를 추진하기 때문에 고객과 협의한 모든 사항을 연회요구서에 기록하며, 관련부서에 배부한다.

6) 예약의 취소

연회예약이 취소되었을 때는 즉시 예약 컨트롤 북(Control Book)을 정정한다. 취소의 경우 훗날의 예약판매를 위하여 취소사항을 확인하는 것이 중요하다. 컨트롤 북(Comtrol Book)을 정정한 후에는 접수서에 스탬프를 찍고 취소일시, 취소자 이름, 취소접수자의 서명을 기입한 후 파일에 철하여 관계부서에 취소사항을 연락하면 된다.

호텔 간의 판촉경쟁은 갈수록 심화될 추세이고 연회부문의 수익성은 더욱 중요하므로 가능한 한 취소가 이뤄진 원인을 정확히 파악하여 관리적인 측면에서 분석하여 차기의 연회장 판매 노력을 경주하여야 한다.

2. 연회행사 준비

연회행사의 준비는 사전의 준비작업으로 대단히 중요한 사항이다. 주최자 측의 입장에서 보면 당연히 큰 행사이고 이벤트화된 업무로 서비스를 제공하는 회사 측의 입장에서도 이벤트 업무라고 할 수 있다.

연회가 접수되면 접수된 내용에 의하여 연회예약 명세서를 작성하고 책정된 예산에 의한 메뉴 및 인원, 행사일, 행사시간이 기록된 연회행사 통보서를 관련부서에 보내고 서비스 방법에 따른 세부 계획을 작성한 다음 연회성격에 맞는 장식과 식탁을 배열한다.

식탁배열은 연회성격에 맞는 장소와 인원, 분위기 등을 고려하여 알맞게 배열하여야 하며 출입문과 창문, 기둥과 무대의 위치 등 공간을 최대한 이용한다. 식탁배열이 연회의 성격에 따라 결정되며 서비스 방법에 따라 다소 차이가 있겠으나 웨이터, 웨이트레스의 식탁배정이 이루어져야 한다. 일반적으로 8인용 또는 10인용 원탁을 사용하거나 타원형 식탁 또는 장방형 식탁을 사용할 경우 숙련된 종사원이 접객할 수 있는 인원은 한사람이 10~12명 정도이나 차원 높은 서비스를 요구할 경우 6~8명이 가장 적당하다.

식탁배열이 이루어지면 그에 알맞은 서비스 계획을 작성하여 연회행사에 차질이 없도록 한다.

1) 연회행사 내용의 확인

연회행사의 책임자는 자신이 담당하는 연회행사 통보서(Event Order)를 체크하여 연회행사의 내용을 충분히 파악한다.

특히 성공적으로 치르려면 각 관련 부서 간의 협동은 필수적이다. 일반적으로 각 부서의 대표들이 모여 연회행사에 대한 세부사항을 의논한다. 행사범위가 넓고 특별한 경우에는 실제 행사 수개월 전에 세부사항이 계획되며, 조리담당자와 식음료에 대한 충분한 협의가 이루어져 서비스에 지장을 주지 않도록 확인을 요구한다.

연회행사 책임자가 행사지시서에 의해 확인해야 할 세부사항은 다음과 같으며 이러한 내용을 확인하여 관련부서에 협조를 요청한다.

❶ 연회행사의 목적
❷ 인원
❸ 고객층
❹ 연회명칭
❺ 연회의 종류와 테이블 플랜
❻ 사용연회장
❼ 식음료의 종류
❽ 프로그램과 진행과정
❾ 주최자의 희망사항
❿ 행사시간

2) 연회장의 준비

연회행사 지시서에 기초하여 연회장의 준비(세트화 작업)가 실시된다. 세트화 전에 서비스 책임자는 담당웨이터, 웨이트레스, 방켓 헬퍼(Banquet Helper)를 모아서 미팅을 하게 된다. 즉 행사지시서 및 조리책임자와의 확인사항에 근거하여 연회내용을 상세히 설명하고 특히 주의할 사항을 토의하고 다음과 같은 업무를 지시하게 된다.

❶ 청소사항 ❷ 테이블 배치

❸ 필요한 집기류, 비품류, 린넨류 ❹ 무대 및 조명 설치

❺ 음향 ❻ 냉 · 난방 점검

❼ 좌석명찰 ❽ 테이블 세팅

❾ 서비스에 필요한 부가적 사항 점검

(1) 테이블 플랜

연회에 필요한 테이블 배치작업을 말하는데 연회장의 연회내용과 참가고객의 인원수를 고려하여 분위기 연출에 신경을 써야 한다. 우선 연회용 테이블은 크게 나누어 시각테이블과 원형테이블 두 가지로 나눌 수 있다.

테이블 배열에 대해서는 장방형(일렬 직사각형), 원형, ㅁ자형, T자형 등 여러 형태가 있는데 이들의 배열은 장소와 분위기에 알맞게 해야 하며, 연회장의 공간을 최대한 활용해야 한다. 연회의 성격에 따라서 테이블의 배치가 달라지는데 극장식 배치, U자형, E자형, T자형, 이사회형, D자형, 말굽형, 고리형, 교실형, 원형 테이블 배치 등의 형태가 있다.

❶ 원형 테이블(Round Table Shape)

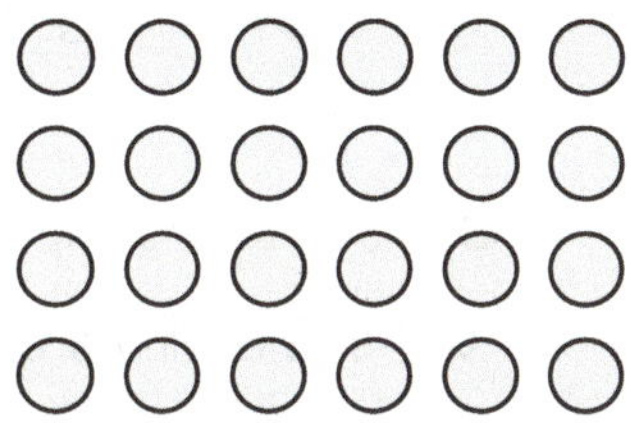

가족연회, 디너쇼, 패션쇼 등 다수의 인원을 유치하여 식사와 함께 제공하는 형태의 연회를 할 때 테이블을 배열하는 방법이다. 테이블 간의 간격은 3.3m 정도이고, 양쪽 통로는 60cm 공간을 유지하도록 한다. 테이블 무대를 중심으로 중앙부분을 고정한 뒤 앞줄부터 맞추면서 배열하면 되나 뒷줄은 앞줄의 중앙부분이 보이도록 지그재그식으로 맞춘다. 원형 테이블은 2~14인용까지 있으며, 테이블을 지그재그로 배열하면 수용인원을 더 늘릴 수 있다.

❷ U형 배열(U-Shape)

U형에서는 일반적으로 60″×30″의 직사각형 테이블을 사용하는데 테이블 전체의 길이는 연회행사 인원수에 따라 다르며, 일반적으로 의자와 의자 사이에는 50~60cm

의 공간을 유지하며 식사의 성격에 따라서 더 넓은 공간을 필요로 할 경우도 있다. 테이블 클로스는 양쪽이 균형있게 내려와야 하며, 헤드 테이블 앞쪽에는 드랩스를 쳐서 다리가 보이지 않아야 한다.

❸ **T형 배열**(T-Shape)

헤드 테이블을 중심으로 T형으로 길게 배열할 수 있으며 주빈이 많은 경우에 적합하다. 상황에 따라서 테이블의 폭을 2배로 늘릴 수 있다. T형은 가장 흔히 사용되는 테이블 배열형이다. 다만 60명 이상의 모임인 경우 부적합하다. T형 배열도 U형과 마찬가지로 헤드 테이블 앞부분에 드랩스를 쳐서 다리를 가리도록 한다.

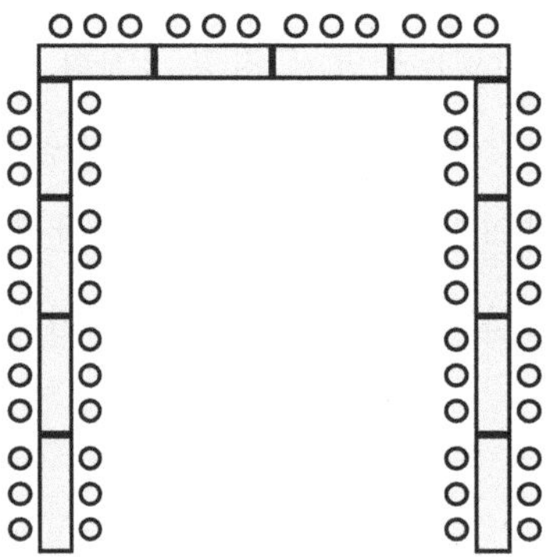

U형 배열

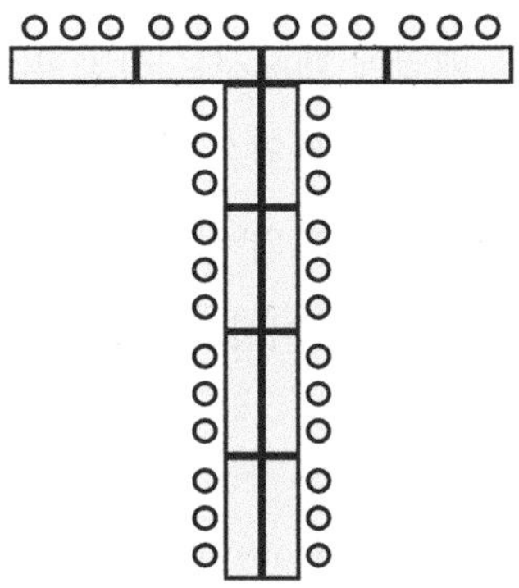

T형 배열

❹ **E형 배열**(E-Shape)

U형과 같은 배열방법을 취하나 E형은 많은 인원이 식사를 할 때 이용되며 테이블 안쪽의 의자와 뒷면 의자 사이는 다니기에 편리하도록 120cm 정도의 간격을 유지한다.

❺ **I형 배열, 이사회형 배열**(Oblong-Shape)

예상되는 참석자의 수에 따라 테이블을 배열하며, 60″×30″, 72″×30″ 테이블을 2개 붙여서 배치하는데 의자와 의자의 간격은 60cm의 공간을 유지하도록 하며 특히 고객의 다리가 테이블 다리에 걸리지 않게 유의한다. 이 형태는 작은 모임에 많이 사용된다.

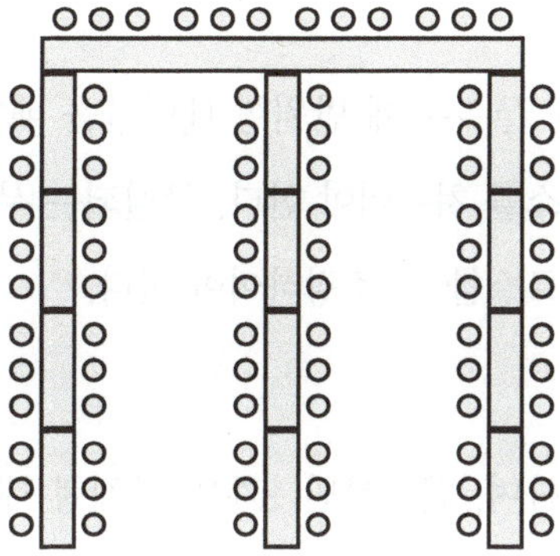

E형 배열

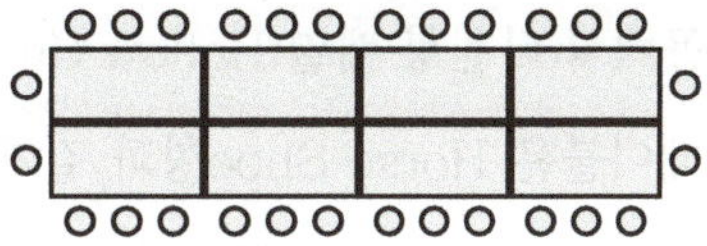

I형 배열

❻ 타원형 배열(Oval-Shape)

I형 테이블 배열과 비슷하나, 타원형(Oval)은 양쪽에 반달모양 테이블(Half Round Table)을 붙여서 사용한다.

❼ 공백 사각형 배열(Hollow Square)

U형 테이블 모형과 비슷하게 배열하나 테이블 사각이 밀폐되기 때문에 좌석은 외부 쪽에서만 배열하여야 한다. 테이블 크로스는 반대쪽에서 다리가 보이지 않도록 길게 내리거나 드랩스를 쳐서 회의장 분위기를 돋우어 주어야 한다. 이 형태는 모든 사람들에게 같은 의자에 앉았다는 기분을 주게 되지만 단점은 비디오 시설 등을 제대로 활용하지 못한다는 것이다.

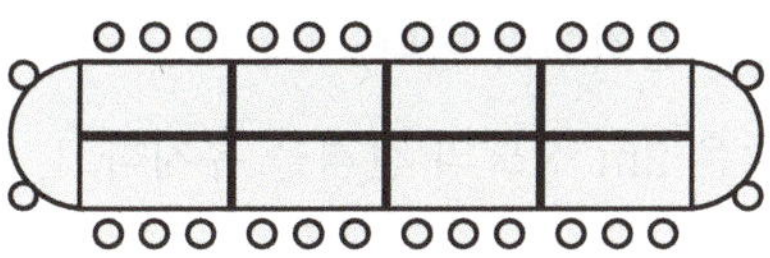

타원형 배열

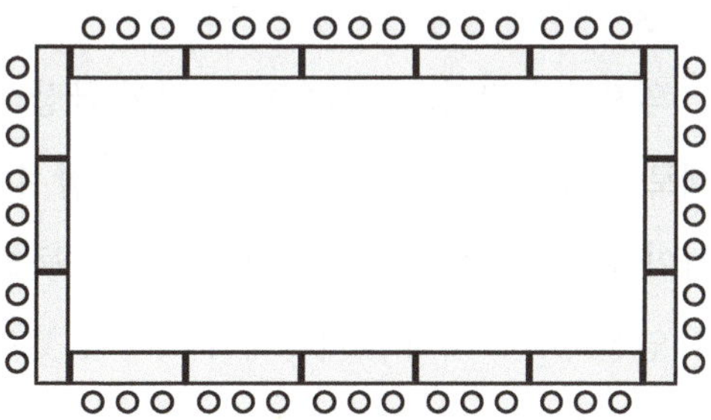

공백 사각형 배열

❽ **말굽 자석형 배열**(Horse Shoe)

U형과 같이 배열하여 양쪽 귀퉁이 테이블 끝 부분에 반원형 테이블을 배열한다. 좌석은 외부 쪽에서만 배열하여 안쪽으로 드랩스를 쳐주어야 한다. 굴절되는 부분을 처리하는데 약간의 어려움이 있으므로 테이블 크로스를 잘 조정하여야 한다.

❾ **공백식 타원형 배열**(Hollow Circular)

이 테이블은 Horse Shoe형과 같게 배치하며, 끝부분만 2개의 부채형 테이블로 덧붙여 양쪽을 밀폐시킨다. 굴절된 부분에 테이블 크로스를 덮는데 주의하여야 하며 테이블의 연결부분도 잘 처리하여야 한다. 이 형도 안쪽에 드랩스를 쳐주어야 한다.

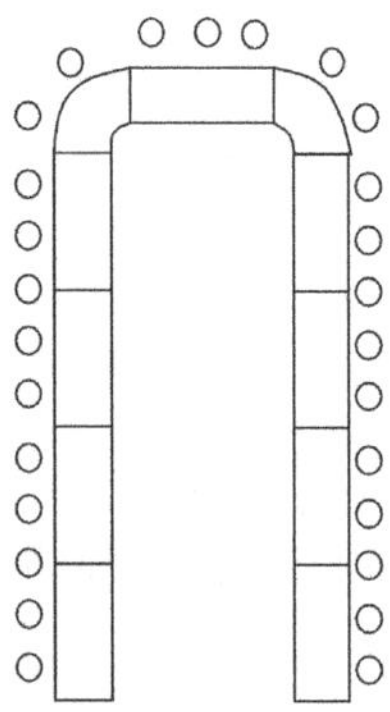

말굽자석형 배열

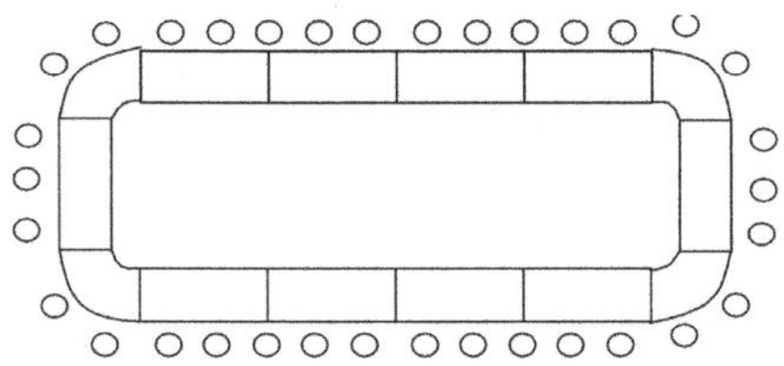

공백식 타원형 배열

(2) 회의 시 의자 배열

❶ **극장식 배치**(Theater Style)

의자를 극장식으로 배열하는 것이 극장식 배치인데, 극장식 배치의 포인트는 가로와 세로 줄을 잘 맞추어야 배치를 똑바로 할 수 있다. 특히 극장식 배치에서는 의자와 의자 사이를 공간이라 부르고 의자의 앞줄과 뒷줄 사이를 간격이라 한다.

연설자의 스피치 테이블에서 의자의 첫 번째 줄은 2m 정도의 간격을 유지하고, 400 이상의 홀 좌석배치는 통로 복도가 1.5m 넓이의 간격을 유지하도록 하며, 소연회일 경우는 복도 폭이 1.5m가 되도록 한다.

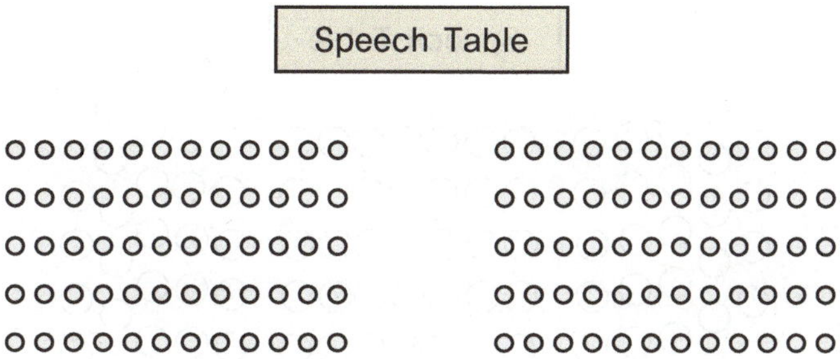

극장식 배치

❷ **강당식 반월형 배치**(Auditorium, Semilunar, Center Aisle)

강당식 반월형 배치는 의자 배열에 넓은 공간을 점유하기 때문에 많은 인원을 수용하는 데는 어려움이 있다. 의자를 배열하는 방법은 무대에서 최소 3.5m 간격으로 배열하고, 중앙복도는 1.9m 간격을 유지하여 놓고 의자를 양쪽에 한 개씩 놓아서 간격을 조절한다.

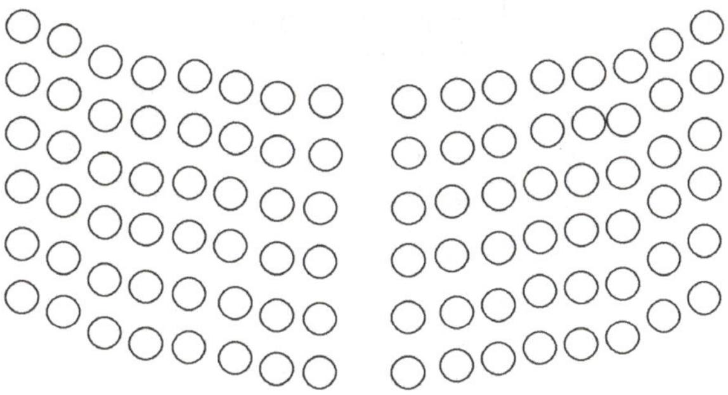

강당식 반월형 배치

❸ **강당식 굴절형 배치**(Auditorium, Semilunar with Center Block and Curved Wings)

강당식 반월형 배치와 같으나 옆면을 굴절시킨다. 맨 앞 가운데 테이블은 나란히 배열하여 홀 내의 의자 8~9개로 배열하며, 양측 복도는 1.2m 간격을 유지토록 한다.

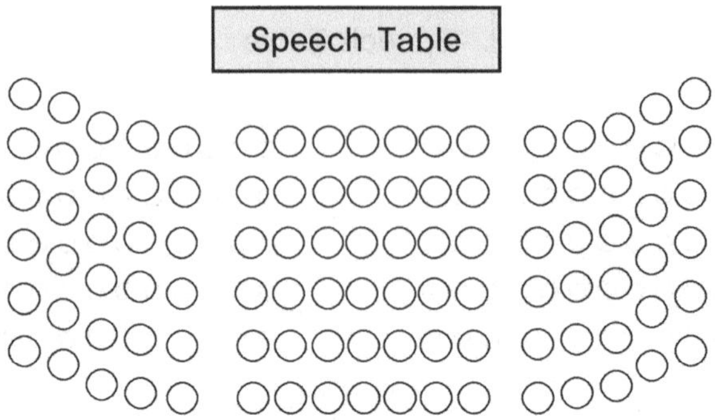

강당식 굴절형 배치

❹ **강당식 V형 배치**(Auditorium V Shape)

첫 번째 2개의 의자는 무대 테이블 가장자리에서 3.5m 간격을 유지하여 의자를 일직선으로 배열하고 앞 의자는 30도 각도로 배열해야 한다. V자형의 강당식 회의진행은 극히 드문 편이나 주최 측의 요청에 따라 배열한다.

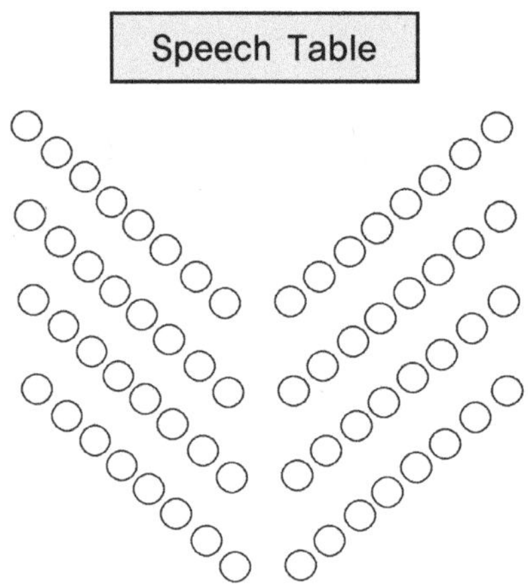

강당식 V형 배치

(3) 기타 회의형 배열

❶ **학교 교실형 배열**(School Style)

테이블 형에 따라서 다소 다르나 일반적으로 18″×72″ 테이블을 2개씩 붙여서 배치하며 무대와 앞 테이블의 간격은 1m 정도 떨어지게 설치하고 중앙 복도의 간격은

1.5m 또 테이블과 테이블의 간격은 150cm, 의자와 의자 사이의 간격은 40cm 정도로 두며 보통 1개의 테이블에 3개의 의자를 배치하도록 한다.

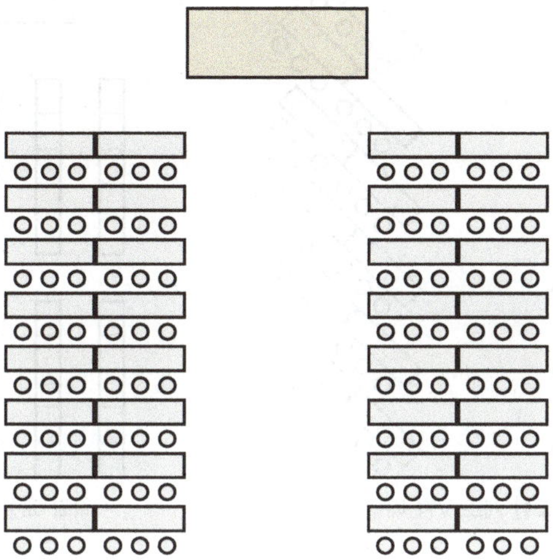

학교 교실형 배열

❷ 학교 교실 개조 V형 배열(School Style Inverted or V-shape)

이 형의 테이블 배치는 학교 고실형 배열(School Style) 방식과 비슷한 형식이지만 무대에서 30도 경사지게 배열한다.

❸ 학교 교실 수직형 배열(School Style Perpendicular)

연회장의 크기에 따라서 많은 사람들이 회의 및 식사를 할 수 있게 배열하는 방법이다. 무대를 향하여 테이블을 수직으로 길게 배열하며, 테이블을 설치할 때는 무대에서 2m 간격으로 떨어지게 배치하고, 중간통로의 넓이는 130cm, 의자와 의자 간격이 잘 맞도록 하여 중앙 테이블을 중심으로 배열해 나가는 방법이다.

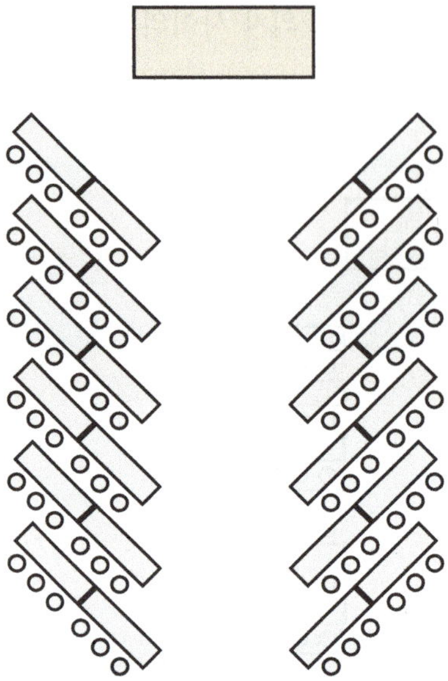

학교 교실 개조 V형 배열

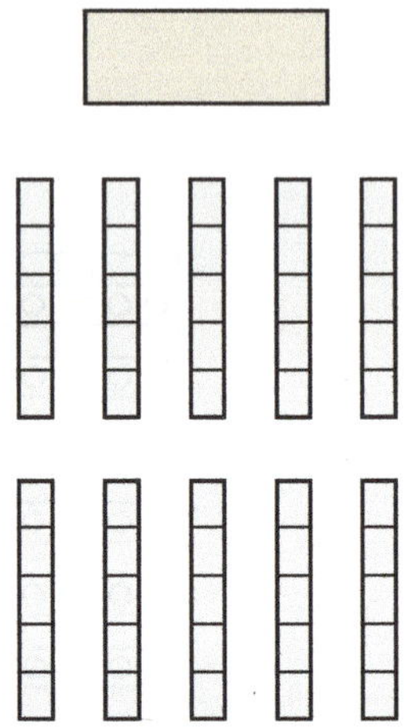

학교 교실 수직형 배치

❹ 뷔페 및 칵테일 리셉션 테이블 배열

뷔페나 칵테일 리셉션을 할 때 테이블을 배열하는 방법에는 다양한 형태가 있으나 주로 이용하는 형태는 다음과 같다.

타원형(Circular), 양머리형(Lamb' s Head), 멍에형(Yoke), 목걸이형(Necklace), 들뿔소형(Bison' s Homs), 심장형(Heart) 등이 있다.

상기와 같은 형이 있으나 무엇보다도 해당 연회장에 가장 잘 맞는 이상적인 형태를 사용하는 것이 제일 좋은 방법이다.

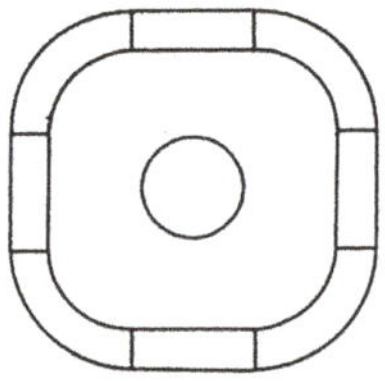

타원형

양머리형

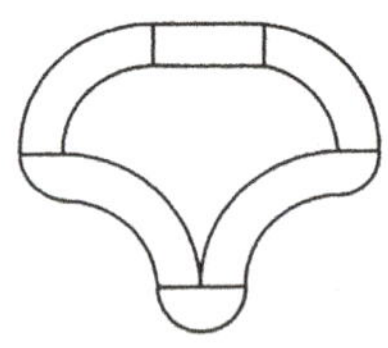

멍에형

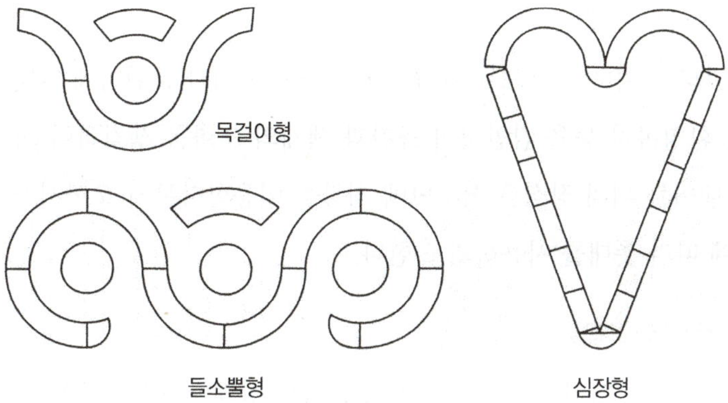

(4) 테이블 셋업(Table Set-Up)

연회의 경우 일시에 많은 손님이 식사를 하게 되므로 전문레스토랑의 경우와는 테이블 세팅이 다르지만, 기본이 되는 실버류, 플레이트류의 배치에는 아무런 차이가 없다.

연회장에서 판매되는 식음료 상품은 호텔 내의 영업장에서 취급하는 모든 메뉴를 판매할 수 있으나 주방 시스템 및 종사원, 채산성을 고려하여 연회의 메뉴를 종류별로 등급화하여 고객의 선택이 용이하도록 구성되어 있고, 대량인원으로 인한 동일한 메뉴를 제공해야 하므로 세트화시켜 판매하고 있다.

일반적으로 조찬메뉴(한조식, 일조식, 양조식, 조식, 뷔페 등), 정찬메뉴(중식이나 석식으로 제공되는 메뉴로 한식, 중식, 일식, 양식 등), 뷔페 메뉴(Standing Buffet, Seating Buffet), 칵테일 리셉션 메뉴, 출장메뉴, 티 파티 메뉴 등의 메뉴에 따라 테이블 셋업(Table Set-Up)은 달라진다.

그러나 연회의 메뉴는 신축성이 강하여 고객과의 상담을 통해 별도의 메뉴를 구성할 수 있다.

3) 연회장의 장식

(1) 꽃꽂이 장식(Flower Decoration)

연회의 성격과 목적에 따라 화사하고 아름다운 꽃으로 즐거운 분위기를 연출하여야 한다. 꽃장식은 대개 플로리스트(Florist)에 의해 장식된다.

❶ 연회 장식용 꽃꽂이

칵테일 파티를 위한 꽃장식은 아이스 카빙을 비롯해서 분위기에 알맞은 화려한 만국기의 장식, 환영아치 등을 감안하여 공간과 색채의 조화를 생각하여 장식한다. 오드볼이나 뷔페 테이블 위의 장식은 꽃수반에 침봉을 이용한다든지 오아시스를 이용하며 파티의 성격에 따라 촛대를 사용하기도 한다.

❷ 식탁 장식용 꽃꽂이

테이블 꽃꽂이는 테이블의 어느 쪽에서 보아도 상쾌한 사방형으로 그 주위와 테이블 세팅과 잘 어울리는 것이 중요하다. 테이블의 접시, 글라스, 냅킨의 색, 실버웨어(Silver Wear) 등 레스토랑 분위기에 잘 맞추어 꽂는다. 테이블 꽃꽂이는 꽃을 지나치게 많이 사용하는 것은 좋지 않다. 향이 강하거나 시들기 쉬운 꽃은 피하고, 식사할 때 방해가 될 정도로 높거나 꽃잎이 잘 떨어지는 꽃은 좋지 않다.

(2) 얼음조각(Ice Carving)

아이스 카빙은 얼음을 재료로 작가의 상상력과 창의력, 테크닉에 의해 완성되는 작품이다. 다양한 모양으로 조각된 투명한 얼음조각에 총천연색 조명이 비추어지고 서서히 녹아내리는 연회장에 연회에 참석한 사람들에게 시원함을 느낄 수 있도록 해주는 시각적인 만족을 준다.

얼음조각 설치 시 상당히 무거우므로 연회장에 장식할 때 그 무게를 지탱할 수 있을 정도의 받침대를 사용하여야 하며, 받침대 겉면은 테이블 크로스나 드랩스를 쳐서 깨끗하고 화려하게 정리한다. 아이스 카빙이 녹아내리는 얼음물을 받아줄 수 있도록 아이스 카빙용 받침대를 사용한다.

얼음장식의 효과를 높이기 위해 조명기구를 이용하여 분위기를 연출하며 운반 시 파손에 주의한다.

제6절 연회진행 순서

호텔의 연회 서비스는 고객이 호텔에 도착할 때부터 시작하여 연회를 마치고 고객이 호텔을 떠날 때 끝난다. 따라서 연회 서비스에 있어서 연회행사 진행 전 단계의 서비스(고객 영접), 연회행사 진행 중 서비스(식음료 서비스 및 어텐션), 연회행사 진행 중 서비스(고객 환송)의 3단계로 구분할 수 있다.

1. 고객 영접

고객이 입장하기 전에 웨이터, 웨이트리스는 연회장 입구에 정렬하여 손님의 입장을 기다린다. 정렬할 때는 키 순서로 혹은 웨이터가 입구 가까운 쪽으로 웨이트리스는 그 다음에 잇달아서 정렬한다. 경우에 따라서는 오른쪽으로 웨이터, 왼쪽으로 웨이트리스 하는 식의 정렬 방법도 있다.

고객을 맞이할 때 웨이터, 웨이트리스는 순서를 지켜 손님을 연회장 안으로 안내하며, 좌석이 정해져 있으면 좌석명을 물어서 좌석으로 안내한다. 이때 헤드 웨이터 또는 캡틴은 입구에 서서 참가하는 고객 영접을 주시하며, 손님의 수를 파악한다.

2. 식음료 서비스 및 어텐션

연회에서 고객에 대한 식음료 서비스는 테이블 서비스와 입식 서비스로 대별되며, 연회 성격에 따라 준비된 서비스 형식으로 고객에게 식음료를 제공하게 된다. 그 외에도 연회 중에 행사에 필요한 여러 가지를 보살펴야 하는데, 특히 연회행사가 진행 중에 다음 같은 사항에 유의하여야 한다.

(1) 지각손님의 안내

연회에 늦게 참석한 손님에게는 성명을 확인하고 조용히 좌석으로 안내한다. 요리는 연회의 상황에 따라 다르나 많은 사람이 참석한 연회의 경우에는 진행 중의 코스부터 시작한다.

(2) 도중에 퇴장하는 고객 서비스

사정에 있어서 일찍 퇴장하는 손님이 있을 경우, 미리 부탁받은 시간이 되면 담당자는 그 손님 곁으로 가서 낮은 목소리로 손님에게 시간을 알린다. 기념품, 경품 등이 있을 경우에는 일찍 퇴장하는 손님에게 잊지 않고 전해준다.

(3) 스피치를 위한 서비스

스피치를 하는 손님에 대하여서는 협의 단계에서 미리 파악해 두었다가 스피치 손님의 객석과 순서를 메모해 둔다. 앞 손님의 스피치 도중에 다른 마이크를 다음 스피치 손님의 좌석에 준비하는 일도 있다.

(4) 전화 페이징(Paging) 서비스

외부에서 전화가 걸려왔을 경우에는 객석을 살펴보고 손님에게 전화가 걸려와 있음을 알린다. 뷔페 등의 경우에는 페이징 보드에 손님의 성명을 적어서 연회장을 돈다.

(5) 실내환경의 조정

공기조절, 음향, 조명 등에 대해서는 항상 주의를 기울이고 파티의 무드를 깨지 않게 조심한다.

(6) 시간의 조정

연회의 진행사항에 항상 신경을 쓰고, 시간이 크게 초과되지 않게 배려한다.

(7) 사회자의 보좌

연회를 성공적으로 마치기 위하여 주최자 측 또는 사회자를 돋보이지 않게 뒤에서 보좌하는 것 등이다.

3. 연회장 서비스 요령

연회장은 일반 레스토랑에 비하여 서비스 형태가 일정하지 않으므로 서비스 요령에서도 주의를 요하는 사항이 많다.

❶ 행사준비는 충분한 시간을 두고 완료한 후에 철저한 테이블 점검을 한다.

❷ 테이블 배열을 비롯한 행사는 고객의 선호도에 맞춰서 진행한다.

❸ 행사 중에 필요한 비품은 사전에 충분히 준비한다.

❹ 식사를 비롯한 모든 서브는 주민부터 시작한다.

❺ 서브는 테이블 단위로 하여 실시한다. 한 테이블에 일부만 먼저 서브하고 일부는 나중에 서브하는 실례를 범하지 말아야 한다.

❻ 서비스의 통일과 원활한 흐름을 위하여 해당 연회장의 서비스 책임자에게 단일된 명령, 지휘를 받아야 한다.

❼ 행사 중에 서비스해야 할 때는 고객들의 시선을 가로막아서는 안 된다.

4. 고객 전송

연회가 끝나면 웨이터, 웨이트리스는 손님을 전송하고, 좌석 등에 잊은 물건이 없는가를 체크한다. 헤드 웨이터 또는 캡틴은 주최자 측에 정중한 인사를 하고, 회계카운터로 안내를 하여 청구서의 확인 및 사인 또는 정산한다. 또는 손님이 혼잡을 이루고 있을 때는 손님의 흐름을 조정한다.

5. 최종작업

고객이 모두 연회 행사장을 떠난 후 고객의 분실물의 여부를 확인하고, 입구에 설치한 접수 테이블, 카펫(Carpet), 아이스 카빙(Ice Carving) 등을 철거한다. 각종 집기류 및 장비 등의 관리상태를 점검하고, 다음 행사를 위하여 스케줄 및 쓰레기 처리, 청소 등 최종 점검을 한다.

제3편

호텔 식음료 관리

제12장 • 호텔 식음료 경영관리

제13장 • 인적자원관리 및 고객관리

제12장

호텔 식음료 경영관리

제1절 식음료 원가관리

호텔식당 경영자는 경영활동의 결과에 대하여 이익과 손실을 파악하기 위해서는 매출액과 원가 구성비를 설정하고 있어야 체계적인 관리를 할 수 있다. 식음료 원가관리는 수익을 창출하기 위하여 투입된 원가를 정확하게 분석하여 경영효율성을 평가할 뿐만 아니라 이 분석자료를 이용하여 호텔식당경영의 의사결정에 유용한 정보를 제공하는 경영관리 활동이다. 식음료 원가관리를 통하여 얻을 수 있는 경영상 효율성은 다음 같다.

❶ 호텔식당 경쟁사업체 간의 재무제표 비교가 용이하다. 기업의 당해년도와 전년도의 성과비교가 가능하고 동종 경쟁업체간의 경영성과도 비교분석이 가능하다.

❷ 경영성과에 관한 매출, 수익, 비용 등에 대한 경영정보를 정확하게 분석하여 효율적으로 활용할 수 있다.

❸ 호텔식당별 수익과 비용의 소재를 정확히 분류하고, 경영상태의 평가를 명확하게 해 준다.

1. 식음료 원가관리의 목적

식음료 원가관리는 식음자재 낭비 및 손실을 방지하는데 있다고 할 정도로 불필요한 낭비의 위험성이 있다. 식음료 원가관리(Cost Control)는 호텔식당의 핵심 상품인 음식과 음료를 판매하기 위하여 소비된 식재료가 구매, 검수, 출고, 입고, 출고, 저장, 조리를 거쳐서 고객에게 음식이 제공되는 과정을 체계적으로 관리하는 것이다. 또한 식음료 상품은 주문생산과 다품목 소량생산의 조리 등 복잡한 업무구조 때문에 원가관리에 어려움이 따른다.

그러나 호텔식당 경영자는 체계적인 원가통제를 통하여 경영방침에 의하여 정해진 일정의 원가율을 유지시키려는 것이 필요하며, 구체적인 식음료 원가관리의 목적은 다음과 같다.

1) 재무제표 작성목표

기업경영의 일정시점에서의 재무상태를 나타내는 대차대조표와 일정 기간 동안의 기업경영성과를 나타내는 손익계산서 등 재무상태를 작성하는데 필요한 계수적인 원가자료를 제공하는 목적이 있다.

2) 가격산정의 목표

원가를 근거로 고객에게 판매하고자 하는 식음료 상품 가격결정에 유용하다.

3) 원가관리의 목적

경영자의 의사결정에 필요한 회계정보의 하나인 원가자료를 제공하는데 목적이 있다.

4) 예산관리의 목적

예산편성 및 통제에 필요한 원가자료의 제공을 통하여 지속적인 경영관리를 위한 예산 설정을 체계적으로 할 수 있도록 재무계획설정의 정보를 제공해 준다.

5) 경영기본계획 설정의 목적

식음료부문의 상품개발, 조리, 판매, 매출구성, 메뉴디자인 등 영업과 관련된 활동을 수행하는데 정확한 의사결정에 유용한 정보를 제공해주는 목적이 있다.

2. 식음료 원가의 중요성

회계는 사업의 언어라고 할 정도로 계수관리를 통한 식음료부문의 정확한 재무상태는 경영자, 종사원 및 여러 관련 당사자들에게 유익한 정보를 제공한다. 식음료 원가관리는 식당의 체계적인 관리와 이익극대화를 위해서도 필요하며, 식음료경영에서 가장 많은 비중을 점유하고 있지만 그 특성상 훼손 또는 손실된 가능성이 높기 때문에 체계적인 관리가 어렵다.

식음료경영에 포함되는 비용으로는 인건비, 식재료비, 수도 및 광열비, 소모품비, 광고비 등이 있지만 식음료 재료비는 원가가 중에서 최대 단위의 지출이 이루어지기 때문에 가장 비중이 높으며, 효율적인 관리의 여부는 업소운영의 성패를 좌우한다.

식음료 원가관리는 일정수준의 품질과 양을 유지하면서 원가를 최소화해야 하나 지나치게 원가를 강조하여 고객에게 서비스하는 상품의 품질이 저하되고 과대한 원가사용은 경영부실로 연결되기에 적절한 원가관리는 매우 중요하다.

3. 식음료의 원가관리

1) 원가구성

원가요소를 구성하는 각종의 경제가치인 원가구성요소는 여러 가지 관점에서 분류된다. 원가는 경제가치의 소비이며, 가치의 소비는 구체적으로 유형 · 무형 재화로 이를 재료비, 노무비, 경비를 원가의 3요소라고 한다.

(1) 직접원가

직접원가(Direct Cost)는 상품제조 과정에 소비된 직접재료비, 직접노무비, 직접경비 세 가지를 포함하는 것으로 이 원가는 원가 구성의 기초적 부분을 형성한다는 점에서 기초원가라고 부른다.

(2) 제조원가

제조원가(Manufacturing Cost)는 직접 원가에 제조 간접비인 간접재료비, 간접인건비, 간접경비를 할당한 것으로 기업의 내부 활동에 의하여 제기된 모든 원가요소를 포함한다. 이 제품원가는 다른 말로 공장원가라고도 한다.

(3) 총원가

총원가(Total Cost)는 제조원가에 판매비와 일반관리비를 할당하여 계산된 원가로 상품이 제조되어 판매될 때까지 발생한 모든 원가를 포함하는 것으로 판매원가라고도 한다.

(4) 판매가격

판매가격은 상품이 판매되는 가격으로 총원가에 이익을 포함한다.

- ■직접원가 = 직접재료비 + 직접노무비 +직접경비
- ■제조원가 = 직접원가 + 제조간접비
- ■총원가 = 제조원가 + 판매 및 일반관리비
- ■판매가 = 총원가 + 이익

2) 식음료 표준원가

식음료 표준원가는 식음료 상품의 제조활동에 소요되는 직접재료비, 직접노무비, 제조간접비 등의 각 요소별로 미리 표준원가를 정해 놓은 것이다. 표준원가를 설정하는 목적으로는 제품의 표준화원가계산절차를 간소화하여 원가계산제도의 운영비 절감, 가격결정 및 기타 경영계획수립에 필요한 기초자료로 활용할 수 있으며, 표준원가와 실제원가의 차이를 통하여 경영관리의 통제 방안을 도출해 낼 수 있다.

(1) 표준분량

고객에게 판매되는 식음료 상품에 대한 크기, 무게, 분량, 수량 등 고객에게 제공되는 상품의 기준을 정하여 항상 일정한 상품을 판매하고 과도한 분량으로 제공되어 손실이 발생하지 않도록 적정 원가를 유지하는데 목적이 있다.

(2) 표준조리 산출

표준량 목표는 표준조리법인 레시피에 의하여 메뉴 품목에 사용되는 재료의 종류 및 소요량에 근거하여 조리하는 방법 및 음식을 담는 방법까지 자세히 규정해 놓은 조리 지침서이다.

표준조리법에 의하여 음식을 만들게 됨으로써 기대되는 효과는 다음 같다.

❶ 동일한 메뉴의 품질과 맛을 제공한다.

❷ 용이한 원가관리의 기준을 제시한다.

❸ 예측 가능한 조리된 산출량을 알 수 있다.

❹ 미숙련 조리사의 업무에 대한 도움을 준다.

❺ 감독업무가 감소된다.

이러한 표준양 목표를 통하여 산출된 표준원가는 메뉴 품목별 가격결정의 기초자료가 되며, 정해진 표준원가와 사용된 실제원가의 차이분석을 통하여 원가문제 및 문제해결에 표준으로 이용된다.

■식음료의 원가구성

부식재료비	인건비	운영경비	초기비용	운영지원비	이익
35%	25%	10%	20%	5%	5%

4. 식음료 표준원가차이 분석

표준원가차이란 표준원가와 실제원가의 차액을 의미하는 것으로 표준원가는 소비된 식음료의 수량과 가격에 의하여 모든 식음료 상품에 대하여 계산되며, 경영방침에 따라서 일정기간 동안 적용될 원가이다.

이렇게 결정된 표준원가에 대하여 실제원가를 서로 비교하여 차이를 분석하면 원가상승과 원가하락의 원인규명과 함께 통제 가능한 방안도 도출해 낼 수 있다.

원가차이는 실제원가가 표준원가에 미달하는 식음료 경영상 유리한 차이가 있고, 실제원가가 표준원가를 상위하는 불리한 차이가 있다.

유리한 차이 = 실제원가 < 표준원가
불리한 차이 = 실제원가 > 표준원가

제2절 식음료 원가 요소

호텔식당 경영에는 비용이 발생하게 되는데, 비용관리는 수익을 파악하기 위한 중요한 자료가 된다. 전술하였지만 수익성은 비용이 낮을수록 증가하지만 비용을 지나치게 강조하면 고객에게 제공하는 상품의 질이 저하될 수 있어서 적절한 비용관리가 필요하다.

호텔식당의 종사원을 감원하면 인건비는 줄어 들지만 서비스 품질이 떨어지고 식재료 원가를 낮추면 식사나 음료의 품질과 맛이 떨어지고 마케팅비용을 줄이면 영업장의 인지도 및 고객 방문객수가 감소한다.

따라서 비용을 효율적으로 관리하는 것은 서비스품질과 이미지 구축, 영업매출과 깊은 관련이 있으며, 비용관리의 목적은 비용분석을 통하여 예상 이익과 서비스 질을 유지하기 위한 것이다.

비용은 크게 인건비, 식재료비, 판매관리비, 수도광열비, 기물구입비, 소모품비, 통신비, 복리후생비 및 임차료로 구분할 수 있다

호텔식당 경영에서 원가 및 비용관리는 호텔식당 경영자의 능력 평가기준의 척도이기도 하기에 비용통제 방법과 노력이 지속적으로 이루어져야 한다. 특히 비용 중에서 원재료비와 인건비를 프라임 코스트(Prime Cost)라고 하는데, 매출 증대 및 순수익 증대를 위한 직접비 지출관련 하여 효율적인 관리에 절대적인 지표로 활용된다.

최근에는 프라임 코스트가 외의 복리후생비, 주5일 근무제, 임대료 상승, 물가상승, 근무환경개선 등 다양하게 지출이 증가하고 있어서 프라임 코스트가 65% 이상이 되면 수익을 창출이 어려워진다.

1. 인건비

인건비는 호텔식당 경영의 고정비 가운데 식재료 비용 다음으로 큰 부분을 차지하면서도 쉽게 통제하기 힘든 항목이다. 그 이유는 인건비가 낮다는 것은 종사원 수가 너무 적거나 서비스 수준이 낮아서 고객 입장에서는 수준 높은 서비스를 받을 수 없다고 볼 수 있다. 그러나 매장별 · 계절별 · 시간대별 정규 직원과 아르바이트생의 적절한 근무 인원 비율이나 시간을 면밀히 체크하는 작업을 거친다면 눈에 보이지 않는 인건비 지출을 많이 억제할 수 있다. 직원들에 대한 복지를 등한시하지 않으면서 회사의 비용을 통제해야 하는 문제가 부각되고 있다.

식음료 사업에서는 업종과 업태별로 비율이 다른 양상을 보이지만 호텔 식음료나 패밀리 레스토랑의 표준원가율의 인건비는 매출액의 25%이다. 최근 인건비의 상승으로 경영의 압박이 더해가고 있는 현실을 감안하면 인건비 절감을 위한 다각적인 노력이 필요하다.

인건비 절감을 위한 방안으로는 일정한 서비스 질을 유지하면서 계약직 직원 및 파트타이머 직원의 비율을 높여서 인건비를 낮출 수 있다. 그 외에 POS 시스템도입과 같은 업무자동화를 통하여 판매관리, 고객관리, 원가관리, 재고관리 등을 실시하여 인건비를 절감할 수 있다.

2. 식음료 재료비

식음료사업에서 표준원가 재료비율은 매출액의 35% 정도의 비율을 점유하며, 특히 고급식당이나 프랜차이즈인 경우에는 35~40%의 높은 비중을 차지하여 인건비와 더불어 비중이 높기 때문에 최우선적으로 관리를 해야 한다. 따라서 체계적인 관리를 통하여 비용절감의 효과를 달성해야 하는데, 식자재 재료를 절감을 위해서는 필요한 식자재를 알맞게 구매하여 최상의 상태를 유지함으로써 이윤창출에 공헌하고 낭비되는 식자재가 없도록 관리해야 한다.

식음료 비용관리는 구매활동, 검수과정, 저장관리, 출고관리의 전 과정과 식재료를 활용하여 조리 전과 조리과정, 조리 후로 분류하여 효율적으로 관리하여야 한다.

식자재관리의 효과로는 손실을 방지하여 목표이익을 달성할 수 있으며, 종사원들의 원가의식을 고취시킬 수 있고, 재고관리에 관심을 가지게 되어 재고관리 능력이 향상된다.

3. 판매관리비

식음료 경영에는 경비가 발생하는데, 경비항목으로는 수도광열비, 물품비, 매출증대를 위한 경우가 있다. 식음료부문의 경비에서 가장 소비 빈도가 높은 것은 수도광열비이며, 물품비에는 소모품비, 비품비, 수선비, 사무용품비, 포장비, 장식비가 포함되는데 물품비는 구입시에 물건의 형태가 존재한다. 매출증대와 인적자원관리를 위하여 사용되는 경비는 광고선전비, 접대교제비, 교육비, 연구비가 있으며, 그 외에 여비교통비, 통신비, 보험료, 차량비, 잡비, 지불수수료, 제세공과 등 많은 경비가 들어간다.

제3절 수익성 및 경제성

식음료 경영에 있어서 인적자원, 마케팅, 메뉴구성 등이 조화를 이루어 계획대로 영업활동이 진행되어도 업장을 성장시키기 위해서는 영업활동에서 발생하는 모든 물자의 이동이나 인력사용, 기타 영업 중에 발생하는 비용을 정리분석하여 경영상의 기준을 정립할 필요가 있다.

1. 손익분기점

손익분기점(Break Even Point)은 이익과 매출액의 관계를 분석하기 위한 것으로 그래프나 계산에 의하여 파악할 수 있다. 손익분기점은 호텔식당 경영의 매출액과 제비용이 일치하는 시점으로 매출이 손익분기점에 도달하지 못하면 계속 적자상태의 경영이 되고, 손익분기점을 상위하면 이윤이 발생하게 된다.

손익분기점은 목표이익을 위하여 식음료 판매매출은 어느 정도가 되어야 하는지, 이익을 높이기 위하여 어떤 마케팅전략을 수립해야 하는지, 비용절감 부분과 방법 등에 대하여 활용이 가능하다.

손익분기점을 이해하기 위해서는 원가요인을 다음 같이 먼저 정의할 수 있다.

❶ 총비용은 고정비와 변동비를 합산한 것이다

식음료 영업에서는 비용 내용은 구분 정리하면 고정비와 변동비로 대별되기 때문에 고정비와 변동비를 명확하게 기준을 정하는 것이 필요하다

❷ 변동비용은 영업과 비례하여 발생한다

변동비는 재료비를 비롯하여 영업장에서 영업을 하면서 발생하는 비용으로 영업시간과 생산량의 증감에 따라서 자동적으로 증감하는 경비를 의미한다.

❸ 고정비용은 영업과 상관없이 일정하게 발생한다

고정비는 영업 시간과 생산량에 상관없이 발생하는 고정비용으로 예를 들면 인건비, 월세금, 보험료 등이 고정비에 속한다.

❹ 반변동비

비용을 분류할 때는 변동비로 분류되지만 고정비적 성격을 띠고 있는 것이나 비용분류는 고정비로 분류되나 실제로는 변동비로 포함시켜야 하는 상황이 발생하여 경영자가 판단하여 분류해야 하는 것이다.

예를 들면 냉장고나 냉동고, 고정적으로 실시하는 광고선전비는 변동비 성격을 지니고 있으나 실제로는 고정비 성격을 띄고 있어서 고정비 항목으로 할당해야 하는 경우가 있고, 인건비는 고정비에 속하나 매출 증감에 따라서 투입되는 파트타이머는 변동비로 분류할 수 있을 경우이다.

■비용의 종류

총비용	비용 세분류
고정비	① 인건비 ② 월임차료 ③ 보험료 ④ 감가상각비 ⑤ 지급금리
변동비	① 원자재비 ② 영업장 제경비 • 냉난방비 • 광열용수비 • 연료비 • 소모품비(식기파손비 포함) • 수리비 • 사무용품비 • 광고선전비 • 기부접대비 • 통신비 • 교통비 • 제세공과금 • 연구비 • 잡비

■손익분기점 산출방식

$$손익분기점 = 고정비 \div \left[1 - \frac{변동비}{매출액} \right]$$

$$손익분기점 = \frac{고정비}{100\% - 변동비율}$$

손익분기점 계산식의 예 1)

맨하튼호텔 프렌치식당의 매출액이 20,000,000원을 기록하였고, 고정비는 3,000,000원, 변동비는 6,000,000원인 경우 손익분기점을 계산하면 다음 같다.

$$손익분기점 = 3,000,000 \div \left(1 - \frac{6,000,000}{20,000,000} \right)$$
$$= 3,000,000 \div 0.3 = 10,000,000$$

이 프렌치 식당의 손익분기점은 10,000,000원이 된다.

손익분기점 계산식의 예 2)

고정비와 변동비율로 손익분기점을 계산할 수 있는데, 맨하튼호텔 중식당의 경우 월고정비가 10,000,000원이고, 식재료비가 33%, 판매관리비가 22%인 경우 즉, 변동비가 55%일 때 손익분기점을 계산하면 다음 같다.

$$손익분기점 = \frac{고정비}{100\% - 변동비율}$$

$$= \frac{100,000,000}{100\% - 55\%} = \frac{10,000,000}{1 - 0.55} = 10,000,000 \div 0.45 = 22,222,222원$$

2. 도산분기점

도산분기점은 손익분기점에 도달하지 못해도 영업을 할 수 있는 한계영업시점을 의미하는 것으로 영업시점의 매출액을 의미한다. 고정비용에 해당하는 인건비나 재료비와 같은 직접 경비는 영업활동에 직접적인 영향을 미치지만 지급이자나 감가상각비와 같은 일부의 비용은 당장에 비용처리를 하지 않고도 식음료영업 활동은 계속할 수 있다. 장기적으로 영업활동을 지속적으로 수행하기 위해선 도산분기점까지의 매출로는 어려움이 있지만 개업초기의 일정기간까지는 향후 영업 방향을 평가할 수 있는 자료가 된다.

■ **도산분기점**

$$도산분기점 = \frac{고정비 - (감가상각액+자기자본이자)}{100\% - 변동비율}$$

제4절 식음료 사업의 마케팅

호텔식음료 마케팅은 일반 기업의 마케팅과는 여러 가지의 차이가 있다. 흔히 일반상품의 마케팅 믹스는 상품(Product), 가격(Price), 유통(Place), 촉진(Promotion)과 같은 전통적 4P' S를 강조하나 호텔식음료에서는 이를 포함하여 음식, 식당의 시설, 위치, 서비스방법 및 수준, 위생, 가격 등이 포함된다.

특히 핵심상품인 음식과 음료는 고객만족과 재구매에 가장 큰 영향을 미치며, 호텔 식음료 마케팅의 자산이라고 할 수 있다. 음식의 기본요소는 맛, 신선도, 특이한 조리 방법, 희소성, 영양의 밸런스, 독특한 형태와 스타일, 시각적으로 뛰어난 음식, 색체 등이 있다.

또한 호텔식음료는 호텔기업의 브랜드와 연계한 마케팅을 수행하였으나 저성장 시대에 접어들면서 에리어마케팅과 차별화된 희소성의 가치를 부각시키는 방향으로 마케팅이 전개되고 있다.

특히 현재 호텔식음료 사업은 소비자기호의 변화로 새로운 음식과 서비스의 출현도 가속화되면서 호텔식당 개장기간이 단축화 되는 경향이 있으며, 새로운 업태의 출현, 고정된 상권의 변화, 성공의 확률이 낮음에도 외식업에 대한 신규참여자가 증가하면서 경쟁은 치열해지고 있다.

그러므로 기업체의 인지도를 높이고 고정고객 확보를 위한 다양한 아이디어를 활용한 마케팅 기법이 지역의 상권과 방문고객의 특성에 맞춰서 알맞은 전략을 세부적으로 세워야 한다.

1. 내부마케팅

1) 내부마케팅의 의의

전통적인 마케팅은 외부고객을 타켓으로 한 사외지향적인 활동에 중점을 두었다. 그러나 최근 서비스업종은 고객만족을 통한 이윤추구를 기본정책으로 하고 있으며, 고객에게 서비스를 제공하고 고객만족을 시키는 종사원의 중요성을 잘 알고 있다.

따라서 종사원에 대한 의존도가 높은 서비스 기업을 비롯한 호텔식당에서는 종사원을 내부고객으로 간주하고 종사원 활동을 상품으로 인지하고 있기에 고객만족을 시키기 전에 먼저 종사원을 만족시키려는 활동을 내부마케팅(Internal Marketing)이라고 한다.

종사원을 대상으로 하는 내부마케팅 믹스로는 직무 · 급료 · 복지 · 승진 · 근로시간 · 4대보험적용 및 그 외에 다양한 유 · 무형의 보상 등을 제시하고 있다.

2) 내부마케팅의 실행요소

호텔식당경영에서 내부마케팅은 종사원이 서비스 상품을 전달하고 고객만족에 절대적인 비중을 차지하고 있으므로 외부고객과 같이 고객으로 대우하는 것을 철학으로 삼는데, 성공적인 내부마케팅을 위하여 실행할 요소는 다음 같다.

❶ 종사원 채용 시에 적성에 맞고 재능을 갖춘 인재를 채용하는 것이다.
기업에서 가장 중요한 것은 적재적소의 원칙으로 직무에 적임자를 모집 및 선발하여 채용하는 것이 무엇보다도 중요하고 마케팅 핵심요인이라고 할 수 있다.

❷ 종사원들에게 내부마케팅을 실행하면서 종사원들에게 비전을 제공해 준다.

❸ 팀플레이를 훈련시키고 성공의 결과를 함께 누릴 수 있도록 이익을 공유하고 책임도 함께 질 수 있도록 한다.

❹ 서비스역할을 잘 수행할 수 있도록 기술과 실력을 갖추고 표준화된 작업 매뉴얼을 효과적으로 수행할 수 있도록 일정한 자유재량권을 부여한다.

❺ 고객의 요구를 이해하고 만족시키기 위하여 먼저 서비스를 제공하는 종사원을 내부고객으로 대하고, 상품을 결정하는 기초로 활용한다.

❻ 평가에 대한 적절하고 공정한 보상이 주어지도록 하여 긍정적인 업무의 효율성을 제고 시킨다.

2. 에리어마케팅

1) 에리어마케팅의 의의

에리어마케팅(Area Marketing)은 지역 간 특성을 고려하여 그에 적합한 판매전략을 수립하는 지역대응 마케팅으로 지역상권개발 마케팅이라고 할 수 있다. 호텔식당의 주요 고객은 식당이 위치한 근접지역의 고객들이 자주 이용하는 특성 때문에 소비자들이 상품을 구매하러 올 수 있는 한정지역을 대상으로 하는 마케팅을 의미한다.

기존의 획일적인 마케팅 대신에 에리어마케팅을 새롭게 중요시하는 배경은 다음 같다.

❶ 에리어마케팅은 지역간의 차별화된 특성을 고려하여 그 지역에 알맞은 전략을 구사한다.

❷ 에리어마케팅은 시장이 성숙된 저성장시대의 상황에서 마케팅전략을 더욱 세분화 및 범위를 축소한 차별화 전략이다.

❸ 소비자의 의식과 행동자체가 개성화 다양화 되고 있으므로 대량시장 접근에는 한계가 있다.

에리어마케팅은 기업 환경변화에 따른 전략적 대응이며, 과거에 획일적이고 일률적인 매스 마케팅에서 탈피한 식음료 사업체 상권의 소비자 중심적인 전략을 근간으로 한다.

2) 에리어마케팅 적용

호텔식음료사업은 일정지역에서 상권 내의 고객들을 대상으로 하는 사업이기 때문에 특정지역에 거주하는 소비자들의 필요와 욕구를 이해함으로써 그들이 원하는 메뉴를 적정가격과 알맞은 서비스수준으로 제공하는 사업이다.

결국 에리어마케팅은 지역산업으로 요약이 되며, 식음료 사업에서 전체시장을 대상으로 마케팅전략을 수행하게 되는 경우 영업범위 이외의 시장까지 마케팅 활동이 미치게 되어 많은 투자에 비하여 상대적으로 적은 매출과 수익이 발생하기 때문에 에리어마케팅이 필요하다.

호텔식당에서 지역상권의 잠재고객을 대상으로 전개할 수 있는 에리어마케팅 방법으로는 다이렉트 메일과 텔레마케팅 및 마일리지 프로그램을 적용하여 사용실적조회 및 이벤트를 안내하는 음성정보제공 시스템을 운영하는 방법도 있다. 또한 해피아워(Happy Hours)를 정하여 고객을 유인하거나 환경보호캠페인과 같은 사회활동을 통하여 기업의 인지도를 제고 시키는 노력 등을 적용하는 것도 좋다.

3. 인터넷마케팅

1) 인터넷마케팅 의의

호텔식음료의 경쟁이 심화되면서 마케팅전략의 중요성은 더욱 부각되고 있다. 21세기 접어들면서 통신기술, 컴퓨터 기술, 정보통신기술의 발전은 비즈니스 트렌드를 빠르게 변화시켰으며, 이러한 변화에 적극적으로 반응하여 고객에게 다양한 정보 및 상품을 제공하고 수익을 창출해야 하는 상황에 도달했다.

이러한 현실에서 기업의 마케팅 전략에도 큰 변화를 초래하였는데, 인터넷을 활용한 마케팅이다. 인터넷 마케팅은 마케팅의 한 부분으로 시간과 공간을 초월하여 기존의 마케팅 환경을 컴퓨터의 가상공간에서 수행되는 모든 활동으로 개인이나 조직이 인터넷을 이용하여 쌍방향으로 상호커뮤니케이션을 바탕으로 마케팅 활동을 수행하는 것이다.

인터넷이라는 매체를 통하여 고객의 필요와 욕구를 충족시켜주는 상품, 가격, 유통, 촉진 등을 계획하고 실행하는 활동이다. 인터넷 마케팅은 인터넷 사용이 대중화 될수록 더욱 힘을 발휘할 수 있어서 호텔식음료 경영자는 더욱 인터넷을 활용한 마케팅 방법을 연구해야 한다.

2) 인터넷마케팅의 장점

인터넷마케팅은 공간 · 시간적 제한이 없으며, 잠재고객 집단에 대한 접근이 용이하고, 기존의 4대 매체인 방송, 신문, TV, 잡지에 비하여 광고비가 저렴하고 광고분량이 제한이 없으며, 광고에 대한 접속효과 측정이 용이한 특징이 있다.

인터넷을 사용하는 정보환경은 정보의 확산과 공유를 넘어 메일링 리스트, 뉴스그룹, 게시판 등 다양한 커뮤니티(Community)를 형성할 수 있다. 이러한 커뮤니티를 통하여 고객과의 상호작용을 통하여 얻은 정보를 활용하여 신제품출시, 판매 등이 가능하고 기업은 잠재고객에 대해 제품 및 서비스, 이벤트 등에 대하여 직접 홍보할 수 있다.

3) 인터넷마케팅의 방법

(1) 홈페이지 마케팅

인터넷마케팅에서 기본적으로 가장 많이 사용하는 방법이 홈페이지 구축을 통하여 자사의 홍보, 메뉴소개, 영업장 위치, 특별행사 등에 관한 관련정보를 제공한다.

홈페이지는 인터넷마케팅을 위하여 기본 매체이며, 고객들의 방문을 유인할 수 있는 컨텐츠를 만드는 것이 성공의 핵심이다.

(2) 검색엔진광고 마케팅

검색엔진광고는 네이버(NAVER), 다음(DAUM), 야후(Yahoo), 구글(Google), 네띠앙

(Netian) 등과 같은 검색사이트에 유로로 광고를 등록하는 것이다. 고객이 검색 사이트에서 어느 특정지역이나 키워드를 치면 홈페이지가 노출되는 방식의 마케팅 방법이다.

검색엔진 마케팅은 웹에서 접속량이 매우 많고 다른 하나는 고객이 검색을 원하는 단어에 맞추어 광고를 하기 때문에 광고주나 이용자의 관심이 일치하는 일치하는 장점이 있다.

(3) 미니홈피와 블로그 마케팅

기업들이 제품과 회사를 알리는 일방적인 메시지 전달보다는 고객과의 의사소통을 중요시하고 있으며, 이러한 수단으로 의사소통이 간편한 미니홈피와 블로그를 마케팅 수단으로 적극 활용하고 있다.

미니홈피와 블로그를 운영하면 상품이나 서비스에 대한 고객만족을 비롯하여 서비스에 대한에 대한 불만, 악의적인 댓글, 항의성 글 등이 빈번하게 등록되지만 마케팅의 중심에는 체험마케팅, 구전마케팅, 감성마케팅에 미니홈피와 블로그가 필수 도구라는 인식이 확산되면서 기업마케팅의 새로운 트렌드로 자리잡게 되었다.

미니홈피와 블로그는 비용이 저렴하고 유지와 보수에 추가비용이 없는 장점이 있으나 업소별 특색이나 홍보성이 떨어지는 단점이 있다.

(4) E-메일 마케팅

인터넷시대에 접어들었던 초기에는 E-메일이 인터넷마케팅의 중요한 수단이었지만 현재 E-메일은 스팸으로 인식되어 마케팅수단으로는 활용도가 많이 감소하였다. 그렇지만 공지역할을 하는 수단으로 활용이 여전히 되고 있다.

(5) SNS 마케팅

인터넷의 새로운 마케팅 수단으로 SNS(Social Network Service)가 급부상하고 있는데, 트위터, 페이스북 등으로 대표적인 수단으로 실시간 소비자의 참여가 가능하기에 대중적인 인기몰이를 하고 있다.

SNS는 사회적 관계를 인터넷 공간으로 가져온 것으로 온라인상에서 불특정 타인과 관계를 맺을 수 있는 네트워크 형성을 지원하는 서비스를 통하여 다양한 공통점을 나누는 사람들이 연결되어 사회적 관계를 맺는 서비스를 뜻한다.

호텔 식음료 사업에서는 고객에게 실시간으로 서비스에 대한 정보를 제공할 수 있는 특성상 SNS 활용이 마케팅 측면에서 다른 분야보다 더 효율성이 높아서 소통의 채널로 활용도가 증폭되고 있다.

4) 호텔 식음료 및 외식업 마케팅의 전략적 유형

마케팅은 호텔 식음료 사업에 있어서도 중요하다고 할 수 있는데, 사회구조가 복잡해지고 다양한 소비자들의 기호를 맞추기 위해선 호텔 식음료 산업도 변화하지 않을 수 없다. 또한 심화된 경쟁으로 인하여 고객의 욕구를 먼저 파악하여 원하는 수준의 상품과 서비스를 제공하지 않으면 생존하기 힘든 상황에 이르렀다.

호텔 식음료 마케팅은 고객에게 상품을 알리고 구매하도록 설득하여 고객 수의 증가와 매출증대의 기본적인 기능 외에도 기업이 추구하는 가치와 이미지형성에도 큰 영향을 미친다. 현재 호텔 식음료 및 외식업체에서 활용되고 있는 대표적인 마케팅 유형은 다음과 같다.

(1) 연계마케팅(Joint Promotion)

연계마케팅은 동일 지역이나 연관사업자와 공동으로 판촉을 하는 방법으로 비용을 절감하고 시너지효과를 낼 수 있어서 식음료산업에서 많이 사용하는 마케팅 기법이다.

또한 타 산업과 연계한 마케팅으로 통신사와 연계한 마케팅, 백화점 이용고객, 항공기 이용고객, 단체고객, 카드회사, 할인점 등과 연계한 제휴마케팅이다.

(2) 쿠폰마케팅

경기위축으로 소비자들은 가격에 민감한 반응을 보이면서 쿠폰을 활용한 소비가 증가하면서 자연스럽게 쿠폰을 활용한 쿠폰마케팅이 활성화 되고 있다. 쿠폰은 소액이라도 절약하려는 소비자들의 심리를 이용한 마케팅전략으로 특히나 외식업체에서 많이 사용하는 방법이다.

쿠폰은 현금이나 신용카드에 이어 제3의 화폐로 자리매김하고 있는데, 홈페이지를 개설한 업소에는 할인쿠폰을 연계한 쿠폰마케팅을 전개하고 있다. 또한 일반적으로 쿠폰은 신문, 잡지나 전문광고, 쿠폰북 또는 단독 전단에 인쇄되어 우편을 이용해 발송하거나 아니면 다른 우편물에 끼워 넣는 방법으로 고객들에게 배포해오고 있다. 쿠폰마케팅은 기존 고객을 위한 할인 쿠폰은 물론이고 신규 고객을 유입하기 위한 오픈 기념 쿠폰 등 다양한 방법으로 활용된다.

(3) 문화마케팅

최근 주요 식음료 경영 마케팅전략의 하나로 고객들에게 영화 무료관람권, 연극할인권, 음악회입장권을 제공하고 있다. 자사카드 회원 가운데 사용실적이 우수한 사람들을 선정해 영화 할인티켓이나 무료관람권 등을 수시로 사은품이나 경품으로 제공하는 등 문화행사와 연계한 마케팅을 치열하게 전개하고 있다. 최근 들어 식음료 기업들이 문화마케팅을 강화하는 것은 영화나 음악공연 같은 문화행사에 관심이 많은 신세대 소비자층을 공략하기 위한 것이다. 다른 마케팅 방법보다 비용은 저렴하지만 잠재고객 유인효과가 좋기 때문에 문화마케팅은 지속될 전망이다.

(4) 덤 마케팅(BOGO Marketing)

덤 마케팅은 상품 하나를 구매하면 다른 하나를 무료 사은품으로 덧붙여 주는 보고(BOGO : Buy One Get One) 마케팅을 의미한다. 보고마케팅은 미국의 대형할인매장과 패스트푸드점에서 그 효시를 찾을 수가 있는데, IMF 이후에 국내에 도입이 되어 불황과 저성장시대에 판촉을 위해 마케팅 일환으로 식음료업체에서는 덤 마케팅으로 과감한 프로모션으로 고객을 유인하고 있다.

보고마케팅은 소비자의 구매욕구를 촉진시키면서 동시에 저렴한 비용으로 제품홍보도 하는 일석이조의 마케팅 전략이라고 할 수 있다.

(5) 포인트 마케팅

고객의 사용 실적에 따라서 보너스로 포인트를 제공하는 포인트 마케팅도 활발하게 시도되고 있다. 매출증대와 고정고객 확보를 위해 식음료업체들이 주로 시행하고 있는 마일리지 시스템은 이용금액당 포인트 점수를 적립시켜 고개에게 환원해주는 방식이다.

저성장으로 가계소비가 위축된 현실에서 이 같은 보너스 제도는 실속파 고객확보에 효과가 뛰어난 마케팅전략이다.

(6) 요일마케팅

현대인들은 일주일을 단위로 생활패턴의 계획이 작성되어 있고, 이러한 현대인들을 타켓으로 요일별로 마케팅 내용을 차별화하는 요일마케팅이 새로운 마케팅 기법으로 떠오르고 있다. 생활주기상 고객들이 많이 찾는 요일에는 정상가격으로 상품을 판매하지만 비교적 한가한 요일에는 가격을 할인해 주는 행사를 벌이고 있다.

(7) 시간마케팅

하루 영업시간 중에서 고객이 방문이 한가한 시간에 매출을 올리거나 점심, 저녁 고객을 늘리기 위해 가장 많이 쓰이는 방법으로 흔히 해피아워(Happy Hours)라고도 한다. 특정 정해진 시간대에 방문하는 고객에 한해 가격을 할인해 준다거나 무료서비스를 주는 등 특별한 혜택을 주는 것이다.

제13장

인적자원관리 및 고객관리

제1절 인적자원관리

1. 인적자원관리의 의의

기업이나 조직경영에 필요한 요소는 다양하지만 기업을 운영하고 시설을 관리하는 원동력은 사람이므로 가장 중요한 것은 인력관리이다. 기업이 조직을 구성하는 이유는 한 사람이 업무를 수행하는 것보다는 두 사람 이상이 직무를 분담하여 업무를 수행하면 더 많은 시너지효과(Synergy Effects)가 산출되기 때문이다. 그러나 조직을 형성하고 여러 사람을 모아 놓았다고 해서 시너지효과가 창출되는 것은 아니기에 효율적으로 관리하는 것이 필요하다.

따라서 기업의 원활한 운영을 위해서는 효율적인 인적자원관리가 이루어져야 하는데, 구체적인 사항은 인적자원 확보, 개발, 활용, 보상, 유지와 관련된 활동이라고 할 수 있다.

종사원 인적자원관리의 특성은 기업의 목표를 세우는 것은 사람이며, 물적자원을 조달하고 전략을 수립하고 실행하는 주체도 사람이기에 사람은 인적자원관리의 주체임과 동시에 객체가 된다.

2. 호텔식음료 종사원관리의 실행요소

종사원들이 제공하는 서비스 품질은 기업의 성패를 좌우할 정도로 중요하며, 최근 서비스기업에서는 종사원 직무를 상품으로 간주하고 있다. 고객만족은 서비스 접점에 있는 종사원을 통해서 이루어지는 것이기 때문에 고객만족을 시키기 전에 종사원 만족을 시키려는 기업들의 활동이 활발하게 이루어지고 있다.

종사원을 만족시키기 위해서는 적성에 맞는 직무할당, 급료, 복리후생, 업무시간조정, 무형의 보상 등을 통하여 종사원을 관리를 하여야 한다. 고객만족 실행을 위한 종사원을 관리의 실행요소는 다음과 같다.

❶ 식음료 업무가 적성에 맞고 재능을 갖춘 종사원을 채용하는 것이다. 식음료 업무를 수행하는데 적합한 재능이나 적성을 갖춘 종사원을 선발 및 모집하는 것이 우선 조건이다.

❷ 종사원들이 직장에서 기업의 공동목적을 수행하면서 개인의 가치있는 삶의 목적을 달성할 수 있도록 비전을 제시해 준다.

❸ 고객의 요구를 이해하고 고객만족을 위한 서비스 직무를 수행하는데 필요한 기술과 실력을 갖추도록 교육한다.

❹ 팀 플레이를 훈련시키고, 성공의 결과를 함께 누릴 수 있도록 적절한 보상이 주어지도록 하면서 작업능력을 강화시켜 나간다.

❺ 표준화된 작업 매뉴얼을 효과적으로 수행하기 위하여 일정한 자유재량권을 부여해 준다.

3. 식음료 종사원 인적자원관리의 체계

1) 채용관리

기업에서 채용관리는 인적자원관리의 기점으로 조직목표의 효율적인 달성을 위해서는 호텔 식음료 부문에 자질을 갖춘 인재를 조직에 흡수하는 단계로 직무에 가장 적합한 인력고용을 결정하는 과정이다.

채용관리의 범위는 첫째, 그 직무에 필요한 종사원의 수와 부서별 직무에 부족한 종사원수를 정확히 파악해야 한다. 둘째, 식음료부서에서 요구하는 직무의 명확한 능력을 명시한다. 셋째, 필요한 수준의 응모자 모집과 일정한 기준에 따른 선발 등이다.

(1) 채용계획상의 조건

호텔 식음료 업무는 고객의 주문에 의하여 결정되고, 주별, 월별, 계절적인 영향을 많이 받는 불규칙적인 변동요인이 있어서 장기 및 단기 종사원 채용계획을 수립하는 것은 용이하지 않다.

일부 호텔에서는 단순 선발과정으로 종사원을 채용하기 때문에 직무에 부적합한 종사원을 채용하여 높은 이직율과 경비를 지출하는 결과를 초래하고 조직의 팀워크을 약하게 하는 원인이 된다.

호텔 식음료 부문의 종사원 채용은 특정 시점의 부족한 인력을 채우기 위하여 채용하기보다는 불경기와 호경기의 성장발전을 감안하고 고객에게 제공되는 서비스의 질적 수준, 신규사업 확충과 인원감축운영 등에 따라서 적절한 계획이 수립되어야 한다.

특히 종사원 채용시에 가장 고려해야 할 사항은 그 사람의 재능과 적성에 적합한 직무를 맡기는 적재적소의 원칙이다. 그러므로 채용 전에는 반드시 종사원의 직무에 대한 적성과 기초학력을 신중히 고려하고 직무내용을 검토하여 채용해야 한다.

(2) 채용의 종류

호텔식음료부서의 종사원을 채용할 때는 정규직원 채용과 비정규직원을 채용하는 경우가 있는데, 간혹 지명도가 떨어지는 호텔에서 종사원 채용에 어려움이 있어서 적성과 능력을 고려하지 않고 채용하여 서비스 품질을 저하시키는 요인이 되고 있다. 따라서 호텔 식음료 종사원 채용은 매우 중요하며, 정확한 절차와 방법으로 진행되어야 한다.

❶ 정규직 종사원 채용

정규직 직원은 호텔식당경영의 가장 핵심인적자원으로 신중하게 채용해야 한다. 그러므로 정규직원을 채용할 때는 반드시 3회 이상 면접을 실시하여 최고경영자가 결정함으로써 명확한 직무규정, 공정하고 평등한 고용조건, 직무와 관련된 기술의 적합성, 호텔의 경영이념과 영업방침 및 기업의 미래 비전을 제시하여 회사선택을 할 수 있도록 해야 한다.

지원자의 직업관과 인생관 및 식음료 업무에 대한 현실파악을 한 후에 의욕을 가진 우수한 직원을 채용하여 이직률을 줄이고 채용을 위하여 소비되는 시간과 비용을 줄어야 한다.

❷ 비정규직 종사원 채용

호텔 식음료 부서는 정규직만으로 운영하기는 인건비와 인력수급 면에서 어려움이 있기에 비정규직인 파트타이머와 아르바이트, 인턴쉽 직원과 같은 직원에게 일정한 업무를 할당하여 맡기는 것이다.

비정규직 종사원은 정규직과 달리 호텔과 맺게 되는 심리적, 제도적 연결이나 호텔에 대한 충성도가 낮다. 이들의 고용 조건은 정규직에 비해 매우 열악한데, 동일한 업무를 수행하는 경우라도 비정규직 근로가 정규직에 비해 보상 수준이 낮은 것이 일반적이다.

그러나 고객은 정규직과 비정규직을 구분할 수 없으며, 동일한 유니폼을 입고 서비스를 제공하게 되면 결국 서비스품질은 고객에게 모두 동일하게 평가 받기에 비록 비정규직일지라도 정규직처럼 신중하게 채용해야 한다.

2) 교육훈련과 개발

채용활동을 거친 후에 조직의 구성원인 종사원으로 채용되면, 직무 숙지와 숙달을 위하여 기업에서의 교육훈련과 경력개발이 이루어지는데, 종사원의 능력을 직접적으로 향상시키는 활동이다.

교육훈련과 개발을 통하여 선별된 인력이 능력을 최대한 발휘할 수 있도록 직무성과 증대를 위한 추가적인 지식과 전문기술을 학습하는 기회를 제공받는다.

호텔식당 서비스 품질의 저하를 방지하기 위하여 교육은 반복적이고 지속적으로 진행되어야 하며, 종사원교육은 질책과 비판의 장이 되어선 안되고 종사원이 프로의식을 지니고, 자긍심과 소속감을 갖도록 교육훈련이 되어야 한다.

호텔식당 종사원의 교육훈련은 환경변화, 기술변화, 조직변화, 종사원 자신의 변화 등 다양한 변화에 대응하여 종사원의 직무능력 수행을 위해서 새로운 직무수행 능력을 갖춰야 한다.

교육훈련의 내용으로는 조직전체 수준, 직무수준, 개인별 수준으로 분석하여 진행되어야 하는데,조직 수준에서의 교육 내용은 호텔식당의 매출액, 시장 점유율, 수익성, 생산성 등과 관련되는 조직 전체의 효율성에 문제가 발생했거나 예상될 때 이며, 직무수준이나 개인별 수준에 대한 교육은 미래의 조직 목표에 대하여 이를 달성하기 위한 종사원의 능력이 부족하거나 종사원간의 능력 격차가 클 때 교육훈련을 실시하게 된다.

호텔 식음료 종사원의 교육훈련이 실제적으로 진행되는 프로그램은 일반적으로 직장 내 교육훈련(OJT : On the Job Training)과 직장 외 교육훈련(Off JT : Off the Job Training) 2가지로 분류된다.

OJT는 현장훈련, 직장 내 훈련, 견습이라고도 하는데, 피교육자가 실제 직무를 수행하면서 감독자 또는 선임자로부터 직무수행에 관한 지식과 기술을 배우는 것을 의미한다. 현장훈련의 일종으로 선임자(Mentor)가 신입직원(Mentee)을 일대일로 책임지고 지도하는 멘토링을 들 수 있다.

직무현장교육(OJT)의 장점은 훈련이 추상적이 아니고 종사원의 능력과 숙련도에 맞게 실제적이고 구체적으로 교육 및 훈련성과를 실시할 수 있고 교육성과를 즉시 알 수 있다. 또한 종사원의 동기를 유발할 수 있으며 상사나 동료간의 이해와 협동정신을 강화 및 촉진시킬 수 있다. 그리고 낮은 비용으로 교육이 가능하다는 큰 장점이 있다.

그러나 선임자의 능력이 부족할 때는 효율적인 교육성과를 기대할 수 없으며, 업무수행 중에 교육이 이루어지므로 혼란을 초래할 수 있다.

직장 외 교육훈련(Off JT)은 각 분야의 전문적인 지식이나 기술습득을 위해서 직장내에서 교육환경이나 전문인력이 부족할 때 외부기관에 종사원을 파견하거나 전문강사를 초청하여 교육훈련을 시키는 것을 의미하는 것으로 각 연구 단체의 세미나에 참가시키는 교육과 해외연수 등도 여기에 포함된다.

현대 기업의 경영에서는 직무가 점진적으로 세분화 전문화 되어가고 있는 추세이므로 기업체의 교육 중에서 직장 외 교육훈련이 비중을 더해가고 있는 실정이다.

3) **업적평가**(Performance Appraisal)

업적평가(Performance Appraisal)는 흔히 인사고가라고도 하며, 합리적인 평가시스템을 통하여 종사원의 능력과 성과에 대한 충분한 보상을 제공해주고 종사원에 대한 동기부여 방법으로 매우 중요한 활동이다.

업적평가는 종사원에 대한 직무능력과 업적을 측정하고, 기록하고, 평가하여 종사원에게 피드백시키는 과정을 말한다. 이는 종사원의 임금, 승진, 해고 등을 결정하는 기준이 되므로 신중하게 실행되어야 한다.

업적평가는 호텔 식음료 부서의 사정에 맞게 만들어 사전에 종사원들에게 알려주면 효과가 있으며 업적평가를 실시하는 주요목적은 다음과 같다.

❶ 종사원의 직무수행 실적이나 관리능력을 더욱 증진하도록 촉구하기 위한 기초자료로 활용한다.

❷ 종사원의 임금, 승진, 해고, 포상 등을 결정하기 위한 기초자료로 활용한다.

❸ 종사원의 근로의욕을 고취시키고 계층간의 이해를 증가시키는 자료로 활용한다.

❹ 종사원의 교육훈련과 개발 영역의 실증자료로 활용한다.

❺ 종사원의 직무만족과 직무를 성공적으로 수행하고 있는지를 판단한다.

4) 보상(Compensation)관리

능력과 우수한 자질을 갖춘 인재를 확보하고 직무에 대한 교육?훈련을 통해서 업무배치를 하더라도 종사원이 최선의 직무수행을 하도록 동기부여를 하기 위해서는 적절한 보상이 수반되어야 한다.

보상관리는 종사원에 대한 업적평가 과정에서 측정한 기업에 대한 공헌도의 대가로 지불하는 관리활동을 말한다. 보상은 종사원의 생활수준을 유지하고 일에 대한 동기부여 수단이며, 종사원을 직무몰입 하도록 하는 요인이므로 이는 종사원을 움직이게 하는 힘의 근원이기 때문에 호텔식음료 경영자가 해야 할 중요한 역할을 한다.

보상은 외재적 보상과 내재적 보상으로 대별되며, 외재적 보상은 목표매출액 달성, 최고 친절 서비스 종사원, 업셀링 왕, 스마일왕 등에 따라 성과급이나 급여를 차등지급하여 직무에 대한 의욕을 고취시키는 보상이다. 내재적 보상은 종사원 스스로가 자신감과 비전을 갖고, 직무의욕을 높일 수 있는 동기부여를 하기 위하여 교육훈련, 교육비지원, 경력개발시스템 등이 있다.

보상은 임금과 복리후생으로 나뉘어지며, 임금에는 기본급, 수당, 상여금이 포함되며, 복리후생은 일종의 간접임금으로 연금, 건강보험, 휴가, 교통비, 직책수당 등이 이에 해당된다.

임금과 복리후생은 기업 내부적으로는 직무의 중요도를 반영하며, 직무가 더욱 중요할수록 더 많은 급여가 책정된다. 기업 외부적으로는 종사원들의 사회적 지위 및 경쟁사와 비교했을 때 더 좋은 보상은 종사원의 근무의욕을 높일 수 있고 동기부여도 강하게 된다.

5) 종사원의 장기수급계획

호텔식당 경영의 특징 가운데서 하나가 다른 산업에 비하여 이직률이 높은 것인데, 우수한 고급 인력을 안정되고 지속적으로 충원해 나가야 경영에 어려움이 없다. 종사원을 장기적으로 안정되게 인력을 수급하기 위해선 학교 및 학원과의 산학협동과 기업체 내 연수원을 통하여 장기적으로 종사원을 수급받는 방법이 있다.

그러나 이는 단기전략이며, 우수한 인적자원을 확보하기 위해서는 인력의 확보와 개발, 보상과 평가가 상호 연계하여 지속적으로 이루어져야 하며, 자신의 역량을 개발하고 직무에 활용함으로써 성과를 달성하고 피드백을 통하여 새로운 업무성과를 거두는 활동이 지속적으로 순환되어야 한다.

인력관리가 잘 이루어지기 위해선 적절한 시기에 인력충원이 원활하게 이루어져야 하며, 충분한 복리후생과 보상이 이루어져야 한다.

4. 종사원의 팀워크관리

1) 팀워크의 의의

팀은 공동의 목표를 달성하기 위해 노력하는 다양한 사람들로 조직되어 있으며, 조직원의 역할에 따라서 함께 상호협조하면서 직무를 수행하면 더욱 시너지효과를 창출할 수 있다.

개별적으로 감당하기 힘든 일에 대해 개인들의 집합체인 팀은 잠재력을 발휘하여 팀 내부의 숨은 능력을 끌어 올려주고, 수행 할 수 있도록 이끌어주는 것을 말한다.

이러한 팀워크는 종업원간에 직무적으로 상호협조하는 것을 의미하며, 종사원들 간의 팀워크 강화는 호텔 식음료 업장에서는 종업원간의 의사소통 증대, 이해증진, 협동적 분위기, 고객서비스 완성도 등에 큰 도움을 준다.

현재 각 기업에서는 우수한 인재를 확보하기 위한 경쟁이 날로 치열해지는데, 최고의 기업을 움직이는 힘은 조직구성원 역량이 조화를 이룬 팀워크에서 비롯된다.

그러나 각자의 개성을 지닌 조직원들을 대상으로 조화로운 팀워크를 만들기는 쉽지 않기에 조직원 간의 갈등을 극복하고 유대감을 쌓아가는 것이 필요하다.

2) 팀워크의 구성요인 및 이점

호텔 식음료 사업을 성공적으로 경영하는데 있어 근본적인 원동력은 인적자원으로 식음료 사업 특성상 인적 서비스에 의존도가 높다. 서비스를 제공하는 종업원은 서비스 상품의 완성도를 높이고 고객만족에 절대적인 매개역할을 한다고 볼 수 있다.

호텔 식음료 업장에서는 매니저, 조리사, 소믈리에, 바텐더, 그리트리스, 케셔, 웨이터 등 많은 직원들이 고객만족을 위하여 협력한다. 따라서 상호협조하지 않으면 수준 높은 서비스가 제공되지 않는다. 이런 측면에서 호텔 식음료 사업은 고객 서비스가 팀 활동의 형태로 수행되기에 팀워크 강화는 종사원들 간의 관심과 흥미를 유발하는 토대가 될 수 있으며, 생산성을 증대시키고 서비스의 품질을 증대하여 조직유효성을 향상시키는 중요한 계기가 된다.

따라서 팀워크를 구성하는 요인을 잘 분석하여 팀워크 강화에 유용하게 활용해야 할 것이며, 팀워크를 구성하는 요인은 종사원 간의 협력성, 문제해결방식, 공동목표의 공유, 자유로운 의사소통, 평등한 마음과 공감대, 상호인격을 존중하는 태도 등이 있다.

호텔 식음료 업장에서 조화로운 팀워크로 업무를 수행할 때 얻을 수 있는 장점으로는 팀원은 종사원들의 근로의욕의 증가와 적극적 참여, 동기부여, 유연한 조직 분위기 등 많은 장점을 얻을 수 있고 조직 입장에서도 시너지 효과와 인재의 육성 등의 인적자원 관리와 운영의 측면에서 이점을 얻을 수 있다.

3) 팀워크 강화의 실천방법

팀워크의 중요성은 어느 조직에서나 강조되고 있지만 호텔 식음료 업장에서는 다른 종사원들과 팀을 이루어 함께 업무를 수행한다는 공동체 의식을 가져야 한다. 자신이 맡은 직무가 아니라도 고객의 요구에 적절히 응대를 해주어야 하고 팀원들 간의 의사소통도 원활하게 이루어져야 한다. 호텔 식음료 업장의 종사원들은 각자의 성장배경, 성격, 가치관과, 사고력이 다를 수 있지만 서비스 제공시에는 각자의 의견과 행동이 다르면 팀워크가 흐트러진다. 팀원 중에 다른 생각과 가치관 또는 이해할 수 없는 마인드를 갖게 된다면 오히려 팀워크에 방해가 된다.

팀워크를 강화하기 위해선 가장 선결된 조건은 상호 간의 신뢰이며, 구체적인 실천방법은 다음과 같다. 종사원 간의 목적 의식과 가치와 목표를 공유할 수 있도록 한다.

❶ 의사전달 시에는 명확하고 알아듣기 쉽게 한다.

❷ 다른 종사원의 업무를 이해하고 배려해야 한다.

❸ 다른 종사원의 도움 요청 시 항상 도움을 줄 수 있는 마음을 가진다.

❹ 오픈된 마음으로 동료에게 먼저 다가가고 인사하는 자세를 갖는다.

❺ 업무 중이나 사적인 문제발생시 해당 종사원에 대하여 비난하지 않는다.

❻ 자신의 업무 및 소속부서에 대하여 자긍심을 갖는다.

❼ 자신의 직무와 직책에 맞게 행동하며. 도움이 필요시에는 도움을 요청할 수 있어야 한다.

제2절 고객관리

최근 호텔기업은 새로운 고객창조를 중시하던 과거의 경영마인드에서 탈피하여 고객유지전략으로 변화하고 있다. 신규고객을 창조하는 것보다 기존고객의 이탈을 줄여서 재방문하게 하여 평생구매할 수 있도록 극대화하는 것이 더 효율적이고 고수익으로 이어질 가능성이 크기 때문이다. 고성장을 통하여 성숙된 시장에서의 고객관리는 새로운 비즈니스를 시작할 때는 신규고객확보가 중요하지만 치열한 경쟁에서 생존하기 위해선 고객창조만으로는 어렵다.

고객유지관리 방법에는 일대일 마케팅과 데이터베이스 마케팅을 통하여 고객의 특성을 파악하는 것부터 시작한다. 이는 IT기술이 발전하면서 데이터 처리 기술과 함께 발전한 고객관리기법으로 데이터베이스화한 고객정보를 기초로 상품이나 서비스 또는 기업 이미지 등을 고객에게 피드백하는 것이다. 궁극적으로는 양질의 고객을 확보 혹은 확대를 목적으로 한다.

1. 고객관리(CRM)의 개념

고객관리CRM(Customer Relationship Management)는 고객들과의 긴밀한 관계유지나 지속적인 고객만족을 실현하기 위해서 다양한 고객정보를 수집하여 분석하여 활용하는 것을 의미한다. 따라서 고객관리는 고객정보를 관리한다는 의미로 고객에 대한 정보를 수집해서 정리하고 분석하여 더욱 만족도가 높은 상품이나 서비스를 제공하면서 고객과의 관계를 지속적으로 유지할 수 있는 시스템을 만드는 것이다.

고객관리가 실현되기 위해서는 고객에 관한 정보를 체계적으로 수집하여 적절히 활용하기 위한 노력이 필수적으로 효과적인 고객정보관리를 위해 다음의 단계가 요구된다.

❶ 고객의 개인 정보인 성, 연령, 직업, 사회적 지위, 근무처, 연락처, 가족정보 등과 라이프 스타일, 개성 등의 심리적 특성과 선호하는 식음료 상품 에 관한 정보를 수집한다.

❷ 고객의 정보를 데이터화하고 새로운 정보를 보충한다.

❸ 고객을 데이터화 한 후에 고객에 알맞은 상품과 서비스를 제공한다.

이러한 과정을 통하여 고객관리를 하게 되는데, 고객관리의 궁극적인 목적은 고객정보를 근간으로 고객만족을 통하여 고정고객화 하는 것이다.

2. 고객관리(CRM)의 효과

고객관리는 80년대부터 시장경쟁이 치열해짐에 따라 소비자들의 파워가 증대되면서 그 동안 품질 만으로의 차별화가 어려워지자 경쟁자들은 고객만족 서비스의 중요성을 인식하기 시작하였다.

90년대 들어 정보기술의 발전에 따라 CS(Customer Satisfaction)의 일률적 마케팅 캠페인으로는 다양화, 개성화 된 고객욕구를 충족시키기에는 역부족이었기 때문에 기업은 고객과 관련된 내부 및 외부에 축적된 자료를 이용하여 데이터베이스 마케팅(Database Marketing)인 고객관리(CRM) 전략을 사용하게 되었다.

고객관리는 기업이 고객을 발굴하고, 기존고객 유지를 위하여 고객과의 지속적인 커뮤니케이션을 통해 고객행동을 이해하고, 고객의 평생가치를 극대화하기 위한 경영전략이다.

CRM활동을 통해 기업들이 얻을 수 있는 기대 효과는 고객점유율 증대를 통한 수익성 향상, 효과적 마케팅, 고객 커뮤니케이션을 통한 만족도 향상 등을 들 수 있는데, 더욱 구체적인 고객만족의 기대효과는 다음 같다.

❶ 고정고객의 충성도 제고 및 이탈 방지를 통한 수익성을 제고할 수 있다.

❷ 휴면 고객의 활성화를 통한 수익성 제고를 할 수 있다.

❸ 잠재고객을 잘 관리하여 실제고객으로 만들어 판매 증대가 가능하다.

❹ 고객 세분화를 통한 고객별 마케팅전략으로 효율성 제고와 마케팅 비용절감 효과가 있다.

❺ 고객유형별로 최적의 제품, 서비스 제공 및 차별화된 커뮤니케이션 실시가 가능하다.

부록

메뉴용어

A La(Ah Lah)
~풍의, ~식의 ~을 곁들인 것이다.

A La Broche(Brosh)
꼬챙이에 요리를 꿰어 로스트하여 만드는 요리

A La Carte(Ah-Lah-Cart)
일품요리를 말함.

A La King
풋고추, 피 망, 버섯 등을 주부재료로 하여 크림 소스로 육류, 가금류 등의 요리를 만드는 것

A La Mode
각종 파이류에 아이스크림을 위에 얹어 내는 후식

Au Jus(Oh-Jh)
인공이 아닌 자연식품 그대로의 즙이나 고기진국을 가미하여 내는 소스의 기본이 되는 것

Au Natura(Oh-Nah-Tu-Rel)
Plainly Cooked. 즉 평범하게 요리하는 것

Bill of Fare
영국에서 메뉴를 일컫는 말

Carte Du Jour(Kahet-du-Joor)
그날의 메뉴

Entree(Ahn-Tra)
식사 코스에서 중심이 되는 주식을 말함.

En brochette(Aim-Broh-Shet)
쇠꼬치(Skwer)로써 요리되는 것

En Casserole
내열성이 강한 접시(용기)에 요리를 담아 오븐이나 브로일러(Broiler)에서 직접 요리를 해서 손님에게 그대로 서브하는 것

Espagnole(Ays-Pahn-Yohl)
버터+밀가루+고기국물이 주재가 되어 만들어진 갈색 소스

Filet(Fee-Lav)
Beef, 송아지고기, 양고기, 돼지고기 또는 뼈를 추려낸 생선 등에서 허리살 부분을 말함.

Filet Mignon(Fee - Lay Me - Nvon)
Beef의 연한 허리살 · 부분에 있는 안심을 말함.

Maitre D' hotel(Mal - Tre - Dohotel) Sauce
버터, 레몬 주스, 파슬리가 주재료가 되어 만들어진 소스의 일종으로 주로 스테이크 위에 얹어 낸다.

Parillote - Paper
가금류나 생선류 등을 종이로 덮어(주로 알루미늄 호일) 요리를 하여 서브할 때 장식 종이로 모양 있게 내는 요리

Piquant(Pe-Kant)
향미를 곁들인 양념을 많이 가한 요리

Polllet(Poo-Lav)
닭, 칠면조, 오리 등 가금류의 통칭

Puree(Pu-Rav)
각종 야채를 삶아 걸쭉하게 만든 수프의 일종

Pagout

진하고 풍미있게 양념한 고기 조림

Table D' hotel(Tahbl- Doht)

많이 먹든 적게 먹든 상관없이 가격이 일정하게 정해진 정식

Anchovy(An-Cho-Vi)

청어족에 속한 작은 생선, 멸치젓과 유사함.

Antipasto(An - Tee - Pahston)

다랑어(Tuna Fish), 버섯, 피망 등을 곁들여 만든 이탈리아 전채요리

Apple Strudel

달걀, 버섯, 설탕과 시네몬 파우더를 주재료로 하여 구운 후식

Au Gratin

화이트소스(White Sauce), 빵가루, 치즈를 요리에 씌워 오븐에서 갈색이 되게 구워 내는 요리 용어

Baked Alaska

메링거(Meringue)로 덮어 익힌 케이크나 아이스크림에 브랜디(Brandy) 같은 알코올을 뿌려 불을 붙여 갈색이 되면 즉석에서 손님에게 서브하는 것

Bavarian Cream

젤라틴, 크림과 계란이 주재료가 되어 만들어진 후식

Bordelaise(Bor-D-Laz)

양파, 당근, 셀러리, 다임(광대 나물과 식물, 백리향), 버터와 월계수 잎사귀를 주재료로 하여 만든 흰색 또는 갈색 소스

Borsche(Borch)

러시안 수프(Russian Soup)의 일종으로써 쇠고기 육수, 비트meets), 토마토, 계란과 설탕 등 각종 양념을 곁들여 만든 수프

Bollillabaisse(Bwoo-Vah-Bace)

여러 가지 생선과 바다가재, 야채, 올리브유를 넣어 끓인 지중해식 생선 수프

Canape(Kan-A-Pa)

얇은 빵을 갖가지 모양으로 만들어 그 위에 각종의 가공된 요리 물을 얹어 만든 조그만 풍미의 음식으로 식욕촉진제의 일종

Caviar
소금에 절인 철갑상어의 알젓, 즉 생선알 젓

Chateaubriand(Shan – Tot – Bree – Ahn)
파셀리(Parsley)를 곁들인 갈색소스와 함께 서브되는 두터운 허리살 안심 스테이크

Cocktail
여러 가지 양주에 부재료, 향료, 얼음조각을 넣어서 조합한 술

Appetizer
식전에 식욕촉진제로 내는 음식

Consomme(Kon–So–Ma)
맑은 고기 국물로 만든 수프

Crepe Suzette(Krape Su – Zette)
얇게 구워진 팬케익으로 영양분 있고 맛 좋은 시럽소스와 제공된다. 보통 술을 약간 넣어 향을 첨가하며 갈색으로 만든다.

Croquettes(Kro–Kets)
잘게 다진 음식물의 혼합물로써 밀가루, 계란, 빵가루를 묻혀 기름으로 프라이한 것

Croutons(Kroll– Tons)
수프와 함께 서브되는 작은 정육면체의 구운 빵 조각

Curry
조미료를 가공하여 사용되는 양념을 많이 한 노란 가루 제품

Cutlet
Broil이나 Fry하기 위해 돼지, 쇠고기, 양고기 등의 다리 부분의 살에서 얇게 저며낸 고기 조각이나 생선을 밀가루, 계란, 빵가루를 묻혀 만든 요리

Demitasse
크림이나 설탕을 넣지 않은 채 서브되는 적은 양의 강한 블랙커피

Eclair(E – Klar)
커스타드(Custard ; 우유, 계란에 설탕, 밀가루, 향료 등을 넣어서 구운 과자)나 휘핑 크림이나 얼음으로 채운 작은 장방형의 밀가루 반죽으로 구운 과자

Hollandaise Sauce
계란 노른자, 버터, 레몬 주스로 만든 노란 색의 소스

Hors Dloeuvres(Or - Duvr')

크래커나 엔초비, 캐비어, 헤링, 버섯, 부추(Scallions), 정어리 등 각종 식품을 가공하여 만든 식욕촉진용 요리

Jardiniere(Shar - Deene - Air')

같은 모형의 길이, 넓이를 가장 얇게 자른 것을 수프 건더기나 소스 등에도 넣는 형태

La Newburg

계란 노른자, 크림, 와인 등으로 만든 소스(새우를 넣을 때는 계란 노른자를 넣기 전에 넣음)

Mulliga Tawny Soup(Mulleega taw nee)

송아지 고기, 옥파 당근, 토마토, 피망, 카레 분을 주재료로 하여 만든 수프

Pargait(Par - Fay')

과일시럽과 계란, 크림을 휘핑하여 만든 풍미있는 Frozen 후식

Petits Fours(Petee - Foor')

작은 케이크

Roquefort Cheese(Roke-Furt)

세미하드, White Crumbly 형태로 된 것

Tartar Sauce

마요네즈에다 옥파(Chives), 피클 등을 다져 혼합하여 만든 생선요리에 내는 소스

Vichvssoise

진한 감자 수프에 옥파(Chives)를 쳐서 뜨겁게 또는 차게 하여 서브함

Baking

① 보통 오븐에서 건열로 요리한 것
② 때로는 뜨거운 철판 위에다 요리하는 경우도 포함.
③ 베이킹은 뚜껑이 없는 용기로 육류를 요리할 때는 로스팅(Roasting)이란 용어와 서로 바꿔 쓸 때가 있다.

Beating

민활한 규칙적인 반복운동으로 혼합물을 부풀게 하여 공기를 끌어 들여 부드럽게 하는 것

Blending

두개 이상의 성분(요리재료)을 철저히 믹싱하는 것

Grace
설탕을 조려 글라스 형태로 투명하게 보일 수 있도록 하는 것

Boiling
① 물에 끓여 요리물에서 거품이 나고 수증기가 증발하는 상태
② 물이 끓는점(비등점)은 바다 높이의 고도에서 보통 섭씨 100도이고, 1,000피트 위도가 높아질 때마다 약 섭씨 2도씩 비등점이 낮아진다. 그리고 비등점은 물 속에 있는 물질의 용해도에 따라 증가되기도 한다.

Braising
소량의 액체를 넣고 뚜껑이 없는 용기 속에서 서서히 끓이는 요리방법. 고기국물, 물, 우유, 크림 등이 그 액체로 쓰이게 된다.

Breading
계란과 밀크 혼합물에 음식물을 담그고 나서 마른 빵가루에 넣는다.

Broiling
깨끗한 불꽃 위에다 음식물을 놓아 직화로 요리하는 방법

Caramelizing
설탕을 많이 넣은 음식물을 갈색으로 변하게 될 때까지 뜨겁게 열을 가해 특유의 향내가 나오게 한다.

Chopping
칼이나 예리한 도구로 음식물을 잘게 하는 것

Creaming
음식을 부드럽게 크림화함.

Crisping
습기를 제거하기 위해 크래커나 곡물같은 음식에 열을 가함.

Dicing
입방체의 형태로 자름

Drawn Butter
로스팅 미트(Roasting Meat)를 말함

Dripping
로스팅 미트(Roasting Meat)에서 떨어지는 기름이나 국물을 말함.

Dough
물, 밀가루, 설탕, 밀크 등을 가해 혼합하여 반죽하는 것

Devil
후추나 그밖에 다른 매운 양념을 섞는 것

Decanter
액체류를 담은 그릇(병)을 기울여 맑은 윗물을 다른 용기에 옮기는 것

Dumpling
밀가루나 삶은 달걀에 기름이나 양념을 배합하여 끓는 물에서 만들어 내는 요리

Dusting
밀가루나 설탕을 뿌리는 행위

Egg And Crumbing
용해되거나 깨뜨린 계란에 음식물을 담그고 빵가루를 뿌린다.

Pricasseing
닭, 송아지 고기 , 토끼 따위 의 가늘게 썰은 고기를 스튜(Stew) 또는 프라이(Fry)한 플아스 요리

Frying
뜨거운 기름에 내용물을 튀기는 것으로 소량의 기름으로 요리하는 팬 프라이(Pan Frying)와 기름을 많이 넣고 내용물이 완전히 잠기게 하여 요리하는 디프 프라잉(Deep Frying)이 있다.

Grilling
전도열로 요리하는 것

Grinding
음식물을 갈아 가루로 만든다.

Melting
열을 가해 용해시키는 것

Mincing
식품을 다져 그라인딩(Grmding) 보다는 크고 차핑(Chopping) 보다는 잘게 한 것

Mixing
두개 이상의 요리 재료를 섞는 것

Pan - Broiling
뜨거운 팬 위에 뚜껑을 덮지 않고 요리, 기름은 제거되고 다른 액체는 추가되지 않음.

Par Boiling
물에 끓여 부분적으로 요리하고, 다른 방법에 의해 완전히 요리하는 방법

Peeling
껍질을 벗긴다는 뜻

Poaching
원형을 상하지 않은 채 뜨거운 물에 서서히 익히는 방법

Pot - Roasting
큼직하게 자른 고기를 브레이징(Braising)으로 요리하는 것

Sauting
소량의 기름에 요리하는 것

Simmering
Poaching과 Boiling의 혼합 조리방법으로 95℃ ~98℃에서 조리한다.

Steaming
스팀 속에서 압력을 넣거나 압력 없이 요리, 스팀을 직접 음식물에 접촉시키거나 용기 속에 음식물을 넣고 간접적으로 스팀하는 경우가 있다.

Skewering
요리하는 과정에서 육류나 가금류를 다른 부재료와 함께 기다란 핀에 고착시킴.

Stirring
음식물을 원형으로 빙빙 돌려 고루 섞이게 하는 것

Toasting
음식 표면이 갈색으로 변할 때까지 열을 가함.

Whipping
빠른 동작으로 Beaing하여 공기를 넣음으로써 부풀게 함.

Barbecue
Meats나 가금류를 통째로 소스를 발라 가면서 굽는 요리

Curmpets
버터로 굽는 일종의 케이크(머핀)

Chalotte
젤라틴을 쓴 디저트

Scalding
비등점에 오르지 않게 가열하여 밀크를 데우는 것

Stuffing
계란, 가금류, 생선류 등의 내부에 다른 부재료를 넣어 조리하는 것

Aspic
투명한 젤리와 같고 보통 육류즙으로 만듦

Chicory
식물의 뿌리를 앏게 썰어서 말려 볶는 것이며 잎은 샐러드에 씀.

Compote
맑게 만든 숙실과

Patty Shell
파이 껍질로 만든 패류형에 생선류로 된 조리물을 넣어 오븐에서 구워내는 것

Funjue
버터, 치즈, 설탕, 빵가루 등으로 만든 수플레 같이 만들어 오븐에서 구워 내는 것

Frosting
케이크를 장식하기 위하여 설탕을 주재로 하여 케이크외부에 바르는 장식

Carry Over Cooking
뜸들이기

참고문헌

1. 국내문헌

남택영 · 안광호 · 전강국, 호텔식음료실무론, 새로미, 2012.
최주호 외 5인, 호텔 · 레스토랑 식음료서비스관리론, 형설출판사, 2011.
임현철 · 송기옥 · 전진화, 외식창업실무지침서, 한올출판사, 2012.
박인규, 소믈리에실무, 대왕사, 2005.
______, 주장관리실무, 기문사, 2010.
윤유석 외 3인, 호텔식음료 서비스관리론, 백산출판사, 2006.
김준우 · 최윤근 · 박영규, 기업과 경영, 북넷, 2009.
강길환 외 4인, 경영학원론, 대왕사, 2013.
임현철, 외식프랜차이즈실무, 한올출판사, 2006.
전병길 · 김영훈 · 이승미,뉴 식음료 원가관리실무, 한올출판사, 2006.
임창희, 경영학원론, 학현사, 2007.
이혜숙 · 우인애 · 조현숙, 식음료경영론, ㈜교문사2008.
김성혁 · 황수영, 신판관광마케팅, 백산출판사, 2011
김의근 · 선동규, 호스티탈리티 인적자원관리론, 백산출판사, 2013.
김헌희 · 이유경, 외식창업실무, 백산출판사, 2014.
안종기 · 현경호, 외식창업 경영실무, 도서출판 두남, 2012.
김기홍 · 최상철 · 전혜진, 외식경영세미나, 한올출판사, 2003.
최성일, 커피트레이닝 바리스타, 땅에쓰신글씨, 2009.
전광수 외 4인, 기초커피바리스타, 형설출판사, 2013.

2. 국외문헌

Anthony J. Strianese, ?Math Principles for Food Service Occupations 5/e, 2006,
Denney G. Tutherford, ph.d., Hotel Management and Operations, 2002
Regian S. Baraban and Joseph F. Durocher, Successful Restaurant Design, 2001.
AH&LEI(American Hotel & Lodging Educational Institute), "Lodging Management Program*year two)", Educational Institute of the American Hotel & Lodging Association: Michigan America, 2000.
Graham Brown and Karon Hepner "The Waiter' s handbook 3' rd", A Division of Person Australia Group Pty Ltd, 2004.
William Angliss Institute of TAFE< "Food & Beverage Manual", William Angliss Institute Melbourne in Australia, 2004.

저자 소개

■박 인 규

- 대구대학교 대학원 관광경영학과 박사
- 르네상스호텔서울 근무
- 소믈리에학회부회장

현) 호텔등급심사위원
소믈리에자격증심사위원
대한관광경영학회 이사
글로벌관광연구소 소장
김천대학교 항공관광호텔경영학과 부교수

■장 상 태

[전공 및 학위]

- 전공 : 관광경영, 호텔경영 전공
- 학위 : 세종대학교 대학원(경영학 석사)
  세종대학교 대학원(경영학 박사)

[약 력]

- 한국산업인력공단 조주기능사 필기시험 출제위원
- 호텔관광학회 이사

현) 경민대학교 관광호텔학부 교수

[논문 및 저서]

- 2002. 호텔 레스토랑 지배인의 리더십이 종업원의 임파워먼트 및 조직유효성에 미치는 영향에 관한 연구
- 2006. 호텔 식음료 실무경영론, 기문사
- 2012. 호텔경영론, 에이드북
- 2014. 외식산업 경영과 창업, 에이드북 외 다수

호텔 식음료 경영과 실무

2015년 8월 20일 초 판 인쇄
2015년 8월 31일 초 판 발행

저 자 박인규 · 장상태
발행인 한 인 환
발행처 도서출판 **기 문 사**
등 록 1978. 8. 9. NO. 6-0637
주 소 서울시 동대문구 안암로 50-1(용두동) 홍신빌딩 3층
전 화 02) 2265-7214/922-8662~8663
팩 스 02) 922-8772

homepage : www.kimoonsa.co.kr
e-mail : book@kimoonsa.co.kr

ISBN : 978-89-7723-686-8 93590

정가 : 20,000원

저자와의 협의하에 인지생략